金兆豐著

中國通史

中華書局印行

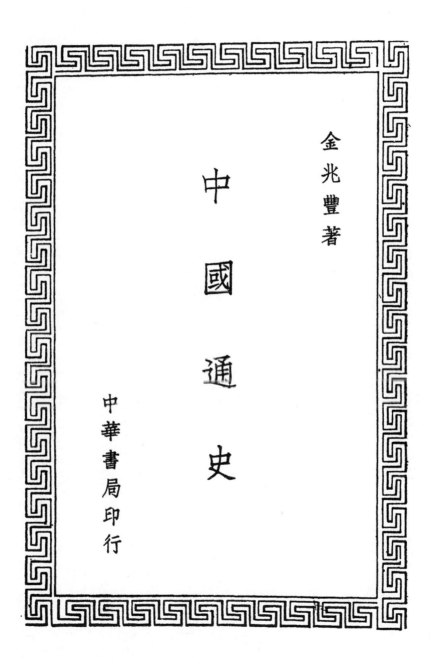

中國通史

目錄

卷一　總論

敘言……一

上世一

第一章　三皇五帝事略……二

三五之說　伏羲神農政績　黃帝以下世次　帝堯政績　帝舜政績

第二章　古代文化發生次序……五

游牧時期　耕稼時期　制作時期　平成時期

第三章　夏商周事略……六

禹啓建國之遠謨　夏祚之興絕　夏桀之滅亡　商道之盛衰　殷紂之滅亡　西周之世　東周之世

第四章　春秋分併事略……一四

春秋十四國之盛衰　同姓諸侯之盛衰　異姓諸侯之盛衰　霸業之終始

第五章 戰國分併事略……………………一七
戰國七雄盛衰 秦之變法及縱橫之大勢
第六章 東遷以還文化之變遷……………………二一
族制之變 學術之變 政治之變 戰術之變

中世二

第一章 秦室興亡事略……………………二三
秦之一統、六國復興 劉項亡秦 秦之關繫
第二章 楚漢之際事略……………………二七
項羽分建諸王 漢定三秦 劉項之成敗
第三章 西漢事略……………………三一
高帝初政 文景之治 武帝之治 宣帝之治 王莽篡漢
第四章 東漢事略……………………三九
光武中興 明章之治 戚宦之禍 黨錮之獄 漢末大亂
第五章 三國事略……………………四四
三國初期情勢 孔明輔蜀 司馬篡魏 三國之亡

第六章　兩漢三國政教之大概……四八
儒學之統一　戰術之演變　道佛之流播　交通之發展
第七章　兩晉興亡事略……五〇
西晉初期之情勢　八王之變　五胡之起　西晉之亡　東晉方鎮之禍變　東晉對外之兵力
西北諸國之迭興
第八章　南北朝興亡事略……五八
劉宋事略　蕭齊事略　蕭梁事略　陳朝事略　拓跋氏事略　魏分東西　北朝齊周事略
第九章　兩晉南北朝政教之大概……六八
制度之改革　學術之盛衰　宗教之興替　地理之沿革
第十章　隋室興亡事略……七〇
隋之初政　隋之全盛　隋末諸盜
第十一章　唐室興亡事略……七三
唐初削平中原　太宗之內治　太宗之外攘　武韋之禍　開元天寶之盛衰　安史之大亂　代宗以下世次　邊圉之患　藩鎮之強　宦官之禍　黨爭之烈　唐季紛亂
第十二章　隋唐政教之大概……八四

政制之因革 學術之蔚起 宗教之林立 全亞之開拓
第十三章 五季之亂……八七
五季初期之情勢 後梁事略 後唐事略 後晉事略 後漢事略 後周事略 五季末期之衰亡

近世三

第一章 北宋興亡事略……九四
太祖政略 太宗政略 西北邊事 黨爭之起 神宗變法 北宋之衰亡
第二章 南宋興亡事略……一〇三
南渡中興 和戰之局 南宋之衰亡
第三章 兩宋政教之大概……一〇八
學制之概略 道學之緣起 學術之禁錮 宗教之流行
第四章 遼金夏之建國……一一一
遼之得志中原 金之滅遼(附)西遼 金之得志中原 蒙古滅金 西夏之始末
第五章 元室興亡事略……一一六
元初兵威之盛 世祖之內治外征 北邊諸王之叛 中葉帝位繼續之紛爭 元末大亂
第六章 元代政教之大概……一二一

第七章　明室興亡事略……一二五
明初之內治外征　土木之變　宦官之橫　大禮之議與倭寇之亂　權臣之禍　張居正之當國　東林黨議　三案之爭　魏閹之禍　流寇亡明
第八章　明代政教之大概……一三七
制度之失當　宦官之專橫　宗教之紛乘　倭寇之跳踉
第九章　清代興亡事略……一四一
太祖之崛起　太宗繼起攻明　清兵入關　臺灣三藩與遺臣　聖祖事業　準部及西藏之經營　世宗事業　用兵西北與征撫西南　高宗之內治外征　仁宗時之內變　宣宗時亂機之萌　鴉片戰爭　洪楊之勃興　英法聯軍之役　中興之治績　文宗與穆宗　德宗時之朝局　新疆之紛擾　法越之役　朝鮮之失　還遼之役　港灣之租借　臺灣之割據　戊戌政變　拳亂始末　拳亂後三案　日俄戰爭　藏約糾結　憲局譸張　民國肇興
第十章　清代政教之大概……一六二
編制之不同　學術之迭興　財用之匱乏　喇嘛之崇奉
卷二　地形編
敍言……一六五

第一章　古代九州……………………………………一六五
禹貢以前之九州　禹貢之九州　殷商之九州　爾雅九州考　周職方氏之九州　周職四履
第二章　春秋戰國疆域形勢……………………………一七三
東周之疆域　春秋各國之形勢　戰國七雄之形勢
第三章　秦漢州郡及三國分立之地位…………………一八六
秦拓關中以啟六國　漢初諸王分地之大勢　兩漢之疆域　三國分立形勢　綜論三國形勢之得失
第四章　兩晉南北朝封畛之廣狹………………………二〇七
西晉之疆域　東晉之疆域　十六國之疆域　南朝宋齊梁陳之疆域　北朝魏齊周之疆域　綜論南北朝州郡建置之淆亂
第五章　隋州郡更置及唐之分道………………………二二四
隋之疆域　唐之疆域
第六章　唐世藩鎮及五季割據…………………………二三〇
節度建國之顛末　藩鎮分建名號及其所治地　五代疆域之得失　五代南北諸國之分併
第七章　宋之分路及遼金夏建國之形勢………………二三四

宋初之疆域　熙寧以後之開拓　南宋之疆域　遼金夏之疆域
第八章　元初分省及西北拓地之次第……一四三
元之十二中書省　西北四大汗國之地
第九章　明之分司及九邊之建置……一四六
明代之疆域　兩京十三布政司之制　九邊之形勢
第十章　清代一統之制……一五一
清初盛時之疆域　道咸以來之疆域　蒙古西蕃分部表

卷三　食貨編

敍言……一五九

國用一

第一章　田野山澤之利……一六〇
禹貢誌物產　爾雅誌物產　周禮誌物產　貨殖傳誌地利　南北生計之消長　物產之種類
區域　鹽產略　茶產略　木棉產略　坑冶略
第二章　戶口之消長……一七〇
人類消長之原理

第三章　賦稅之制度……………………………………一七五
田賦與戶口稅之沿革　商稅及專賣品稅之沿革　雜稅之沿革
第四章　平準均輸之法……………………………………一八四
管仲之智計　桑宏羊之智計　王莽之失敗　劉晏之智計　王安石之失敗
第五章　家財輸助之例……………………………………一八七
國債之貸用　貲選之賤濫
第六章　歷代理財得失概略……………………………………一八九
成周以式法制財　漢代國用君用之別、隋初國計斂散之宜　唐天寶後貪吝之召亂　宋財政權分合之得失　元世祖之罔利　明季加賦之害　清前後歲計盈虛之概

農政二

第一章　井田均田之沿革……………………………………一九七
井田之原始　井田之制度、阡陌之利用　限田之害　均田之存廢
第二章　代田區田之發明……………………………………三〇一
易田之變例　代田之法　區田之法
第三章　南北之水利……………………………………三〇四

關中渠堰之利　河北水田之議　吳中湖江之利　其他水利治蹟
第四章　屯田之制度……三〇九
軍屯民屯之分　屯政利弊之分　邊地內地之分
第五章　常平社倉之法……三一三
李悝之平糴　耿壽昌之常平倉　長孫平之義倉　朱子之社倉　以常平推行和糴之法　以常平推行入中之法

錢幣三
第一章　錢法之變……三一七
單位之成立　複位之得失　短陌之流弊
第二章　鈔法之變……三二四
鈔法之緣起　宋之交會　金之交鈔　元代之鈔　明代之鈔
第三章　金銀之使用……三二八
金之盛衰　銀之用廢　銀幣新制之問題
第四章　廢錢與放鑄兩說……三三〇
廢錢之弊　放鑄之弊　錢穀雜用之解決

漕運四
第一章　關中之運……三三三
漢代漕運　隋代漕運　唐代漕運　宋代漕運
第二章　燕都之運……三三六
元開北運之道　明代運道　運河水道之概
第三章　海上之運……三三九
元代海運　海行新道　明清海運之廢興
第四章　漕運與黃河之關係……三四一
黃河上下游通運之分別　元明以來治黃卽以治運　黃河關係之利害
第五章　歷代歲漕綜數表……三四二

卷四　職官編

敍言……三四五
官制一
第一章　歷代建官之概略……三四六
上古至唐虞　夏商周三代　秦代職官　兩漢職官　三國職官　漢魏官制比較　魏齊周職

官前後因革　隋代職官　唐代職官　宋代職官　元豐以後官制　遼國職官　金國職官
元代職官　明代職官　清代職官
第二章　歷代政權之轉移……四五三
第三章　歷代功臣之封爵……四五五
第四章　歷代地方之制度……四五七
銓選二
第一章　銓選之遞變……四六二
第二章　考課之概略……四六四
周代考課　漢代考課　六朝考課　唐代考課　宋代考課　明代考課　清代考課
第三章　選舉之條例……四六八
第四章　掾屬之自辟……四七〇
祿秩三
第一章　班祿之制度……四七一
第二章　職田與幹役之並行……四八〇
第三章　祿制豐嗇之差異……四八二

卷五　刑法編

敍言……四八五
第一章　法源……四八六
不文法與成文法之證說　成文法之條例及公式　法典之名義
第二章　法典之沿革……四八九
沿革總略　李悝法經及漢九章律　魏晉改正律書　南北朝删定律書　隋唐删併律篇　唐律疏義之揭要　五代緣用唐律　宋金亦循唐律　元代至元新格　明律清律之集大成
第三章　律學名詞之解釋……五〇一
律注二十條釋義　律眼十三字釋義　律母八字釋義
第四章　刑制之輕重……五〇五
上古及三代爲制律時期　秦及漢初爲肉刑慘酷時期　漢魏以下爲管兇偏重時期　隋唐至今爲五刑規定時期
第五章　刑之類別……五〇八
死刑　肉刑　生刑
第六章　刑書之綱要……五一三

十惡　八議　六贓　三贖　公私罪　主從犯　恩常赦　加減等
第七章　司法權之分合……五一七
周之司法權　漢之司法權　唐之司法權　宋之司法權　明之司法權　清之司法權
第八章　刑之消滅……五二三
周代之赦宥　漢代之赦宥　唐代之赦宥　宋代之赦宥　元代之赦宥　明代之赦宥　清代之赦宥
第九章　監獄制度……五三〇
第十章　歷代酷刑之大略……五三三
春秋以來及秦之酷刑　兩漢之酷刑　南北朝之酷刑　隋代之酷刑　唐代之酷刑　後漢及遼之酷刑　明代之酷刑

卷六　兵政編

敍言……五三九

兵制一

第一章　周代軍賦及春秋以後之變革……五四〇
司馬制軍之法　井田軍賦之制　齊之內政　晉之新軍　楚之乘廣　秦之更卒正卒戍卒

第二章　漢南北軍與兵役徵調之法……五四六
南北軍仍秦屯衞之制　南北軍及衞郎所部編置表　番上之制及其後之變廢　繇役之制
東漢兵衞隳廢之禍
第三章　魏晉以降兵制成內輕外重之勢……五五一
魏之兵權翹於外重　兩晉宗王及州兵之禍　劉宋限制州兵　齊梁陳前後操縱之失
第四章　周齊隋唐府兵之制……五五四
周齊之際爲府兵所自基　隋及唐初府兵之增改　貞觀以來府兵措置之得宜　開元以後府
兵隳廢之由
第五章　唐禁軍方鎭之盛衰……五五七
南衙十六衞之制　北衙十軍之制　禁軍之始末　方鎭之始末
第六章　宋之四種兵制……五六〇
禁兵之制　廂兵之制　鄉兵之制　蕃兵之制　綜論宋兵冗雜之弊
第七章　遼金元蕃漢軍戶概略……五六五
遼之兵制　金之兵制　元之兵制
第八章　明京營衞所之制……五六九

上直衛親軍　京營之三變　衛所屯軍前後之重輕
第九章　清代旗營綠營制度及新軍之編制……五七三
清兵制變革之大端　八旗略說　八旗禁旅之種類　八旗駐防之分布　綠營略說　勇營隸
軍略說　水師略說　海軍略說　新軍略說
第十章　歷朝兵制異同之比較……五八三

兵學二

第一章　歷代水陸戰事之演進……五八五
古車乘之制　崇卒之所始　騎兵之起源　車戰之一斑　火攻之發明　水師之發明　軍行
航路之推廣
第二章　歷代兵器發明之次第……五九一
削石爲兵時期　弓矢利用時期　火藥發明時期
第三章　歷代戰術學之演進……五九四
握奇法爲營陣之始　司馬法與孫吳二子之概略　總論兵家四種之書

卷七　選舉編

敍言……五九七

學校一
第一章　成周學制之明備……五九八
周建四代之學　周制合於現時之敎育　周衰學權在師儒
第二章　漢以後分科立學之制……六〇〇
漢博士弟子分經而治　漢東西京皆有太學　六朝分科之學　講經與今制相合　唐代分科之學　宋代分科之學　金元明分科之學
第三章　宋元明升舍積分之法……六〇八
宋制太學三舍法　元制國學升齋積分法　明制國學分堂課業法
第四章　漢宋明三朝學界之政治運動……六一〇
東漢太學生之主持清議　兩宋太學生之排斥奸相　明季東林復社之論議時政
第五章　歷代學校盛衰總略……六一四
科舉二
第一章　總論……六一九
第二章　周代之鄉舉里選……六二〇
賓興大典取重於鄉評　王官侯國之分選

第三章　漢代之三途取士……六二一
學校科舉絕續之關係　賢良爲特舉之科　孝秀爲歲舉之科　博士弟子爲明經之科
第四章　魏晉九品中正與六朝門閥……六二四
九品中正倡於陳羣　孝秀與舉之失實　士庶階級之弊　重門閥之弊原於九品中正
第五章　唐宋元明清科目之緐變……六二八
唐制以進士科爲重　宋制以進士科爲重　元明清亦以進士科爲重　制舉之概略　論議詩賦之廢興　經義詩賦之廢興　制義策論之廢興

卷八　外交編

敍言……六三七
第一章　周代建國前漢族與外族雜處之形勢……六三八
三代夷夏之界說　春秋南北之局　戰國縱橫之策　晚周漢族與外族之混合
第二章　秦漢之統一政策……六四二
秦皇之攘斥胡越　漢衛霍之遠征　張騫之通西域　南徼新地之開拓　東征航路之交通　漢與匈奴和戰顚末　東漢與西域諸國之關繫
第三章　五胡入侵及南北朝之交涉……六四九

漢末以來塞外諸族與漢族之關繫　五胡入居之由來　南北之通使及其得失
第四章　隋唐對外政策……六五三
高麗之戡定　日本之交通　突厥之征定　吐蕃印度之形勢及其與隋唐之關繫　隋唐間東西互市　唐中葉以後回紇吐蕃南詔等外患
第五章　宋遼金之交涉……六六三
契丹之興起　北宋與遼之議和　女眞之興及宋約金滅遼　宋金交戰及宋之南渡　金與南宋之戰　紹興之和議　孝宗與金之和戰　南宋中葉與金之和戰　南宋外交之失策　宋曾蒙古滅金　宋元構衅　宋與西夏之交涉
第六章　元明對外政策……六七五
歐亞之始通　元初中亞形勢　明初南洋形勢　倭寇之騷擾　越緬之叛服　明與韃靼之關繫　明代歐人來華通商傳敎之始
第七章　清代與國內各民族之關繫……六八五
清與準噶爾之關繫　清與西藏之關繫　清與回部之關繫　清與苗族之關繫　清與臺灣之關繫
第八章　清代與諸屬國之關繫……六八九

清與朝鮮之關繫　清與尼泊爾之關係　清與緬甸之關繫　清與暹羅元關繫　清與安南之關繫　清與琉球之關繫

第九章　東西各國之交涉上……六九五

中俄之交涉　中英之交涉　中法之交涉　中德之交涉

第十章　東西各國之交涉下……七〇八

中美之交涉　中日之交涉　辛丑和約　各國之借款

卷九　文字編

敍言……七一五

字篇一

第一章　製字之起源……七一六

書契之創造　書契之作用　古文之變遷　許書有功於古文　六書之義例及次第　說文之傳受　籀篆之變遷　篆隸之變遷　篆隸與八分之區別　隸草之變遷　正書之變遷　書學之傳授

第二章　古今音韻之源流……七三五

羣經音韻　周秦諸子音韻　漢魏音韻　六朝音韻　經典釋文音韻　廣韻　唐韻　集韻

宋禮部韻　平水韻　翻切　字母　雙聲　六朝反語　三合音　宋元明諸家音韻之學　清代顧江戴段王諸家音韻之學

文篇二

第一章　上古至夏商之文學……七四六
上古唐虞之文學　夏商之文學　典墳邱索不若尚書之可信　山海經夏小正之可據　連山歸藏之解釋　夏周政刑之書　伊尹一書開諸子之源
第二章　周代至三國之文學……七五四
周代之文學　經學莫盛於孔門　說經釋經諸家之概略　尚書春秋瓶諸史之文體　漢代六家之史各有祖述　漢魏間雜史並興　周代學術豁出於史官　小說家之概略　名家之概略　縱橫家之概略　自周至魏文體之變遷
第三章　晉至陳文學總論……七六七
儒學　玄學　史學　文學
第四章　隋唐五代文學總論……七七四
意必之言　唐肆之辭　怪亂之說　隋唐譯經之盛　隋唐史學之盛　隋文有齊梁遺音　唐及五代文學之盛衰

第五章　宋至明文學總論……七八二
宋明說經多空衍義理　宋明文學多俚俗語言　宋代史學勝元明，宗文以歐曾王蘇爲首
元明之文多宗歐曾　宋元明之駢文　宋元明之詩學　宋元明之詞曲
第六章　清代文學總論……七九三
清儒之治經　清儒之治史　清儒之治諸子　清代之散文　清代之駢文　清代之詩學　清
代之詞曲

卷十　學說編

敍言……八〇七
第一章　上古製作開政教之原……八〇八
周以上學定於一尊　宗教之起原本於孝
第二章　六藝之原始……八一〇
孔子以前之六經　孔子刪定六經　孔子之道　孔學兼備師儒之長　孔子重天道　孟子得
孔門學派之正傳　荀子有功於經
第三章　老墨之道……八一五
老學爲九流百家初祖　墨學兼諸子雜說之長

第四章　孔老墨學說之比較……八一七
三家宗旨之異趣　三家宗旨之大較
第五章　周秦諸子之學派……八一九
莊荀與太史公所論學派　諸家學派至七略而始備　諸家學說以劉勰為定評
第六章　嬴秦焚書坑儒之禍……八二一
秦利用愚民政術　秦火後之遺經
第七章　漢初儒道勢力之消長……八二三
曹參定治於蓋公　竇太后絀儒術　董仲舒倡儒術統一之議
第八章　秦漢方士之言神仙……八二四
神仙基於上古之宗教　徐市之入海求仙　新垣平之言神氣　李少君之祠竈卻老　少翁欒大公孫卿之誕說　武帝求仙之徵驗
第九章　兩漢諸儒說經之旨……八二八
漢儒說經重家法　漢學聚訟在今古　漢世經學至鄭玄而始備
第十章　讖緯之說……八三一
讖緯託言於孔子　讖與緯之別　王莽班符命　光武信圖讖　桓譚張衡力排讖說　隋代焚

毀讖緯書籍　論讖緯之得失
第十一章　魏晉南北朝說經諸儒……八三五
魏晉經學開南朝先聲　南北經學之不同　北學重師法　南學精三禮　南北學派之相通
第十二章　六朝之玄學……八四〇
王何祖述老莊　治玄學者之風流　東晉風教之頹敝　蕭梁盛談玄理　學術與世運相倚伏
第十三章　道教之發達……八四三
道教丹鼎符籙玄理三派之始　元魏時之道教　蕭梁時之道教　道家三派之糅合
第十四章　佛學之發達上……八四六
佛教之創立　漢代佛教之東漸　佛圖澄及鳩摩羅什之譯經　衞道安之傳教　後魏佛教之廢興　江左佞佛之風　周隋間佛教之廢興
第十五章　佛學之發達下……八五〇
釋家之宗派　佛教隆盛之原因
第十六章　唐代儒道佛三教之爭……八五四
孔顏諸儒之經說　唐諸帝之崇信道教　傅奕韓愈之闢佛　趙歸眞之以道排佛　道佛二家論化胡經之是非

第十七章　西教之東漸……八五七
祆教　景教　摩尼教　天方教
第十八章　理學之流派上……八六〇
理學之緣起　安定泰山爲宋學導師　濂溪橫渠之學　明道伊川之學　百源數理之學　朱陸之異同　南軒東萊及永嘉諸子之學
第十九章　理學之流派下……八六五
元代北方之學傳於趙復　陳白沙王陽明自立心傳　兩宋學術之禁黜
第二十章　宋世天書天神之誕說……八六九
眞宗天書之作僞　神鬼之夢囈　徽宗天眞之降靈　道士之信用
第二十一章　元明清西藏之佛教……八七二
元尊帕克巴爲國師　西僧之恣橫　明時宗喀巴創行黃教　達賴班禪二大弟子之相承　蒙古黃教之分支　金奔巴瓶之制
第二十二章　清代漢宋學之派別……八七六
綜論學術變遷之大概　清初遺老之倡學　二陸恪守程朱之學　惠戴方姚爲漢宋學之宗　常州今文學之盛　漢宋二派之歸於實用

中國通史 卷一

總編

敘言

歷史者，國家隆替分合之樞軸；制度文物，得藉之以資考鏡，而爲人類進化比較之學問也。然欲知隆替分合之由來，則不能不先就本國歷史研究之。歷史之範圍，各國學者觀察不同：德意志學者海爾漫洛旦氏，謂歷史上有五種之見解：曰智力，曰工業，曰美術，曰宗教，曰政治，此一說也；英吉利學者又大別之爲三：曰德義，曰智力，曰生產，此又一說也。要各就其本國之觀察而得也。茲研究本國之範圍而亦得其五焉：（一）民族。原夫中土民族，自西而來，立國於黃河流域，號曰華夏，而東朝鮮，西回藏，及越南緬甸遺氓，猶犂面嚮內，而震先聖之聲靈者，皆華族也；餘則南苗、北胡、西羌而已。（二）地勢。古有大九州之稱，所包至遠，自炎漢而後，則由黃河流域而及於長江流域矣；自近百餘年，則由黃河長江流域擴而至於閩粵江流域矣。（三）國統。虞夏以前，爲官天下；夏禹以後，爲家天下，其間征誅雖搬局，而皇位繼承仍重血統。（四）學術。孔子之道，既集三代之大成，而亦爲百世所宗仰；後乎此，佛教輸入，國人之思想亦受其影響。（五）社會。古人有言曰，歷史本社會之傳記，吾國社會狀態，至爲複雜，而究其大概，則貴賤之階級太分，生計之程度日進而已。依其演進，區而畫之，大致可分爲三世：自三五而迄姬周，曰上古；自嬴秦而至隋唐，曰中古；自宋逮清，外交漸繁，事勢所趨，莫能相遏，是曰近世。茲擬以三世彙纂總編，復爲量事區類，舉地形、食貨、職官、刑法、兵政、選舉、外交、文字、學說，次爲分編。雖不敢謂已盡隆替分合之原，然提綱挈領，於歷朝政事之得失，與其風俗之隆汚，亦足少闚涯涘矣。輯總編。

上世一

第一章　三皇五帝事略

三五之說

夫開闢之事，荒渺難稽，通常言古史者，多以伏羲氏爲斷。渾沌既開，三皇繼起，天皇澹泊化俗，始制干支；地皇定三辰，分晝夜，制日月；至人皇氏，則相山川，分九區，淳風沕穆，主不虛王，臣不虛貴，君臣以定，政教以興，飲食男女以肇。當日者九皇、五龍、攝提、合雒、連通、敍命八十六君，自是循蜚、因提、禪通、疏仡，皆有世次可紀。稽其所存，則矩靈揮五丁而反山川，竟開闢未竟之功；泰壹調鴻氣而正神明，盡陰陽不盡之變；辰放茹皮綢髮，民漸冠裳；有巢構木爲巢，害遠蟲豸；燧皇氏作，鑽木取火，烹飪利興，作結繩之政，立傳教之臺，交易起而人情以遂；女媧氏興，革亂補天，五常攸復，造通俗之笙，製一音之管，琴瑟調而情樂兼和。其他亦皆神靈制作，以前民用。然世遠年湮，說多茫昧不可考。宋牧仲、鄭樵，斷以太昊、炎帝、黃帝爲三皇，而以少昊、顓頊、帝嚳、堯舜爲五帝，其說較爲可信。

伏羲神農政績

伏羲一名少皞，風姓，都陳。（今河南淮陽縣）德合上下，日月象其明，龍馬河圖神其應。始畫八卦，教民佃漁畜牧，以龍紀官，造書契，搬干戈，文武咸備，又配干支作甲子，以爲曆象之宗，正姓氏，制嫁娶，以正人倫之本，萬古文明，實始基之。帝崩，傳十五世，凡一千二百六十年。神農亦名炎帝，姜姓，都陳，遷曲阜。（今山東曲阜縣）樸重端慤，始藝五穀，制耒耜，嘗百草，作方書，以火紀官。其俗不忿爭而財足，無制令而民從，東至暘谷，西至三危，南至交趾，北至幽都，普天率土，喁喁如也。既崩，傳至八世，榆罔負固，諸侯離叛，凡五百二十年而黃帝氏作。

黃帝以下世次

黃帝名軒轅，姓公孫，修德振兵，戰阪泉而榆罔降，戰涿鹿而蚩尤僇。以雲紀官，委任風后力牧常先大鴻大山稽，而天下以治。乃攬前世制作之意，命容成作渾天，隸首定算數，倉頡制六書，握奇衍陣法，大撓置甲子，伶倫造律呂，復製弓矢鉦鞞，以建六師，立步制畝，以定井田，畫野分州，以營國邑，廣宮室，垂衣裳，興貨幣，制舟車，咨於岐伯，而作內經。其元妃西陵氏教民蠶桑，以治繭絲。先儒謂其世爲文明之漸，信然。帝崩，子少皞嗣業。

少皞金天氏，己姓，都曲阜，以鳥紀官，立磬鼓以通山川，作大淵而諧神人，及其衰也，九黎亂德。既崩，弟昌意子顓頊立，號高陽氏，姬姓，都帝邱，（今河北濮陽縣）以民事紀官，命南正重司天，而鬼神治，命北正黎司地，而綱紀明；革九黎之亂，作承雲之樂，以建寅之月爲歲首，其時五星會於營室，鳥獸萬彙，莫不應和。既崩，少皞之孫帝嚳高辛氏立，都亳，（今河南偃師縣西）郁郁嶷嶷，修其身而天下服。惜闇於立嗣，使荒淫之摯，履至尊而制六合，九年而廢，其亦幸矣。帝嚳凡四子：元妃姜嫄生棄，次妃簡狄生契，各爲商周祖；三妃慶都生堯，四妃常儀生摯，諸侯廢之而尊堯。自黃帝至此已五世，凡三百五十三年。

帝堯政績

帝堯陶唐氏，都平陽，（今山西臨汾縣）土階茅茨，昭其儉；不虐不廢，昭其慈；始命羲和氏治曆象，置閏法。在位六十一載，洪水汎濫，使鯀治之，九載無功，復察共工有滔天之罪，舉虞舜於側陋之中，歷試之以爲賢，俾攝政。舜用鯀子禹治水，禹隨山刊木，先治河，始壺口，（山名山西吉縣西南）瀹濟自沇水，（卽濟源河南濟源縣王屋山出）導淮自桐柏，（山名河南桐柏縣）導江自岷山，（四川茂縣北）使北條之水入河濟，南條之水入江淮，並注於海，號爲四瀆。於時平章昭明，協和於變，所以康衢有謠而華封有祝也。在位百有一年而崩，天下不歸其子朱而歸舜，舜於是踐天子位。

帝舜政績

帝舜有虞氏，姚姓，都蒲坂，（山西永濟縣）以陶漁耕稼之夫，升聞在位。初代堯攝政，罪四凶，舉元、愷，賞罰大明，天下咸服。於是詢四岳，命九官，齊七政，輯五瑞，設旌陳鼓而言路開，藏金捐珠而儉德著，干羽兩階而有苗來格；簫韶九成而鳳凰來儀；地平天成而庶績咸熙矣。其子商均不肖，在位三十有二載，命禹攝位，閱十七年，舜崩，禹踐天子位。自黃炎以降，神明之冑，騈武以登天位者，猶世承也。雖顓頊以昌意子而嗣金天，帝嚳以少昊孫而繼高陽，非盡守傳子之法，然傳流雲昆，獨保初旨。至堯以天下付舜，始開禪讓之局焉。虞夏雖亦禪讓，而舜與禹同爲顓頊之後，則連衍而接緒者，猶是軒轅之苗裔也。要之天命去留，即彼舍此之際，得人而遂授之，與者受者，兩無容心焉，蓋即聖人公天下之心也。

第二章　古代文化發生次序

游牧時期

上古穴居野處，小民生活，逐捕禽獸，茹者毛，飲者血，衣者皮革，第知有母而不知有父，此漁獵時代也。人類進化，第一期必使知養生之術，君民之道，莫大乎養，而教即行其中。庖廚之不充也，伏羲教以佃漁畜牧。男女之無別也，復制嫁娶，以儷皮爲禮，而民始不瀆。於是家室之制，隨之以立。

耕稼時期

室家既立，生齒日繁，僅資游牧，非所以爲養也；是以神農因天時，相地宜，斷木爲耜，揉木爲耒，闢草莽，設農官，藝五穀。黃河流域，川原平衍，土地肥饒，尤便於種植焉；農事大興，此耕稼之時代也。夫舍逸就勞，人事之進步也，視茹草木而食禽獸，其新機已啓矣。

制作時期

民既脫游牧趨耕稼，生養之道漸備矣。然其時狉獉未化，人生皆不識不知，至黃帝氏而制作大啓。譬如登高由下，漸至於上；譬如行遠自邇，漸及乎遐；此進化之說也。而世物之變更，運會之遞易，亦莫不皆然。既至制作時代，自陰陽五行之宜，射御書數之術，窮天極地，殫形盡色，靡不具焉；誠生民以來一大觀已！雖然，其間有一事最關於歷史之光榮者，則戰勝外族是也。蚩尤以蠻夷大長，乘榆罔之衰，阻兵怙亂，作刀戟大弩，以暴虐天下。帝乃徵師諸侯，與戰於涿鹿之野。蚩尤作大霧，軍士昏迷，帝爲指南車以示四方，遂禽而僇之，是爲南北種族一大競爭，而華族之得以奠居黃河流域上由此始也。

平成時期

由耕稼時代進而爲制作時代，使其間無梗而阻之者，則文明之進步，何可限量？乃洪水之禍，懷襄昏墊，是誠爲進化一大阻厄矣；及禹繼鯀而治，窮八年之力而後平之，四瀆修而民始宅土，號爲平成時代。論郅治者，舍唐虞莫屬。夫自天皇以無爲闢治，伏羲以一畫開天，炎黃二帝文明漸起，至是始啓執中之傳，闡精一之訓，而斯文大明，如日中天，一元文明之會，不在茲乎？

第三章　夏商周事略

禹啓建國之遠謨

夏禹，姒姓，顓頊孫鯀子也。以邁種之德，始封夏伯，故曰伯禹。受舜禪，國號夏，天下宗之，故曰大禹。以金德王，都安邑（山西安邑縣），以建寅月爲歲首，改載曰歲，封丹朱於唐，商均於虞。立貢法，建學校，養耆老，定車制，作大夏樂，以五聲聽治。泣罪人，絕旨酒。會諸侯於塗山，承唐虞之盛，執玉帛者萬國。維時淮江之間，苗族雜處，禹平洪水，復率令征苗，苗衰，至是華族勢力侵及長江流域矣。禹崩，子啓象賢，家天下而嗣位，享諸侯於鈞臺。（河南禹縣）有扈（陝西鄠縣）不道，載主親征，人心敵愾；帝則增修於德，無勤兵於遠，卒之天用勦絕，則帝之奮發有爲可知也。天啬其齡，享國不永，惜哉！一姓相承，家天下之局，遂自此而定。

夏祚之興絕

太康尸位，逸豫滅德，遊畋弗返，逆羿操戈，鬱陶於心，顏厚忸怩，蓋帝之自取爾。國既失，寄都陽夏，（河南太康縣）。傳至仲康，猶能命胤侯而收既倒之兵權，征羲和而翦已成之羽翼；終帝之世，羿不敢逞，亦似有大過人者。子相嗣，逼於羿，徙商邱、（河南商邱縣）依斟灌（山東壽光縣東北）斟尋氏，（山東濰縣東）征畎夷，（九夷之一）七歲來賓。八歲，羿臣寒浞殺羿，羿自鉏還窮石，因夏民以代夏政。迺天道好還，卒爲其下寒浞所殺，遂起師滅斟灌、斟尋以弒相。相后緡方娠，奔有仍，（山東濟寧縣）生少康。少康既長，自仍奔虞，（河南虞城縣）虞君妻以二姚，而邑諸綸，（虞城東南）有田一成，衆一旅，能布其德，而兆其謀，以收夏衆，撫其官職，委任遺臣靡，恢復禹績，揮戈於過而澆誅，揚鑣於戈而豷滅，元凶克殄，夏道復興。論者謂少康爲歷代中興冠，寔其然乎？

夏桀之滅亡

少康七傳至孔甲，淫亂而信鬼神，夏道始衰。又三傳至履癸，是稱曰桀，尤爲不道，寵有施氏女妹喜，爲瓊室、象廊、瑤臺、玉牀，又爲肉山、脯林、酒池，淫縱無度。愛民節用之規進，而龍逢見殺；鑿池苑宮之諫入，而終古奔商。時商湯德聞諸侯，桀惡之，囚之夏臺，既而得釋。湯以國人之苦桀也，會諸侯伐之，戰於鳴條；（在安邑縣）桀敗，走南巢，蓋至是而四百三十九歲之夏社墟矣。

（附）夏代帝系表　凡十七王十四世

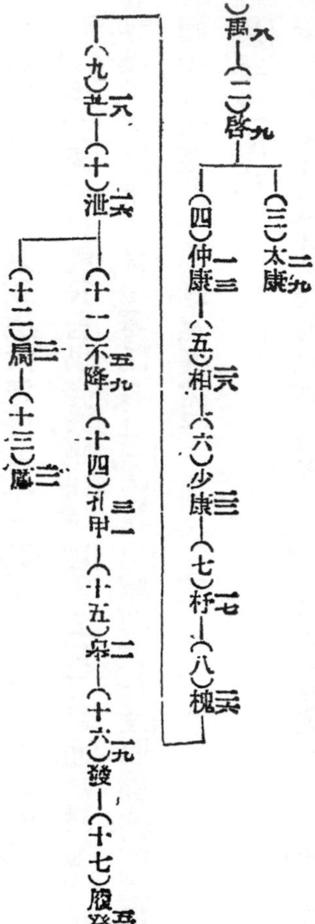

商道之盛衰

商湯名履，先世曰契，子姓，封於商，（陝西商縣）自契至成湯八遷，湯始居亳。（湯即位都南亳後徙西亳）改建丑月爲歲首，歲曰祀，大誥諸侯，以伊尹仲虺爲相。立禹後及古聖賢之裔，封孤竹等國有差。制爵祿，立助法，建學校，制官刑，製風愆之訓，爲諸器之銘；鑄莊山之金，作大濩之樂，立六百祀之章程，開十六傳之統緒，上繼堯舜，下啓文武，夫豈有慙德也哉！湯崩，子太丁早卒，伊尹奉太丁子太甲即位，實爲太宗；習與性成，欲敗度，縱敗禮，尹放之於桐。（山西聞喜縣西南）三年，處仁遷義，復歸亳，益修厥德，諸侯咸服，百姓以寧。沃丁委任若單，尊崇伊訓，稱太平之治。太庚以弟繼兄，遂啓亂源。小甲雍己不能綱紀庶政，商道寖衰。中宗太戊以伊陟（伊尹子）臣扈巫咸爲相，大修成湯之政，此一中興也。仲丁亳都河決，爰遷於囂，自是而後，廢嫡階亂，諸弟爭立，禍延九世，外壬嗣服。至河亶甲而帝都再徙於相。祖乙復遷於耿，(山西河津縣有耿城) 簡相巫賢，(巫咸子) 諸侯賓服，天下太和，此亦一中興也。祖辛以來，爭於奢侈，沃甲、祖丁、南庚三世，爭奢相尋。陽甲崇侈宮室，民居墊隘，諸侯不朝，商道復衰。至盤庚，苦河患，累徙都，至是南居亳，改國號殷；行湯之政，殷邦嘉靖，此又一中興也。小辛小乙，再世不競。武丁相甘盤，舉傅說，朝重譯，克鬼方，此又一中興也。蓋商道於是四衰四振矣。既武乙都朝歌，(河南淇縣) 最後有紂辛之無道。

殷紂之滅亡

紂之亡國也，事與桀相類；桀寵妹喜，而紂嬖妲己；桀為瓊室、瑤臺，而紂則瓊其室而玉其門；桀為肉山、脯林、酒池，而紂則池其酒而林其肉；桀殺關龍逄，而紂殺比干；桀囚湯於夏臺，而紂則囚文王於羑里。(河南湯陰縣) 至斮朝涉之脛，作炮烙之刑，剝喪元良，刳剔孕婦，鹿臺貫朽，鉅橋粟紅，自絕於天，結怨於民，則罪浮於桀矣。故岐山之師一興，孟津之會旋合，白旄黃鉞，向闕稱戈，血浸朝歌，身作燬燼，蓋至是而六百四十四年之殷社墟矣。

(附)商代帝系表 凡二十八王十六世

(一)湯 三 ─ (二)太甲 三三
 ├ (三)沃丁 二九
 └ (四)太庚 二五
  ├ (五)小甲 一七
  └ (六)雍己 一二

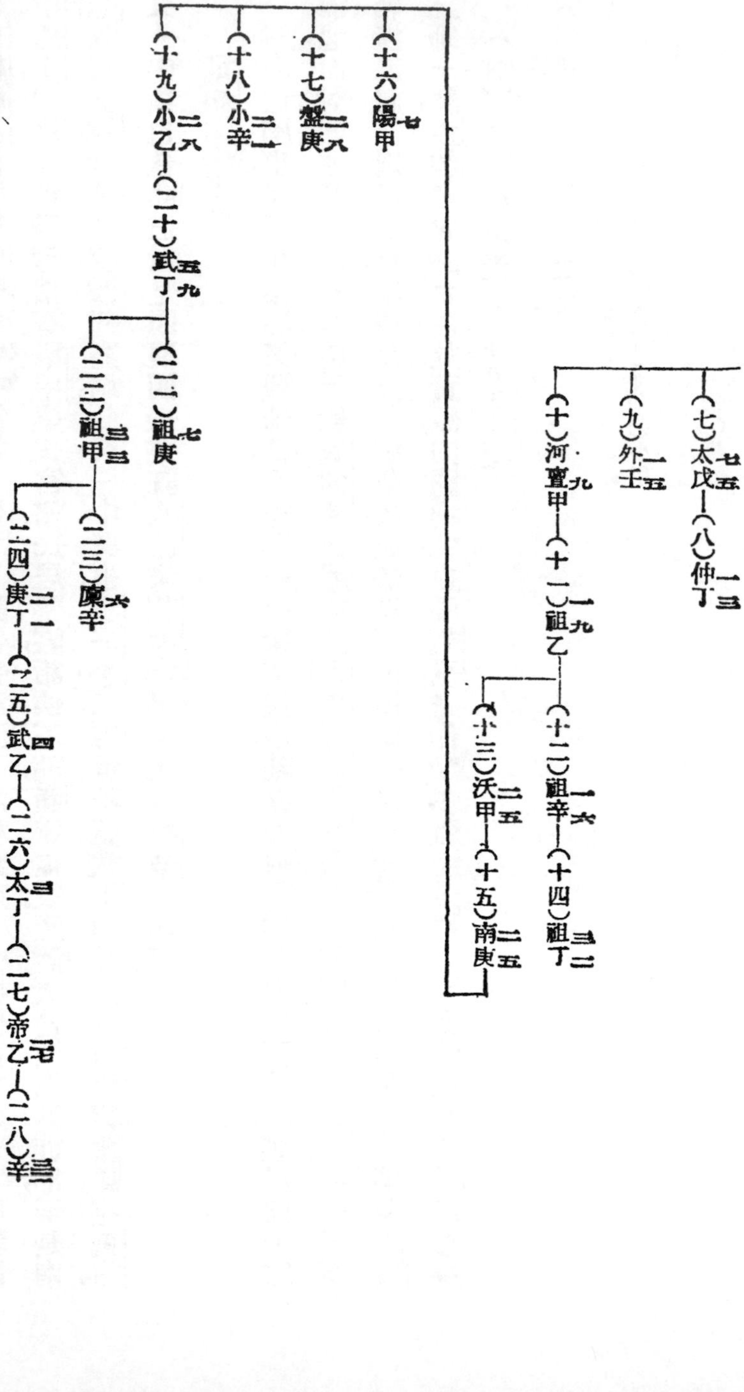

西周之世

周自姜嫄履跡生棄，號曰后稷，姬姓，封有邰。（陝西武功縣西南）教民稼穡，俾民不飢。子不窋失官，自竄於戎翟之間，孫鞠陶，生公劉，能修后稷之業，遷國於豳，遂成沃壤。十三傳至亶父，再徙岐，國號周。終南雍隴之區，王氣所鍾，拔木通道，民如歸市，肇基王迹，實始翦商，誠非誣也。紂之亂，西伯昌伐崇，（崇國陝西鄠縣地）始都豐。子發，克商有天下，遷鎬，（陝西長安縣西）是爲文王、武王。武王大封建諸侯於天下，追王太王、王季、文王，遂定諡法，以建子月爲歲首，改祀曰年，立徹法，受丹書之戒，作銘自警。訪道於箕子，作大武樂，雖其「反之」之聖，或亞「生」「安」，然拜尙父而受書，師箕子而訪範，虎賁綴衣，時加警惕，戶牖几杖，皆有銘箴，則武王之所以爲武者，豈偶然哉？及崩，成王（名誦）襁褓，不能莅祚，周公（名旦）負扆委裘，制禮作樂。管蔡流言，挾紂子武庚叛，公討平之。乃作立政，遷殷民於洛邑，蒐於岐陽，因盟諸侯，復營東都。（河南洛陽縣西）自陝以東，周公主之；陝以西，召公主之。周召夾輔，王業大隆。康王即位，（名釗）偏告諸侯，申明文武之業，朝諸侯於酆宮。史稱成康之際，天下太平，四十餘年，刑措不用，信哉！昭王（名瑕）舟膠楚澤，周道陵夷。穆王（名滿）西巡，徐戎僭叛，迄於夷王，（名燮）下堂見諸侯，而周始衰。厲王（名胡）繼之，淮寇陸梁，民亦勞止矣，顧不思惠綏之道，而乃縱詭隨，致憯怨，挾百倍之欲，畜榮夷以竭民財；恃三尺之威，置衞巫以防民口。民之怨者，道路以目，卒至赤子弄兵，出居於彘。（山西霍縣）孔子云：我觀周道，幽、厲傷之，豈不悲歟！宣王（名靖）崛起，周召協和理政，號曰共和，內修政事，外伐四夷，命秦仲征西戎，命南仲伐玁狁，（北狄）命方叔討荆蠻，命召虎平淮夷；車駕親征徐戎，繇是文武之政，燦然復興，諸侯宗周，會於東都，誠可謂中興之主矣。乃勵志初年，墜志晚節，君子惜之。子幽王（名涅）立，寵褒姒，廢適立庶，申侯以犬戎入寇，遂弒王驪山下。（陝西臨潼縣）周室自此東遷。

東周之世

自東遷以前，爲成康，爲文武，自東遷以後，則爲春秋、戰國，此誠一消長升降之交會也。平王畏戎遠避，遷都洛邑，豐鎬千里，宗社蕩然。當是時，秦作鄜時，而僭端已著，魯請郊禘，而王命已違，周鄭交惡，起師入寇，繻葛（即長葛）一戰，王師敗績；自是而政教號令，不行於天下，此二百四十年春秋所繇託始歟。桓王（名林）助沃逐翼，乾綱不振；晚年以王子克屬周公黑肩，而惑辛伯亂本之諫，致使莊王（名佗）嗣立，黑肩隱不軌之謀，辛伯討亂，周室賴以不搖，亦云幸矣。奈何桓王已誤，莊王再誤，嬖王姚，寵子頹，復尋覆轍，以開大釁也。在位五年，僅亦守府而已。況又荆熾南，狄橫北，戎介河山之間，賴齊桓尊周攘夷，申罪召陵，而荆懾；陳師聶北，而戎弭；其翊戴之功，誠有足多者。然以王位相爭，至惠王（名閬）有子頹之亂，襄王（名鄭）有子帶之亂，敬王（名匄）有子朝之亂，皆以母弟起兵奪國。頹之亂，惠王假鄭虢之援，誅頹復位，卒以虎牢（河南汜水縣）界鄭，酒泉（今陝西大荔縣）界虢，時齊雖爲霸主，莫能救也。至子帶亂作，晉文方謀稱霸，乃以右師圍溫，左師逆王，討平王室，被賜陽樊、溫、原、欑茅之田，晉始啓南陽。（河南沁陽縣）然以兩次內亂，而黃河緣岸腴險之區，割棄殆半。其後敬王爲子朝所偪，狄泉姑蕕，奔走不暇，賴晉之力，逐子朝，而都成周（今洛陽縣東），自是天下大勢，遂入於戰國，而天子拱手而已。至考王（名嵬）以王城故地，封弟揭於河南（即東都洛邑），號西周桓公；桓公之裔，別封於鞏（河南鞏縣），號東周惠公，是爲東西二周。此固不在王數，威烈繼位，九鼎震動，天示災異，紫陽綱目所爲託始於此也。七傳而至赧王（名延），微弱已甚，東西二周，分制周事，時有西周武公與赧王奔秦獻地，後二年，秦遷東西二周而滅之。而八百六十七年，蒼姬之數盡矣。周自武王受命，歷二百七十年，有彘之變，宣王中興，至於戎難，又七十年，而周轍東。東周當平王之四十九年，入於春秋，於是爲春秋時代者二百四十二年爲戰國時代者二百三十年，而爲秦所滅。

（附）周代帝系表 凡三十七王三十三世

（一）武王六 —（二）成王三七 —（三）康王二六 —（四）昭王二五 —（五）穆王五五 —（六）共王一二 —（七）懿王二五 —（九）夷王一六 —（十）厲王五一 —（十一）宣王四六

（五）穆王 —（八）孝王一五

（十一）宣王 —（十二）幽王一一 —（十三）平王五一 —太子洩父 —（十四）桓王二三 —（十五）莊王一五 —（十六）僖王五 —（十七）惠王二五 —（十八）襄王三三 —（十九）頃王六

（十九）頃王 —（二十）匡王六

（十九）頃王 —（二一）定王二一 —（二二）簡王一四 —（二三）靈王二七 —（二四）景王二五

（二四）景王 —（二五）悼王不踰年

（二四）景王 —（二六）敬王四八 —（二七）元王七 —（二八）貞定王二八

（二八）貞定王 —（二九）哀王不踰年

（二八）貞定王 —（三十）思王不踰年

（二八）貞定王 —（三一）考王一五

（三一）考王 —（三二）威烈王二四 —（三三）安王二六

（三三）安王 —（三四）烈王七

（三三）安王 —（三五）顯王四八 —（三六）愼靚王六 —（三七）赧王五九

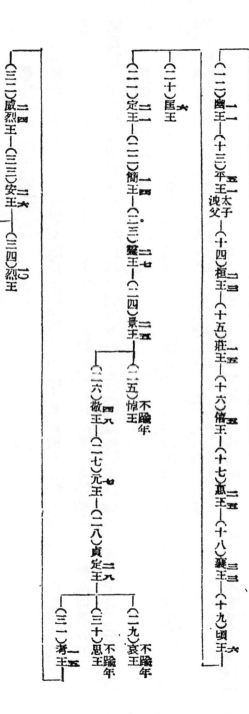

第四章　春秋分併事略

春秋十四國之盛衰

禹會諸侯於塗山，玉帛萬國；至湯受命而三千，至周而千八百；沿及春秋之初，尚有一千二百國。訖獲麟之末，二百四十二年，弑君三十六，亡國五十二，其餘奔走不保社稷者，不可勝數，見於春秋經傳者百有七十國焉，百三十九知其所居，三十一盡亡其處，蠻夷戎狄，不在其間。茲將同異姓諸侯可考者十有四，分述左方：

同姓諸侯之盛衰

（一）曰魯，公國，都曲阜（山東曲阜縣）。為魯所滅者九國：極（山東魚臺縣）、向（今山東莒縣）、邿（今山東濟寧縣）、鄅（今山東臨沂縣）、須句（今山東東平縣）、鄟（今山東郯城縣）、鄫（今山東嶧縣）、顓臾（故城在今山東費縣西北七十里）、根牟（今山東沂水縣）是也。戰國時為楚所滅。

（二）曰衛，侯國，都朝歌（今河南洪縣）。為衛所滅者三國：共（今河南輝縣）、邢（今河南湯陰縣東南一說在今洪縣）、庸（今河南新鄉縣）是也。至秦二世始絕。

（三）曰晉，侯國，都唐（今山西太原縣北），累徙新田（今山西曲沃縣西南）。為晉所滅者二十有九國：沈、姒、蓐、黃（以上並在山西境）、韓（今陝西韓城縣南十八里）、魏（今山西芮城縣東北）、虞（今山西平陸縣東北六十里）、西虢（今河南陝縣）、樊（今河南濟源縣）、原（同上）、溫（今河南溫縣）、梁（今陝西韓城縣）、賈（今陝西蒲城縣西南）、冀（今山西河津縣）、荀（今山西臨晉縣）、霍（今山西霍縣）、楊（今山西洪洞縣）、焦（今河南陝縣）、滑（今河南偃師縣）、彭衙（今陝西白水縣）、邢（今河北邢臺縣）、潞（今山西長治縣）、留吁（今山西屯留縣）、鐸辰（長治縣）、甲氏（今河北雞澤縣）、肥（今河北藁城縣）、鼓（今河北晉縣）、陸渾（今河南嵩縣）、無終（山西東境）是也。後為韓、趙、魏三家所分。

（四）曰鄭，伯國，都新鄭，（今河南新鄭縣，桓公始封在今陝西華縣，後徙此）為鄭所滅者四國：東虢、（今河南汜水縣）檜、（今河南密縣）管、（今河南鄭縣）許、（今河南許昌縣）是也。入戰國，為韓所覆。

（五）曰曹，伯國，都陶邱。（今山東定陶縣）春秋役於晉，入戰國，為宋滅。

（六）曰蔡，侯國，都蔡。（今河南上蔡縣）春秋時，先後為吳楚附庸，累徙都。入戰國，為楚滅。

（七）曰吳，子國，都梅里，（今江蘇無錫縣東）後徙吳。（今江蘇吳縣治）為吳所滅者五國：州來、（今安徽壽縣）鍾離、（今安徽鳳陽縣）巢、（今安徽巢縣）徐、（今安徽泗縣）鍾吾（今江蘇宿遷縣）是也。越起，遂覆其國。

異姓諸侯之盛衰

（一）曰齊，姜姓，侯國，都營邱，（今山東昌樂縣東南）累徙臨淄。（今山東臨淄縣）為齊所滅者九國：陽、（今山東沂水縣）祝、（山東長清縣）紀、（山東壽光縣）宿、（今山東東平縣）譚、（今山東歷城縣）遂、（今山東寧陽縣）介、（今山東膠縣）牟、（今山東萊蕪縣）萊（山東蓬萊掖縣等地）是也。後為田氏所篡。

（二）曰宋，子姓，公國，都商邱。（今河南商邱縣）為宋所滅者六國：杞、（河南杞縣）戴、（今河南考城縣東南五里）蕭、（今江蘇蕭縣）彭城、（今江蘇銅山縣）偪陽、（今山東嶧縣）曹（今山東菏澤縣）是也。入戰國，為齊所覆。

（三）曰陳，嬀姓，侯國，都宛邱。（今河南淮陽縣）役於楚，為楚滅。

（四）曰許，姜姓，男國，都許，（今河南許昌縣）累遷徙，役於鄭，為鄭滅。

（五）曰秦，嬴姓，初為附庸，東周時始列諸侯，伯國，都汧，（今陝西隴縣南）累徙雍。（今陝西鳳翔縣）為秦所滅者七國：杜、（今陝西長安縣）鄭、（今陝西華縣）小虢、（今陝西寶雞縣）芮、（今陝西大荔縣）驪戎、（今陝西臨潼縣）邽、（今甘肅天水縣西北）西戎（今甘肅東境）是也。終春秋世，不得志於中國；入戰國，國力始厚。

（六）曰楚，羋姓，子國，都丹陽。今湖北秭歸縣東南為楚所滅者，四十有三國：鄀、今湖北宜城縣羅、同上穀、今湖北穀城縣鄖、今湖北鍾祥縣貳、今湖北應山縣軫、今湖北應城縣絞、今湖北鄖縣州、今湖北監利縣蓼、今河南泚源縣南九十里那、今湖北荊門縣息、今河南息縣申、今河南南陽縣呂、同上鄧、今河南鄧縣夔、今湖北秭歸縣鄾、今湖北襄陽縣權、今湖北當陽縣弦、今湖北蘄春縣黃、今河南潢川縣鄀、今湖北宜城縣項、今河南項城縣英、今安徽六安縣六、同上蓼、今安徽霍邱縣宗、今安徽合肥縣麇、今湖北鄖縣庸、今湖北竹山縣道、今河南確山縣柏、今河南西平縣西有柏亭故柏子國房、今河南遂平縣沈、今河南汝南縣蔣、今河南固始縣潁、今河南息縣舒蓼、今安徽舒城縣舒庸、同上舒鳩、同上唐、今湖北隨縣不羹、今河南襄城縣頓、今河南商水縣胡、今安徽阜陽縣陳、今河南淮陽縣盧戎、今湖北南漳縣戎蠻今河南臨汝縣是也。自吳興，破楚入郢，賴秦人救之，昭王始復國；然其後終敗於秦。

（七）曰越，姒姓，子國，都會稽今浙江紹興縣至允常稱王，始見於春秋，後為夫差所敗；勾踐報之，卒以沼吳。入戰國，滅於楚。

霸業之終始

春秋二百四十年間，列國最著者十四；然矯激奮起，實惟鄭、齊、晉、秦、楚、吳、越七國。繻葛一役，為春秋之大變。鄭於周室，最親密，邇畿甸，正宜帥先諸侯，以奉王命；迺因王畀虢公政，遽興師入寇，又拒王逆戰，無君之罪著矣。嗣是中原諸侯，數興征伐。當是時，楚文王武王蓄意北略，漢上諸姬，薦食殆盡。齊桓創霸，會師伐楚，仗義執言，楚人懾服，衣裳會九，兵車會四，天下咸知尊周而攘夷。宋襄不足言霸。繼此而起者，惟有晉文。踐土之盟，赫然震其功以張赤縣幟。襄公承業，再戰破秦，晉之勢力，亦云盛已。然葵邱束牲，而小白求三脊之茅；城濮館穀，而重耳爲隧道之請，王靈不振，具贅卒荒。楚莊之霸，觀兵周疆，問鼎輕重，敗晉於泌，楚勢復振。晉用申公巫臣之策，繇此通吳制楚，悼公繼霸，三駕而楚不敢爭，是以天下大勢，不在晉則在楚，晉楚衰而吳越起。夫差敗越夫椒，吳於是用兵齊魯，會晉黃池，而晉不敢與爭盟長；吳猶恐齊宋害己，使公孫駱告勞於王，黃池之會未終，而越已入吳，以兵渡淮，會諸侯於徐州，而亦致貢於王，號令齊楚秦晉，皆輔周室，誠不愧霸王哉！要之未有霸以前，鄭最跋扈，諸侯相制，權不下移；既有霸以後，霸者僅以虛名奉之，而公然攫取大權以去，此前後霸國代興之略也。自是而後，春秋變而爲戰國矣。

第五章　戰國分併事略

戰國七雄之盛衰

周自西轍轉東，王迹掃地，威烈之際，泯棼尤甚，三晉强梁，弁髦其君，瓜分其國，而九鼎大震，司馬光以命三家爲諸侯，歸咎於天子之壞禮，而紫陽作綱目，亦託始於此，以見壞法亂紀所自繇。是時田氏代齊，燕起河北，與西南秦楚，號爲七雄，虎攫狼吞，未聞有西歸以受好音者，而宇內封邦，亦自此無能幸存矣。茲分述於下：

（一）曰趙，都晉陽，（山西太原縣）梟徙邯鄲，（今河北邯鄲縣）蘇厲所謂萬乘之彊國也。初晉有六卿；范氏、智氏、中行氏與韓、趙、魏，並擅國政。厥後范氏中行氏亡，并六爲四，而智氏獨彊，且率韓魏以攻趙晉陽，被圍，智氏益驕縱。韓魏懼禍及己，潛與趙共圖智伯，三家分晉自此始。時洛陽蘇秦倡六國合從之說，趙實主謀，以蘇秦爲從約長，合討虎狼之秦。傳至武靈王父子，秦屢挫而趙稱極盛焉。乃自白起坑降卒四十萬，國勢漸衰，然以廉頗李牧在，秦尚忌之未敢動也。至斥廉誅李，王遷被虜，代王嗣立四年，爲秦所滅。六國唯趙戰秦最力，亦最利；惜趙竟先魏而亡。

(二)曰魏，都安邑，後徙大梁。(河南開封縣) 地方千里，衛鞅所謂魏居嶺阸之西，獨擅山東之利者也。自桓子滅智氏，子斯立，以魏成爲相，吳起爲將，卜子夏田子方段干木爲師，克中山，(河北定縣) 拒秦韓，河山以東諸國，聲勢無如魏者。是以蘇秦爲諸侯謀，必首存魏；衛鞅爲秦謀，必先削魏。乃秦用鞅言，銳意經營，頻年克敵，魏乃力敝於所爭，勢詘於所守，幾不可以歲月支。季有信陵飛仁揚義，日夜謀所以救趙弱秦，果能始終倚仗之，安見不可用寡而捍疆？乃秦行萬金爲間，魏果疏而不用。韓趙既亡，秦起兵引河溝以灌大梁，卒爲秦所滅。

(三)曰韓，都陽翟。(今河南禹縣) 地方千里，范雎所謂天下之樞也。康子之子武子虔，既列於諸侯，併鄭而有國，徙都之。至昭侯，用申不害爲相，內修政治，外應諸侯，天下稱爲彊國。後屢覂於秦，勢益弱，至王安時國亡；蓋秦滅六國，韓最先也。

(四)曰齊，田氏自春秋之末，專擅國政，四傳至田和，季年始列爲諸侯。迨威王，任孫臏爲將，再戰破魏。繼此而宣王勝燕，湣王滅宋，遂稱西帝而致東帝於秦。東諸侯勢力與秦相頡頏者，惟齊也。逮燕師入臨淄，湣王被殺，而其地盡沒。子襄王保東境之莒城，凡四年，田單襲破燕軍，逐北至河上，齊七十餘城皆復。後秦日夜攻三晉、燕、楚五國，各自救；齊王建立四十四年，得免兵禍，亦云幸矣。及后勝相齊，與賓客多受秦閒金，勸王朝秦，不修戰備，不助五國攻秦，使秦得滅五國。然五國盡滅，而齊亦隨之；第較五國爲最後耳。

（五）曰燕，都薊。（河北薊縣）春秋未見經傳，至戰國始大，地方二千里。燕王噲讓國於其相子之，而國大亂。昭王立，弔死問孤，卑禮招賢，爲郭隗築宮以師事之。於是樂毅自魏往，劇辛自趙往，王任毅爲上將，以秦、魏、韓、趙之師伐齊，入臨淄，齊君地出走，收七十餘城，獨莒與卽墨兩城未下。昭王薨，齊田單縱反間，燕使騎劫代毅，乃大破燕軍。其時燕齊劇戰，國力俱疲，而秦益得志矣。趙之亡也，燕太子丹使荊軻刺秦王，不中，秦擊破燕，燕王喜走遼東，越三年，國遂亡。

（六）曰楚，六國唯楚爲最大，陳、蔡、吳、越、魯地並入於楚，地方五千里。乃懷王昏愚，受秦紿，離齊交，卒爲秦所敗。旋與秦會武關，（陝西商縣）被執死焉。其時秦已得巴蜀，制楚上游，未幾，秦拔郢，（湖北江陵縣）燒夷陵，（宜昌縣）頃襄王徙都陳以避之。最後徙壽春。（安徽壽縣）秦日偪，而楚益東，負芻立，三年，猶能走李信，入兩壁，殺六都尉。六國之亡，唯楚獨稱健者。楚自熊繹始封，至是凡四十一傳，爲秦所滅，國亡。

（七）曰秦，當安王時，河山以東彊國六，淮泗之間小國十餘。楚魏與秦接壤，皆以夷翟遇之，不得與於會盟之列。至秦獻公屢敗三晉，斬首六萬，國勢漸振。子渠梁立，（卽孝公）用衛鞅爲左庶長，變法令，徙都咸陽，（今陝西咸陽縣）東伐魏，魏獻河西地，（陝西膚施等縣地）秦於是始彊大。惠王任張儀，更東略魏地，擁有函谷之固，南收巴蜀，開秦富饒，田肯謂秦形勝之國，帶河阻山，縣隔千里，持戟百萬，秦得百二焉。而復以兵力脅制諸侯，破縱爲衡，秦力益厚，而諸侯始困。至昭襄王時，范睢說以遠交近攻之策，於是白起伐楚，舉郢，拔韓野王，（河南沁陽縣）攻趙上黨，坑軍長平，而遂與燕齊相結。自此頻歲用兵，以暴露百姓之軍於中原。逮始皇，陰縱反間，離其君臣，再遣良將隨其後，不數年卒併天下。

秦之變法及縱橫之大勢

戰國之大勢在秦，諸侯亦唯秦是懼；及孝公發憤修政，而衞鞅以刑名佐之，乃定變法之令：令民什伍，而相收司連坐，告姦者與斬敵首同賞，匿姦者與降敵同罰；民二男以上不分異者，倍其賦；有軍功者受爵；有私鬭者被刑；耕織致粟帛多者，復其身；事末利及怠而貧者，收其孥；宗室非有軍功，不得爲屬籍；明尊卑爵秩，有功者顯榮；無功者雖富無所芬華。令既具，未布，恐民之不信，乃立三丈之木於國都南門，募民能徙置北門者，予五十金。令行期年，俱言新令不便，會太子犯法，鞅曰：『法之不行，自上犯之；太子不可刑，』乃刑其師傅。明日，秦人皆趨令。行之十年，國大治。秦民初言令不便者，有來言令便，鞅曰：『此亂化之民也，』盡遷之於邊。其後民莫敢議令。未幾，田開阡陌，而使富；勇戰怯鬭，而使彊；肴函虎視，遂與諸彊國角，而獨踞其巔。當其時，山之西山之東，談士雲起，狙詐如星，儀秦掉電光之舌，以簧鼓天下。今日說合從，則欲倚衆以擯孤秦；明日說連衡，則欲拱袂而臣六國。而齊孟嘗、趙平原、魏信陵、楚春申，又皆養猛將，禮謀臣，夙夜以弱秦爲亟務，宜可以得志矣。況乎秦之兵，不如三晉之多也；秦之德義，不如魯衞之盛也；秦人用民之力，不如山東諸侯之甚也；且秦未有愛民之君，山東列國，又未必無賢君令辟也。向使六國之君，申盟締好，一唱五從，如常山之蛇，首動尾應，吾恐秦雖彊暴，食之亦未必下咽。奈何諸國不悟，而韓魏二君，捐廉棄恥，反哫訾栗斯、喔咿嚅唲以事之，而秦猶狡謀深計，萬方以求達所欲而不已也。大梁人尉繚說秦王曰：『以秦之强，諸侯如郡縣，但恐諸侯合從，翕而出，願大王毋愛財物，賂其豪臣，以亂其謀，不過亡三十萬金，則諸侯可盡。』而秦王獨能用繚之策，交晉鄙之客，以死信陵；結郭開之權，以殺李牧；援引彊齊之大臣，與其士大夫，寂然不折一矢，不絕一弦，倉卒舉決決表海二千餘里之地。秦人誠善於用賂哉！此其尤大彰明較著者也。綜計秦之兼幷，先滅韓，次滅趙、魏，次之楚，次之燕，次之齊，而六國爲一。而其大略在先收韓以脅趙、魏，陰驅韓、魏以攻齊、楚，因而嗣齊、楚，離三晉，諸國恐懼，交散援絕，然後威脅而智取之。故天下皆動而秦獨靜，天下皆勞而秦獨逸，天下皆亂而秦獨治，夫豈一朝一夕之故哉！蓋其所由來者漸矣！

第六章　東遷以還文化之變遷

自春秋訖戰國，上以結上古史之局，下以啓中古史之機，蓋因諸國競爭之趨勢，未能拘拘於故常，窮通久變，理有固然，文化之宣發，亦人羣進化之公例也。茲約舉變革之大概如左：

族制之變

三代之制無世官，自入春秋以來，諸侯世其國，卿大夫亦世其家，一國政權，操自公族，故白衣無繇致搢紳之列。自商鞅變法，受爵止限軍功，逮楚材晉用，獎厲不專本國，族制既破，客卿在位矣。戰國時，蘇秦挾雄辯爲天下始，於是張儀、陳軫、樓緩、蘇厲、蘇代之輩，接踵羣起，各是其謀，以爭相雄長，故縱橫家者、古法家、兵家之勁敵，而亦廓清社會階級之前鋒也。

學術之變

古時但有六經：易、書、詩、禮、樂、春秋，（次序依漢書藝文志）皆三代治化之所繫，實爲有史以來第一大觀。掌其事者曰史祝，有官斯有法，故法具於官；有法斯有書，故官守其書；是以有官學無私學。自老聃爲柱下守藏史，始發明新說，孔子至，遂全發六經，俾縱觀之。龔自珍曰：『孔子未生以前，天下有六經久矣。』孔子晚年，知道終不行，退而刪訂六經，以游夏分任編輯，閱三載而其書告成。以視六經所存，不及十一，而儒道之派由此別。厥後墨子又師孔子，一主親親，一主兼愛，於是儒道二家外，復有墨家，其勢力均足傾倒一世。周秦諸子，亦遂本其所心得著書立言，別樹一幟。於是儒道墨三大家外，又有陰陽、名、法、縱橫、兵、農諸家，枝條蔓衍，分爲九流，其文章之浩漫瑰瑋，亦自可驚而可喜。此學術極盛之時代也。

政治之變

三代法制，詳於王制、周官，至美備也。入於春秋，齊有軌里連鄉，魯有邱甲田賦，楚建令尹，鄭鑄刑書，舊時遺制，蕩焉以盡。史稱衛鞅爲秦作咸陽，築冀闕，秦徙都之，幷諸小鄉聚集爲大縣，田開阡陌，東地渡洛，初爲賦，於是古封建井田之制大變。夫封建非求其捍衛於諸侯也，因民之所歸，與天下共之。故天子即易姓，而諸侯不易封。井田非以官有其田而授之於民也，以民有其田而任之於官。馬氏曰：『秦廢封建，而始以天下奉一人矣；廢井田，而始捐田產以予百姓矣。秦於其所當與者取之，所當取者與之。』竊謂馬氏論封建則是，論井田則非井田者，乃以田公諸民者也，私之，自鞅之開阡陌始。至秦與六國之設官，文以卿相，武以將軍，郡縣以守令，殆無一與古合。要其平貴族之階級，開君主之政體，皆以此爲權輿者也。

戰術之變

自古立國於大河流域，川原平衍，軌轍縱橫，其習慣利於車戰。春秋之世，唯戎狄山谷之民，軍行以徒，而吳越澤國，利用舟師，然猶各不相謀也。晉申公巫臣以兩之一卒適吳，教吳戰陣射御，於是江海立國者，始兼有中原民族陸戰之利。晉荀吳毀車崇卒，敗狄太原，於是中原立國者，始習有山谷民族徒戰之能。至吳徐承自海率舟師入齊，趙武靈王胡服騎射，則水師由江而海，陸戰由步而騎，戰術乃日進而有功矣。孫吳崛起，論軍事奇正，自成專學。讀漢書藝文志，自孫吳以下，凡五十三家，大率皆奇制用以立攻守之勝。我聞其言曰，以正守國，以奇用兵。夫兵以奇用，斯天下苦兵矣，然兵愈用而戰術亦愈精，斯亦自然之趨勢歟。

中世二

第一章　秦室興亡事略

秦之一統

無道秦起圉隸之徒，驅走之夫，縣附庸之封，效畜牧微勞，非有明堂彝鼎之勳，因緣盛遇，幸國家多故，據地數十里，地小而近戎，與戎族雜居，然世以滋大，傳其國數百年，遂繼周而有天下。

秦王政二十六年，既并六國，自以功過三皇，德兼五帝，乃除諡法，以世次自號始皇帝。夫自伏羲以訖兩季，天子皆以名稱，生既無諱，死亦無諡，至公也。乃以懼世之訾議而除之，則雖公亦私，至稱皇稱帝，則又私之尤私者。廢封建，銷兵器，一法度、衡石、丈尺，集權中央，自以爲天下既定，攻伐之事息，乃慕古封禪，遣徐市入海求神仙，使蒙恬發卒三十萬，因地形險塞，築長城萬餘里。而恬復爲除直道，道九原，抵雲陽，塹山堙谷，凡千八百里，數年不能就。越既平矣，而以謫徙民五千萬戍五嶺，與越民雜處。又作阿房之宮，隱宮徒刑者七十萬人，下民積怨，怒無所控愬，側目重足，人不樂生，此天下大亂之兆也。徐市其先幾邪？知亂之將至而避之，有所託以行其說也。又從李斯議，燒詩書百家語，以愚黔首。會盧生侯生議始皇，始皇怒，坑殺諸生四百六十餘人。長子扶蘇諫，使出監蒙恬軍，非怒而欲廢之也，特愛之而欲鍊其才，試其術耳。始皇愛胡亥，而使從趙高受法，始皇愛扶蘇，而使從蒙恬治軍；法與軍，皆殺人之具也，故置之殺人之地，以習此殺人之事，而漸動其殺人之心耳。逮焚書令下，坑儒獄起，人謂始皇愚，吾謂始皇智，惜其智乃近於私。彼爲愚民之計，而不欲愚其子孫，故盡藏其書於祕府，而令其子孫私之，以爲如是始可以制天下。博士官所職者，書也，以天下之書私之天子，而令博士習之，天子以博士爲師，而天下以吏爲師，於是天下皆愚，一人獨智，以一智天子，制千萬億兆之愚夫，其不服從於其下者尠矣。智哉始皇帝也！晚歲東巡，崩於沙邱，（河北平鄉縣）高與斯矯詔死扶蘇，奉少子胡亥即位，是爲二世皇帝。

六國復興

祖龍既死，胡亥襲尊，趙高用事，作爲苛法，殺諸王大臣，益興舉無藝。坐未及煖，而廣勝之徒，斬木揭竿，譁號而起，望屋而食，横行天下。野無交兵，縣無守城，而先人蒙雪霜、冒矢石、寸攘尺取之地，復喪而爲諸國。

楚王陳勝（勝自立爲楚王以吳廣爲假王擊滎陽復以周文爲將軍西擊秦並分遣諸將北徇趙魏）

齊王田儋（周市略地至齊儋擊走之自立爲王）

魏王咎（周市受勝命徇魏迎魏公子咎立之）

燕王韓廣（廣受武臣命略燕豪杰立以爲王）

趙王武臣（初受勝命徇趙自立爲趙王尋爲下所殺求趙後趙歇立之）

會稽守項梁（起兵於吳兄子籍爲裨將）

沛公劉邦（起兵於沛立爲沛公）

劉項亡秦

楚將周文，既鼓行而西，二世益發兵，遣長史司馬欣，都尉董翳，佐章邯擊楚；楚師敗績，勝爲其下所殺。先是，秦嘉立景駒爲楚王，爲項梁所殺，與沛公合兵，居巢人范增年七十，往說梁，請復楚後，梁乃求得楚懷王孫心，立以爲王。於是張良在沛公所，說梁立公子成爲韓王，西略韓地，以良爲司徒，自此六國多樹王矣。未幾，章邯擊破齊魏軍，楚將項梁救却之，梁屢勝而驕，敗死於定陶。（山東定陶縣）秦軍大振，圍趙王於鉅鹿，（今河北平鄉縣）楚使宋義救趙，使項籍爲次將，更分遣沛公西入關，項籍矯殺宋義而代之，大破章邯軍，虜王離。宋義能策項梁之敗，而自不免項籍之矯殺，所謂當局者迷乎？邯敗即降楚，沛公因乘虛下南陽，（河南南陽縣）入武關，（陝西商縣）其時二世立三年矣。趙高先譖殺李斯，益顓政柄。二世聞沛公兵入關，責高，高遂弒之望夷宮，立子嬰爲王，子嬰族誅高，沛公進至霸上，（今陝西咸寧縣）子嬰降，秦亡。

秦之關繫

自秦制既行，而皇族之貴，下淪匹夫，庶孽之徒，無爵於國，爲古今一大變局也。而其可紀者，則尤有數事焉。偶語者棄市，不舉者同罪，以故上將則詔書賜死，丞相則下吏誣服，此君權之重也。取南越之地，以置三郡，收河南地爲四十四縣，益以發兵三十萬，北逐匈奴，遣男女數千人，東留日本，此民族之移也。始皇徭役大興，以爲天下無事，冀民各崇其業，竭意經營，爲久安計，於是倮以鄙人牧長富儗王侯，清以窮鄉寡婦禮抗萬乘，此社會之變也。而且窮奢極侈，土木並起，作極廟渭南，道通驪山，作甘泉前殿，築甬道自咸陽屬之外，此如築長城，除直道，造阿房之宮，則皆建築之宏也。此亦當時得失之林也。

（附）秦代帝系表　起始皇二十六年訖二世三年凡十五年

（一）始皇帝政 一二
- 扶蘇 —（三）子嬰
- （二）二世皇帝胡亥 三

第二章　楚漢之際事略

項羽分建諸王

昔者秦失其道，禁網牛毛，山東豪傑，處處飆起。赤帝子寸土不基，一民不版，提三尺劍以驅百萬軍，約法三章之政行，而萬民悅；新城三老之說用，而四海從。當是時，項羽既定河北，帥諸侯兵欲西入關，秦降卒多怨言，羽計衆心不服，至關必危，於是夜擊殺之於新安（河南澠池縣）城南，凡二十餘萬，而獨與章邯及長史欣都尉翳入秦。及聞沛公已定關中，大怒，進兵函谷，欲遂擊沛公；張良因羽季父項伯爲道其意，使沛公謝罪鴻門。（坂名在臨潼縣東）羽意乃解。數日，羽引兵西屠咸陽，殺秦降王子嬰，燒秦宮室，大掠而東，陽尊楚懷王爲義帝，自立爲西楚霸王。（孟康曰「江陵爲南楚，吳爲東楚，彭城爲西楚」）秦亡，諸將兵力皆出羽下，羽以是獨執霸權，分割天下。

一帝——義帝心，都郴。（湖南郴縣）

十九王

秦分爲四

漢王劉邦，都南鄭。（今陝西南鄭縣）

雍王章邯，都雍邱。（今陝西興平縣）

塞王司馬欣，都櫟陽。（今陝西臨潼縣）

翟王董翳，都高奴。今陝西膚施縣

楚分爲四

西楚霸王項籍，都彭城。今江蘇銅山縣

衡山王吳芮，都邾。今湖北黃岡縣

臨江王共敖，都江陵。今湖北江陵縣

九江王英布，都六。今安徽六安縣

燕分爲二

遼東王韓廣，都無終。今河北薊縣

燕王臧荼，都薊。今北平市

韓分爲二

韓王成，都陽翟。今河南禹縣

河南王申陽，都洛陽。今河南洛陽縣

趙分爲二

代王趙歇，都代。今察哈爾蔚縣

常山王張耳，都襄國。今河北邢台縣

魏分爲二

西魏王豹，都平陽。（今山西臨汾縣）

殷王司馬卬，都朝歌。（今河南淇縣）

齊分爲三

膠東王田市，都卽墨。（今山東平度縣）

臨淄王田都，都臨淄。（今山東臨淄縣）

濟北王田安，都博陽。（今山東泰安縣）

漢定三秦

初，楚懷王與諸將約，先入定關中者王之。沛公先入，當王，羽惡之，以巴蜀道險，曰：『巴蜀亦關中也，』立沛公爲漢王；而三分關中王秦降將，以距塞漢道。至是漢王怒，欲攻羽，蕭何諫止之，於是諸侯罷兵就國。

劉項之成敗

漢王入居南鄭，因蕭何得韓信，信建進取之策，曰：『項王棄關中而都彭城，背約而以親愛王諸侯，不平；逐義帝置江南，所過殘滅，民不親附，故其彊易弱。今大王能反其道，任天下武勇，何不誅？以天下城邑封功臣，何不服？以義兵從思東歸之士，何不散？且三秦王欺其衆降諸侯，及項王阬秦卒，惟此三人得脫，秦人痛入骨髓。大王入關，秋毫無犯，秦民無不願大王王秦者；誠舉而東，三秦可傳檄定也。』漢王於是留蕭何收巴蜀租，給軍糧食,以韓信爲大將,張良爲謀臣,引兵東出,時以爲漢家三傑云。及漢破章邯,降司馬欣、董翳。其時田榮以不得爲王,陳餘僅封三縣,並怨羽。榮幷三齊,自立爲王,使彭越將兵擊楚。漢既定三秦,良特以榮越反書遺項王,且曰:『漢得關中,如約卽止,不敢復東。』項王以故無西意,而東擊齊。陳餘聞田榮自立,約榮擊常山,張耳敗走漢,餘因迎代王歇復王趙,歇立餘爲代王。臧荼至燕,則亦擊殺韓廣,幷有遼東。諸所分建,甫踰年,叛者四起,而項王又使人弒義帝江中,遂爲漢後來所藉口。是時天下舍項王無與沛公敵,沛公之所畏者羽,而羽之所臣者懷王,故沛公以信懷王者疑羽。懷王能殺羽,此沛公之所禱祀而求也;懷王不能殺羽,而反爲羽所弒,此亦沛公之所禱祀而求也。智哉沛公也!漢既定三秦,東出關,收河南、(河南王申陽)韓(楚廢韓王成以鄭昌王韓)地,渡河降魏、下殷,遂至洛陽,爲義帝發喪,乃聲大義討楚罪。士皆願從,諸侯王擊楚之弒義帝者。雖無董公遮說,而天下響應,早在沛公意計中耳。項王方擊殺田榮,田橫立榮子廣爲王,拒楚。楚連戰未下,而漢王已將五諸侯兵凡五十六萬人來伐,彭越亦以兵三萬從入彭城,時漢之二年也。項王聞國都破,亟引三萬精兵還擊,大破漢軍,入穀、泗,睢水,死者二十餘萬,漢王僅以身免,室家悉爲楚獲。諸侯背漢,復與楚。

漢王至滎陽,(河南滎陽縣)收集散卒,蕭何發關中老弱未傅者(未著名籍者)詣軍。一方使韓信擊魏,虜魏王豹,遂北擊趙、代。明年,信與張耳復伐趙,大戰井陘,(河北井陘縣)斬陳餘,禽趙王歇,乘勝發使下燕。一方遣辯士隨何說九江王黥布歸漢,於是漢勢復盛。而陳平復設計行反間,離間楚君臣,項王果疑范增,增怒遂去。我謂此皆沛公所爲也。沛公治兵善用間,故前以間下黥布,此以間殺范增,離楚君臣之交,謂沛公之有天下,皆以間得之,可也。

已而楚圍滎陽急，漢王遁去，退保成皋。（河南汜水縣）楚破彭越，還拔滎陽及成皋，漢王走渡河，奪韓信張耳軍，令耳守趙，信伐齊。會彭越往來梁楚，數攻擾楚軍，項王屢擊之不下。四年，漢乘機復成皋，與楚相持廣武。（山名在汜水縣）久之，楚軍食盡，且韓信已定齊地，將移師會擊楚，項王大恐，乃與漢約，中分天下，以鴻溝（河南滎陽縣東南）為界，解而東歸。漢王亦欲西歸，良平請乘楚疲亟擊之。五年，漢兵追項王至固陵，（河南淮陽縣治西北）不勝；良又請捐梁楚地以與韓信彭越，信越始引兵來會，圍項王垓下。（安徽靈璧縣東南）項王潰圍南走，渡淮至烏江，（安徽和縣東北）知不免，自刎死，楚地悉定。漢王還至定陶，（山東定陶縣）奪韓信軍，以為楚王，遂即位汜水之陽。劉項相持擾攘五載，至是而四百五十二年之業始定，素靈方斷，赤火隨炎矣。

第三章　西漢事略

高帝初政

赤帝子，無前人之迹，起布衣有天下，為古來一大搬局。始居洛陽，後徙關中，懲秦孤立，大封同姓，以塡撫天下。始剖符封功臣，自蕭何、曹參以次畢侯。韓信初之國，或告信反，帝用陳平計捕之，降為淮陰侯。時天下初定，反側未安，帝復疑忌諸功臣，於是韓王信以匈奴故背漢，趙王敖以貫高故國廢，陳豨、黥布、盧綰、鋌而走險，皆以反誅。又因陳豨之反，旁連韓彭。蓋六七年間，功臣之強者殺戮殆盡矣。雖未遑遠略，結親匈奴，似非正道；然留心內治，其規模已宏遠矣。觀其作三章之法後，使蕭何定律令，韓信申軍法，張蒼定章程，叔孫通制禮儀，雖不足以上感五，下登三，而知人善任，亦不愧爲眞主；第以言純治，則猶未耳。分羹擁篲，孝乎？追羽固陵，信乎？欲易太子，慈乎？僞游雲夢，誠乎？封三庶孽，制乎？輕士慢罵，禮乎？智術有餘，學術不足，宜乎四皓甘亡匿而兩生不肯行也。帝崩，子惠帝嗣。

文景之治

惠帝以仁柔之資，幼年嗣位，一以淸淨爲治，尊禮宰輔，優厚親王，有孝弟力田者舉之，法有妨吏民者省之，挾書律除之，（張晏曰：「秦律敢有挾書者族。」）可謂有君人之德。惜夫孝惠無子，呂牝司晨，往往以他人子擅主大器，劉氏不絕如帶。帝立七年而崩，呂后即臨朝稱制，遂疏忌宗室，王諸呂，並使呂台呂產將南北軍。呂后崩，呂產呂祿謀爲變，於是齊王襄（高祖孫）起兵討諸呂，朱虛侯章（齊王襄之弟）入衛，陳平周勃交驩，使人紿祿解將軍印，勃遂入北軍，下令爲呂氏右袒，爲劉氏左袒，軍中皆左袒，勃與章共誅產祿，盡夷呂氏。使無此舉，則非其種者，孰鉏而去之乎？亂既平，於是諸大臣共迎代王恒立之，是爲文帝。

文帝以高皇側室之子，入纘帝業，恭修玄默，專務以德化民，除肉刑，免田租，止貢獻，求直言，極諫之臣，除誹謗妖言之法，振窮養老，宮苑車服無所增益，吳王不朝，賜几杖以安其心，張武受賂，賜金錢使知所恥，內則幾致刑措，而外則和匈奴，懷南粵。南粵者，故秦龍川（廣東龍川縣）令趙佗也。任囂死，據番禺險阻，東西南北數千里，復擊併桂林象郡，自立爲南粵武王，處此四十餘年，根蒂盤固，高帝時已知其不易制矣。帝乃賜佗書，令去帝號，佗頓首受命，史冊美其坐而撫柔之。夫文帝，豈偏於柔者？濟北淮南，立予誅夷，何獨於佗而寬之也。且其備夷也，外雖和親，而每飯不忘李齊，拊髀卽思頗牧，內亦不廢圖治之策，蓋亦善用其術者。然是時同姓諸王，齊楚强大僭侈，吳王濞招致郡國亡命者，不循法。於是賈誼上治安策，請諸侯得割封子弟以分其勢，帝報可。乃分齊爲六，（以將閭爲齊王志爲濟北王賢爲菑川王雄渠爲膠東王卬爲膠西王辟光爲濟南王）淮南爲三，（淮南王長謀反廢徙蜀立其子安爲淮南王勃爲衡山王賜爲廬江王）而吳楚勢尙盛。

景帝承富庶之餘，坐致晏安，迺智囊之鼂錯請削弱諸侯，舉議莫敢難。又言楚趙皆有罪，各削一郡，膠西賣爵，削六縣。吳王先舉兵殺漢吏，於是膠西王卬、膠東王雄渠、菑川王賢、濟南王辟光、楚王戊、趙王遂與吳約，以誅錯爲名。趙王北結匈奴，閩與東越，亦發兵從吳楚。帝使周亞夫擊之，又誅錯以爲解，吳不奉詔，亞夫間行自武關，抵洛陽，引兵東北，走昌邑，（山東金鄉縣）分遣輕騎，出淮泗口，（江蘇淮陰縣）絕吳楚饟道，大破之，亂平。自是諸侯不得自治民補吏，令內史治之，復用蒼鷹之郅都，以嚴法刻治列侯宗室之在長安者。且皇后以無罪廢，而夫婦之道虧；太子以無罪廢，而父子之道絕；亞夫以無罪死，而君臣之道乖；先儒謂爲忌刻少恩所致，洵非誣也。然其爲治，節儉存心，刑獄用情，紅腐太倉之粟，貫朽都內之錢，民俗純厚；周云成康，漢言文景，此漢室極盛時也。

武帝之治

武帝卽位之初，發奮有爲，而從董仲舒言，罷黜申韓蘇張之說，尊崇儒術，修明學校貢舉之制，緝禮裁樂，化俗移風。公孫弘至以治春秋位至丞相，學者靡然從風，吾國以儒學爲國教，自此始。使其遵仲舒勉强之言，用申公力行之語，守汲黯多欲之戒，而以學術濟之，則西京政治之美，雖駕軼前王可也。然覈其功業，皆在外擢用衞青霍去病爲將，連歲破匈奴，收河南地，匈奴卒遠徙漠北。復使張騫通西域，結烏孫，（今新疆綏定縣）以斷匈奴右臂，而北胡始衰。然後專謀南略，將軍路博德楊僕等度嶺平南越，僕等又討定東越，（閩地）郭昌收西南夷，降滇國；於是嶺海之表，獲置郡縣。又東北略朝鮮，遣李廣利踰葱嶺伐大宛，（今浩罕）漢族聲威，至是大振。帝既頻年征伐，以從役而驅元元，又凝神蓬萊，作蜚廉觀，造通天臺，以冀神仙之一遇，卒致猾民蝗國，國用益虛，徵求益亟。於是造皮幣，鑄白金，告緡錢，征鹽鐵，算商車，置均輸，及武功爵。使東郭咸陽（齊之大鬻鹽）孔僅（南陽大冶）桑弘羊（洛陽賈人子）輩幹度支，兵事、外交、土木、游宴之費，皆賴以濟。而投其所好者，遂乘機而起：公孫弘以曲學進，李少君以卻老進，欒大以神仙進，文成以致鬼進，卜式以輸財進。復用張湯杜周諸酷吏以舞文弄法，法繁於秋荼，利析於秋毫，天變盜興，乃作沈命法以牢籠天下。晚歲巫蠱禍作，京師流血，徒作思子宮，爲歸來望思之臺，已非復文景之漢矣。幸聽田千秋言，頗悔往事，乃斥方士，罷田輪臺，（今新疆輪臺縣）與民更始，漢室危而復安。武帝所爲，蓋誠有大過人者哉！

宣帝之治

昭帝年幼嗣統，大將軍霍光受託孤之命，輔少主，問民疾苦，賑貸貧民，復罷田租，罷榷酤，可謂知所先務矣。時上官桀亦受遺詔輔政，頗忌光，思有以中之。帝年僅十四，即能辨其無罪，桀等內懼，遂以謀反伏誅，此非其明乎？李德裕曰：『使天假之以年，而又得伊周之佐，雖周成王不是過也。』信哉！帝崩無子，光以太后命，迎立昌邑王。及其即位，游戲無度，在位止二十七日，而使者旁午徵發，凡一千二百二十七事，光廢之而迎立武帝曾孫，是爲宣帝。光久握政柄，族僩盈朝，其妻霍顯，至毒殺許后，而納其女爲后。未幾，光卒，帝親政，以諸霍事叢釁積，益加裁奪，諸霍怨懼謀亂，盡夷其族。帝起閭閻，稔知民瘼，以故綜核名實，信賞必罰，愼刺史守相之官，嚴二千石之選，使吏久於其任。且求直言，除租賦，並得魏相丙吉爲輔，上下相安，莫有苟且之意。又黃霸朱邑龔遂韓延壽以和惠得民，尹翁歸趙廣漢張敞以明察致治，漢世循吏，於斯稱盛焉。至於域外之功，亦有足多者：匈奴攻烏孫，校尉常惠持節護烏孫兵，共擊之，破其衆，諸屬國皆叛，匈奴大衰耗。時莎車（今新疆莎車縣）車師（今新疆吐魯番縣）之屬屢反覆，馮奉世鄭吉等先後擊定之，又使趙充國平西羌，號令得頒西域。値匈奴內亂，五單于爭立，呼韓邪單于來朝，自是烏孫以西至安息諸國，近匈奴者，皆尊漢。帝思股肱之美，繪形麟閣，以著中興輔佐之猷，議者謂功光祖宗，業垂後嗣，豈不信歟！

王莽篡漢

孝元立，既三年，郅支單于自徙居堅昆，（在單于庭西今鄂羅斯南境地）怨漢擁護呼韓邪，因困辱漢使者，不奉詔。陳湯乃與甘延壽謀襲郅支於康居，斬之，朔漠卒。亟東諸國，無復有敢犯者。於是顓心內治，賑困乏，罷宮館，徵用儒生，委之以政，雖文景初治，未有過是者。然宦官外戚之禍，即已潛伏，恭顯搆扇，千歧萬轍，蔽主耳目，使不聰明，且與史高表裏擅權，中傷大臣，如蕭望之周堪劉向俱得罪，威權不肅，優柔之過也，而孝宣之業隳矣。成帝纘業，罷黜石顯，宦官之勢漸衰，而外戚之勢遂盛。王氏一姓，乘朱輪華轂者二十有三人，五侯僭逼乘輿，王鳳以元舅柄政，尤爲專恣，成帝反若綴旒，不一舉手，太后又左右之，帝不能見形察影，杜漸防微，而唯是校獵長楊，翩雞走馬，俾宿衛之士，執干戈而守空宮，言之可爲於邑。鳳死，諸弟相繼當國，王莽尤爲矯飾邀譽。當是時，王氏勢力益厚，而大臣如張禹、孔光輩，皆阿附之。哀帝入承大統，躬行儉約，罷斥王氏，朝廷拭目，謂太平之治，可立致也。然所用者多傅晏、丁明之黨，寵信讒諂，嫉惡忠良，上崇傅后，下嬖董賢，所爲如此，他復何望焉。帝既崩，太皇太后尊寵王莽，迎立平帝。莽稱安漢公，加號宰衡，而政自莽出。引經義以文奸，託符命以惑世，乃改風俗，更制度，網羅異能之士，以詔事母后，而挈劉氏之天下，玩弄於掌股之上。自以北伐匈奴，東致海外，南懷黃支，而包藏不軌。時龔、邴辭職而去，逢萌挂冠而逃，梅福棄家而隱，奈何吏民上書頌莽功德者，至四十八萬七千五百七十二人。噫，莽之謙恭，猶虎之不噬也。繇是弒平帝，立孺子嬰，居攝踐阼，求玉璽於漢家老婦，而火德灰矣。乃建國號曰新，自稱新皇帝，尊元后爲新室文母。（後五年崩年八十四）乃陋小漢家制度，爲古井田法，更名天下田曰王田，奴婢曰私屬，皆不得買賣。立五均司市、錢府官，令民各以所業爲貢，榷酒酤，復改造錢貨，而增損其價值，罷大小錢，更作貨布、泉布。於是農商失業，食貨俱廢，天下謷謷，陷刑者衆。猶復改變制度，政令煩多，前後相乘，憒耗不渫。於是民始怨苦，重以開衅匈奴，調發勞極，而亂機四起。瑯琊樊崇起於莒，（山東莒縣）號赤眉；新市王匡等起於綠林山中，（今湖北當陽縣）號綠林，後復分爲新市、（匡北入南陽號新市兵）下江，（王常西入南郡號下江兵）平林（今湖北隨縣）陳牧、廖湛起兵應之，號平林兵。漢宗室劉縯及弟秀亦起兵舂陵，（今湖北棗陽縣）新市平林合，銳氣益壯，諸將議以兵多無所統一，欲立劉氏以從人望，遂奉劉玄（舂陵戴侯曾孫字聖公在平林軍中號更始將軍）爲帝，入都宛。（今河南南陽縣）莽懼，發兵四十二萬擊之。秀乃與敢死者三千人，衝其中堅，莽兵大潰。更始遣上公王匡攻洛陽，大將軍申屠建攻武關，建入長安，誅莽，傳首詣宛，莽稱帝凡十五年而亡。

漢自高帝至宣帝，凡百七十年，文章政治，燦然可觀，至元帝而漢業始衰。成哀平歷三十餘年，政由外家出，王氏遂以移祚。

(附)前漢帝系表 起高帝訖孺子嬰凡十二帝二百一十四年

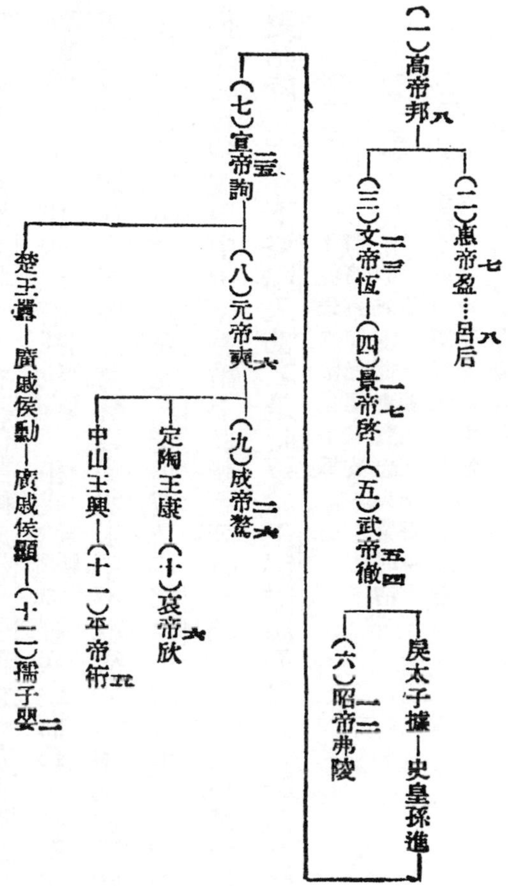

更始平王莽，北都洛，尋徙長安。初，劉縯與秀事更始，諸將以兵不統一，南陽豪傑欲立縯，而新市平林將

帥惲繽兄弟威名，勸更始誅之，繽被誅，秀深自引過，并不敢服喪，更始慙，拜秀爲破虜大將軍，封武信侯；復以秀行大司馬事，徇河北。時卜者王郎，詐稱成帝子子輿，稱帝於邯鄲，趙國以北，遼東以西，皆望風響應，秀至薊，（河北薊縣）薊城亦反應。秀走信都、（今河北冀縣）和戎，（今河北晉縣）發兵擊邯鄲，乘勝擊元氏、（今河北正定縣）房子，（今河北高邑縣）皆下。更始封秀爲蕭王，令罷兵。秀從耿弇言，辭以河北未平，不就徵。於是始貳於更始，遂擊降銅馬諸賊，南下河內。（河南武陟縣）會赤眉將樊崇西攻長安，秀度長安必破，乃拜鄧禹爲前將軍，西入關，以寇恂守河內，馮異拒洛陽；而自引兵徇燕趙。自薊還至中山，諸將請上尊號，不許，行至鄗，（河北高邑縣）復奏請，遂卽帝位，是爲光武皇帝。會赤眉入長安，更始降。光武亦下洛陽，入都之。是時更始王郎雖滅，而羣雄蜂駭，阻兵怙亂者，尚有十一隅，分述於下：

（一）長安赤眉　樊崇奉劉盆子爲帝，逐更始，居長安。

（二）黎邱秦豐　莽末南郡秦豐起兵黎邱，稱楚黎王。（湖北宜城縣）

（三）廬江李憲　更始初，廬江（今安徽舒城縣）連率李憲，據郡，尋稱淮南王。

（四）成都公孫述　更始初，莽道江（卽蜀郡）卒正公孫述起兵成都，尋稱帝。

（五）天水隗囂　更始初，成紀隗囂起兵應漢，自稱西州上將軍。

（六）河西竇融　更始時，融爲張掖屬國都尉，自稱河西五郡大將軍。

（七）安定盧芳　莽末，方起兵安定（甘肅固原縣），詐稱武帝曾孫劉文伯，匈奴迎之以爲漢帝。

（八）漁陽彭寵　更始初，爲漁陽（今河北密雲縣）太守，建武二年叛，自稱燕王。

（九）睢陽劉永　更始封梁王位之子永爲梁王仍都睢陽（河南商丘縣）尋自稱帝

（十）臨菑張步　步受劉永官爵治兵於劇（山東壽光縣）後永封爲齊王

（十一）東海董憲　莽末起兵東海（山東郯城縣）爲赤眉別校後劉永封爲海西王

第四章　東漢事略

光武中興

光武除莽苛政，噓高皇之死灰，而復燃之。一時謀臣武將，皆能擾戾執猛，破堅摧剛。於是命馮異而盆子乞降，攻邯鄲而王郎殄滅，擊銅馬而關西寧謐，委吳漢而江淮肅澄，攻隴西而隗囂蕩平，遣耿弇而張步泥首，征巴蜀而公孫述就誅，席捲虔劉，其鋒無對，洪規遠略，亙古莫疇，其時已建武十三年矣。乾坤清夷，海內一統，大行爵賞，保全功臣。如鄧禹賈復耿弇，皆令去甲兵，敦儒術，以列侯就第。又閉玉關，謝西域，自是諸將無敢言兵者。蓋帝雖起戎行，頗崇儒行，故其時吏治烝烝，張堪守漁陽，杜詩守南陽，第五倫守會稽，劉昆守宏農，董宣令洛陽，皆其卓卓者。且夢想賢士，側席幽人，（徵任永馮信輩）物色嚴光，榮封卓茂，起太學，親臨視之，投戈講藝，息馬論道，東都之業，炳炳麟麟。惜其易太子位，絕馬援爵，侈志東封，不能不爲盛德之累焉。

明章之治

明帝即位，克遵舊制，嚴絕外家，聽鍾離意疏而止北宮，納東平王蒼諫而罷校獵，風教可謂盛矣。漢之盛世，在乎承平，於時坐明堂，朝羣后；登靈臺，望雲物，以李躬爲「三老」，桓榮爲「五更」，臨辟雍，行養老禮，親祖割牲，升堂講說，諸儒執經問難，冠帶搢紳之人，圜橋門而聽者億萬。宗室諸王，大臣弟子，莫不受經。外戚四姓（樊郭陰馬四氏）小侯，立學南宮，自期門羽林之士，悉令通孝經章句；卽匈奴亦遣子入學，郁郁然禮縟五帝，儀繁三王矣。至其武功，則遼東太守祭彤討破烏桓（東胡部族），塞外震讋，西自武威（甘肅武威縣），東盡玄菟（朝鮮咸鏡道），野無風塵；大將竇固（竇融姪）伐北匈奴，取伊吾盧地（新疆哈密縣）；班超自此經營西域，西域諸國，且遣子入侍焉。漢書建武永平之政，所以爲東都之首稱也。且其時遣使天竺，求佛法書，遂啓後世之浮屠，爲宗教史開一紀元焉。章帝因仍前轍，事從厚寬，納陳寵琴瑟之喩，寬刑也；公上林池籞之賦，愛民也；立白虎觀以議五經同異之辨，尙文也；而復孝隆太后，友愛諸王（不遣就國），勸課農桑，平徭簡賦，又使班超再定西域。故明章之治，足以繼美文景，史稱長者，誰曰不宜？

戚宦之禍

和帝幼冲，竇太后臨朝，兄憲頗用事，陰殺宗室，懼誅，自求擊匈奴贖死。憲出塞遠至五千餘里，遂滅北匈奴，其武功亦有可觀者。及帝知其謀逆，乃奮宸斷，殲厥大憝，亦有爲之君也。況納諫崇儒，屏遠國之珍羞，除小民之租稅，迹其所爲，無可訾議。所可惜者，誅憲之舉，謀於鄭衆，且以爲大長秋，封鄛鄉侯，中官由此用權。外戚敗而宦官勝，致成十常侍亡漢之階，亦何異於前拒虎而後進狼哉！帝崩，鄧后以清河王子祜入承大統，是爲安帝，時帝年已十三，而后猶臨朝稱制，權不釋手，故論者以災變屢生，爲女主當陽之故。后旣死，而山崩地震，水雹日食，曾不少減；宜可以惕然者矣。乃外戚耿氏，（帝母家）閻氏，（帝后家）宦者江京李閏，及帝乳母王聖之徒，高官隆秩，黑白渾殽，天下喧嘩。司徒楊震尚書陳忠等抗論其罪，帝皆不聽，震且爲羣小譖死。欲以弭災靖亂，尚可得邪？時外戚宦官已並盛，安帝既崩，閻后擅國大權，貪立孩孺，（章帝庶孫北鄉侯懿）天誘其衷，北鄉尋殞，宦者孫程等十九人，起誅閻氏，奉故太子保，（后初譖廢太子保降爲濟陰王）是爲順帝。誅閻顯，遷太后，權皆在十九侯，於是外戚再敗，而宦官再勝矣。未幾帝又疏宦者，尊寵乳母，復尋覆轍，梁氏子弟，榮顯彙位，公卿類多拱默，外戚又復當權；此其時政爲何如？然葬楊震，赦虞詡，朝太后，却貢珠，起太學，擢周舉；以孱弱帝子，而善政可紀有如此，亦愈於昏庸者歟。

冲帝二歲即位，梁后臨朝，委任宰輔，（李固所言后多從之）庶乎可望治平，然其時梁冀秉政，權甚盛也。至質帝立，而跋扈將軍冀竟以毒餅弒之，迎立桓帝，意氣凶凶，操行不軌；禮儀比蕭何，封縣比鄧禹，甲第比霍光，紆青拖紫，一門顯貴，時則外戚之權獨盛。帝心不平，知宦者唯單超等五人與梁氏有隙，遂共謀誅冀。由是左回天具獨坐徐臥虎唐兩墮，四侯橫行都下，外戚三敗而宦官三勝矣。天既垂異，地復吐妖，國家有三空之阨，正人君焦心毀顏之時。乃猶仇讎善類，屏隔讜言，終身暗惑，未有勝政，可勝嘆哉！靈帝既立，中常侍曹節王甫輩扇侫謀奸，搖弄國柄，竇武陳蕃謀盡誅之，而語以泄敗，一跌不收，俾羣奄愈以無忌。黃巾賊倡亂，而中常侍封諝徐奉至與約爲內應，朝士益切齒於宦官。帝崩，袁紹勸何進誅之，乃議外召董卓兵。中常侍張讓等先殺進，於是紹勒兵入宮，盡誅宦者，凡二千餘人，漢室自此大亂矣。

黨錮之獄

當桓靈之際，士大夫頗厲志節，目擊宦官橫肆，思以淸議爲維持，又復矜言標榜，自立門戶；宦官乘之而黨錮之獄以起。初，尚書周福，（甘陵人）爲桓帝師，與同郡房植並有名當朝。二家賓客，成尤隙，甘陵始有南北部，遂啓黨人之漸。汝南太守宗資，以范滂爲功曹；南陽太守成瑨，以岑晊爲功曹；並使褒善糾違，悉心聽政。太學諸生三萬餘人，郭泰賈彪爲其冠，與李膺陳蕃王暢更相褒重。於是中外承風，以臧否相尙，自公卿以下，皆憚其貶議；宦官尤畏之。宦官戚族，驕橫鄉里，諸郡守相有風節者，嚴治之，反得罪。河內張成，美風角，推占當赦，教子殺人，膺收捕，逢宥，竟案殺之。成素以方技交通宦官，宦官教成弟子牢修上書，告膺等養太學游士，共爲部黨，誹訕朝廷。於是桓帝怒，捕膺等下北寺獄，詞連杜密陳寔范滂之徒二百餘人，皆懸金購募。陳蕃屢諫不聽，且被免。自是朝臣震栗，莫敢復爲黨人言者。賈彪乃說竇武霍諝，使訟之，膺等乃得解，又多引宦官子弟，宦官懼，白帝赦黨人。時膺等聲名益高，海內希風指者，至有三君、（竇武劉淑陳蕃）八俊、（李膺荀昱杜密王暢劉祐魏朗趙典朱寓）八顧、（郭泰宗慈巴肅夏馥范滂尹勳蔡衍羊陟）八及、（張儉岑晊劉表陳翔孔昱苑康檀敷翟超）八廚（度尚張邈王考劉儒胡母班秦周蕃嚮王章）諸目，而禁錮重申，爰及五屬，億兆悼心，智愚同痛。靈帝時，黃巾賊起，始赦黨人歸里。黨始於甘陵汝南，成於李膺張儉，海內塗炭二十餘年，而帝方鬻獄賣官，後宮列肆，寵任宦豎，奴隸朝士，方之於桓，抑又甚焉。

漢末大亂

袁紹既誅宦官，董卓將兵入洛陽，謀執朝權。時皇子辯甫立，卓廢之，立陳留王協，是爲獻帝。刼遷帝室，宮廟烟灰；於是關東諸侯，並以誅卓爲名，九州幅裂，海內大亂。關東軍與卓戰，互有勝負，諸將復自相乖離。卓在長安，益肆殘暴，司徒王允構其將呂布誅之。卓部曲李傕郭汜等起兵殺允，李郭又爭權互攻，帝乃走洛陽。董卓亂至是已七年矣。時則公孫瓚舉事於幽州，劉表雄視於荊土，袁紹稱強於河北，孫權虎踞於江東，袁術僭號於壽春，劉焉遠據於巴蜀，張魯負嵎於南鄭，曹操遷獻於許都。它如徐州之陶謙，遼東之公孫度，涼州之馬騰、韓遂，羣雄覬覦，連城帶邑，一人尺土，帝無獲焉。

先是李郭亂起，呂布東走陳留；太守張邈迎布拒操，爲操所破，布走徐州依劉備。（字玄德漢中山靖王後）布襲據徐州，備歸許，詔以爲豫州牧。時操有大志，以徐州綰轂南北，攻布下之，遂破袁術，術死。然袁紹勢甚盛，擅有冀青幽兗四州地，操復大破之。會其子譚尚鬩牆，操乘其敝，遂入鄴，以次削平青幽兗諸州，進攻烏桓，袁氏平。方袁術之衰也，孫策據有江東。逮袁曹相持官渡間，獻帝潛使備討操，不克，備走依紹，紹亡，南依劉表。其時策已死，其弟權代立。操既平紹，遂南攻荊州，表死，子琮降。操乘勝東下，將滅吳，孫權大懼；會備奔夏口，權遣將與合，大戰於赤壁，（山名在湖北嘉魚縣）盡夷其衆，自此南北之局定。既而備入蜀，是爲蜀漢。操封魏公，子丕篡漢，爲魏朝，與孫吳劃江而立，成鼎足之勢。

東漢自光武明章六十餘年，爲極盛時代，和帝以降，外戚宦官互相盛衰者亦六十年，而宦官獨勝。桓靈之世，黨禍大興，善士幾無噍類，前後四十年爲宦官獨盛時代。於是董卓入朝，敢行廢立，而羣雄蠭起，干戈擾攘者又三十年，卒乃析分爲三國。

（附）後漢帝系表　起光武訖獻帝凡十二帝百九十六年

(一)光武帝秀 三三 —(二)明帝陽 一八 —(三)章帝炟 一三 —(四)和帝肇 一七 —(五)殤帝隆 未踰年

章帝炟—清河王慶—(六)安帝祜 一九 —(七)順帝保 一九 —(八)沖帝炳

章帝炟—千乘王伉—樂安王寵—渤海王鴻—(九)質帝纘

章帝炟—河間王開—蠡吾侯翼—(十)桓帝志 二一

河間王開—解瀆亭侯淑—萇—(十一)靈帝宏 二二 —(十二)獻帝協 三一

第五章　三國事略

三國初期情勢

自赤壁一戰，而三國鼎峙之勢以成。設當時無孫劉之勁敵，曹操早已統一寰區矣。然曹氏全據中原，孫氏全據江南，劉備國最後，地雖偏陋，經百敗而其志不回，展轉於公孫羈縻於呂布，棲遲於袁紹，乍合乍散，乍奔乍離，殆不知其幾矣。而三顧隆中，諸葛亮爲言天下大計曰：『曹操挾天子以令諸侯，此誠不可與爭鋒。孫權國險民附，賢能効用，此可與爲援而不可圖。荊州爲用武國，其主不能守，殆天所以資將軍也。益州險塞，若跨有荊益，西和諸戎，南撫蠻越，外結孫權，內修政治，徐以觀時變，則霸業可成。』未幾，操兵下荊州，備東走，權

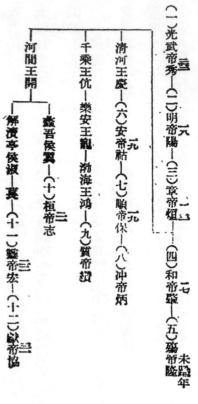

集諸將議戰守，僉謂操得荆州水軍，與吳共長江之險，遂主迎降。魯肅周瑜獨不可，亮亦往說權，約共拒曹。於是有赤壁之役，時獻帝十有九年也。操既敗還，備乘其隙，連下武陵長沙桂陽零陵。瑜破曹仁於江陵，謀取蜀，未行而卒。肅勸孫權以荆州借備，與共禦操。備留關羽江陵，而自引軍入蜀，襲降劉璋。時操已進爵魏王，謀篡位，備因北取漢中地，稱漢中王，蜀漢之基，已建於此。關羽自江陵進據襄陽，中原響應，而適值權遣呂蒙襲破江陵，羽還救敗沒，荆州遂爲吳有。吳既開罪於蜀，遂北面事魏，上書勸進，欲以媚魏而拒蜀。俄而操卒，子丕嗣，稱皇帝，廢獻帝爲山陽公。備聞其篡漢，乃正帝號於蜀，是爲昭烈帝。帝以權據荆州，大起兵伐吳，論者謂備不能仗義而使猇亭之役，折辱於陸遜之師也。白帝託孤，子禪纘位，孔明以文武之才，兼將相之任，遣使重修吳好。初，吳臣魏，魏責吳任子，不至，伐之，及是遂絕。魏專與漢連和，吳蜀復通。魏文帝頻歲以舟師擊吳，皆臨江而返，歎曰：『此天所以限南北也』。魏自是不復圖南。權亦改稱帝號，屹然立爲三國矣。

孔明輔蜀

三國蜀最小，然得諸葛亮孔明爲之輔佐，國勢遂大振。其治蜀也，循名責實，賞罰明信，夙以聯吳攻魏爲職志，故自昭烈之崩，即與吳通好。時南夷雍闓孟獲畔，亮討之，盡平滇南諸郡，後顧可無憂矣。亮以南方已定，宜北定中原。建興六年，遂率大兵攻祁山（甘肅西和縣西北），戎陣整齊，號令明肅。初，魏以昭烈死數年，寂然無聞，略不戒備，今聞亮出，上下震恐。魏使張郃拒之，與蜀將馬謖戰街亭（甘肅秦安縣），謖違亮節度，敗績。亮揮淚斬之，而撫其遺孤。乃自請貶秩，還屯漢中，厲兵講武，以圖後舉。會吳伐魏，魏兵東下，於是亮再疏請擊魏，圍陳倉（陝西寶雞縣）不亮，糧盡退師。自是連歲出兵，魏使司馬懿頓兵長安，斂兵阻險，禦師數出，皆以糧盡無功，亮因作木牛流馬運糧。最後大軍出五丈原，（陝西郿縣境）分兵屯田渭濱，爲久住計。吳亦發兵分三道伐魏，魏使司馬懿堅守勿戰，懿不敢出，亮以巾幗婦人之服遺之，方圖鞠躬盡瘁，而中營星已告殞矣。亮相蜀十餘年，政修民和，入不毛而七擒孟獲，忘歲月而六出祁山，功蓋三分，名成八陣，魏人恒畏之。厥後蔣琬、費禕、董允相繼秉政者又二十餘年，此皆亮所簡拔，悉遵亮之成規也。故區區之蜀，得以自存焉。

司馬篡魏

魏自文帝禪，鑒於漢世宗王外戚宦官之覆轍，諸侯皆寄地空名而無實國，設佐輔監國之屬伺察之；令羣臣毋奏事太后，后族毋專政；幷詔宦者官不得過尚方、黃門、掖庭、永巷、御府諸署令。三害雖除，而其禍獨起於權臣，遂有司馬氏之竊國。司馬懿當明帝之世，畏蜀如虎，亮死，不復出兵。公孫淵據遼東叛服靡恒，懿討平之。會明帝疾，召懿還洛陽。臨終，懿與曹爽同受託孤之命，輔養子芳繼位。爽白帝以懿爲太傅，實削其權，自爲大將軍，諸弟親黨皆爲侍從。爽欲自樹威名，伐蜀，爲蜀帥費禕所敗，關中虛耗，而爽驕侈益甚，兄弟數出游。懿僞病，爽等不設備。魏王芳十年，車駕謁高平陵，（明帝陵）爽從。懿與其子師謀，以皇太后令閉城拒爽，誣爽謀逆，幷其黨與夷三族，自爲丞相。於是魏之政權，盡在司馬氏。懿卒，子師爲大將軍，執政柄，尋廢其主芳，立高貴鄉公髦。（文帝孫）揚州都督毋丘儉與刺史文欽，起兵討師，爲師所敗，以諸葛誕都督揚州。師卒，弟昭繼之，後一年，誕復舉兵討昭，遣使稱臣於吳求救。昭奉魏帝擊之，敗吳兵。踰年，拔壽春，斬誕。自是朝臣節鎮，無復敢貳於司馬氏者。魏主髦忿甚，率殿中宿衛蒼頭官僮攻昭，昭之黨賈充入戰，弒之。立常道鄉公奐，（武帝孫）是爲元帝。昭自爲相國，封晉公，漸謀篡魏。

三國之亡

蜀自費禕死，姜維繼丞相之任，時勢洶洶。會司馬氏兩廢立，思乘其釁，頻年出兵攻魏隴西地。蜀國褊小，上非奧主，下有奸奄，國勢漸衰弱。魏元帝四年，司馬昭使鍾會鄧艾大舉伐蜀，鍾會帥師趨漢中，姜維退守劍閣。（四川劍閣縣東北）明年，艾自陰平（甘肅文縣境）入無人地七百餘里，至江油，（四川江油縣）敗諸葛瞻於緜竹，蜀人出不意，不爲備，後主遂面縛詣敵營矣。時鍾會內懷異志，姜維陰勸會畔，會所忌唯艾，遂奏艾反狀，詔檻車徵艾，艾去，會反，將士襲殺維會，而艾亦爲監軍衛瓘所殺。蜀平，司馬昭進爵稱王，後三年，死，子炎受魏禪，是爲晉武帝。其時三國唯吳尙存。吳自孫權死，少子亮立，宗室孫竣孫琳，先後專權。方是時，魏揚州諸將，屢起兵討昭，吳茍有爲，正可乘勢圖利，而以內政淆亂，反遭喪敗。亮年長，琳廢之，迎立琅琊王休，是爲景帝。帝乃族誅琳。魏伐蜀，帝出兵救之，旋崩，諸大臣迎烏程侯皓（孫權孫）即位。皓性驕暴，耽酒色，濫刑罰，吳政大亂。晉武帝使羊祜鎭襄陽，窺吳釁，吳使陸抗督軍與相持，祜不敢動。抗死，祜始表請伐吳。祜病革，舉杜預自代。預與益州刺史王濬復並請伐吳，乃大舉分六道攻之。上游之師，預出江陵，濬下巴蜀，燒吳沈江鐵鎖，遂下武昌，直指建業，皓出降，時晉武帝十六年也。是歲，晉改元泰始，天下復統於一。

三國前半期，尙爲漢之末世。自曹氏受禪，蜀亦稱帝，後十年，吳亦建帝號。凡蜀漢立國四十三年而亡，又三年，晉代魏，又十六年，晉滅吳。

(附)三國帝系表 蜀漢自昭烈至後主凡二世四十三年魏自文帝至元帝凡五世四十六年吳自孫權至皓凡四世五十二年

蜀漢 (一)昭烈帝備二—(二)後主禪四一

魏 武帝操—(一)文帝丕七—(二)明帝叡一三—(三)廢帝芳一四
　　　　　　　　　　　└東海王霖—(四)廢帝髦六
　　　　└燕王宇—(五)元帝奐六

□ (一)大帝權二四—南陽王和—(四)歸命侯皓一六
　　　　　　　　├(二)廢帝亮六
　　　　　　　　└(三)景帝休六

第六章 兩漢三國政教之大概

秦火既熄，至於漢初，政事文章，粲然可觀，沿至三國，南方文化，亦漸啓矣。

儒學之統一

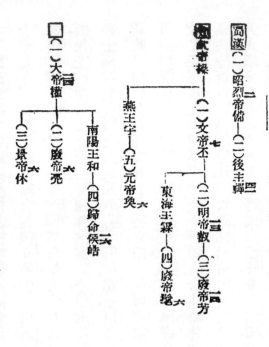

漢初，以清靜致治，是黃老極盛時代，而儒學廢絀。雖叔孫自楚歸高祖，即以爲博士，孔襄爲惠帝博士，但其時猶襲秦官，未必專司一經也。文帝立魯齊詩，景帝立韓詩，亦但有詩之博士。至武帝罷黜百家，始置五經博士。於是齊魯大儒，各以其學傳世。自宣帝有石渠閣之議，章帝有白虎觀之會，順帝時，蔡元講論五經異同，甚合帝意，則皆兼通五經矣。前漢經生，守家法，學說則尙今文；後漢經生，守師法，學說則尙古文。至鄭玄而始集其成。魏世王肅偏注羣經，力矯鄭說，遂開鄭王二派。又漢時好言讖緯，王莽既託言符命，光武復信重圖讖，東平王蒼且受詔正五經章句，皆命從讖，俗士趨時，益爲其學，要不過蔓衍支流而已。故其時儒學，定於一尊。

戰術之演變

自秦銷兵器，講武之事，闃焉無聞。逮亂者四起，衆猶藉農器爲刀劍，執鉏耰爲干戈。漢室繼興，黜將登壇，專崇韓信，制度遂重武子兵法。劍舞鴻門，勝報烏江，自此北討南征，西封東略，劍戟林立，戈矛山積矣。至武帝，築宣房，鑿昆明，始習水戰，而武庫益大備。沿及後漢，王者之師，與侯國之師，各更其制，各美其名，兵威咫尺，互相上下。迄三分漢室，蜀魏與吳，各有名將，而南陽臥龍，尤爲傑出。博望燒屯，遂開後日火攻之先矣。赤壁鏖兵，益宏水師戰艦之制矣。木牛流馬，且啓近時機變之巧矣。故其時戰術，漸趨於變化。

道佛之流播

周末，學術紛歧，漢初，儒道二家，互相角逐，而儒卒踞其巔。神仙本非道家學，學者但以其長生之說，謬相傅會，於是道家遂有此一派。自漢武溺方士之言，弊風相仍，浸至張角等藉符呪以惑衆，此派乃愈趨而愈幻。

張道陵以之傳布蜀中，其孫張魯以之雄據漢中，遂爲後世道家符籙所自起。至佛教流通，則在東漢明帝永平八年始，其時遣蔡愔等入天竺求經，偕印度高僧二人以歸，建白馬寺，使二僧繙譯經典，佛經入中國，當在永平十年也。（即耶穌降世六十餘年）吳主孫權，大爲崇信，遂以流衍南方。蓋東西文化之溝通，多賴佛氏弟子爲之媒介，此道佛流布之所繇來也。

交通之發展

始皇既築長城，華夷之界甚嚴。漢武時，始開河西，（張掖武威酒泉敦煌）而西域始通，然兵力所至，猶未及葱嶺以西。考漢書言大夏大月氏安息罽賓，已駸駸由西域通至阿富汗俾路芝波斯諸境矣。後漢書和帝永元九年，甘英使大秦，至安息。安息即波斯，大秦即羅馬。大秦者，傳言其人民皆長大平正，有類中國，故謂之大秦。又言大秦嘗欲通使於漢，而安息貪以漢繒采與之互市，故遮閡不得自達。至東漢桓帝延熹九年，大秦王安敦遣使自日南徼外獻象牙犀角瑇瑁，始乃一通焉。此爲中西交通之始。自此陸路自中亞細亞，海道自印度南洋，凡商旅釋徒，皆得以通亞東西之郵矣。

第七章　兩晉興亡事略

西晉初期之情勢

司馬懿之事魏也，挾其睥睨一切之勢，攫取大權，而其子師昭如狼，孫炎如虎，復從而播弄天綱，欲篡天下於筐篋中而視爲私產。三世垂延，大志果遂，於是炎遂受魏禪焉，是爲晉武帝。帝即位之初，屏奇巧，懷仁儉，南除吳亂，作施固不凡矣。然孫座方設，而怠志遂萌，自以天下無事，日耽遊宴，后族楊駿與弟珧濟始用事，入官錢於私室，出親賢於海隅，經國遠猷，略不厝意。故其時風俗之壞，亦日以甚。嵇康阮籍輩，時號竹林七賢，莫不崇尙虛無，輕蔑禮法。其尤失策者，雜夷之種，本爲異族，而乃處以內地，是何異臥榻之側，容他人鼾睡邪？宜乎災變迭生，而史不絕書也。帝崩，惠帝孱弱嗣位，楊駿輔政。皇后賈氏，充女也，牝雞司晨，南風烈烈，（后名南風洛中謠云南風烈烈吹黃沙）內弒太后太子，外殺太宰亮太保衛瓘，與楊氏爭權，潛召楚王瑋誅駿，大權遂集於賈氏。由是女主宗藩更迭爲亂，帝位傾移，（趙王倫自稱帝遷帝金墉城）八王生釁矣。八王者，汝南王亮，（司馬懿子）長沙王乂，（武帝子）楚王瑋，（同上）成都王穎，（同上）趙王倫，（司馬懿子）河間王顒，（司馬孚之孫）齊王冏，（武帝弟攸之子）東海王越，（司馬懿弟泰之子）是也。瑋既矯詔殺亮瓘，后因坐瑋罪，去駿死才數月耳，此爲諸王互爭之始。

八王之變

厥後賈模張華裴頠同心輔政，以后淫虐日甚，屢諫不從，模以憂卒。惠帝十一年，倫與冏率兵弒后，并戮其黨，華頠皆死，然外戚雖除，內亂未已。倫自爲相國，加九錫，使冏出鎮許昌，（河南許昌）明年篡位。冏與穎顒起兵討之，此爲諸王互爭之第二期。倫既被誅，帝復位，以冏爲大司馬，穎顒各還鎮。冏滋驕，顒表其罪狀，檄乂討之，乂反誅冏。會穎亦惡乂，搆顒反，偪京邑，乂奉帝城守，輒敗其衆。時越適在京，慮不濟，因乂納外兵，穎遂入洛陽殺乂，此爲諸王互爭之第三期，時惠帝十五年也。穎還本鎭，遙執朝權，嬖佞用事，越再奉帝征之，敗績，車駕入鄴，越歸國。幽州刺史王浚等討穎，穎挾帝走洛陽，顒遣將救穎，復挾帝及穎至長安，於是政權又在顒矣。明年，越起兵徐州，尋攻長安，迎車駕還京，任越爲太傅，顒穎並被殺，此爲諸王互爭之第四期。帝旋崩，或曰越酖之也。

五胡之起

晉世之亂，肇自家族之紛爭，其影響遂及於外界。又法弛俗敝，五胡乘之，割裂土宇，此神州之所以陸沈也。試分述其種類如左：

（一）匈奴 劉淵稱漢劉曜改趙亦爲前趙此五胡首也最後沮渠蒙遜稱北涼亦匈奴種

（二）羯 石勒稱趙亦爲後趙

（三）鮮卑 燕慕容廆最先起爲前燕厥後慕容氏一派垂稱後燕沖稱西燕德稱南燕其他則乞伏國仁稱西秦禿髮烏孤稱南涼與拓跋祿官皆鮮卑別部

（四）氐 氐之先竊據者仇池有楊茂搜成都有李特其最強者則前秦苻堅也呂光稱後涼亦氐種

（五）羌 姚萇繼苻氏之後爲後秦

西晉之亡

漢魏之際，西北民族漸次內徙，晉初家國未寧，胡羌之兇傑者，竊覬不虞。時則慕容廆虎踞遼東，拓跋祿官蠶食河北，李特與子雄負嵎漢中，楊茂搜遠據仇池，而劉淵以五部帥負文武長才，尤赫爍一世。穎表淵監五部軍事，使將兵頓鄴。穎越相攻，淵貳於晉，脫歸還左國城，山西永寧縣地建國號曰漢，自稱漢王。未幾，惠帝崩，懷帝立，淵亦稱帝，徙平陽。山西臨汾縣西南遣劉曜劉聰王彌石勒，分略大河南北。淵死，太子和立，弟聰弑而代之。時石勒進寇襄陽，越帥甲士四萬討之，佐吏名將，悉入其府，於是宮省無復守衞。越卒於軍，石勒追敗越軍，執王衍等殺之，遂引兵陷洛陽，囚執天子，尋弒之。時太子業攻下長安，遂即帝位，是爲愍帝。帝於犇播之後，第守虛名，事多草創，鯨鯢未掃，梓宮未返，而長安戎馬聲嘶已繼，懷帝著青衣行酒狄庭矣。銅駝荊棘，於是七帝之數已終，（魏明帝時張掖郡寶石負圖有石馬七及犧牛之象）而西晉亡。

東晉方鎮之禍變

長安既陷，其時琅琊王以安東將軍鎮建業，（南京）懷帝凶問至，遂即帝位，是爲東晉元帝。初，王導掌機政；王敦總師干，恃功而驕。帝迺引劉隗刁協爲腹心；餘如顧榮賀循祖逖陶侃劉琨溫嶠戴淵周顗輩，皆一時賢雋，股肱左右，則所以生縛劉粲而滌嵩洛之垢者，胥於是乎賴。惜乎化龍之後，（童謠云五馬浮渡江一馬化爲龍）日即宴安，以致賊臣逆子，近出臣族，苞禍歲月，朝士被誅，憂憤而死，誰曰不宜。史稱恭儉有餘，明斷不足，信哉！明帝纘業，奮發有爲，麾鉞一臨，凶黨冰泮，亦可謂佳主矣。而得位日淺，誠可惜焉。成帝甫六齡，即帝位，刱業尚淺，而元舅庾亮少年當國，任法裁物，人頗怨之，遂激成蘇峻之變，橫挑彊賊，召衅稔禍，憂及國母，（庾太后以憂崩）兵入臺城，雖闔門投竄山海，亦不足以蔽其辜矣；而復使之擁彊兵，據上流也，何哉？幸而嶠侃共討峻，始平其亂，祖約亦敗犇後趙。時石勒方破洛陽，滅劉曜，以故東晉初期，雖內亂迭生，而外寇不至。康帝享年未久，穆帝襁褓登基，褚太后臨朝。先是庾翼移鎮襄陽，桓溫爲先鋒，至是翼卒，何充建議以溫代之。會漢主李勢不修政事，溫率兵滅之，晉遂得蜀地，溫勢大盛，尋復破秦兵。琅琊王丕立，是曰哀帝，以溫爲大司馬，三年崩。琅琊王奕立，溫爲燕所敗，思立威乃廢帝奕，立會稽王昱，是曰簡文帝。雖清談差勝，實無可述。簡文立不一年崩，太子昌明立，是曰孝武帝。溫亦病死，朝廷始安枕焉。然苻堅已謀伐晉，曰：「投鞭於江，足斷其流。」其時人情恇擾，至有左衽之憂，幸而謝安石王文度當國，桓沖督江荊，謝玄（安姪）鎮江北，中外協心。玄復募驍勇之士，得劉牢之參軍事，號北府兵，敵人畏之。佈置已定，安得玄書，曰：「小兒輩遂以破賊。」晉無亡矢遺鏃之費，而堅已敗在肥水。帝至末年，信任會稽王道子，好家居爲「纖兒撞壞，」長星見則終夜酣歌。語云：貶酒闕色，所以無污，曷不少鑒邪！安帝繼統，童騃無知，東錄西錄，（時謂道子爲東錄，元顯爲西錄）私門互樹，以故王殷孫恩之亂，國內騷然，而劉裕起矣。桓玄反，迫帝禪位，裕獨力一呼，鋒摧氣沮，馮遷殺天子之賊；而舊物反正，亦晉之幸也。奈何盧循徐道覆等逆腸叛膽，交搆縱橫，仍賴裕起兵吞滅，以成其功業。然諸逆雖消，而裕之威權益盛，遂爲相國宋公。又信讖言以昌明之後，尚有二帝，乃殺帝於東堂。恭帝方二年，裕進爵宋王，受晉禪。烏虖噫嘻！司馬氏父子兄弟，欺孤凌寡，得以意行消息，驟登天位，意氣之盛，可謂壯哉！迺不一傳而骨肉相殘，不再傳而羈魂沙漠，（懷愍）不六傳而疆臣脇侮，以至綱維潰破，憤敗旋趾，又何其憊也！蓋悖入悖出，理或固然歟？

東晉對外之兵力

東晉立國，內亂滋多，而對外之兵力頗振。桓溫初鎮江陵，即出師討蜀，旋滅漢主李勢，威名日盛，朝廷忌之，用殷浩相抵制，浩無功，由此大權盡歸桓氏。溫大破秦軍，進至灞上，圍長安。是時東晉兵力，已北盡大河，西抵雍梁矣，此實晉人恢復時機之第一期也。惜溫懷異志，上下不協，無實力以爲後勁，故所得地復失，不能歸咫尺之侵疆，拱手而讓苻秦以攫取也。秦既强盛，具有席捲江淮之勢，而肥水一役，謝玄等以八萬之師，破秦百萬之衆，用寡捍彊，此爲種族戰爭漢族優勝所自始。初，秦軍寇襄陽，執朱序，苻堅再圖大舉，率師東下，晉使安弟石爲征討大都督，玄爲前鋒，拒之。堅敗，登壽陽城，見晉兵部伍嚴整，又見草木人形，風鶴王師，憮然始有懼色。兵迫肥水，玄請少卻，晉兵且渡。堅欲乘半渡擊之，果麾兵退，秦兵遂潰，堅遁還長安，謝安因思乘勝以開拓中原，此實晉人恢復時機之第二期也。而孝武荒淫，道子專政，遂疏謝安，而其事卒不成。迄桓玄之亂，賴劉裕倡義，晉室復安。於時譙縱叛成都，慕容德據廣固，並爲晉疆，盧循擁有廣州，名附朝廷，實爲後顧之憂，裕以蓋世英略，進討南燕，克廣固，燕甫滅，而循已度嶺，自南康（江西贛縣）下尋陽（江西九江），進逼建康矣。裕轉戰克之，復遣朱齡石規蜀，譙縱走死，然後北伐，收洛陽，下長安，盡併姚秦之地，執姚宏至建康殺之，此實晉人恢復時機之第三期也，是蓋盛於桓溫時也。然裕方圖篡竊，既定長安，留幼子守之，已而南歸，長安旋爲赫連勃勃所陷，裕且不暇問，迺自稱宋公，加九錫，弑安帝，立恭帝，行受禪禮而代晉。

西北諸國之迭興

其在北方，自劉淵劉曜起，破滅西晉，旋石勒復貳於曜，自爲一部。當晉室初東，僅守偏安之局，而北方則有漢、趙、秦、涼諸國，五胡十六國之局，由茲而始。匈奴種劉淵傳聰，聰死，太子粲立，其臣靳準作亂，劉曜與石勒討之。曜即位，徙都長安，國號曰趙，即前趙也。羯種石勒，與劉曜有隙，別建國曰趙，都襄國，略平河北，遂滅前趙稱帝，在位六年，殂，太子弘立，石虎弑之，始遷鄴。虎死，養子冉閔篡立，盡殺石氏子孫，改號魏國，尋亂，前燕滅之。

氐種成主李雄之族弟壽，廢雄子而自立，改號漢。壽殂，子勢立，爲桓溫所滅。鮮卑種慕容廆，撫有遼東，於中原無與。子皝立，稱燕王，西破段氏，南卻趙兵，東伐高麗，北滅宇文氏。皝殂，子儁立，因石趙衰，始入居薊，稱帝，尋殺冉閔，徙鄴，爲秦所滅。漢人張軌，爲涼州刺史，居姑臧，據河西；再傳至茂，略有隴西之地，張駿迭爲前後趙所屈服，趙亡，涼州復振，西域來朝。子重華，始稱涼王，亦爲秦所滅。

五國之外，尚有拓跋猗盧居代，稱代公，爲元魏所繇起。隴蜀之間，有楊氏據仇池，稱仇池公，蕞爾國不能自立，恆依附石勒。勒之強也，兵力已至大河南北，且以張賓爲謀主，所向無敵，復勸課農桑，禁胡人不得陵侮華族，國勢稱盛焉。逮石虎縱暴，苦役晉人，其後子孫屠僇，禍起肘腋，於是慕容儁自東入，苻健自西入，燕秦並逐，而趙亡矣。此十六國前半期之大略也。

當石趙之亡，冉魏據襄國，慕容恪擊滅之。是時關中一大國出焉，幾乎混一中原，垂成帝業，卒以失機致敗，則苻秦是也。秦之先世蒲洪，再傳至堅而盛，又得奇才王猛，委以國政，百缺俱修，民以大和。值燕有內訌，慕容垂來奔，饒將略，以爲冠軍將軍，遂滅燕。猛卒，堅又西滅涼，（張天錫）北破代，（什翼犍）西南降仇池。（楊纂）是時苻秦勢大張，海內泰半附屬，夷戎入貢者六十餘國。堅意滋驕，大舉伐晉，爲謝玄大敗於肥水，國勢頓衰；蓋肥水之戰，爲苻秦盛衰之一大機鍵也。秦兵既潰，堅歸國，勢瓦解，其時諸將叛者四起：慕容垂首倡亂，與翟斌合，都中山（河北定縣）稱帝，爲後燕；已而慕容永據長子（山西長子縣）稱帝，爲西燕；姚萇起兵渭北，自稱秦王，爲後秦；乞伏乾歸據有隴西，稱苑川王（今甘肅榆中縣）爲西秦；其臣呂光，氐種也，叛據姑臧，稱王，爲後涼。堅子丕雖在晉陽稱帝，不能救，後爲慕容永所破，走洛陽，爲晉將所殺。丕族子登稱帝，爲姚興所殺。登子崇，走湟中，爲乞伏乾歸所殺，遂以亡秦。然慕容昆季皆不振。時國勢稱盛者，唯後燕、後秦二國。燕秦甫立足，而竊據者又四起矣：慕容德據滑臺，（河南滑縣）曰南燕；馮跋曰北燕；禿髮烏孤曰南涼；沮渠蒙遜曰北涼；李暠曰西涼；赫連勃勃據朔方，曰夏天王。自是河朔以西，豆剖瓜分矣。

拓跋氏自什翼犍子寔君爲苻堅滅後，孫珪振起於北，國號曰魏。同時楊定又據仇池，譙縱復叛於蜀，此十六國後半期之大略也。於是魏幷北方，劉裕收南方，而諸國悉定，天下遂分爲南北朝

（附）十六國興亡表

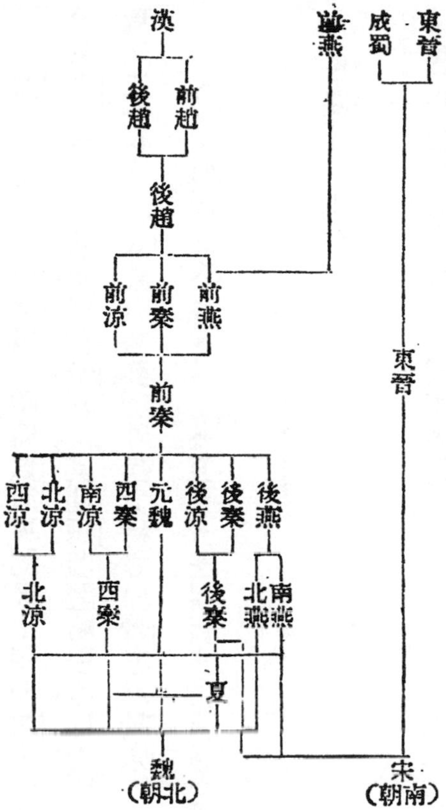

西晉自武帝平吳後，歷十年而賈后專國，又十年而趙王倫篡位，自此藩禍、胡亂迭興，凡十六七年，而晉遂東，東晉歷三十餘年，迄穆帝在位，其間桓溫經略中原，國勢頗振，陟及孝武，肥水勝秦，上下五十年，稱極盛焉。又二十年而桓玄亂，劉裕興，國外兵力稱雄，而晉亦移於宋。

（附）兩晉帝系表 晉凡十五世百五十六年西晉四世五十二年東晉十一世百有四年

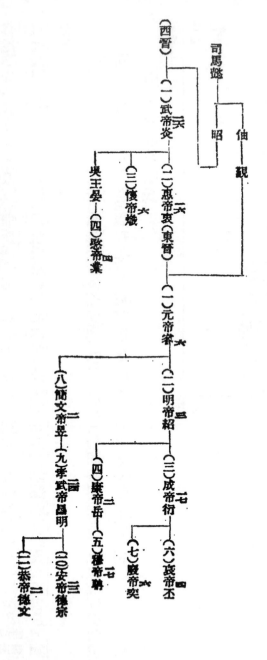

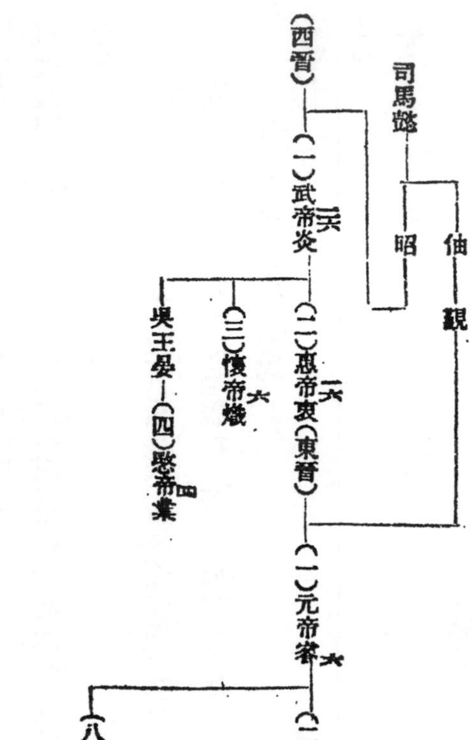

第八章　南北朝興亡事略

劉宋事略

劉裕既進爵爲宋王，遂以恭帝二年受禪，國號宋，是爲宋高祖武帝，三年崩。義符不綱，居喪無禮，游狎無度，徐羨之等廢之，迎立宜都王義隆，曰文帝。帝仁厚恭儉，勤於爲政，親臨聽訟，重民命也；像寺有禁，示知節也；書鑄渾儀，能象器也；修孔子廟，嘉右文也。且百官皆令久任，以故元嘉之治，稱爲小康。然五臣秉政，（王華劉湛王曇首殷景仁謝弘微時號爲五臣）黑衣充位，（慧琳參權披貂裘稱爲黑衣宰相）殺道濟而使長城自壞，取河南而謀白面書生，於是魏人不復足憚，遂滅夏、克燕、（北燕）併涼，統一北方，連歲侵宋，宋亦大舉伐魏。魏太武帝自將禦之，臨江次瓜步，（江蘇儀徵縣江口）將渡江，尋引兵還。然所過殘掠，赤地無餘，宋經此劫，已非復元嘉之舊矣。文帝旋爲太子劭所弒，少子駿起兵，誅劭自立，是爲孝武帝。即位未幾，而殺南平，（鑠）殺武昌，（渾）由是而義宣反江州，竟陵反廣陵，休茂反襄陽，骨肉猥藉，朝廷隱憂，孰非宋主之不德有以致之！十二年崩。子業繼之，昏暴無道，穢德闉門，翦除宗室，囚辱諸父，卒爲阮佃夫等所弒，曰廢帝。立湘東王彧，明帝是也。潯陽兵起，諸郡皆送款承風，休仁之兵方出，而子勛之帝已稱，雖曰湘東太祖之昭，晉安世祖之穆，當璧幷無不可。然兩雄不並立，今社稷有奉，而復干戈是爭矣，猜忌宗室，劉氏子孫，殺僇殆盡，繇是蕭道成得以顧命大臣而弒之。李昱紹統，是爲後廢帝蒼梧王。桂陽王反，道成討平之，自此威權大盛，尋殺帝，立安成王準，是曰順帝。道成自齊公進爵爲王，廢帝自立，宋亡，凡八世五十九年。

蕭齊事略

蕭道成之仕宋也，無赫赫大功，而遽以王儉褚淵之謀，不廢斗糧，不折一矢，篡宋祚而自居之，是爲齊太祖高帝。帝性淸儉，嘗言：『使我治天下十年，當使金與土同價。』且珍奇異物，毀棄不用，亦有齊之良主也。傳子武帝，聰明能斷，留心政治，外和强魏，內保舊基，故永明（武帝年號）十餘年間，百姓豐樂，羣盜屏息，江左言內治者，宋稱元嘉，齊推永明也。太孫昭業，嗣世祖而立，矯情飾詐，僉壬分權，不能裁削其黨與，恣后淫汚，塊然尸位。蕭鸞生睥睨覬覦之心，蓋自啓之耳，是爲廢帝鬱林王。昭文嗣統，政由鸞出，鄱陽王等七人，以無罪見殺，衡陽王等四人，以疑忌加刑。日月在軀，（鸞胸有赤志，示王洪範曰『人言比是日月相，幸勿泄』洪範曰『日月在軀何可隱』）迺扼新安（昭文）之捥，以攫其大器，而再行弒逆，是爲廢帝海陵王。鸞卒自立，是爲明帝，殄滅河東王鉉等十王，以絕太祖世祖世宗子孫，誠所謂豺狼之性矣。烏虖！高帝欲爲子孫計，以盡滅劉氏之裔，而子孫卒塗炭於明帝。明帝亦爲子孫計，以盡滅本宗之支，而子孫復傾亡於蕭衍。天道洵不爽乎？果也，魏孝文聞齊簒亂，大舉南攻，齊業復衰。及崩，子寶卷嗣，兇惡熾禍，刀敕秉軸，（提刀應敕之人用事，時人謂之刀敕云）寵任六貴，嬉戲無度，而衍兵起矣。衍初鎭襄陽，知齊將亂，潛修武備，衍兄懿爲豫州刺史，復爲帝所殺。至是遂起兵，奉南康王寶融爲帝，即位江陵，曰和帝。及衍圍建康，廢爲東昏侯，王珍國等尋弒之，是爲廢帝東昏侯。衍入京，封梁公，進爵爲王；受禪。齊亡，凡七世二十三年。

蕭梁事略

蕭衍既代齊，是爲梁高祖武帝。數其政蹟，可紀者多：赦吉翂之代死，卻郡縣之獻奉，修孔子廟，書行五禮，使克有終，何至爲天下所戮。奈何性本殘忍，復溺於佛教，以故杜弼譏其毒螫滿懷，妄敦戒業也。大誅齊之宗族，蕭寶寅即引魏兵入寇，侯景來附，封爲河南王，旋以爲豫州牧。帝與東魏和，景遂反，圍建康，陷臺城。吁！捨身同泰，猶可贖也，捨身侯景，不可贖矣，自得自失，佛力安在哉？簡文嗣之，岌岌焉如在網中，時湘東王繹在江陵，岳陽王詧在襄陽，河東王譽在長沙，互相戰爭，尋仇不已，既而繹殺譽，詧降魏，繹遣兵攻侯景，景已自稱為漢王，廢簡文而弒之，立豫章王棟，（武帝孫）又廢之，自稱漢帝。先是，始興（廣東曲江縣）太守陳霸先起兵，與繹將王僧辯會師討景，景為其下所殺，繹遂即位，都江陵，是為元帝。時東魏為高齊所篡，奪取江北諸郡，西魏亦侵略巴蜀，梁僅保江南一隅而已。而詧附於西魏，反與魏師襲取江陵，帝出降。西魏迺移梁王詧於江陵，稱帝，是曰後梁。烏虖！詧助魏滅宋，罪彌天地，而復奉魏正朔，稱帝江陵，身為中國主，迺俛首承睫於夷，亦何顏面以列人上哉！幸而方智（元帝子）依王僧辯陳霸先以即位建康，庶乎承梁正統，而迺納蕭淵明於齊，復奉為帝，甚至方智既廢而又立；淵明已立而又廢，二三孰甚焉！方智既立，是曰敬帝。霸先殺僧辯，遂自為相國陳公，進爵為王，尋篡位，梁亡，凡四世五十六年。

陳朝事略

陳霸先乘梁末喪亂之餘，欺弱主，夷凶翦亂，以竊大寶，是為陳高祖武帝。即位之初，私宴用瓦器，後宮屏金翠，儉德亦可風焉。然捨身莊嚴，以尋梁武覆轍。又其時淮南已入於齊，荊州以上已入於魏，而梁將王琳據有長沙江夏之地，東取江州，且乞援於齊，與陳相攻，強鄰四偪，其勢甚蹙。三年崩，姪臨川王蒨立，曰文帝。破王琳，復江（江西九江縣）郢，（湖北武昌縣）收巴湘，（湖南境）疆土所收，差足自立矣。惜在位日淺，七年而崩。太子伯宗立，並無失德，而安成王頊廢之以自立焉，是曰宣帝。北齊之亂，取江北各郡。及周滅齊，曾北伐取徐兗之地，為周所破，其地復爲周有，陳始終以長江爲限矣。安成王其果足爲周旦乎？（孔奐謂安成王足爲周旦）十四年崩，叔寶賴叔堅之力，（初叔陵欲誅殺叔寶，叔堅救之）狼狽嗣統，曰後主長城公。即便精心圖治，猶懼不給，而乃據手掌之地，恣谿壑之險，（見隋伐陳詔）貂蟬盈座，玉樹被聲，宮人有學士之稱，文士有狎客之號。荒淫無度，國用不足，又重以關市之稅，士民嗟怨。時北朝隋已代周，有統一中原之志，既滅後梁，迺以晉王廣爲帥，賀若弼、韓擒虎爲將，入建康，俘叔寶以歸。陳亡，凡五世三十三年。南北始歸於一。

南朝自劉裕代晉，迄元嘉末葉，三十年間，號爲全盛。後此三十年，皆篡弒相承。齊興，高武兩朝，凡十餘年，政治粗舉；又十年，東昏無道，齊本無大功德，乘危竊國，其亡也忽焉。梁武在位四十餘年，北略軍威頗振，晚歲國亂，疆土日蹙。陳氏支持殘局，亦三十年，始併於隋，而南朝遂亡。故論疆土，陳爲小；敍年期，齊最促云。

（附）南朝帝系表（宋八主五十九年　齊七主二十三年　梁四主五十六年　陳五主三十三年　合一百七十一年）

（宋）（一）武帝裕 三
- （二）少帝義符
- （三）文帝義隆 三十
  - （四）孝武帝駿 十一 ——（五）廢帝子業 不踰年
  - （六）明帝彧 八 ——（七）後廢帝昱 四
  - 桂陽王休範 ——（八）順帝準 二

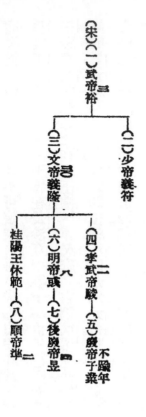

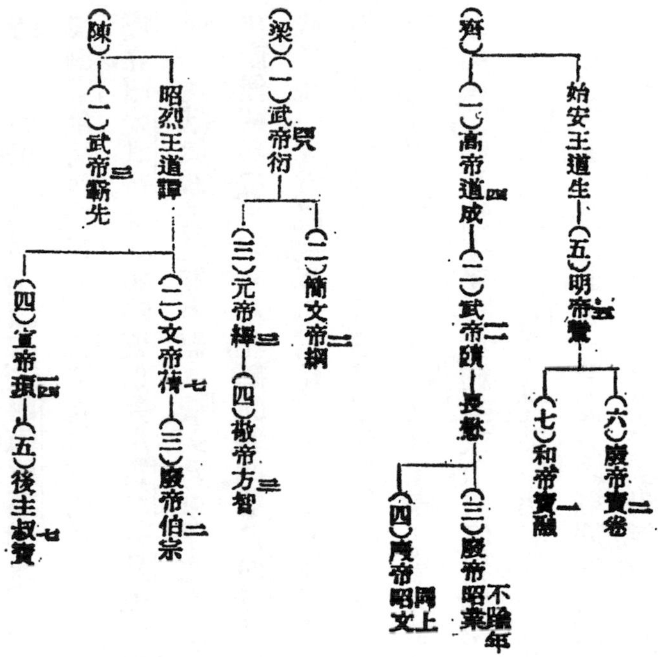

拓跋氏事略

五胡雲擾西北，裂爲戰國，元魏興，始幷於一，是爲北朝。魏之先拓跋氏，鮮卑種也。魏晉之際，匈奴內徙，拓跋氏據其地。西晉衰，其酋猗盧入居代，（山西代縣）晉封爲代王。後寖衰微，自什翼犍（猗盧從孫）寔君爲苻堅滅後，孫珪依劉庫仁，庫仁子顯欲殺珪，珪奔賀蘭部。既而諸部大人，推珪爲代王，改國號曰魏，是爲道武帝，時正東晉安帝初年也。帝併燕涼秦夏，逐吐谷渾，破柔然，遂雄長北方，與南朝對峙，曰北朝，實奄有中國本部之泰半。帝爲淸河王紹（道武子）所弒，子嗣繼位，爲明元帝。劉裕討秦，自洛入關，帝斂兵北岸避之。裕歸，關中盡爲赫連勃勃地。是時西北形勢，夏爲强，北涼次之，西涼西秦皆浸衰矣，東北則後燕保有龍城，亦敗亡之餘耳。而元魏擁有河北，與劉宋劃河而守。帝方用崔浩爲謀主，內勤政治，按兵觀變，乘宋之喪，遣將克宋河南地，亦令主也。帝崩，太子燾立，曰太武帝。太武雄略蓋世，委用崔浩，執夏主昌，（勃勃子）昌弟自立於平涼，擊滅西秦，又欲敓北涼地，吐谷渾（青海地）禽獻於魏，於是關中盡入魏矣。乃東平北燕，西取北涼，北破柔然，又略仇池，擊吐谷渾，遂平西域。二十七年，南侵，觀兵瓜步，宋之江北，繇此衰耗。蓋自西晉之亡，北方諸國，興滅靡恆，至此已歷百三十餘年矣，始有太武之統一。太武晚歲，爲中常侍宗愛所弒，立南安王余，又弒之。羣臣立太武帝孫濬，爲文成帝，族誅愛。十四年崩。太子弘立，是爲獻文帝，嗜黃老浮屠學，有厭世之志，內禪孝文，自稱上皇。（上皇年十八，宏甾五歲）上皇嫡母馮太后內行不正，酖弒上皇，臨朝稱制。孝文性至孝，凡事稟承而已。后崩，帝親政，慕中國先王之制，聖賢之學，乃銳意復古，均民田，制戶籍，立學校，興禮樂，故事，百官無祿，至是始班祿，文章政事，炳然可觀。又惡國風之陋，移都洛陽，禁胡服胡語，改國姓曰元，爲宗姓，娶中州名族，注意種族同化，然舊臣族戚多不悅者，而尙武之風，亦寖以銷亡，拓跋之衰，實基於此，蓋失其固有之種族性質故也。帝屢伐宋齊皆無功，二十九年崩，而一統之業卒不成。

魏歷宣武孝明兩朝，政治寖衰。孝明年幼，胡太后臨朝，有宿衞武士之亂，太后不能治，內有嬖倖，外多盜賊，於是葛榮杜洛周分據河北，莫折（關西複姓）念生蕭寶寅各反關中，梁復收略淮南諸城鎮，魏之封疆日蹙。時有秀容酋長爾朱榮者，討賊有功，爲六州大都督，擁兵屯晉陽。（山西陽曲縣）懷朔鎮函使（函使往來之使）高歡勸淸君側。會胡后弒帝，立臨洮王世子釗，（孝文孫）榮遂奉長樂王子攸入洛，是爲孝莊帝。沈胡后及幼主釗於河，殺王公以下二千餘人。榮歸晉陽，而遙執朝權。已而梁送元顥入洛，孝莊北走，榮出師擊走顥，帝復國，榮竊抱異圖，入朝，帝刺殺之。榮弟世隆及兆遂反，立長廣王曄，（孝文從弟）合師入洛，執孝莊，還晉陽弒之。復以曄疏遠無人望，廢之，立廣陵王恭，是爲節閔帝。初，胡后專政，武臣跋扈，擅殺大臣，高歡至洛覩狀，知魏將亂，還家傾財結客；已又從爾朱榮參軍事。至是兆使歡統六鎭。（武川撫冥懷朔懷荒柔元禦夷並在晉宜大邊外）會河北大使高乾起兵以冀州（河北冀縣）迎歡，歡往，養士繕甲，合師討爾朱氏，立渤海太守朗，（太武帝元孫）連破爾朱氏兵，入洛，廢節閔及朗，立平陽王修，是爲孝武帝。歡自爲丞相，建府居晉陽。時賀拔岳在關中擁重兵，孝武潛與搆結，欲以謀歡。岳爲其將侯莫陳悅所害，夏州刺史宇文泰討誅之，帝以泰督關中，謀伐歡，歡舉兵反，孝武奔長安，依宇文泰。歡別奉淸河王世子善見都鄴，爲孝靜帝。由是魏分爲東西，（孝武居長安半年爲宇文泰酖死立文帝）東魏權在高氏，西魏屬宇文氏，爲周齊二國所自始。

魏分東西

魏之始分也，高歡宇文泰頻年角逐，而有沙苑邙山兩大戰。東魏靜帝四年，（西魏文帝三年梁武帝三十六年）高歡乘關中之飢，大舉攻西魏，泰拒之沙苑。（陝西大荔縣東）時西魏兵單，歡輕之，大爲泰所敗。越六年，東魏北豫州（今虎牢）刺史高仲密叛降西魏，泰帥師應之，與歡大戰邙山，（河南洛陽縣北）兩軍勝負相當，自此東西之局定。

東魏孝靜帝，以高歡爲丞相，政權盡入其掌握。歡卒，（爲神武帝）子澄爲太將軍，方謀受禪，爲其下所殺。（爲文襄帝）澄弟洋嗣爲齊王，遂篡東魏，是爲北齊文宣帝。東魏一世十七年。

西魏孝武帝入長安，與宇文泰有隙，泰弒帝，立孝文帝孫寶炬，是曰文帝。泰爲太師，專攬朝權，以蘇綽有王佐才，推心任之，彷周官之法，定六官，又計戶籍，作府兵法，俱爲隋唐所本。帝崩，太子欽立。欽欲殺泰，泰廢而弒之，立其弟廓，曰恭帝。泰死，子覺嗣，封周公，遂受禪，是爲北周孝愍帝。西魏四世二十四年。

北朝齊周事略

齊文宣帝即位，初亦留心治術，嗣得志滋驕，縱酒色，頗淫暴，殺魏宗室至七百餘人；唯委任楊愔，政事粗舉。十年崩，太子殷立，是曰廢帝，濟南王。愔輔政，帝叔常山王演殺愔，廢帝而自立，是曰孝昭帝，頗有善政。及崩，弟湛立，曰武成帝。四年傳位太子緯，無道，政治遂衰。時北周勢盛，緯傳位太子恆，出奔，爲周獲，遂滅齊。凡五世三十年。周自孝愍即位，泰兄子宇文護爲大冢宰，專權驕蹇，帝欲誅之，反爲所弒。立其庶兄毓，曰明帝。護又弒之，立其弟邕，曰武帝。護屢興師伐齊，屢敗。齊帝方殺斛律光，昏迷不問國事。武帝誅護，大振國政，會陳宣帝破齊軍，周乘之，圍鄴滅齊。於是周武在位十七年矣。北方復合而爲一。明年帝崩，宣帝嗣，無道，以楊堅女爲后，立一年，即讓位太子闡，曰靜帝。堅輔政，進爵隨王，加九錫，竟以篡位，是爲隋（以周齊不遑寧處，去辵作隋。）高祖文帝。帝秉政九月得國，自來篡國之易，未有如是速者。遂盡滅宇文氏之族，其後南平陳，統一天下。

元魏自道武興，歷三世至太武十八年，凡五十餘年間，統一北方，又歷七十年而胡后亂國，自此迄東魏之亡，又三十餘年，皆為君弱臣強時代。齊氏有國，幾三十年，暴君接踵。周亦二十餘年，惟武帝稍有為，遂以併齊。子孫庸闇，齊亡甫四年，而隋亦代周矣。

(附)北朝帝系表 元魏自道武至孝武帝入關凡十一主百五十八年分為東西魏東魏一主十七年先亡西魏三主二十二年後亡齊自文宣帝至後主凡五主二十八年周自孝愍帝至靜帝凡五主二十五年

(後魏)(一)道武帝珪 二三 —(二)明元帝嗣 一五 —(三)太武帝燾 二六 — 太子晃 —(四)文成帝濬 一四 —(五)獻文帝弘 六 —
- (六)孝文帝宏 二八
  - (七)宣武帝恪 一六 —(八)孝明帝詡 一三
  - 京兆王愉 — 西魏 (一)文帝寶炬 一七
    - (二)廢帝欽 三
    - (三)恭帝廓 四
  - 清河王懌 — 亶 — 東魏 (一)孝靜帝善見 一七
  - 廣平王懷 —(十一)孝武帝脩 三
- 彭城王勰 —(九)孝莊帝子攸 三
- 廣陵王羽 —(十)節閔帝恭 一

北齊 神武帝歡
- (一)文宣帝洋 10 —(二)廢帝殷 一
- (三)孝昭帝演 二
- (四)武成帝湛 四 —(五)後主緯 一三

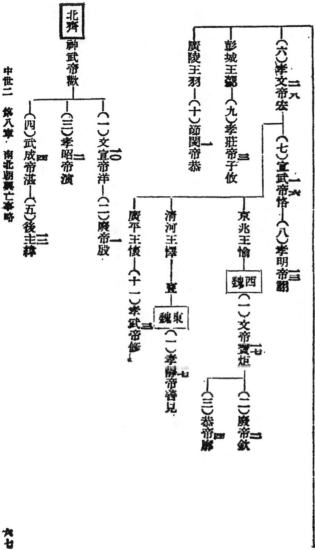

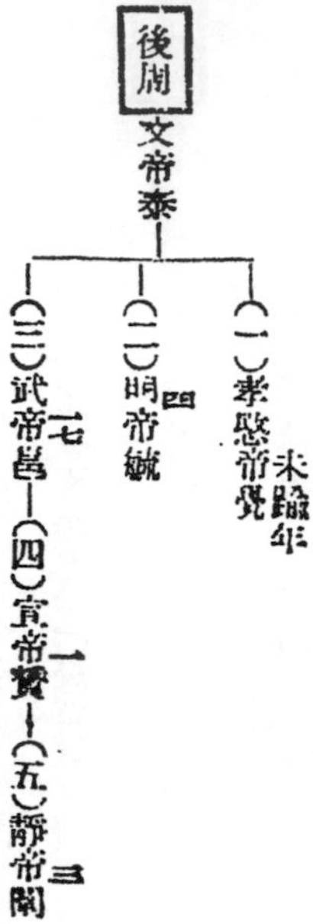

(附)兩晉南北朝存亡分合表

兩晉南北朝之際國家倏興倏滅棼如亂絲茲以系統法列其分合次第如左

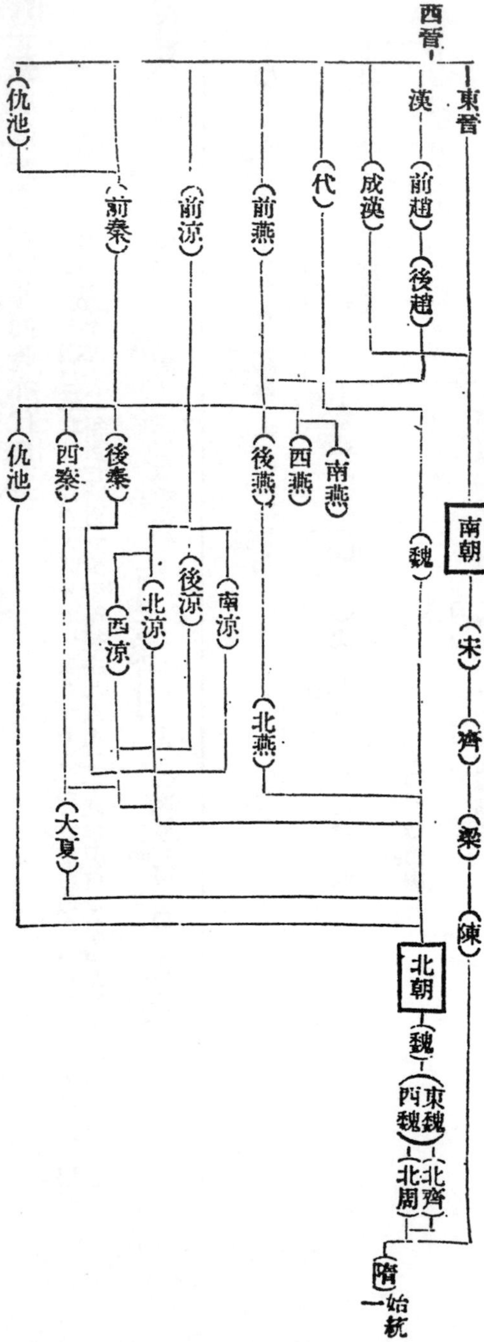

第九章 兩晉南北朝政教之大概

兩晉南北朝風氣之不同，雖關地理，亦歷史關係使然哉。其畛域顯然可觀者，則政教是也。茲據其事實而條證之。

制度之改革

晉沿八公九卿之制，終南朝無大區別。北朝魏孝文用王肅言，官制悉仿南朝；迄西魏宇文泰執政，行蘇綽六官法，後世六部之設，悉本於此。兩晉行均田法，南朝不用；北朝魏從李安世言，仿行之。東晉沿用晉律，齊造新律，梁曰梁律，唯北朝魏律則甚酷虐，腰斬族誅等非刑，寧能堪此？至孝文大改刑制，務從寬厚。齊周各有律書，大致如江刑而加梟首，周復加車裂刑。選舉之法，晉沿魏制，以九品中正取人，故時有「上品無寒門，下品無世族」之譏。南朝重門第，其風氣蓋因此，而北朝亦重門第焉。

學術之盛衰

兩晉學術不振，故當時曠達之士，皆優游竹林，棄禮法如土梗，拯至簡文惠帝之流，亦清談差勝。南朝專尚文學，好排偶，諧聲韻，後世謂之六朝文。詩歌尤多風神，如二陸（機雲）鮑（照）謝（朓）江（淹）沈（約）范（雲）任（昉）徐（陵）庾（信）蜚聲譽尤噪，人才雖彬雅，而經術則大衰。北朝自道武帝設大學，置五經博士，獻文又每郡置博士；孝文修國子太學四門小學，造明堂辟雍，經師蔚起，鄭玄學派，多流傳焉。他如徐遵明李鉉諸大家，亦燦然述作之林也。

宗教之興替

東漢之末，道佛並起，浸浸焉欲冠儒席。至晉時，士大夫尚虛無，人人莊襟而老帶，而道家特勝。石趙時，有印度僧佛圖澄來傳教，繇是釋家勢力漸張。惠遠來東晉，結白蓮社。逮後秦之姚興時，有鳩摩羅什至，而大乘宗法始傳。中國人法顯往印度，數年始歸國。南朝至齊梁，大崇佛教，梁主蕭衍，至捨身寺院，以求福利。是時適達摩東來，自此寺主連雲，梵聲徹戶矣。北朝魏太武信崔浩言，廢佛崇老，寇謙之一派盛行。獻文時，始解佛教之禁，孝文又重佛教。終魏之世，佛經譯至四百十五部，寺院三萬餘，僧尼殆二百萬。

地理之沿革

武帝平吳，凡增置郡國二十有一，省司隸置司州，別立梁秦寧平四州。太康初元，分合浦之北為廣州，凡十九州，郡國一百七十三；仍吳所置二十六，仍蜀所置十二，仍魏所置十七，仍漢九十五，置二十三。宋劉裕受禪時，州郡概仍晉舊，大約有荊揚益梁寧交廣等七州郡，而徐兗豫青幽冀幷雍等皆僑置，其實已淪於北朝；唯劉裕滅南燕，曾得徐兗青豫等州，於是始有北徐北青北兗之設。是時南朝之形勝所恃，荊州上游及青徐北陲與壽春一重鎮。及文帝遣王玄謨北征，魏太武帝大舉禦之，直逼瓜步，遂致失南兗徐兗豫青冀六州，而北邊形勢盡喪，岌岌可危。齊梁以降，雖幅員贏縮靡常，大都不能贏於宋初矣。

第十章　隋室興亡事略

隋之初政

隋文帝既滅陳，統一宇內，頗留心政治，尚節儉，太子勇心非之，獨孤后亦惡勇，勸帝廢勇立廣。帝疾亟，廣與楊素書問帝崩後事，素答書誤送帝所，又辱帝妃陳夫人，帝大怒，欲復立勇，廣遂弒帝即位，是爲煬帝。文帝乘周宣昏虐之餘，躬行節儉，又更新法度，改周官制。中原自永嘉亂後，典籍散佚，復詔求遺書，崇奬文學，故開皇之治，頗有可觀。然性沈猜，未達大體，元勳宿將，誅夷不恤。又內制於悍后，晚年喜怒靡恆，持法益亟，多所殺僇，隋祚遂不得長，未始無其因也。

隋之全盛

阿麼（煬帝小名）自爲藩王，謀奪太子，既位東宮，而宇內同日地震，傾亡之禍，已胚胎於此矣。及纘大業，恃其富外勤遠略，南平林邑，（安南南境）西定西域，東收流求，（即琉球國）自將北巡至榆林，（綏遠鄂爾多斯東南）啓民可汗來朝，吐谷渾（青海）高昌（新疆吐魯番縣）並入貢，域外之功，何其盛也。乃既縱遊巡，蹤跡所至，北達塞外，南走江都，（江蘇江都縣）所至勞費，天下騷然。自以爲承平日久，慕秦皇漢武故事，迺役夫二百萬人，營東京，造西苑，所在離宮連屬，窮極侈靡，募士使絕域，與屯田於玉門柳城外。迺開運河，自西苑引穀洛水達於河，引河入汴，引汴入泗，以達於淮，曰通濟渠。又開邗溝永濟渠，即今衛河也。又穿江南河，起京口，訖餘杭，實爲今運河南段之嚆矢。當時雖怨咨，至今猶利賴焉。又造晉陽汾陽諸宮，動費鉅萬。時西北屬國皆臣服，獨高麗不朝，遂下令親征，不克而還。九年渡遼再伐，未下，諸盜遽起，割據四方，而隋社墟矣。

隋末諸盜

當帝之降高麗而還也，猶南北巡遊不止。斯時也，王世充專擅於東，薛仁杲竊據於西，梁蕭銑角立於南，劉武周飛揚於北。其間林士宏都豫章，（江西南昌縣）稱楚帝；杜伏威據歷陽，（安徽和縣）稱總管；竇建德據樂壽，（河北獻縣）稱長樂王；郭子和據榆林，（綏遠鄂爾多斯東南）稱永樂王；李密居洛口，（河南鞏縣）自稱魏公；梁師都居朔方，（鄂爾多斯南境）自稱梁帝；突厥號為大度毗伽可汗；薛舉居金城，（甘肅皋蘭縣）自稱西秦霸王，後稱秦帝；李軌起兵河西，稱河西大涼王；其它徐圓朗負嵎兗州，朱粲轉掠荆沔間，（河南南陽湖北襄陽一帶）恃險擅命，環隋區皆勁敵也。

惟太原留守李淵，方拒突厥不利，其子世民勸起兵，乃北與突厥和，鼓行南下，轉戰入長安，煬帝方在江都，以代王侑留守西京，越王侗留守東都。（二王為元德太子昭子）淵遂奉侑為帝，曰恭帝，遙尊煬帝為太上皇，自為丞相，稱唐王，時大業十有三年也。明年，煬帝被弒，淵在長安，遂受侑禪，自稱帝。東都留守諸官，聞煬帝凶問，奉侗即帝位，又一年，王世充廢之而自立。為虐侑侗名曰隋君，而布席禮佛，願自今不復生帝王家，良可哀也！維時羣雄賡續而起者：世充弒恭帝，自即帝位，宇文化及弒煬帝，據魏縣，（河北大名縣）又弒浩，稱許帝；沈法興居毗陵，（江蘇武進縣）藉口討宇文化及，稱梁王；高開道初從河間賊帥格謙，謙死，陷據漁陽，（河北密雲縣）稱燕王。是時之紛擾殆不減於十六國，蓋自煬帝用兵高麗以後，六七年間，先後割據如此，而楊氏之業以亡。

（附）隋代帝系表　起文帝訖恭帝侗凡四帝三世三十八年

（一）文帝堅（二四）—（二）煬帝廣（一三）—元德太子昭—（三）恭帝侑（一）
　　　　　　　　　　　　　　　　　　　　　　　　　　　　　—（四）恭帝侗（一）

第十一章　唐室興亡事略

唐初削平中原

隋失其鹿，羣雄蜂駭，裂山分河，皆成戰場。李淵以世民爲將，令提一旅雄師，先伐西秦，下薛仁杲；遣張興賢襲河西，執李軌；破劉武周，劉走死；命李靖伐蕭銑；世民自將討王世充，王乞援竇建德，竇帥師至洛陽，世民擊破之汜水，擒建德，世充降。既而劉黑闥又起兵漳南，稱漢東王，徐圓朗應之，稱魯王，東北諸州多叛，世民使弟元吉攻劉徐，不克，自將擊徐，破之。是時吳主李子通已襲破沈法興，勢頗張，杜伏威執送京師，尋聞世民破圓朗，杜懼，請入朝，楚王林士宏亦卒，東南地悉平。世民旋破黑闥，黑闥奔突厥，屢借兵入寇，後爲其將所殺。武德七年，僭僞諸國盡滅，海內大定，存者唯梁師都，然伏處塞外，無能爲矣，至貞觀二年始滅之。

太宗之內治

高祖起自晉陽，六年之間，化家爲國。開國之始，定律令，建學校，奠先師，擢直諫，制租庸調法，錄隋氏子孫，具見興王氣象。然以不能早定大計，優游致禍，君子惜焉。當時既定天下，以世民功大，欲立爲嗣，世民固辭，乃立長子建成爲太子，世民爲秦王，元吉爲齊王。建成耽酒色，爲游畋，元吉阿附之，見世民功名獨盛，恐不敵，乃謀除世民，秦府寮屬房玄齡杜如晦，勸世民行周公之事，衆亦慫恿之，世民意始決。會建成元吉將入朝，遂率兵隱玄武門外，自追射建成，殺之；尉遲敬德射殺元吉。帝始以世民爲太子，軍國事一以咨之，是謂「玄武門之變。雖高祖謀之不臧，而世民喋血禁門，摧殘骨肉，亦不能無失焉。已而帝自稱太上皇，傳位世民，是爲太宗皇帝。

太宗爲秦王時，卽以杜如晦等十八人爲文學館學士，號十八學士。奪儲事既定，以玄齡爲尙書左僕射，如晦爲尙書右僕射，魏徵爲諫議大夫，每事規諫，輒虛心受之，用人行政，一決於徵。羣臣亦各盡力，綱紀肅然，史稱三代下善政，必曰貞觀，蓋無愧焉。帝承大亂後，勤求內治，躬行節儉，爲天下式。出宮女，罷貢獻，收瘞暴骸，葬隋戰士，此美德之昭也；寬刑誅，縱死囚，定三覆五覆，愼失入失出，此仁政之著也；置弘文館，躬釋奠禮，聚四部書，選學士直宿講論，此文教之振也；掃蕩羣雄，鋒無前對，命統軍爲折衝都尉，別將爲果毅都尉，此軍政之修也。餘如官制、田賦、學校、選舉諸大端，亦多爲後人所取法。讀世南聖德論，披師古王會圖，善政彙彙，史籍與有榮焉。

太宗之外攘

帝既修內政，復能征外域，版圖之廣，亙古莫比。(一)降突厥。始唐與突厥約和後，突利與頡利二可汗數內犯。太宗初立，突厥兵騎至渭橋，（陝西咸陽縣東南）車駕親征，責以負約，受盟而還。嗣頡利勢衰，又與突利有隙，北部回紇、薛延陀（皆在今蒙古境）叛之。唐外結薛延陀，而遣李靖破之陰山，東突厥平。分突利地四州，頡利地六州，置定襄、雲中兩都督。(二)制吐谷渾。東境既定，靖又率侯君集攻之，巡積石河源，（卽星宿海在青海境）窮其西境，大破之，繇是其南則吐蕃入貢求婚，其北則高昌數跋扈，侯君集討滅之。西突厥之在天山北路者，亦來降。(三)征高麗。泉（姓蓋蘇文（名）弑其王建武，柄政專國，幷絕新羅貢道，與唐相抗。帝自將渡遼水，攻安市城，（遼寧蓋平縣東北）得遼州巖州地，遂班師。（四）收薛延陀。初屢入寇，命江夏王道宗阿史那社爾等討之，會回紇殺其國王，餘衆立可汗於漠北。帝遣李世勣再討之，可汗請降，於是回紇、拔野古、僕固、多覽葛、同羅、思結、阿跌、奚結、渾、斛薛、契苾十一國酋長亦各遣使歸命，盡以其地爲府州，設燕然都護府以統制之。（五）服天竺。僧玄奘自天竺還，具言其狀，帝因遣王元策諭諸國令入貢，天竺王以兵襲元策，元策遁入吐蕃，復以兵攻天竺，擒其王阿羅那順。（六）臣龜茲、西域。龜茲王數擾鄰境，帝遣阿史那社爾契苾何力等合吐番吐谷渾討之，分兵五道，遂擒其王，下大城五，小城七百餘。西域諸國皆大震，西突厥于闐等皆來貢。此貞觀武功震懾域外之情形也。

武韋之禍

太宗子承乾不才，侯君集恃功觖望，勸之反，帝廢之，立晉王治。帝崩，治立，是爲高宗。高宗以懦弱之資，賴舅氏得纘丕基，首引刺史入閣，問民疾苦，詔獻鷹隼犬馬者罪之，察道裕希旨而自咎，覩胡氏進戲而自戒，矢心求諫，尊禮大臣，外如突厥、西突厥、高麗等俱至是而始收全功，故永徽之政，大有貞觀之風焉。（通鑑）奈何溺愛於長髮尼，（太宗才人武氏爲尼帝納）而貽譏於聚麀，娬媚入宮，甫越月而大水繼作，女寵之戒昭然，乃廢王皇后，立昭儀武氏。后明敏有膽略，涉獵文史，帝又苦風眩，或使代決事，輒稱旨，自此參預政事，權傾人主矣。廢太子忠，立弘；又酖殺之，立雍王賢，又廢，立英王哲。高宗在位三十四年，政在中宮者二十五年，以致垂簾二聖，而棄太宗之法，如掃塵爍凍；用北門之學士，寵笑刀之李貓，反使忠臣吞聲，赤族，則亦寄生焉耳。哲既嗣位，是爲中宗，而武氏專政如故，甫二月，即廢徙房州，(湖北房縣)立其弟豫王旦。后以虺蜴之心，豺狼之性，一旦大權在握，女可殺，(武氏生女潛扼殺之以誣王皇后)子可殺，(酖死弘)兄可殺，(殺兄懷良)王后淑妃可斷其手足。李敬業起兵討之，亦即敗死。后自知內行不正，欲大誅殺以威之，於是開告密門，撰羅織經，多用周興、來俊臣、索元禮之徒，助惡於下，而一時無辜者，皆泥耳籠頭，以求除死。又大殺唐之宗室，甚者改旂幟，易服色，立七廟，而文皇帝櫛風沐雨之天下，遂轉而為周。自名曌，稱皇帝，睿宗於是立七年矣，以為皇嗣，賜姓武。其時后之政術，純以祿位收人心，然有權略賢能，皆為所用，如狄仁傑輩，維持朝右，賴以安堵。后威權既盛，益自荒佚，始寵懷義，繼得張昌宗兄弟，侈絕一時。武三思謀為太子，狄仁傑說以姑姪母子孰親之義，后始感悟，召中宗還，立為太子，以睿宗為相王。狄死，張柬之為相，因后寢疾，謀入宮斬張昌宗兄弟，迫后禪位太子，尊后為則天大聖皇帝；是歲，則天崩，(年八十二)唐祚遂復，其功皆出自狄仁傑，而張柬之成之。然未幾又有韋氏之禍。

中宗既復位，乃不復懲武氏之毒，徒以貶廢時相從之約，即與婦人共政，而牝雞復鳴，禍水再起，其壞法亂紀，乃甚於武氏。帝方黜宮中之變，陸信女嬖之挽權，竄殺五王，(敬暉桓彥範張柬之等)擢用方士，崇獎僧道，請謁公行。中宗女安樂公主適武三思之子崇訓，繇是三思結寵，而五狗株連，(周利貞冉祖雍李俊宋之遜姚紹之為三思耳目時人謂五狗)斜封亂飛，而三無坐處。與后合謀殺張柬之，羣小復集，而安樂公主亦滋驕，乘勢專權，賣官鬻爵。太子重俊，非后所生，因與李多祚謀，誅三思父子，事敗而死。韋后淫亂日甚，恐人謀己；聽安樂公主言，弒中宗，臨朝執政，多用諸韋。於是相王旦子隆基，密圖恢復，厚結羽林豪傑，起兵討亂，誅韋后及安樂，并其黨皆殺之。廢少帝，奉睿宗即位。睿宗再稱尊，又三年，傳位隆基，爲玄宗。太平公主倚上皇之勢，附者日衆，謀廢立，玄宗斬其黨，太平母子皆賜死。自武韋亂政，至此爲一結束，遂啓開元之治。

開元天寶之盛衰

玄宗紹統，首舉姚崇宋璟爲相，綱紀肅然。二人先後執政，能使薄斂省刑，百姓富庶。唐世賢相，前稱房杜，後稱姚宋，故政治之隆，比於貞觀。黜宮嬪，屏女樂，定官制，汰僧尼，除酷吏，行鄉飲酒禮，罷員外檢校官，政如冰霜，過舉者少。韓休張九齡秉政，每事納諫，猶著直聲。天下二十餘年，號稱至治。在位既久，漸事奢慾，又吐蕃勢盛，屢寇邊境，頻年用兵，國用不足，因事聚斂，用楊愼矜韋堅等搜括民財。至李林甫爲相，奸佞日進，朝政大紊，帝專以聲色自娛，而委政林甫。自天寶以來，嬖楊玉環芙蓉之面，寵阿犖山（安祿山小名）赤心之腹。林甫口蜜腹劍，居其中，排除異己，蔽主固位，爲相十九年，養成天下大亂。林甫死，楊釗（國忠小名）當國。五家各隊，燦若雲錦，帝又殺三子，瑛瑤琚，而奪壽王妃楊氏，兄弟姊妹皆用事。天寶十四年，祿山反於范陽（今北平市），陷東京；明年，哥舒翰敗於靈寶（河南靈寶縣），賊兵入長安，帝出幸蜀。父老遮留，擁太子亨，馬不得行，太子北赴平涼，而安史之亂起矣。

安史之大亂

初，祿山爲張守珪小將，本營州雜胡也。軍敗當死，守珪惜其勇，送之京師，帝以爲營州都督。旋自平盧節度使封東平郡王，出入宮禁，得楊妃歡心，穢聲四播，唯帝不知。祿山威權既盛，遂萌反志，頗畏林甫，不敢發。及國忠爲相，遂無忌憚。國忠知其謀，言之帝，帝不疑。至是祿山請獻馬三千匹，帝遣使止之，遂舉兵反，稱燕帝，占洛陽其時精兵皆在北邊，天下之勢偏重。致肅宗起靈武，遙尊帝為太上皇，召李泌謀，遣使借回紇兵。肅宗三年，以廣平王俶（肅宗子，即代宗）總師，郭子儀副之，遂復西京。先是，李光弼在太原，張巡守睢陽，（河南商丘縣）分制南北之衝，賊以是不獲逞，是歲睢陽糧罄城陷，張巡許遠死之。官軍旋復東京，祿山為子慶緒所殺，徒衆北走相（河南安陽縣）兩京平，帝入長安，上皇亦還。慶緒垂滅，而史思明已降復叛；四年，子儀等九節度圍相州，思明自范陽來援，破子儀兵，殺慶緒，還范陽，復出兵取東京，賊勢再振；思明為其子朝義所殺。已而肅宗崩，代宗立，復徵回紇兵，以雍王适（代宗子，即德宗）僕固懷恩（回紇十一姓僕固部之裔）討史朝義，收復東京，賊將在河北者皆來降，朝義自縊死。蓋自天寶之末，至此凡九年矣，所謂安史之亂也。

代宗以下世次

代宗十八年崩，子适立，是曰德宗。以楊炎盧杞為相，大亂朝政，河北藩鎮多反者。朱泚至據長安，帝奔奉天，李晟復之，始還長安。二十一年崩，子誦立，是為順宗。僅八月，傳位子純，是為憲宗。帝頗自振作，不尚姑息之政，諸鎮斂迹，遵約束，然晚年驕侈，好神仙，朝政寖衰，在位十六年，為宦官陳弘志所弒，此宦官弒主所自始。立子恒，是為穆宗，恣意聲色，紀綱不整，四年崩，子湛立，是為敬宗。荒淫無度，亦為宦官蘇佐明等所弒，立絳王悟；宦官王守澄又殺之，立江王昂，是為文宗。文宗深知兩朝之弊，去奢從儉，虛己焦心，恥為凡主。然宦官勢已大盛，不可制，卒有仇士良甘露之變，而事益不可為。帝十五年崩，士良等廢太子，立潁王炎，是為武宗。牛李大修黨怨，雖取太原如反掌，克上黨如拾芥，驅役三鎮，（王元逵何弘敬二鎮討澤潞張仲武一鎮禦回紇）如臂使指，而國是不一，七年崩。宦官立光王忱，是爲宣宗。帝威懾閹豎，杖配監軍，大中之治，海內安靖，幾十五年，人謂之小太宗。然卒以少子鄆王歸長，而致以中尉之賂得行國憲，寶昧君人大體。及崩，宦官又矯詔立鄆王漼，是爲懿宗。水旱頻仍，國勢益弱，且南詔屢寇邊，盜賊蠭起，十五年崩。宦官又立普王儇，是爲僖宗，專事嬉游，黃巢寇關東，方自詡擊球狀元，及陷東都，君臣了無一策，田令孜（宦官）首倡幸蜀，黃巢遂稱齊帝，李克用以沙陀兵平之，帝始還，十五年崩，宦官立壽王傑，是爲昭宗。李茂貞犯長安，帝出奔華州，尋還，謀誅宦官，事洩，宦官幽帝，立太子裕。崔胤誅宦官，復帝位，旋崔召朱全忠入宦官悉就誅，然全忠進爵尋弑帝，立其子祝，是爲哀帝。既而逼帝禪位，卽梁太祖也。

邊圉之患

安史之亂甫平，邊圉之患旋起。初，吐蕃在高宗朝，屢入寇，安史亂時，乘間蠶食，河西隴右，爲其所取，遂犯奉天。（陝西乾縣）代宗立，命雍王适爲關內元帥，郭子儀副之。吐蕃旋渡渭水，進陷長安，帝倉卒出奔陝州，急令子儀禦之，吐蕃引去，帝還京師。未幾，僕固懷恩恃功驕恣，遂懷異志，率回紇吐蕃兵入寇，命子儀守奉天，敵兵勢盛，幸爲子儀等所滅；懷恩病死，吐蕃與回紇又不和，子儀單騎赴回紇軍，約攻吐蕃，吐蕃聞之遁走。時南詔亦數寇邊，據有雲南地，外患方殷，而藩鎭之禍又亟。

藩鎭之强

節度使之名，起自睿宗時，玄宗始於邊鎭置十節度使，以禦外蕃，自是藩鎭兵權日盛，至代宗時而亂作。

初，安史亂時，平盧諸將劉客奴董秦王玄志等，舉鎭歸朝，玄宗以客奴爲平盧節度使，賜姓名李正臣，玄志副之代領其軍。玄志卒，其將李懷仙又殺其子，推侯希逸爲節度使，帝許之。繇是益橫，輒廢立主帥。又賜董秦姓名李忠臣，以爲淮西節度使，此爲淮西一鎭所自始。安史事寧，僕固懷恩慮賊平寵衰，奏留諸降將，分帥河北，自樹黨援。代宗因以張忠志鎭成德，（治恆州，今河北正定縣。）賜姓名李寶臣；薛嵩鎭相衛；（治相州，今河南安陽縣。）田承嗣鎭魏博；（治魏州，今河北大名縣。）李懷仙鎭盧龍；（治幽州，今北平市。）此爲河北三鎭所自始。帝專事姑息，不復能制，且有殺主自立者，即授以官。如李懷仙逐侯希逸，懷仙即爲留後；朱希彩殺懷仙，希彩即可領鎭；希彩又被殺於朱泚，泚即爲節度。泚入朝，又以弟滔代；帝且以公主妻田承嗣子，承嗣益驕慢不奉朝請，陷昭義諸州，李正己李寶臣等俱按兵不進，此藩鎭跋扈之由來也。是時諸道貢賦多闕，吐蕃又數寇邊，賴劉晏斡鹽利，通漕運，制百貨之低昂，國用以濟。德宗嗣立，楊炎又爲兩稅法，以清戶籍，足賦稅。炎忌晏，譖殺之。諸鎭旣擅土地，抗朝命，又惡炎之殺晏，且德宗方銳欲有爲，革諸鎭世襲之弊，於是田承嗣死，田悅嗣，與李正己通謀，帝命朱滔討之，反通悅共起兵，滔稱冀王，悅稱魏王，王武俊稱趙王，李納稱齊王。李希烈在淮西，滔等結之，希烈亦叛，五鎭遂以聯兵。帝發涇原兵討希烈，過長安，其將姚令言作亂，帝與太子諸王出奔奉天。朱泚在長安，亂兵奉爲主，稱秦帝，滔爲皇太弟，尋爲李晟李懷光所破。帝還京師，貶盧杞，陸贄復勸帝下詔罪己，大赦天下，王武俊田悅李納皆上表謝罪，去王號。唯滔以兄故，尙抗命，希烈恃其强，自稱楚帝，泚猶據長安，而懷光復與泚通謀以叛，帝出奔梁州。晟再復長安，泚與滔旋死。憲宗立，始專意裁制藩鎭，擒劉闢，殺惠琳，執李錡，反側者始心惕，王承宗田季安俱未大擾。會裴度平淮西，擒吳元濟，自是王承宗劉總李師道次第歸命，藩鎭跋扈六十餘年，至是稍戢。然未幾而有宦官之禍，藩鎭勢力復盛，表裏爲奸，盜賊乘間而起。始有李國昌之亂，繼有李茂貞之變，破長安，殺宰相，及朱全忠與李克用有隙，以帝爲孤注，崔胤召外兵以誅宦官，全忠遂得入據津要，窺竊神器，與漢末董卓之禍，如出一轍，又加厲焉。

宦官之禍

自代宗姑息養奸，而藩鎭始橫，自德宗令參機務，而宦官日强，不待長安再陷，甘露生變，君子已知二者之足以亡唐矣。唐初內侍省無三品官，防患甚密，中宗朝始多變倖宦官至千餘人。玄宗信任高力士楊思勗，思勗數將兵出平叛變，以功爲輔國將軍；力士常居中侍衞，表奏皆先呈力士，然後奏御，小事卽決，累官至驃騎將軍，宦官之勢漸盛矣。唯力士性和謹，士夫不甚嫉之。及李輔國擅權於肅宗之世，程元振魚朝恩繼起於代宗之朝，吐蕃入寇，元振遏絕邊報，壅蔽日甚，車駕遂以蒙塵，而魚朝恩典禁軍，管國學，恣睢無比，三人皆不善終。蓋宦官雖橫，猶以不久卽敗，其根株盤結未復也。至德宗懲涇原之變，且猜忌宿將，始以左右神策神威等軍委內寺主之，自是宦官專長禁兵，氣勢益盛。陳宏志弒憲宗，王守澄立穆宗，一弒一立，均出於宦官之手，自此諸帝廢立，無不由宦官操其權。蘇佐明劉克明等弒敬宗，王守澄等又殺絳王悟，（憲宗第六子）立文宗。文宗欲誅宦官，謀諸鄭注李訓，訓勸帝擢仇士良分守澄之權，士良勢復盛。訓與注又爭功，伏兵謀誅士良，託名甘露降，帝使士良往觀，謀洩，反爲所捕殺，士良遂大誅朝臣，所謂甘露之變也。自是天下事皆決於北司，宰相行書而已。文宗崩，士良廢太子，立武宗；武宗崩，馬元贄又矯詔立宣宗。宣宗與令狐綯謀漸減宦官，宦官知之，益與朝臣相惡。宣宗崩，王宗實亦矯詔立懿宗；懿宗崩，劉行深韓文約又矯詔立僖宗。僖宗時田令孜專權自恣，勾通藩鎭，迫帝出奔。僖宗崩，楊復恭等又矯詔立昭宗。帝頗英爽，不甘屈於宦官，與崔胤謀誅之，爲劉季述王仲先幽於少陽院，胤以兵誅季述等，帝得復位。胤遂召外兵，欲盡誅宦官，朱全忠率兵至長安，宦官衆芟夷，而唐之宗社亦同歸於盡已。

黨爭之烈

當文宗武宗兩朝，藩鎭宦官，方蜩起以剝蝕唐室，而士大夫復盛行朋黨，浸淫糾葛者，前後四十年，亦朝廷禍患之一也。初，李德裕爲翰林學士，因考試事與中書舍人李宗閔有隙，繇是搆怨，各樹黨援。文宗立，德裕貳兵部，宗閔貳吏部，宗閔得宦官之助，排德裕，引牛僧孺爲相，合力以傾軋之；德裕遂出鎭西川。（治成都）吐蕃將悉怛謀以維州（四川理番縣西）來降，德裕受之。時唐與吐蕃媾和，僧孺梗其議，詔歸其城及叛將，吐蕃誅之境上，怨毒益深。僧孺罷，德裕入相，宗閔亦罷；宗閔再相，德裕又罷，自此互出互入，勢力消長不一，而朋黨之怨終不解。及武宗用德裕，謀平昭義（治潞州今山西長治縣）節度使之亂，始信任德裕，德裕遂以其間報修舊怨，僧孺宗閔皆坐貶。及宣宗時，德裕亦失勢，出爲荊南節度使，復由潮州司馬貶崖州司馬。兩黨紛紜，以文宗一朝爲尤烈，自三人死，朋黨之風始息云。

唐季紛亂

唐自安史亂後，藩鎭宦官朋黨，循環不已，外則吐蕃南詔爲寇，西邊不寧。然自肅代德以降，尙有意文武宣勤求治理。宣宗明察惠愛，以故禍亂雖形，未至潰裂。懿僖兩朝，昏主接踵，水旱頻仍，徵歛無度，而盜賊之禍乃起。有裘甫者，起浙東，擾江南，爲浙東觀察使王式所討平。龐勛又起於林州，入湖南，浮舟下江，掠淮南，至徐州，沙陀朱邪赤心以兵破之，帝賜姓名李國昌，沙陀繇是漸得勢。濮州人王仙芝又起於長垣，（河北長垣縣）寃句（山東菏澤縣）人黃巢應之，橫行河南江淮間。仙芝尋敗死，巢勢獨盛，南剽江西福建地，轉入廣州，又自桂緣湘而下，陷潭、（湖南長沙縣）鄂，（湖北武昌縣）東還江西，復渡江過淮，進陷洛陽，西入長安。僖宗奔蜀，巢乃僭即帝位，國號大齊。是時李國昌亦爲亂北方，旋盧龍蔚朔兵破之，與其子克用逃入韃靼。帝以巢勢猖獗，赦克用罪，命討之，遂復長安，巢走汴，爲其下所殺。已而宦官田令孜惡王重榮，命朱玫李昌符攻之，克用助重榮，破朱玫，逼長安，令孜刦帝奔鳳翔，朱玫別立襄王熅爲帝，克用攻之，玫爲下所殺，帝還京師，流令孜於端州。昭宗既立，思欲恢復前烈，然李茂貞王行瑜等益跋扈，舉兵犯長安，帝奔華州，克用救之，韓建恐朱全忠迎帝，乃送帝還長安。帝謀誅宦官，遂有少陽院之變，崔胤乃召全忠以兵入誅宦官，宦官滅而全忠勢成，逼帝遷洛陽，遂弒帝，立哀帝，尋受禪自立，唐亡。

唐興四十年間，號稱全盛。高宗晚年，武氏預政，既而改號稱周者十五年，至玄宗，始治終亂，天寶盜起，唐室漸衰，上溯開國時，已百四十年矣。以後羣閹濁亂於中，藩鎮擅命於外，百餘年間，元和大中頗有可紀。逮黃巢禍作，海內塗炭，宦官藩鎮，鴟張蟠結，中更四十年，紛亂卒爲强藩所亡。

（附）唐代帝系表 起高祖訖哀帝凡二十帝十六世二百九十年

(一)高祖淵 九 —(二)太宗世民 二三 —(三)高宗治 三四 —
(四)中宗哲
(五)睿宗旦 前六年 後三年

武后廢之，立睿宗者六年，自稱帝者十五年，中宗復辟者五年。

(六)玄宗隆基 四四 —(七)肅宗亨 七 —(八)代宗豫 一七 —(九)德宗适 二五 —(十)順宗誦 一 —
(十一)憲宗純 一五 —
(十二)穆宗恆 四 —
(十三)敬宗湛 二
(十四)文宗昂 一四
(十五)武宗炎 六
(十六)宣宗忱 一三 —
(十七)懿宗漼 一四 —
(十八)僖宗儇 一五
(十九)昭宗傑 一五 —(二十)哀帝柷 四

第十二章　隋唐政教之大概

隋唐一統，制度典禮，彪炳史籍，內治外攘，稱極盛焉。其關於後來之事實，有可紀者。

政制之因革

唐因隋制，設三省長官，尙書令、中書令、侍中握宰相實權，後又有同中書門下及同平章事之職，嗣又以祕書殿中內侍三省，併前三省曰六省，外有一台、六部、九寺五監之制，此中央職官也。地方則有都督都護，後改爲節度使，府曰牧尹，州曰刺史，縣曰令。隋定刑律十八篇，唐爲十二篇，分笞、杖、徒、流、死五種。死刑有絞斬二等。又設十惡之目：謀反、大逆、謀叛、惡逆、不道、大不敬、不孝、不睦、不義、內亂，犯此者雖八議不赦。八議者，親、故、賢、能、功、貴、勤、賓，罪得議免者也。又尊卑貴賤，刑律有殊，五品以上官，得自盡於家。隋設進士科，以詩賦取士；唐因之，特法較密耳，約分三種：(甲)以京師學館及州縣學校卒業者，受尙書省考試曰生徒；(乙)非學校卒業，由州縣考試中選者，送京師，曰貢舉；(丙)有非常之士，天子臨軒親策，曰制舉。其進取法規，尙與漢近，第試法不同，有方略策、時務策、經帖諸制，又有身、言、書、判四科。均田之制，因南北朝，男子十八以上給田百畝，八十畝爲口分，二十畝爲永業，不得買賣田地，貧困不能葬者，得賣永業田。凡賦稅之目三：曰租、庸、調。百畝出粟二斛，稻三斛，謂之租；每歲就役二十日，謂之庸；以土產如絹綾絁麻之類輸之，謂之調。又立蠲免法，至玄宗後，均田法廢，楊炎遂行兩稅法，至今仿行之。

學術之蔚起

隋高祖仁壽初，詔以學校生徒，多而不精，唯簡留國子學生七十人，太學、四門及州縣學並廢。劉炫上表切諫，始改國子爲太學。論者謂其目不悅詩書所致。煬帝侈奢不休，啓民入朝，製豔篇，造新聲，幸帳賦詩，徒尙虛文，而惜短於武略。唐初學校頗盛，隸國子監者，有國子、太學、四門學、律學、書學、算學；隸門下省者，有廣文館、弘文館；崇文館各府州縣，均置學校，故學術亦極盛。學校以習經爲主，有大經、中經、小經；經學以注疏爲長，孔穎達其表表者。史學至唐而編纂大備：姚思廉編梁書；李百藥編北齊書；令狐德棻等編周書；魏徵編隋書；房喬等編晉書；李延壽以南北史繁蕪，乃撰南史北史二書；劉知幾作史通，深明史例；顏師古注漢書；韓昌黎作順宗實錄，皆於史學有關者。又編開元禮，爲言禮者所宗。文學，初唐四傑，尚行駢文，詩則律詩，自昌黎文起八代之衰，而柳李繼之，文體始高。李杜元白，並挾詩家重名。書如虞褚歐陽薛張顏柳，畫如閻李吳王張，亦稱一代之神技。

宗教之林立

高祖晚年，崇信佛道，詔禁毀佛天尊及神像，嗣又以日本來求佛法，煬帝遣使報之。至唐玄奘遊五印度歸，譯經至七十四部千三百三十八卷，僧尼始給度牒，傳播既多，宗派迭出，自此有三論宗、律宗、華嚴宗、禪宗、法相宗、天台宗、眞言宗、淨土宗。道教則玄宗始奉老子，設道士女冠，建玄元廟，有崇玄學生。又景教亦於此時傳入中國。景教者，羅馬舊教之一派也，先行於波斯，號奈司脫利安派，波斯人阿羅本來長安，太宗特建西京波斯寺，即所稱大秦景教也。德宗時，僧景淨謀立景教流行碑。後埋土中明時始出土有摩尼教，附會佛氏，傳自回紇。有祆教，傳自波斯。又有天方教，即今之回教也。

全亞之開拓

隋煬以無道亡國，然修長城，開運河，利在後世；且其周巡天下，大治馳道，尤與運河同爲交通之益。其時南北聯屬，水陸交馳，論者謂開通中國之文化不少，然亞洲全土，猶未盡開拓也。海東之地，隋已發使搜求異俗，流求羣島，緣是發見。迄於唐興，日本士夫留學中國者不絕，唐置安東都護，乃至朝鮮半島，盡爲領土。其西比利亞一帶，則骨利幹以唐貞觀中來朝，其國晝長夜短，蓋近北冰洋矣。其希馬拉雅山左右，若吐蕃，若印度，皆爲唐代兵力所及。又邊境有互市監，西方番船自海道來通商者漸多，如阿剌伯人至廣浙閩是也。厥後商販接續，交通益廣，以是西方諸國，今猶沿稱我國民曰唐人；日本亦然。

第十三章　五季之亂

五季初期之情勢

五代之亂極矣，權姦驕將，一旦擁兵，卽耿耿焉窺竊神器，以致海內分崩，豪杰乘時紛起，較南北之際，又加厲焉。故自唐亡梁興，二十餘年間，四方藩鎭抗命者十國：

一曰吳。楊行密爲廬州刺史，僖宗末，淮南軍亂，行密入據揚州，嗣爲秦宗權餘黨孫儒所攻，渡江保宣州。（安徽宣城縣）昭宗時，行密破斬儒，還揚州，封吳王。子渥嗣，再傳至石晉朝，楊溥稱帝，爲徐知誥所篡，是爲南唐。二曰吳越。錢鏐爲杭州刺史，董昌稱帝越州，鏐討平之，幷其地，居杭州。初封越王，改封吳王，梁拜吳越王。三曰荆南，高季興初爲全忠將，昭宗末，全忠取荆南，旋以季興鎭之，居荆州。全忠稱帝，拜渤海王，後唐改封南平王。四曰楚，馬殷初爲宗權將，孫儒死，殷從劉建鋒襲潭州長沙縣據之，建鋒死，殷代立，梁拜楚王。五曰閩，王潮起羣盜，僖宗末，授泉州刺史。昭宗初入據福州，授節度，弟審知嗣，梁拜閩王，再傳至延鈞稱帝，四傳延羲更名曦。石晉朝與建州刺史王延政相攻，延政并滅之，亦僭稱帝國號殷。六曰南漢，唐末朱全忠表劉隱爲淸海節度，治廣州，梁初拜南平王，弟巖嗣，更名龔。稱帝，國號越，改稱漢。七曰岐，昭宗朝，李茂貞鎭鳳翔，再犯闕，稱雄關中，封岐王，自爲朱全忠所敗，漸不振，後唐初，改封秦王。八曰蜀，王建初爲利州刺史，僖宗末，西川帥陳敬瑄田令孜兄拒命，建討平之，據其地，封蜀王，梁初稱帝。九曰燕，劉仁恭初爲幽州將，奔河東，昭宗初，李克用入幽州，表以爲留後，唐末，子守光叛，自立，梁拜燕王，後稱帝。十曰晉，李克用鎭晉陽，黃巢大亂，三帥犯闕，皆賴以平定，昭宗封爲晉王。全忠既盛，晉地日蹙，子存勗嗣。此十國之顚末也。同時契丹阿保機後作阿巴堅起臨潢熱河巴林旗東北北侵室韋西伯利亞東部靺鞨吉黑二省西取突厥故地，雄強塞外。晉王李克用與結兄弟，約共滅梁，阿巴堅尋背盟，與梁合。此當時立國之大勢也。自契丹盛，亙千年來，亞洲民族之勃興，輒在東北一隅矣。

後梁事略

朱全忠以碭山一民，從巢爲逆，巢敗，始歸命國家，樹黨弑君，覘唐機上肉不啻。逮破秦宗權，乘勢略收河南北諸鎭，遂擁兵入關，挾天子而東，篡唐祚，更名晃，爲後梁太祖，都洛陽。因與李克用有隙，連歲爭潞州，得失靡恆。克用卒，子存勗卽位，大破梁軍，晉勢復振。會梁祖寵養子友文妻，爲次子友珪所弑。嗟乎！朱晃以臣弑君，以致友珪以子弑父，祿山之報，昭昭不爽矣。未幾，三子友貞爲東都梁以開封爲東都，洛陽爲西都指揮使，起兵誅友珪，卽位，改名瑱，爲末帝。時存勗已破燕，斬劉守光，又與梁戰，擒王彥章，遂入大梁。友貞令其下殺己以迎存勗，是爲末帝，梁凡二世十七年。

後唐事略

後唐莊宗皇帝，即存勗也。莊宗起百戰，滅燕克梁，淮江以南諸國，皆朝貢。岐王李茂貞勢微弱，以地入唐，蜀主王衍（建之子）昏亂，莊宗三年，遣皇子繼岌及郭崇韜滅蜀，於是梁初十國之局，至是僅存其六矣。使當此時雪國家之恥，復列聖之仇，懔承業爲唐之忠言，烏得以五代君目之。惜乎不承權輿，非荒於貨色，即般於遊獵，殺郭崇韜，閹門屠膾，克用養子嗣源乘之，遂據大梁。梁震曰：『唐主得蜀益驕，亡無日矣。』旨哉言乎！卒之「唐主帝河南，令公帝河北」，登高浩歎，石橋涕悲，徬徨四顧，凄然無歸，伶人弄矢，骨燼肌灰，吾爲唐主惆焉。嗣源即位，是爲明帝。遠女色，誅宦寺，選文學，謹天變，蠲逋負，廢內藏，迹其所爲，亦稱令主。惜也年幾七十，諱言儲嗣，以致從榮稱兵，驚亂宮闈，父子祖孫，一日而絕，謂爲不學，誰曰非宜？次子從厚立，是爲閔帝。時潞王從珂（本姓王，明宗養子）鎭鳳翔，石敬瑭鎭河東，各得民心，執政忌之，欲移其鎭，從珂遂叛。起兵入洛，閔帝出走，從珂自立，是爲廢帝。而「除去菩薩，扶立生鐵」，畢有悔心，能久恃乎？果也與敬瑭有隙，詔徙鄆州，敬瑭固奉表稱臣，乞援契丹，大破唐兵，敬瑭乃即帝位，於是後唐之局終，後唐凡四世十四年。

後晉事略

石敬瑭之立也，是爲後晉高祖。敬瑭以明宗愛壻，手握利器於河東，而以劉知遠倡謀，桑維翰進策，而借兵契丹，卒以亡唐，契丹之德，信不能忘矣。獨不思割幽（今北平市）薊（河北薊縣）瀛（河北河間縣）莫（河北任邱縣）涿（河北涿縣）檀（河北密雲縣）順（河北順義縣）新（今察哈爾涿鹿縣）嬀（察哈爾懷來縣）儒（察哈爾延慶縣）武（察哈爾宣化縣）雲（山西大同縣）應（山西應縣）寰（山西朔縣）朔（今山西右玉縣）蔚（山西靈邱縣）十六州，即大失中國控扼之險乎？又不思向穹廬屈膝，爲異日中國之隱患乎？縱不得帝，猶不失爲帝室郎舅，奈何靡靡焉銷剛爲柔，惕惕怵怵，俔俔伈伈，爲犬羊一臣子而不自恤乎？是時契丹盛強，自耶律阿保機并七部，復引漢人韓延徽爲謀主，常握制中國之勝算，邊臣有不美晉祖所爲者，或執其使，帝至殺重臣以謝，未嘗敢失其歡心。及崩，立齊王重貴，是爲出帝。景延廣專政，以稱孫激怒契丹，契丹入寇，敗之，驕惰不設備，契丹遂長驅入大梁，執帝及太后，晉凡二世十二年。

後漢事略

劉知遠以晉陽贊堦效力晉朝，見契丹覆晉，褎如充耳。一任胡騎剽掠，郊畿數十里，財畜殆盡，又括借諸州，民不聊生，內外皆怨。居汴三月，擁兵不救，及聞遼主崩，遂入大梁稱帝，是爲後漢高祖。（後更名暠）伐鄴（河南安陽縣）降杜重威，在位一年崩，子周王承祐立，曰隱帝。時李守貞據河中，王景崇據鳳翔，趙思綰據長安，共舉兵叛，使樞密使郭威先後討定之，功高得民心。尋還鄴，帝遂驕恣，歷殺大臣楊邠、史弘肇、王章等，又欲殺郭威，威以兵入汴，帝爲亂兵所弒。威迎立贇，未至，出兵禦契丹，將士鼓譟南還，裂黃旗被威體，乃卽帝位，是爲周太祖皇帝。漢凡二世四年。

後周事略

郭威柄漢室之兵權，屬衆心之推戴，滅漢代立，建國爲周。雖難逃篡國弒君之罪，而在位三年，美政不無可紀：毀寶器，罷貢獻，謁聖廟，釋唐俘，有國雖淺，爲治已固，亦賢矣哉！榮以柴氏子嗣太祖而立，是爲世宗，撰通禮，正樂書，設科目，文教彬彬，而且禁度僧尼，親錄囚徒，貸淮南之飢，立三稅之限，其所以注意黎民留心治道者，無美不備。卽論其外征，亦頗有可觀者。當是時，契丹侵略於北，四方割據，諸雄承唐晉漢以來，至此又有五國二鎭：

南唐　石晉初徐知誥篡吳知誥本姓李更名昪改號唐都金陵稱帝子璟嗣自李昪李璟兩朝乘閩楚之亂頗侵略其地

後蜀　唐莊宗平蜀以孟知祥鎭西川董璋鎭東川會明宗入洛三人合謀拒命尊知祥併有東川地都成都稱帝子昶嗣

南漢　劉隱四傳至宏熙更名晟周初乘楚亡取其桂（屬廣西）連（屬廣東）諸州始盡有嶺南地子鋹嗣

北漢　劉崇據太原附於遼遼冊封爲帝更名旻周初數引之入寇國小而悍子鈞嗣

吳越　錢鏐三傳至宏佐晉末乘閩亂取福州至是再傳至宏俶嗣

以上五國

荊南　高季興以荊南節度受唐封爲南平王再傳至保融漢以來領節度使如故

武平　馬殷據湖南五傳至希蕚周初爲南唐所滅朗州將王逵等率劉言爲帥據境自守稱武平留後其地幾盡復已而逵代劉位爲下所殺周行逢入朗州稱留後

以上二鎭

五季末期之衰亡

五代後半期，始終割據者凡七。蓋自孟知祥據蜀，歷晉至漢，閩雖爲南唐所滅，（唐兵攻建州王延政降）周興而劉崇復起太原也。世宗初立，崇引遼兵入寇，世宗自將禦之，戰高平，（山西高平縣）大破漢軍，宿衛將趙匡胤功最，以爲殿前都虞侯。周師乘勝逼晉陽，（即太原）不克而還。劉崇憂憤死，子鈞嗣。時南唐據有江淮，漢以來破楚滅閩，稱雄南方。世宗先遣王景（鳳翔節度）伐蜀，取秦成階三州，威振西方，欲幷南唐，命匡胤襲唐將皇甫暉姚鳳於淸流關。（安徽滁縣西南）自是連歲引舟師攻略淮江間，唐盡獻江北地，去帝號請和，時顯德五年也。明年，又伐契丹，取瀛莫，於是關南（河北雄縣）始爲周境，方議進取幽州，疾作班師。及崩，子梁王宗訓立，曰恭帝，年甫七齡。匡胤奉命出師拒契丹，至陳橋驛，兵士仿周太祖故事，戴匡胤爲王，以黃袍加身，恭帝因禪位，是爲宋太祖。周凡三世十年。

五季之衰，雖曰天命，蓋亦人事焉。自唐代藩鎮擅命，至是而天子皆出於節度之强者，復以擁立節度之故習，移而擁立之。以故李嗣源郭威趙匡胤等，莫不朝爲臣僕，暮爲君主。安重榮曰：『今世天子，惟兵强馬壯者爲之。』五代之世，大抵然耳。此軍將之驕恣也。廉恥風衰，勛舊公卿，運數不隨國家爲長短，更迭閏位，圖篡弈改，數年一見，士生其間，不以爲辱，反以爲榮。如馮道，其尤著者，事五朝十一君，常不離將相公師之位，漁獵大官，馳封門蔭，晚年且自號「長樂老」，以誇榮遇，而時人亦復稱譽之。死年七十三，至謂其孔子同壽。士習所趨，寖成風俗，此士夫之無恥也。唐晉與漢，皆以殊類而據中州，契丹鼓忿，胡騎長驅，石敬瑭且資其力以得國，尊爲父皇帝，北使惠臨，別殿拜受詔敕，迨禍至神惑，運盡天亡，翁怒來戰，表稱孫男，彼猶諭曰「孫勿憂，必使汝有噉飯所。」彼成之，而彼傾之，致使生爲負義侯，死作羈魂鬼，亂華之禍，誰作俑乎！此外族之憑陵也。有此三者之弊，釀爲五季之亂，可勝悼哉！

（附）五代世系表 通計十三帝五十五年

（梁）（一）太祖全忠 六 —（二）末帝瑱 十一

太祖李克用
（唐）（一）莊宗存勗 三 —（二）明宗嗣源 八 —（三）閔帝從厚 未踰年
　　　　　　　　　　　　　　　　　　　—（四）廢帝從珂 三

石敬儒
（晉）（一）高祖敬瑭 七 —（二）出帝重貴 四

（漢）（一）高祖知遠 一 —（二）隱帝承祐 三

（周）（一）太祖威 三 —（二）世宗榮 六 —（三）恭帝宗訓 未踰年

（附）五代十國興亡表

國名	第一世	年數	建都	傳世	滅其國者
梁	朱全忠	十七年	大梁	二世	唐
唐	李存勗	十四年	遷洛陽	四世	晉

晉	石敬瑭	十一年	大梁	二世	漢
漢	劉知遠	四年	同上	同上	周
周	郭威	十年	同上	三世	宋
吳	楊行密	四十五年	揚州	四世	南唐
前蜀	王建	三十五年	益州	二世	唐
楚	馬殷	五十六年	潭州	六世	南唐
閩	王審知	五十二年	福州	七上	同上
吳越	錢鏐	八十六年	杭州	五世	宋封淮海王
南漢	劉隱	六十八年	廣州	五世	宋
南唐	李昪	三十九年	江寧	三世	同上
後蜀	孟知祥	三十三年	益州	二世	同上
荊南	高季興	五十七年	荊州	五世	同上
北漢	劉崇	二十九年	晉陽	四世	同上

近世三

第一章　北宋興亡事略

太祖政略

太祖既定鼎汴京，患疆臣恣肆割據，諸國未平，與趙普謀先削藩鎮之權，以杜隱患，於是假杯酒以固歡，勸石守信等罷典禁軍。旋罷諸功臣節鎮，使奉朝請，節度使有死或致仕者，輒以文臣代之，諸州復置通判，使治軍民之政，事得專達朝廷。又置轉運使，專司租稅，而罷藩鎮收稅之權，自是藩鎮權始輕。而且踐阼伊始，勤求內治，課農桑，寬刑賦，懲貪贓，興學育材，與民休息。又復親臨講武，留意邊備，以靖西北。然後專心圖南，所向獲利；收淮南，（李重進）克澤潞，（李筠）降荊南，（高繼沖）下湖南，（周保權）平蜀，（孟昶）滅漢，（南漢劉鋹）服越，（錢俶）取唐，（李煜）逆賜叛臍，消縮順響。至是唐以來外重之弊盡革，而宇內略定矣。十六年崩，從杜太后命，傳位於弟光義，是爲太宗皇帝。

太宗政略

太宗沈謀英斷，親征北漢主劉繼元，混一版圖，而契丹之交涉始起。北漢既滅，帝乘勝欲取幽薊諸地，迺帥師圍幽州，契丹來援，大敗而還；自是契丹數入寇，太宗亦數禦之，恆不利。夏州李繼遷，時反側，據銀州，（陝西米脂縣）旋請降，以爲銀州觀察使，賜名趙保吉；未幾復叛，尋復送款，而西夏爲宋患之勢成矣。然其致治之美，亦有足多者：立崇文院，封文宣後，賑江南飢，納直諫疏，嚴贓吏之誅，重循吏之選，迹其所爲，亦庶幾有道令主矣。惜其改號更名，（改名炅）怒姪（德昭自殺）貶弟，（廷美貶房州）皇后不成服，且無以解斧聲燭影之疑，不無盛德之累焉！二十二年崩。初，昭憲太后（太祖母杜氏）遺命，太祖傳弟光義，光義傳弟光美，（後名廷美）光美傳德昭，（太祖子）故太宗以弟得立。至是太宗違母命，立其子恆，是爲眞宗。

西北邊事

眞宗立，契丹復來寇，濟河侵齊地，帝拒之大名，至則契丹縱掠而歸。然自是侵寇益甚，遂城之役，王顯敗之，望都之戰，王繼忠被執，尋復遣使議和。景德初元，(在位七年)契丹大舉深入，逼澶州，時寇準方同平章事，邊書告急，一夕五至，臨江王欽若請幸金陵，閬州陳堯叟請幸成都，準力爭，勸帝親征。車駕即至澶州南城，(見德勝寨南城)契丹軍盛，欲退，準又爭，遂濟河，御北城門樓。契丹知親征，大厭漸引去，遣使請盟。準尚思以策制之，使稱臣，且獻幽燕地，帝不從，有譖準者，事且變，遂許契丹。曹利用如契丹議，帝願以百萬歲幣求安，準謂利用：「踰三十萬必斬爾。」既而利用以歲銀十萬兩，絹二十萬匹成約，契丹許以兄禮事，各解兵歸，所謂澶淵之盟也。然自是寇準爲小人所側目矣。邊塵甫靖，帝侈志漸萌，準既爲欽若所譖，又建議封禪，於是天書之事起，西祀東封，迄無寧日，而五鬼(王欽若、丁謂、陳彭年、劉承珪、林特時人目爲五鬼)復諛唇佞舌，專事逢迎，於是中外上雲霧草木之瑞，羣臣奏野雉山鹿之祥，致使京師諺語謂：「欲得天下寧，當拔眼中丁；欲得天下好，莫如召寇老。」既不競於外國，乃徒恃此以塗飾耳目，人其可欺乎？

澶淵定盟，北境靜謐，而西夏之戰事又起。李氏自唐末據夏州，(陝西懷遠縣)太宗之世，李繼捧來歸，賜姓趙氏，其弟繼遷，叛走塞外，尋復內附。傳子德明，爲宋外藩，然亦通款契丹，兩方皆封爲西平王。仁宗朝，德明子元昊，雄毅有大略，設官興學，大修國政，開地萬里，居興慶府，(寧夏省寧夏縣)阻河依賀蘭山以爲固，遂稱帝，國號大夏，屢寇邊。帝乃削元昊爵，命夏竦、范雍嚴守禦。元昊寇延州，西陲繹騷。復命韓琦、范仲淹分路制討，琦主戰，仲淹主和，意見既歧，元昊益得志，盡銳寇渭州，(治平涼)琦將任福逆戰，違節度，敗死好水川，(甘肅隆德縣)關右大震。既而夏人分兵四出，大肆抄掠，涇汾以東，閉壘固守；帝使仲淹為陝西路經略安撫招討使，總四路事，夏患少息。會契丹與宋和，元昊恐宋合契丹進攻，遂亦挽契丹陳通款意。

契丹越二十餘年，境內無事。及聞元昊寇西陲，復有南侵之志，因欲乘釁取關南地。乃遣使來言，帝意不欲予地，謂若增歲幣，可結婚以和。乃使知制誥富弼報聘，凡兩往反，覆辨論，拒其割地之要求，且盛陳和戰利害，契丹亦遣使偕弼至宋，增歲絹十萬匹，銀十萬兩，其書辭曰納，是為慶歷和約。同時西夏亦遣使上書，帝遣邵良佐往議，封元昊為夏王，賜絹十萬匹，茶十萬斤，元昊要求歲幣與茶各二十五萬五千。和議成，終元昊之世未犯邊；傳子諒祚，帝亦封為夏王。

黨案之起

仁宗嗣統，率多善政，其尤著者，衆賢拔茅以進：小范老子(范仲淹)主西事，鐵面御史(趙抃)專彈劾，黑王相公(王德用)在樞密，閻羅包老(包拯)任要府；而且鄭公(富弼)善北使之職，魏公(韓琦)寒西賊之膽，歐陽(修)正時文之體，武襄(狄青)成廣南之功。論者謂四十二年之仁澤，賴以培之也。所惜者，外交既有夏遼之約，內治尤多朋黨之爭。初呂夷簡為相，勸帝廢郭后，范仲淹等在臺諫，上疏力爭，被貶。後歸，頻論時政，夷簡謂其越職言事，離間君臣，引用朋黨，乃貶知饒州；余靖尹洙力爭，皆坐貶；歐陽修貽書高若訥，亦貶。蔡襄乃作四賢(范余歐陽尹)一不肖之詩，夷簡益惡其黨，遂榜仲淹等黨人名於朝堂，為越職言事者戒。旋徙仲淹嶺南，帝又感悟，除其禁，增置諫官，以歐陽修蔡襄知諫院，余靖爲右正言，韓琦仲淹爲樞密副使，後仲淹參知政事，富弼爲樞密副使，日夜想望太平，改磨勘法，去任子之弊，僥倖者多不便，同聲誹謗，而朋黨之見益深。仲淹與弼不自安，先後出爲宣撫司，此實有宋黨禍之伏流也。帝四十一年崩，太宗曾孫曙立，是爲英宗。優禮大臣，愛民好儒，臨政必問，官治所宜，德號彰聞，雖嗣服不長，亦稱良主。四年崩，太子頊立，是爲神宗。

英宗時，朝臣自爲門戶，紛紜膠葛，久而未已，遂爲宋史黨爭中一大事者，「濮議」是也。英宗以濮王子入繼大統，欲追尊所生，司馬光抗言，爲人後者不得顧私親，執政韓琦歐陽修等有異說，呂誨范純仁等謂宜從光議，章七上不報，遂劾琦修等導諛。後帝卒從中書議，誨等遂納敕告退，琦修亦自請帝裁處，乃貶誨等出知州縣，傅堯俞亦請貶。時僅意氣之爭，無關軍國大事，亦相持不下若此，黨禍之來，不得謂非諸君子有以召之也。

神宗變法

神宗既立，銳意圖治，他務未遑，乃急急於養兵理財，命政治家王安石越次入對，不一年而驟登相位。迨變法議起，立制置三司條例司，專司經畫邦計，分遣使察農田、水利、賦役於天下，諸所更張，約有十事：

(一)均輸　舊制，上供有常數，年豐可多致，不能贏餘，年嗛難供億，不敢不足。乃令江浙荆淮發運使假以錢貨，預知在京倉庫所當辦者，得以便宜蓄買，制其有無。

(二)青苗　貸錢於民，俟穀熟還官，號青苗錢。陝西轉運使李參嘗行之，至是依陝西例，以諸路常平廣惠倉錢穀民願預借者給之令出息二分隨夏秋稅輸納。

(三)改更戍　宋初四方勁兵悉隸禁旅更番外戍雖無難制之患而兵將不相習緩急不足恃乃部分諸路各自爲將總隸京師平居知有訓練使兵將相習無番戍之勞亦謂之將兵法。

(四)保甲　十家爲保五十家爲大保十大保爲都保戶兩丁以上選一爲鎗丁授弓弩教戰陣每一大保輪五人警盜。

(五)募役　往時民充役者輒破產乃計民貧富分五等輸錢曰免役錢若官戶、女戶、寺觀與單丁、未成丁者亦分等以輸曰助役錢又斂錢先視州若縣應用雇直多少隨戶等均取雇直又增取二分以備水旱欠闕曰免役寬利錢。

(六)科舉　罷詩賦以經義策論取士須安石所著三經新義於學宮。

(七)學校　諸州縣皆立學京師則立太學三舍始入太學爲外舍外舍升內舍內舍升上舍旣列上舍召試賜第。

(八)市易　置市易務於京師凡貨之可市及滯於民而不售者平其價市之民以田宅金帛爲抵當者貸之錢而取其息。

(九)保馬　保甲願養馬者以監牧見馬給之或官予直令自市歲一閱其肥瘠死病者補償。

(十)方田均稅　以東西南北各千步當四十六頃六十六畝百六十步爲一方量地辨色分爲五等以

定稅則。

先後五年間，其所設施者如此。是時宋廷守舊派如司馬光韓琦程頤蘇轍等，持論皆忤安石。唐介既憤卒；富弼復稱病；趙抃無如何，但呼苦苦；曾公亮亦告老。時人致有「生老病死苦」之謠。神宗排衆難，頗任安石；諸臣既以意氣爭之，而其所與契合者，則唯笑罵之鄧綰，廁僕之王珪，家奴之薛向，爪牙之李定，鷹犬之張商英，筌相之陳升之，朋奸比黨。故新法之行，匪唯無利，且以為害。琦言青苗法不便，帝欲罷之，安石求去，帝不許；安石持新法益堅。光等極言其非，先後罷斥。蘇軾復以廷試策反對坐貶。會大旱，鄭俠繪流民圖以進，帝動容，欲罷新法。安石與呂惠卿力言不可，安石出知江寧府；惠卿代相，陰拒安石事露，帝復召安石，與惠卿不相能，惠卿訐其過，帝亦厭棄之，安石始退不復用。然海內已騷然矣。故曰惠卿等誤安石，安石誤帝，帝誤百姓也。神宗欲大有為，而卒不獲成功，遂飲恨而崩。

安石當國時，內既壁國勢，外又生邊釁。初，夏王諒祚既受封為夏王，又寇環慶等州，為宋將所襲擊。迺圖報復。建昌軍司理王韶，詣京師上平戎策，以為欲取西夏，先寇河湟；欲復河湟，先招撫沿邊諸夷。安石用其議，韶因伐吐蕃破之，築武勝軍，尋復河州。吐蕃木征來寇，韶復擊破之。然西羌難服，終不能逞其志。及入為樞密使，李憲以兵攻靈州，（今寧夏靈武縣）無功而還。夏人乃陷永樂城，（以永樂川得名，在米脂縣南）宋兵死者六十萬。至是帝始知邊臣不可信，罷西伐之兵，而國力已疲矣。同時契丹改國號遼，又遣使議地界事。王安石主欲取姑予之策，失新界地凡七百里。大凡景德以前，宋遼交爭，每戰輒敗；景德以後，宋遼結好，每和輒屈；宋始終不能得志。

北宋之衰亡

神宗崩，太子煦立，是爲哲宗。年尚幼，太皇太后高氏聽政，召用故老名臣，（呂公著司馬光等）以新法不便，罷保甲、方田、保馬、青苗、免役諸法，所用者皆正人，（程顥范純仁等）所黜者皆奸黨，（蔡確韓縝章惇等）所建者皆良法，（置訴理所廣惠倉修定學制立十科舉士之法）安石尋卒，呂惠卿知無所容而懇求散地。未幾，光亦卒，而惠卿等伺隙搆禍，諸賢猶不悟，至各分黨與，而有洛黨、（程頤爲首朱光庭等輔之）蜀黨、（蘇軾爲首呂陶等輔之）朔黨、（劉摯梁燾王巖叟劉安世爲首而輔者尤衆）諸目，主行新法者爲熙豐黨人，此則元祐（哲宗年號）諸黨也。時熙豐用事之臣雖去，其徒猶分布中外，呂大防等患之，欲稍引用以平夙怨，謂之調停，轍力爭乃止。太后沒，帝親政，禮部侍郎楊畏（初附宰相呂大防至是叛依新黨）首倡紹述，用章惇等以尋舊轍，君子方欲以元祐爲元嘉，而不知紹聖又轉而爲熙寧矣。

楊畏既倡紹述之說，改元紹聖，講述熙豐之政，新黨復振，新法復行。司馬光等皆追貶，元祐諸臣竄逐殆盡，並起同文館獄，搆陷諸人反狀，劉摯梁燾既貶死嶺南，禁錮及其子孫，又置看詳訴理局，治黨人至八百三十家，是爲紹聖黨案，二蔡（蔡卞蔡京）二惇（章惇安惇）實主之。帝崩，神宗子端王佶即位，是爲徽宗。

徽宗既立，向太后權聽政，追復司馬光等官，罷章惇蔡卞，以韓忠彥（琦子）爲相，欲以大公至正，消釋朋黨，改元曰建中靖國，而邪正雜進矣。當是時忠彥爲首相，曾布貳之。（初附章惇至是以力排惇黨得相）布希帝風指，倡議紹述，風御史排擊元祐諸臣，寺人童貫乘勢援引蔡京，忠彥與布俱罷，新黨三振。京既得志，講述新法，掊擊舊臣，不遺餘力，立黨人碑端禮門外，以司馬光等百二十人爲姦黨，黨禍大作。及至元符末年（哲宗是年三月崩）言事諸臣皆坐貶，是爲崇寧（徽宗年號）黨案。其於元祐黨籍學術之禁，歷二十有四年，至金人圍汴，禁始弛；新法之行，本以圖強，其後爲小人之窟焉，而北宋由此亡矣。

徽宗本庸闇，蔡京當國，旣排斥善類，遂倡豐亨豫大之說，導帝爲奢侈，大興土木，建延福宮、保和殿、萬歲山，羅致名花異木，珍禽奇獸。帝又崇道教，信神仙，政事日弛，重以朱勔在東南采運花石珍異之品，舳艫相銜於淮汴，號花石綱，擾民之政迭起。及京再相，其子攸、絛俱專恣，是時民生重困，法令滋張，危證洊臻，壞形層出。而方臘則起於睦州（今浙江建德縣），宋江則起於淮南，張仙則起於山東，高託山則起於河北，潢池弄兵，敗亡之兆近在目前，童貫又復生事於邊境，而金人之禍始作。初，童貫聞金數破遼州，乞舉兵應之，時天祚帝兵敗，已西走，遼（契丹復號）人奉耶律淳爲帝，守燕京。二十三年，貫攻遼，大敗於高陽關（河北高陽縣東），嗣又與遼降將郭藥師再襲燕，復大敗，累朝軍儲，喪棄殆盡，金兵遂自克燕。宋遣趙良嗣與議疆事，金以宋無功，邀挾過當，宋宰相王黼欲速成，遂許遼人舊歲幣四十萬外，再加燕京代稅錢百萬緡。於是金許割燕京及薊、景（景州，契丹置，今遵化縣）、檀、順、涿、易六州。事在攻遼次年。兩國疆議甫定，故遼平州（河北盧龍縣）守將張㲄旣降金，頃之怨叛歸宋，宋受之，金以納叛來責，且遣將攻襲平州，宋殺㲄函首以獻之；又宋嘗許送遼粮二千萬石，亦負約不與，始啟兵端。金將粘沒喝（今作尼瑪哈）、斡離不（今作斡喇布）分道南侵，粘沒喝進攻太原，貫逃歸；斡離不至燕京，藥師降，令爲鄉導，長驅而下。徽宗大懼，遂禪位太子桓，是爲欽宗，自稱道君皇帝。金人渡河圍汴，尙書右丞李綱主戰守，金忽宣和，斡離不索巨金，乃盡括公私財帛以餉。然猶婪索無厭，帝復聽李綱言主戰，都統制姚平仲貪功，夜襲金營，不克，帝大驚，急罷綱，詔割太原河間中山三鎮，始退師，時欽宗元年也。金退而廷議變，欲構遼故族以圖金。其秋，金再南下，盡破三鎮，遂至汴宋，復請和。郭京謂以六甲法可禦敵，帝信之，使出戰，兵敗城陷，帝詣金營請降。金人大括金帛，明年，立宋臣張邦昌爲楚帝，以徽欽二帝及后妃太子宗戚北去。時惟哲宗廢后孟氏留宮，欽宗弟康王構總師在外。邦昌見人心不附，迎孟太后權主國政。康王在南京（今河南商邱縣）聞變，即帝位，爲高宗，自此遂爲南宋。

（附）北宋世系表 北宋起太祖訖欽宗凡九帝百六十七年

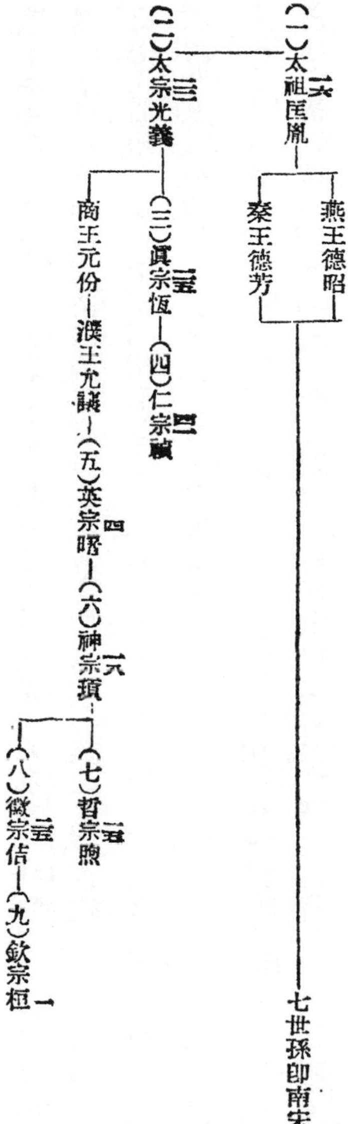

第二章 南宋興亡事略

南渡中興

當高宗之初立也，本有不共戴天之仇，又居河南完善之地，使終用李綱議主戰，縱棉力薄財，安見不鳴劍伊洛以直抵黃龍府，急救父若母乎？乃黃潛善作左相，汪伯彥作右相，朝進一言以告和，暮建一說以乞盟，二人皆帝藩邸舊僚，日夜擠綱而去之，勸帝幸東南避敵，遂如揚州，實之背者也。宗澤在汴，數卻敵，累表請還京，不聽，踰年憂憤卒，汴京尋陷，中原自此不復可為矣。金將兀朮，（後改名宗弼，又作烏珠）自山東趨淮南。建炎三年，帝自鎮江至杭州，扈從統制苗傅劉正彥作亂，逼帝禪位太子旉，頃之亂平，帝復位。金兵入建康，帝走明州，（浙江鄞縣）又泛海入溫州。金兵追襲至明州引還，韓世忠邀擊於黃天蕩，（江寧縣城東北）兀朮敗退，金人自此不敢渡江，故論南渡之功，世忠為最。帝復用張浚扼陝西，兀朮來攻，又敗；吳玠保和尚原，（陝西寶雞縣西南）以拒之，又分兩道入蜀，玠遂破之和尚原，別將又破之箭筈關，蜀以保全。紹興二年，帝自越州（浙江紹興縣）還臨安，（浙江杭縣）後遂定都焉。金又分中原之地以帝劉豫，（仕宋知濟南府，降金）居汴，令抗宋。會宋將岳飛收復襄漢，豫搆金入寇，世忠破之大儀；（江蘇江都縣）嗣又寇淮西，楊沂中亦敗之藕塘；（安徽定遠縣東）金兵在陝者，又先後御之饒風關，（陝西石泉縣西）仙人關，（陝西鳳縣西南）宋邊圉差足自守。七年，金廢豫，遣宋使王倫還，繇是宋廷和戰之問題以起。

和戰之局

自北宋以和戰不定而亡，南宋廷臣頗以此為戒，建炎末葉，秦檜倡南北分立議，王倫亦言金有和意，二人者皆還自金也。金人亦許檜歸河南陝西地，宋亦遣使謁汴京陵寢，置留守，事在紹興九年，是為宋與金第一次和戰。旋兀朮渝盟，四道南侵，時宋之良將皆在邊鎮，吳璘戰勝扶風，（陝西扶風縣）劉錡戰勝順昌，（安徽阜陽縣）而岳飛引兵自襄鄧出，收復河南州郡，進至朱仙鎮。（河南開封縣南）諸將方圖協力，而檜乃爲金人奸細，竭力主和，詔飛班師，璘方進克陝西諸州，亦奉詔還鎮，所得地盡失。兀朮遺檜書，謂必殺飛，始可言和，檜遂誣陷之，並割唐鄧（河南南陽縣境）商秦（陝西長安縣境）予金，東以淮水，西以大散關（陝西寶雞縣西南）爲界，歲貢銀絹各二十五萬，奉表稱臣，金人爲歸徽宗梓宮及帝生母韋氏，（時欽宗尚在未請還也，後沒於金）和議成，事在紹興十一年，是爲宋與金第二次和戰。越二十年，金完顏亮弒主自立，復有南侵之志，渡淮臨江，謀自采石（安徽當塗縣西北）濟，爲虞允文所敗。適金內亂，亮欲急還，軍士懼誅，乃弒亮。烏虖！金以和愚宋，檜以和愚帝，帝以和自愚，卒致國勢飄搖，如燕巢危幙，使無采石之役，帝尙有駐蹕之所哉？江南既獲安，帝遂禪位太子昚，是爲孝宗。（高宗太子敷早卒，以太祖六世孫昚撫爲己子）

孝宗居藩邸時，便慨然有興復之志，及卽位，倚魏公（張浚）如長城，首擢辛次膺而顯渡江之直，復任李顯忠而成靈壁之功，雖符離大潰，而猶倚張浚爲重，立馬殿庭，斷弦傷目，立志不爲不堅。無如善戰宿將，凋零殆盡，而廷臣主和主戰兩派，復爭決不定，又値金世宗賢明仁恕，無隙可乘，終之卒申前好，以乾道元年再締和約：易表爲書，改臣稱姪，減幣十萬，地界如舊，視紹興和約稍正國體而已，是爲宋與金第三次和戰。終二君之世，邊庭不鼓，烽燧不烟，亦斯民之幸也。晚歲禪位太子惇，是爲光宗。（時金世宗殂章宗卽位）立五年，有心疾，上皇崩，不成服，宰相趙汝愚翊定大策，請於太皇太后，禪位嘉王擴，是爲寧宗。

寧宗既寅紹丕圖，中外晏然，汝愚乃首貶內侍，召大儒朱熹，以黃裳等爲講讀官，天下引領望治。惜其處事太疏，韓侂胄有定策功，而不能以厚賞償所望，俾得以懷怨行奸，誣斥善類，從知閤門事劉弼計，以內批罷臺諫，未幾而朱熹罷，而彭龜年罷，又未幾而以京鏜計，汝愚亦罷。又自北宋道學一派二程（程顥程頤）以後，四傳及熹，熹在孝宗朝，王淮以私怨惡之，希旨者遂請禁道學，道學之目，遂為世詬病。至是侂胄得權，乃一切目為偽學，偽學之禁，其視君子若掌上土瓦，而小人之倖進者，皆漁獵大官，若許及之趙師羼陳自强蘇師旦輩，或為宰執侍從，或為臺諫藩閫，皆出自門廡，而天子亭亭然孤立於上。侂胄進位太師，益思張大其權力，聞蒙古侵金，以為機會可圖，遽思乘舋北伐，開禧二年，（寧宗在位十二年）遂出兵，於是金人數道來侵，淮漢之間，所至殘破。蜀中自吳氏世執兵柄，吳璘之孫曦在蜀，侂胄假以事權，使出師攻金，曦叛，以關外四州（階成和鳳）獻金，封蜀王。四川轉運使安丙設計誅之。宋既喪師，又遭曦亂，而侂胄猶用兵不止。踰歲，侍郎史彌遠與楊后謀，即誅侂胄，并斬師旦，使與金和，函首送金，改稱伯姪，增歲幣為三十萬，犒軍錢三百萬貫，是為宋與金第四次和戰。史彌遠得勢，寧宗崩，無子，立宗室貴和為太子。（更名竑）太子與彌遠有隙，彌遠矯詔廢之，別奉王子貴誠（更名昀）即位，是為理宗。

南宋之衰亡

理宗既立，於時蒙古已滅夏，頻歲攻金，遣使王檝來約攻金，趙范獨言不可，帝不聽，詔京湖制置使（治襄陽）史嵩之進兵取唐鄧，值金哀宗棄汴走蔡，（河南汝南縣）又合蒙古兵破之，金亡。宋僅得唐鄧蔡三州地，蒙古氣勢甚盛，而趙范趙葵忽倡收復三京之議，（東京開封西京洛陽南京商丘）鄭清之當國，力主之，葵因與全子才會兵趨汴，徐敏之入洛陽，蒙古遂引兵而南，葵等潰還。繇是襄漢淮蜀，日啓兵爭，成都襄陽且破陷，賴孟珙余玠力戰恢復，未幾，珙玠俱死，外失良將，而內政日亂，閻妃怙寵，匪人雜進，三凶居路，（梁成大等時稱三凶）四木當塗，（薛極等）三大犬同地，（陳大方丁大全）

（胡大昌）六君子遠竄，（太學生陳宜中黃鏞等）「閻馬丁當，國勢將亡。」又曷怪作事之乖？方是以蒙古乘之，而三道來侵，帝顧以賈似道獨當重任，似道畏懦，陰以乞和蒙古，而反以諸路大捷報聞，較之南詔喪師而以捷聞者尤甚焉。漸至國用不足，而賣公田，行經界推排法，江南之地，尺寸皆有稅，民多破產失業者。故理宗一朝四十年間，雖能崇周程張朱，貶黜安石，而昧於小人勿用之戒，致邊疆日蹙，然則理宗之理，文焉已耳。帝崩，太子禥立，是為度宗。

度宗以宗王入立，感似道定策功，尊為師相。先是，蒙古兵歸，遣使來申盟，似道拘執之，因是數起兵來攻。宋將呂文德先守四川，繼鎮荊湖，號能軍。文德死，弟文煥代之。及是襄陽被圍五六年，久困援絕，而似道壅不上聞，日逍遙西湖葛嶺間，匿敗諱亡以養寇，文煥遂降元，（時蒙古改號元）江南江北之險，拱手與敵，天下之勢十去八九。平章軍國重事，果半間堂中能了邪？帝崩，太子㬎立，是為恭帝，然宋事益不可為矣。

恭帝年功，（四歲）元巴延（舊作伯顏）大舉深入，以宋降將呂文煥劉整（初以瀘州降元）分軍前導，至一州則一州破，至一縣則一縣殘，半壁江南，已無尺寸乾淨地。似道猶自幸天助，出師蕪湖以禦之，錯愕徬徨，了無一策。繇是江淮州軍望風唯唯，虜兵所指，到處平夷。雖張世傑遣兵入衛，文天祥起兵勤王，李芾率師進援，而巴延入建康，已扼其吭而有之。內而庶寮叛官離次，外而守令委印棄城，趙氏之祚，不絕如縷。而又殺行人於獨松關，（餘杭縣西北獨松嶺上，為江浙二省要隘）以速其怒。虜兵深入，無恥輩結角稽首，容易迎降。（元主問宋降將曰「汝等降何容易」）而帝及太后，與元俱北，時元世祖十二年也。宋宰相陳宜中奉二王（益王昰廣王昺）走福州，立益王為帝，世傑天祥陸秀夫均至，相與共圖恢復。天祥轉戰閩贛間，皆失利。元兵入建寧，益王逼入海，自是延息廣海中。昰卒，（年十一歲）秀夫等立其弟衞王昺，還居新會之厓山。（廣東新會縣南大海中，亦曰厓門山）時元已略定閩廣之地，天祥兵敗，元將張宏範擒執之，不屈而死。元進攻厓山，世傑兵潰，於是趙氏一塊肉，葬於魚腹之中，（秀夫負帝溺海，世傑殉之）而三百二十年之命脈，於斯竟絕矣。

宋興，經略二十年，宇內渾一，又更九十年，雖外屈遼夏，而內政乂安。神宗變法，以後五十年間，新舊黨爭不絕。迨遼滅金興，甫三年而宋轍亦南矣。南渡初期十餘年，諸將協力奮戰，而秦檜主和，偏安永定，百年之中，與金和戰不常。金滅元興，相持幾五十年，卒爲元併。歷觀宋之爲國，待夷狄以至誠，而乃始侮於遼，繼疊於金，終亡於元，而受禍爲最酷。昔人謂其聲容盛而武備衰，議論多而成功少，理或然歟。

（附）南宋世系表（南宋起高宗訖帝昺凡九帝百五十三年）

- （一）高宗構 三六
- 太祖七世孫 （二）孝宗昚 二七 —（三）光宗惇 五 —（四）寧宗擴 三〇
- （太祖十世孫）（五）理宗昀 四〇
- （六）度宗禥 10
  - （七）恭帝㬎 一
  - （八）端宗昰 二
  - （九）帝昺 二

合南北宋凡十八帝十三世，共三百二十年。

第三章　兩宋政教之大概

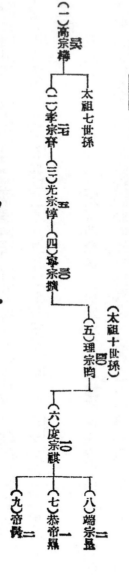

宋初，趙普諸賢，經營創制，頗復唐代舊觀，名臣碩儒，相望史册。然因新舊黨派紛爭，政治遂尠進步，重以外侮日棘，姦人奄豎接踵朝端，覆亡之痛，不待臨安局處時矣。茲述其制作之有關繫者：

學制之概略

宋初，稍增修國子學舍，慶歷中，詔天下州縣皆立學，內建大學，置內舍生二百人，學始萌芽。神宗增擴大學，置三舍法，頒學令，益學費，學校至是大振舉，而大盛於熙寧元豐之世。自三舍法行，凡律算書畫醫五學，悉準於此，立國雖弱，學校大端固可觀也。科舉自進士以下，有九經、五經、開元三史、三禮、三傳、學究、明經、明法等科；武舉亦分立焉。但既第卽除官，此異於唐制也。其考試法，初制有帖經、墨義而無口義，有詩賦、雜文而不及策。仁宗朝，試進士者有策論、詩賦、帖經、墨義四場。逮神宗用安石法，專取經義，於程文中特開一新制焉。哲宗初政，復詩賦，紹聖昌言紹述，又專用經義。南渡雖兩科並行，而學者競習浮華，經學寖微矣。

道學之緣起

自漢迄宋初，學者多習訓詁章句，有宋中葉，濂洛關閩諸大儒起，專言義理。於是漢儒爲說經之儒，宋儒爲言道之儒，而道學之名自此始。撰厥繇來，厥有二端：一、歷代說經名物訓詁，其說漸窮，唯於義理，尙少闡發，以故窮心殫性，冀別樹一幟，以求吾道之源；一、玄談禪學，盛自先朝。此二派皆偏於理論者，不求厥眞，學者卽受其影響，以道學相標尙，藉以與二氏角，而冀據其巔，且孔孟遺言，閱秦火之鬱伊，怨漢儒之支離，懲晉代之作僭與僞，大笑唐以還之不審是非，至是遂煥然而有光輝，此宋儒所以度越諸子也。

學術之禁黜

道學之傳，首推程朱，南北兩宋，師儒迭起，然無裨於國家治亂也。君子道消，小人道長，竊爲宋危焉。其始爲元祐學術之禁，蔡京當國，昌言紹述，元祐諸臣皆得罪。及崇寧二年，復請立黨人碑，禁元祐學術，於是追毀程頤出身文字，所著書並加監察，范致虛又言頤邪說詖行，尹焞張繹爲之羽翼，乞下河南盡逐學徒，從之。是禁歷二十四年，至金圍汴，乃罷。其繼爲紹興專門學之禁。秦檜當國，右正言何若斥程頤張載遺書爲專門曲學，請加禁絕，是禁歷十二年，及檜死，乃已。終爲慶元僞學之禁。韓侂胄當國，欲盡斥正士，或言以道學目之，則又何罪，當名曰僞學。慶元二年，禁用僞學之黨，胡紘言入，遂削朱熹官，竄蔡元定於道州，是禁歷凡六年，京鏜死，侂胄意稍悔，乃弛。迄理宗之朝，雖表章諸賢，從祀孔廡，而儒術漸衰，國亦亡矣。此學術之禁黜也。

宗教之流行

佛教自唐會昌以來，即遭「三武之禍」，宣宗務反其政，僧尼之弊，皆復其舊。宋眞宗時，有譯經四百十餘卷，僧尼四十六萬人，且大會道釋於天安殿。其道教之盛，則始於天書之發現，其書類洪範道德經。侈志既萌，繇是東封泰山，西祀汾陰，南幸亳州，尊老子爲混元上德皇帝，而玉清、昭應、會靈、景靈，紛然繼作，不曰獻天書於朝元殿，即曰刻天書於寶符閣；不曰以方士爲武衞將軍，即曰贈道士爲眞靜先生；不曰聖祖降於延恩殿，即曰天書得於乾佑山。至徽宗，信仰尤甚，眞宗謀封禪，則天書見；徽宗祀圜邱，則天書降，且作天眞降靈示現記，至立道士學，置道學博士，又令天下僧尼盡依道士法，自是佛家見屈於道家矣。汴京圍急，欽宗猶信用六甲兵六丁力士、北斗神兵天闕大將，以禦外敵，卒至君臣爲虜，則又天書天神荒誕之餘毒也。

第四章　遼金夏之建國

遼之得志中原

契丹自後魏以來世居潢水南，（即今遼水上源西喇木倫河）後分八部，各部大人推一人爲主。五季初，要尼氏（舊作遙輦）在位，衆以不任事，推阿保機代之。至梁末始稱帝改元，（國人稱天皇王）是爲太祖。後唐明宗初，太祖崩，太宗德光立。會唐帝從珂攻石敬瑭於河東，敬瑭乞援，太宗自將救之，破唐兵，立敬瑭爲帝，敬瑭割燕雲十六州以獻。旋改國號曰遼，制度略備。敬瑭奉命唯謹，逮景延廣啓釁，太宗傾國南伐，屢大敗。時唐幽州帥趙德鈞子延壽在遼，太宗許以滅晉而立之，於是延壽紿晉爲內應，晉使杜重威出師，遇伏大敗。太宗又紿重威，謂果降當立爲帝，重威遂來降，晉亡。太宗稱帝於大梁，以羣盜飈起，命蕭翰守汴，自將引還，道崩。延壽以不得立，引兵入恆州，（正定縣）自稱權知南朝軍國事，遼宗王鄂約執之，自立爲世宗。耽酒色，失民心，被弑。太宗子舒嚕（舊作述律）立，爲穆宗，昏主也，國人謂之「睡王」。漢周之世，中國北境稍定，而周世宗且得收復關南，由遼之內亂所致也。穆宗爲庖人所弑，景宗嗣立，有疾，蕭后臨朝，時宋興已七年矣。帝助北漢抗宋，宋平海內，北漢後亡，微遼人之助不及此。景宗仍舊復國號契丹，傳子隆緒，是爲聖宗。蕭氏專政如故，國勢稱全盛。旋入寇，有澶州之盟，至興宗有增幣之約，至道宗有展拓河東疆界之利。道宗朝，復號遼，然姦臣耶律伊遜（舊作乙辛）用事，遼亦自此衰矣。

金之滅遼（附）西遼

興宗子天祚立，道宗孫也。初，道宗子濬為伊遜誣死，天祚以嫡孫繼統，實當宋之徽宗元年。既即位，酗酒遊畋，后兄蕭奉先秉政庸懦，政益亂。是時女眞起於東北。女眞者，居混同江東，唐世所稱黑水靺鞨是也。當遼興宗時，其曾完顏烏古鼐（舊作烏古酒）始強，五傳至阿古達，（舊作烏古打，一作阿骨打）益驍桀，起兵叛遼，拒遼軍。遼遣蕭嗣先（奉先弟）伐之，戰珠赫店，（今吉林扶餘縣城南）遼大敗。阿古達既勝遼，稱帝，國號大金，是為金之太祖。下詔親征，率大軍七十萬，相遇於鴨綠江。會內亂，遼主引還，金人追擊之，大破遼諸州縣，嗣以遼兵終不利，遂議和。時宋之童貫，方經營遼事，以降人趙良嗣入宋，訂約夾攻遼，遼主走雲中，遼臣立耶律淳，金下西京，淳死，立其妻蕭氏為皇太后，主軍國事；宋金往返議夾攻，遂下燕京，蕭后奔天德。金主殂，弟烏奇邁（舊作吳乞買）立，即太宗也。遼主北走，金獲之，遼亡，凡七世二百十年。遼族耶律達什（舊作大石）猶稱帝於克埒木，（土耳其地，今蘇聯中亞細亞）是曰西遼。

耶律達什者，太祖八世孫。初與蕭幹共守燕京，立魏王淳，城破，隨蕭后出走，歸於天祚。天祚謀出兵復燕雲，達什勸諫不從，乃率衆西走，假道回鶻，遂至塔什罕，（蘇聯浩罕西北）西域諸國，聯兵來拒，擊卻之，奄有阿姆河及錫爾河以東一帶地，建都呼遜鄂爾多，（在潮河上流）號天祐帝，是為西遼德宗。嘗遣兵東出圖恢復，行萬餘里，無所得而還。西遼自德宗建國，又傳三世，為乃蠻（科布多一帶地）王屈出律所篡云。

金之得志中原

金太宗既滅遼，亦降夏，以宋納叛負約，遣將南攻，再舉兵破汴，宋徽宗欽宗為虜，徙之五國城，（吉林寧安縣東北）

金初宗室多將才，尼瑪哈（後改名宗翰）斡喇布（後改名宗望）定兩河，洛索下陝西，而烏珠（後改名宗弼）兵力嘗南渡江，克明越西入關，破和尚原，志滅江南。當時河南山東陝西，盡爲金有。金立劉豫爲齊帝，使抗宋。太宗崩，太祖之孫亶嗣立，爲熙宗，以劉豫累敗於宋，廢之。宋因遣使議和，元帥達賚（舊作撻懶）請於朝，太宗長子博勒郭（後改名宗磐舊作蒲魯虎）秉政，許之，於是有歸地於宋之約。會博勒郭以謀反誅，遂棄前議，烏珠等分道南伐，然爲劉錡岳飛所敗，不得志，始與宋和，割其唐鄧商秦地，金自此盡有中原矣。熙宗後爲完顏亮所弒。亮自立，大誅宗室，淫虐特甚，自會寧（金襲遼五京之制，以會寧府爲上京；今吉林寧安縣）徙燕，謀南侵，遂大舉伐宋，越淮而南。亮既失衆心，將軍在外，金人已奉太宗孫雍即位，爲世宗。宋虞允文又敗亮兵。軍中聞新天子立，苦亮殘暴，遂殺之。世宗再遣將攻宋，值宋孝宗立，亦銳意圖恢復，金將赫舍哩志寧（舊作紇石烈志寧）敗之於符離，宋軍不振，復言和。世宗仁賢恭儉，稱小堯舜，力守女眞純實之風，以漢俗文勝爲戒，國勢稱盛。章宗（世宗孫）繼之，修正禮刑，典制粲然矣。

蒙古滅金

章宗末年，塞外諸族，積爲邊患，雖南用兵於宋，一得志，而金之國力漸弱。章宗無子，從弟衞王永濟，柔懦鮮智能，愛之，遂傳位焉。時蒙古太祖特穆津（舊作鐵木眞）已起於鄂諾河（舊作斡難河，黑龍江上源），尋進破西京（山西大同縣），留守赫舍哩呼沙呼（舊作紇石烈執中）棄城遁還，西北諸州皆沒。蒙古兵掠居庸，金主猶令呼沙呼典軍。呼沙呼怒金主之見責，遂以兵入弒之，立昇王珣（章宗弟），爲宣宗。金爲蒙古兵所蹙，自兩河至遼西，諸皆破碎。宣宗始南徙汴。已而燕京不守，河北之地，唯恆山公武仙守眞定（河北正定縣），與蒙古抗。又大盜李全據青州，始附宋，旋附蒙，山東亦失。金所有者，止河南一隅，及河北陝西數州。然歷宣宗至哀宗，前後爭持二十年。先是，蒙古太祖臨沒，遺言金兵精銳，盡在潼關，欲破金兵，宜假宋道。至是太宗從其言，以一軍自金州（陝西安康縣）趨唐鄧，北出一軍，自懷慶濟河入鄭州，會兵攻汴。哀宗走歸德，復走蔡州，蒙古會宋兵襲之。逾年糧盡，城亦陷，哀宗禪位宗室承麟，赴水死，承麟爲亂兵所殺，金亡。

西夏之始末

金宋代興，而晏然互立於西者，夏也。其先爲拓跋氏，唐末，拓跋思恭爲宥州（陝西榆林縣西境）刺史，以討黃巢功，授定難節度使，賜姓李。九傳至李繼捧，宋初獻地來歸，太宗命鎭夏州，賜姓名趙保忠，令圖繼遷（李繼捧之弟，時尙叛宋）。繼遷內附，賜姓名趙保吉，尋復俱叛，宋克夏州，執保忠，而保吉跋扈如故，眞宗令還夏（在今陝西橫山縣西）綏（綏德縣）銀（米脂縣）宥（見上）靜（米脂縣北）五州。越數年，保吉復陷靈州（寧夏省靈武縣），取西涼（今甘肅省），尋攻西蕃，爲流矢所中而死，子德明立，遼封爲夏國王，亦受宋封，臣附兩朝。子元昊雄毅多才，設官興學，大修國政，自製蕃書，敎國人，擊回鶻，盡取河西地，建都興慶府（寧夏縣），稱帝，爲景宗。華州張吳二生，久困場屋，走依夏，元昊寵任之，凡立國規模，攻宋方略，唯二人是賴，自此連歲伐宋，宋疲而夏亦虛耗。元昊十一年（宋仁宗二十二年），與宋和，宋邊事甫定，契丹又以夏攻其屬部，興宗自將擊夏，元昊誘而敗之，契丹遂與夏平。夏以一隅抗拒兩大，亦云强矣。元昊死，子諒祚立，爲毅宗，尙幼，諸大將分治國政，契丹復來攻，執諒祚之母以去。諒祚既長，慕中國衣冠，去蕃禮，從漢儀。傳子秉常，爲毅宗。時宋神宗經略西方，宋夏復用兵，夏於是有永樂之勝。及崇宗乾順（秉常子）在位，屢爲宋襲，國勢始衰，會遼與北宋先後亡，夏亦爲金屬國。金衰，蒙古盛，夏人附之。自乾順附金以後，六傳至夏王睍，始爲蒙古太祖所滅，夏亡，時南宋理宗二年也。

遼興，經五代至北宋哲宗末百八十年間，雄於北部。天祚之世，金人崛起，又二十餘年國亡。金自太祖稱帝後，歷十年滅遼，又三年滅宋，自此八十年，南宋比於屬邦，金之國勢鼎盛。蒙古復興，北境全失，宣宗南徙，又二十年而蒙古滅之。當金亡之前七年，夏滅，後四十五年，南宋亦亡。

（附）遼金夏世系表

遼起太祖訖天祚凡九帝二百十一年，金起太祖訖哀宗亦九帝百二十年，夏起太宗（鍾淵映建元考斷自元昊稱帝，即元昊即位之第七年，爲始自元昊以景祐元年甲戌改元寶元戊寅稱帝至寶慶三年丁亥國滅止）訖南平王睍凡十一世一百九十四年

遼

（一）太祖阿巴堅 二〇 ─（二）太宗德光 二一 ─（四）穆宗舒嚕 一八

東丹王托允 ─（三）世宗鄂約 五 ─（五）景宗賢 一四 ─（六）聖宗隆緒 四九 ─（七）興宗宗真 二四 ─（八）道宗洪基 四六 ─ 太子濬 ─（九）天祚帝 二五

金

（一）太祖阿古達 ─ 宗峻 ─（三）熙宗亶 一四

（二）太宗烏奇邁 一三 ─ 宗幹 ─（四）廢帝亮 一三

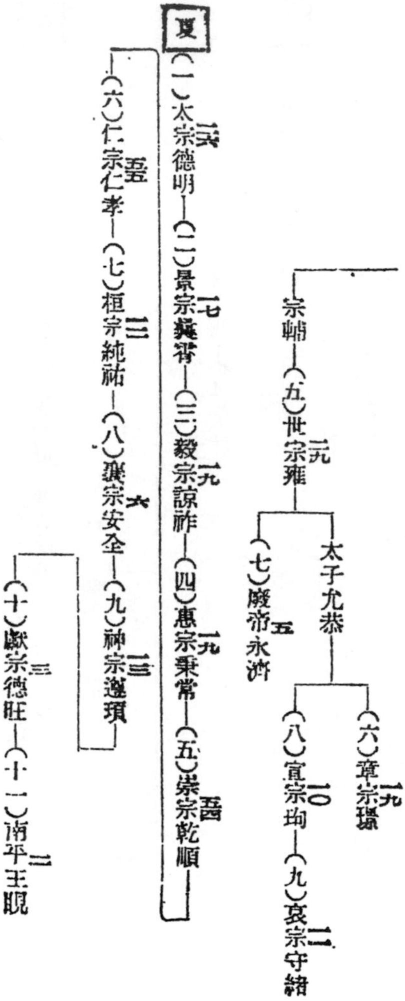

第五章 元室興亡事略

元初兵威之盛

元之先曰蒙古，姓卻特氏，居烏桓北，（今熱察一帶）世爲遼金屬邦，至伊蘇克依（舊作也速該）始大。子特穆津（舊作鐵木眞）深沈大略，克塔塔兒，（興安嶺一帶）破泰楚特，（舊作泰赤烏，貝加爾湖畔）攻幷奈曼，（舊作乃蠻，阿爾泰山麓）太陽可汗敗誅，漠南北諸部降附。於是稱帝鄂諾河，（黑龍江上流）號青吉斯汗，（舊作成吉斯汗）都和林，（今蒙古杭愛山東）是爲蒙古太祖。先征西夏，次取燕南，下山東河北五十餘城，滅山西河南六十餘國。自是東略高麗，西入西域。又率四子卓沁特、（舊作朮赤）察罕台、（舊作察合台）諤格，德依、舊作窩闊台圖類，舊作拖雷分道西征，略定貨勒自彌，即花剌子模南侵報達，回教國今波斯境西越裏海，攻奇卜察克舊作欽察裏海東岸敗俄羅斯援兵。太祖二十年滅夏，復自西伐金，抵六盤山，甘肅固原縣西南病歿，諤格德依繼統，是爲太宗。德量恢宏，遵太祖遺命，約宋滅金，至蔡州，城破而金已亡。同時再定高麗東方稍靖。命卓沁特子巴圖舊作拔都西征，再擊奇卜察克，進攻俄羅斯，克其都城，南略匈奥，因以開藩裏海之北，幅員已包歐亞兩洲矣。唯宋猶在南方一隅，乃遣子庫騰舊作闊端侵宋，入成都，略淮西。俄太宗崩，庫裕克舊作貴由立，皇后鼐馬錦舊作乃馬真臨朝，四年，始命即位於昂吉蘇默托里，舊作汪吉宿滅禿里在和林境是爲定宗。昏庸不綱，任用嬖倖，諸王諸部，日肆誅求，民不聊生，太宗之政衰矣。定宗崩，皇后烏拉海額錫舊作斡立海迷失抱庫春舊作曲出太宗第四子子錫哩瑪勒舊作失列門聽政。越二年，諸大臣推圖類子莽賚扣舊作蒙哥立之，爲憲宗。即位奎騰敖拉，舊作闊帖元阿蘭錫哩瑪勒及諸弟心不平。帝察諸王有異同者，羈縶之，取主謀者誅之，頒便宜事，罷不急役，政始歸一，並封其弟呼必賚舊作忽必烈綜治漢南，開府金蓮川。在察哈爾沽源縣北東南距獨石口二百十四里呼必賚自蜀徼南出，降吐蕃，滅大理，西南夷盡降。同時烏特哩哈達入交趾，屠其城，又命其弟轄魯舊作旭烈兀伐西戎，前後平西域，克什密爾舊作乞石迷在拂菻北拂菻在西海上十餘國，兵力至於地中海，轄魯遂留鎮波斯。憲宗八年，自將伐宋，入自劍門，圍合州，四川合川縣呼必賚亦濟淮而下。踰歲，帝爲飛石所中，崩於軍，呼必賚北還，諸王哈丹舊作合丹穆格塔齊爾會開平，獨石口外轄魯亦自西域遣使勸進，唯阿里克布克舊作阿里不哥圖類七子不至，廉希憲等力言宜定大計，呼必賚遂即位，爲世祖。阿里克布克聞之，亦稱帝於和林，西北諸王應之。世祖北征，敗其衆於錫默圖。漠北地舊作昔木土五年，阿里克布克與諸王玉隴哈什舊作玉龍荅失三人及謀臣布拉噶舊作不里花托思齊舊作脫里察等來歸，世祖以諸王皆太祖裔，貸勿問，唯誅其黨布拉噶等，北方略定。世祖入都燕，（以開平爲上都，燕京爲大都）十二年，改號元。十六年，大舉南伐，入臨安，執恭帝北去。後二年，張宏範破張世傑於厓山，嶺海悉平。至此遂撫有全亞，兼包歐土，而爲東方一大帝國。

世祖之內治外征

嘗太祖破金時，羣臣皆言漢人無用；至欲盡殺之以肥牧地。至世祖居藩邸，聞姚樞許衡輩賢，即虛席以求，思恢前烈，引用漢人自此始。既即位，遂命劉秉忠許衡釐定官制，諸官之長，蒙人爲之，漢人貳焉。發行交鈔，製新字，授時曆，罷襍黠，焚邪書，行祫享，制作大備，善政纍纍。自平宋後，武暢四海，諸夷來朝，唯日本不至。二十二年，立征東行省，乃命安塔哈等擊之，敕各處造海船，集漕船，旋東征帥阿樓罕卒於軍，副帥范文虎抵平壺島，（日本壹岐島南）遇颶，溺棄十萬衆而歸。世祖謀再舉，會占城（即眞臘在安南之南）叛，詔封子脫歡（第九子）爲鎭南王，假道安南征之，安南拒守境上，師失利，詔罷征，專力安南，凡十七戰皆捷，其王日烜入於海。師還，日烜復集散兵遏托歡歸路，又敗。安南尋遣使入貢引罪；其西南邊徼，自元滅大理，始與緬甸接壤。世祖遣諸王桑阿克達爾（舊作相吾答兒）總師滅之。後又招致西洋諸國，爪哇辱使者，命史弼泛海南征，破其國。

北邊諸王之叛

世祖一朝，用兵耗費無算，因之聚斂之臣日進：先後有阿哈瑪特（舊作阿合馬）盧世榮僧格，（舊作桑哥）苛斂病民，俱橫暴侵漁伏誅。於是江南各地盜賊蠭起，嘗其初政，固已若此矣。元人統有亞歐，其西北藩封，有四大汗國。（自裏

(海以北爲巴圖分地，裏海以南亞洲西境爲轄魯分地，阿爾泰山一帶爲太宗謂格德依始封地，鹹海以東至新疆全境爲察罕台分地)自憲宗繼統，太宗子孫心弗服，帝徙之邊，使分居太宗舊封，實維金山之麓，繇是成仇怨。憲宗崩，阿里克布克爭立，太宗子孫實助之，及世祖伐宋，太宗孫海都乘隙叛擾北部。其時巴圖後王，又以宗教之故，與轄魯兵爭，西北諸王，幾無寧日。迨元既滅宋，海都之難猶未已也。至元二十四年，東北部宗王納延(舊作乃顏，烈祖伊蘇克之後，封地在吉林)反，五月，帝自將討平之。踰歲，海都兵入和林，宣慰使奇卜(舊作怯伯)等反應之，車駕復親征，勿克。世祖崩，皇孫特穆爾(舊作鐵木耳)即位上都，是爲成宗。(太子精吉木早卒)成宗命兄子海桑(帝兄達爾瑪巴拉之長子，即武宗，海桑舊作海山，達爾瑪巴拉舊作答剌麻八剌)鎭漠北，海都復入寇，且引察罕台後王都斡(舊作篤哇)爲助，海桑大破之，海都走死，都斡尋率屬來降，海都之子徹伯爾(舊作察八兒)亦歸命，自是西北積年之亂患平矣。時府庫空虛，已成外强中乾之勢，成宗猶不悟，大勞兵於西南夷，連歲寢疾，國家政事，內決宮闈，外委大臣，其不至隳墜者，則以去世祖未遠，成憲具在也。

中葉帝位繼續之紛爭

成宗之崩也，無子，左丞相阿呼岱等謀奉皇后臨朝，以安西王阿南達(世祖孫)攝政，右丞相哈喇哈期遣使迎懷寧王海桑於漠北，與其弟阿裕爾巴里巴特喇於懷州，(河南沁陽縣)皇后勿願也。阿裕爾巴里巴特喇至，誅后黨，執阿南達而自監國，遂迎海桑即位，爲武宗。武宗感其弟之推戴，立爲太子。武宗在位四年，優禮大臣，加封尼聖，敦崇儒生，裁汰冗職，慨然欲改法創制。然而枯樹當兩斧之斵，蹴踘濫上賞之恩；宦者何人，遽任以大司徒兼丞相；番僧何德，遽聽其毆留守，淩王妃，政綱亦漸弛矣。江浙大水，淮揚旱蝗，荆襄山崩，戾氣相感，寔其然乎？傳弟阿裕爾巴里巴特喇，爲仁宗。帝頗革除秕政，會有立太子之議，議者謂宜立武宗子和錫拉，（舊作碩德八剌）而丞相特們德爾（舊作鐵木迭兒）欲邀寵，請立皇子碩迪巴拉，（舊作碩德八剌）又與太后幸臣錫哩瑪勒（此又一人非前定宗時錫哩瑪勒也）譖和錫拉於西宮，遂封爲周王，出鎭雲南。和錫拉怨叛，奔漠北。特們德爾夙有寵於仁宗皇后，至是又得仁宗信任，特寵驕恣，朝綱中隳，帝雖怒，卒以太后故不加罪。九年崩，太子碩迪巴拉繼之，爲英宗。英宗至孝，父大漸，憂形於色，露禱北辰，居喪哀毀骨立，不改父臣，不更父政。既承鉅業，禮儒臣，黜讒佞，息巧辯，除苛法，四年之間，天下晏然也。第特們德爾特擁立功，暴滋甚，帝亦疏之，專任拜住。故至治之際，號稱得人。所惜者，醞私忿而復太后，遂致母氏鬱疾，胡昔孝於父而今仇於母乎？特們德爾死，其黨特克錫（舊作鐵失）不自安，遂殺拜住，復弒帝，迎立成宗從子伊遜特穆爾（舊作也先鐵木耳）於北邊，即位龍河，（即臚朐河今名克魯倫河）爲泰定帝。泰定以支庶之親，上膺神器，立誅弒逆諸臣，幷昭雪拜住冤，法當於理矣。賊黨既淸，賢臣日進，賑荒蠲賦，罷役有刑，文物斌斌，風俗熙皡。第受佛法於帝師，頒道經於宮觀，賜大天源延聖寺田，猶襲蒙古之家法耳。久之崩於上都，子阿蘇奇布（舊作沙述吉八）立，（年九歲）爲天順帝。初武宗有二子，長即周王和錫拉，遁漠北，次懷王圖卜特穆爾，（舊作圖帖睦爾）謫江陵。泰定帝崩，燕京留守雅克特穆爾（舊作燕帖木兒）自以受武宗恩，遣使迎立懷王。天順在上都遣兵來攻，陝西宗王亦以兵應天順，天順兵數戰弗勝，圖卜特穆爾攻上都陷之，天順帝不知所終。圖卜特穆爾已正位號，至是遣使奉璽綬讓位於其兄和錫拉，爲明宗，以圖卜特穆爾爲太子。元世以皇弟爲太子，凡兩見，亦異聞也。明宗北發，太子迎謁，入見，明宗暴崩，圖卜特穆爾襲位上都，爲文宗，崇重儒流，考索典禮，其臣如張養浩、范梈諸君子，協理郅治，文物煥然，而小警不至，釀成大變者，則以內治無乖而守成有道也。文宗崩，遺命以明宗子嗣位，於是鄜王額琳沁巴（舊作懿璘質班）嗣，爲寧宗，（年七歲）在位二月而崩。托歡特穆爾（舊作妥懽帖睦爾）明宗長子，謫居廣西靜江，（廣西桂林縣）至是迎而立之，是爲順帝。順帝之立，文宗皇后主其事，雅克特穆爾滋不悅，以故順帝至京，猶不卽立；會雅克死，始正位焉。自成宗至此已九傳，而亂滋甚，未嘗有一歲寧也。

元末大亂

順帝初立，民間已騷然不靖，薩敦既死，巴延（舊作伯顏）專政，雅克特穆爾之子騰吉斯（舊作唐其勢）作亂，巴延誅之，遂獨秉國鈞，益專恣，漸生異謀。其姪托克托（穆齊爾台之子巴延養爲己子）密陳於帝，逈竄之南恩州。（廣東陽江縣）是時帝耽聲色，靡一善政，唯見其罷科舉，拘民馬，禁南人持軍器，與漢人習蒙古文字。以故朝綱蝟亂，國勢瓦崩，蝗旱洊臻，汴梁雨血，京師震地，太白經天，災異薦臻，危象疊興矣。又發丁夫治黃河，怨讟日聞。永平韓山童乃以白蓮教聚衆叛，潁州劉福通爲應，藉詞山童爲徽宗八世孫，當爲中國主。縣官捕之急，山童被擒，而福通黨盛不可制，成流寇。（分遣其黨毛貴下山東，白不信陷陝甘，關先生略山西，山寨走大同宣化，焚上都，掠遼陽，入高麗，福通自引兵陷汴）自餘稱帝稱王，窺伺神器者，亦所在割據：徐壽輝帝蘄水，韓林兒據中原，陳友諒徇湖廣，方國珍擅東浙，張士誠扼姑蘇，明玉珍據劍閣，何眞虎視於廣東，劉益鴟張於遼陽，已成四海分崩之勢。方劉徐兵起，定遠郭子興亦雄踞濠州，（安徽鳳陽縣）州人朱元璋從之，子興妻以養女。既而元璋別將一軍，略淮南，據滁州，勢漸盛，子興爲其下所不容，走依元璋，旋卒。元璋兵日強，與友諒戰鄱陽湖，大破之，友諒中矢死。元璋卽王位，國號吳，繇此遂建明業。是時福通之黨在關中者，已爲元將察罕特穆爾（舊作察罕帖木耳）所破，察罕又定山西，復河南，（福通挾韓林兒走保安豐）克山東，福通遂衰，（後爲張士誠所攻殺）元雖收復中原，而將帥則縱橫於外。察罕死，子庫庫特穆爾繼之，（舊作擴廓帖木兒一稱王保保）博囉特穆爾（舊作孛羅帖木兒）與有世仇，遂互相戕害，內則姦臣用事，太子擅權，博囉益跋扈，太子不善其所爲，博囉遂反，爲太子搆兵，卒伏誅。於是專任庫庫，封河南王，總制諸道軍馬，元將李思齊張良弼等在關中不受命，與庫庫日治兵相攻。既又詔削庫庫官爵，奪其軍。然是時吳王朱元璋已擒張士誠，平江浙，遣大將徐達克山東全境矣。帝聞之，大懼，起用庫庫，詔下而明軍已逼大都，旋陷，帝與后妃太子夜半遁去，常遇春追擊至北河，獲皇孫。元璋遂建帝號於金陵，而元以亡。後二年，順帝殂於應昌，（熱河克什克騰旗）其子孫猶世嗣不絕云。

第六章　元代政教之大概

元以蒙古入主中原，挾先世射獵之餘威，以武功侵略建國，故兵事爲其特長。世祖以前，殆無所謂朝章國典也，自耶律楚材以淹博之才，當草創之役，規模略定，而元之制度少有可觀。但其國祚最短，而內亂最劇者，覈衡厥繇，不外秕政數端焉：

（一）種族之見深，而以他族人爲色目，科舉分進士爲兩榜，右蒙古色目人，左漢人南人，賜出身者，亦須通蒙古文字及回回教。其官制以中書省爲總政務所，又有平章政事、左右丞、樞密院、御史臺，唯諸官長均以蒙古人爲之，爲前古所無。兵制有蒙古軍與探馬赤軍，探馬赤爲諸部族所領，蒙古軍皆其同族人，且嘗優恤蒙古部民及衞士。又漢人南人，亦分畛域，至使宗潢威福過甚，而民間階級不平。(一)財用之源塞。兵費日增，則國用日絀，必搜民財以足之。自世祖時，即用聚歛之臣，浸至徵門攤役，而括諸路馬，而括雲南金，而括江南戸口稅，而括江南隱戢田，其後民力不堪，以致所在盜起，日朘月削，以趨於亡。(二)儲位之不定。元制，帝位相續，類由諸王大臣推戴，故授受之際，每有紛爭，自憲宗世祖時已如此，及武宗以來；君庸臣闒，權臣貪擁立功，擅威福者三十年，國事凌替，漸至不振。迄文宗舍子姪，王禕謂其公天下人心，其說尤謬，文宗此舉，不過欲掩其弑君之罪，且欲播仁宗不傳位武宗二子之非耳。孰知鄜王既不永年，而順帝并至覆其宗祀。論者謂元室之亡，實文宗之蔑視神器有以釀之也。雅克特穆爾首搆禍端，釁生骨肉，觀其遷延數月，尚未立君，視神器若贅旗，其意似不在雅克，使非病死，順帝能繼守宗祧乎？則謂元祚淪胥，由順帝怠荒政事也，亦無不可。(四)爵賞之過濫。法律不一，以致朝廷紀綱不振，民心無所維繫。世祖即位時，大事初定，故於左右三五有功之人，爵之太高，遂使近倖之臣，因而相襲，王公師保，接踵於朝。武宗時，越王圖剌，本武宗疏屬，定位伊始，僅能手縛一賊臣，有何大勳，而遽膺茅土，賞過其分，轉致怨望。仁宗初政，雖令王公追印，裁罷曾未經歲，又復紛然。至文宗初，元徒以雅克特穆爾擁戴之功，驟加隆寵，罷置左相，令其獨秉國政，亦乖馭下之道，姑息養奸，勢必至尾大不掉。順帝時，博囉特穆爾身爲元臣，舉兵犯闕，藉口欲殺綽斯戩布木布哈，帝即執二人畀之，且加授官階。迨其再舉犯順，凶謀益彰，猶復相對啜泣，毋予宴賚，漢獻唐昭，又何異焉。(五)番僧之寵用。世祖初即位，即以西僧嘉木揚喇勒智綜攝江南釋教，并除僧租稅，禁擾寺宇者。至武宗朝，西番僧之在上都，強市民薪，民訴留守李璧，僧已率其黨持白梃突入公府，隔案引璧髮捽諸地，捶朴交下，拽歸，閉之空室，久乃得脫，奔訴於朝，僧竟遇赦。俄而其徒龔柯等與王妃爭道，拉妃墮車毆之，亦貸勿治。番僧爲蒙古所尙，習俗難除，然處之自有其道，元代崇奉太過，宣政院方奉旨謂毆西僧者斷手，詈者截舌，而其徒憑藉勢力，擾害閭閻，已爲不法，而梃擊留守，釋而不問，守土者奚以伸彈壓之威？至陵毆王妃，尤失國家體統，不第不繩之以法，而方爲下此斷手截舌之令，縱其妄爲，紀綱安在乎？卒之供億無度，淫虐日甚，元代主德之墮落，無不由此成之。有是五者，即無種族之感痛，而其亡也必矣；況蒙漢之畛域未除，華夷之意見未泯乎！

元自太祖開國，五傳而至世祖，統一中夏，至元大德兩朝，號稱全盛，然强藩抗命，西北之勢力衰矣。自此易世輒爭，凡兄弟叔姪篡弒相仍，君祚益促。順帝享國最久，而荒暴淫昏，四海鼎沸。蓋元起西北六十餘年，君臨中土者又及九十年云。

（附）元代世系表　起太祖訖順帝凡十四主通計一百五十六年

- （一）太祖特穆津
  - 卓沁特
  - 察罕台
  - （二）太宗諤格德依——（三）定宗庫裕克（又太宗后稱制三年）

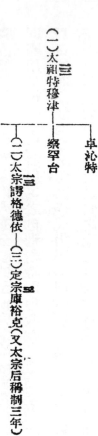

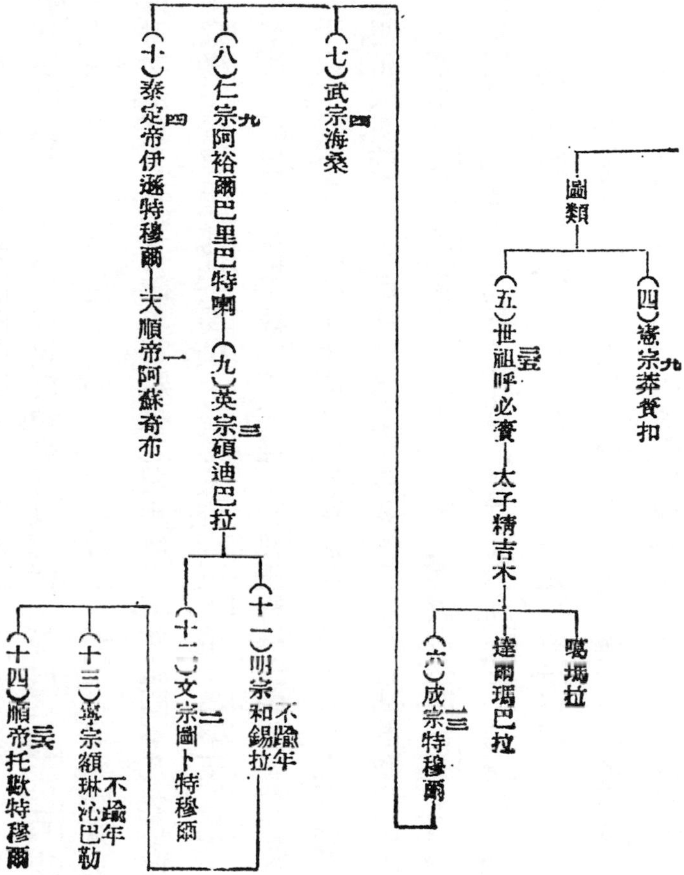

第七章　明室興亡事略

明初之內治外征

朱元璋奮跡濠滁，卽位應天，時羣雄猶角逐，元順帝未出大都，明玉珍明昇據四川，稱夏王，元宗室巴咱爾斡爾密（舊作巴布剌瓦爾密）據雲南，元諸臣據廣東西福建者，俱未殄滅。帝遣徐達取大都，常遇春平山西，又平陝西，嗣以順帝在應昌，乃遣徐達李文忠等北伐，順帝崩，子戰敗北走，西北邊略定。然後令湯和傅友德從事四川，明昇奉表降，四川平。雲南猶恃遠抗命，復遣友德藍玉等討之，梁王巴咱爾斡爾密赴滇池死，雲南平。於是宇內一統，劉基李善長皆王佐才，推心任之，遂成帝業。正綱紀，覈祀典，碎寶玩，卻貢獻，禁祥瑞，購遺書，祀至聖，訓儲貳，封功臣，褒忠義，獎耆德，求賢賜租之詔，無歲不下，作施固不凡矣。復懲宋元孤立，以大都名城，分封諸子：樉王秦，棡王晉，棣王燕，橚王周，楨王楚，榑王齊，梓王潭，檀王魯，椿王蜀，柏王湘，桂王代，楧王肅，植王遼，㮵王慶，權王寧，楩王岷，橞王谷，松王韓，模王瀋，楹王安，桱王唐，棟王郢，㰘王伊，皆祿萬石，置相傅官屬，護兵三千以上，萬九千以下，吡不臨民，不錫土，與周漢制夐殊。然卒有燕王靖難之師，蓋擁兵馭將之權，未嘗少減也。分建都指揮使、布政使、按察使三司，轄軍民之事。洪武十三年，胡惟庸亂政，以謀反誅，乃罷中書省，歸政六部。自惟庸之反，事連李善長弟存義，帝置善長不問，并安置存義於崇明，善長不謝，帝銜之。越十年，顧因占驗賜善長死，以應星變，株連死者至三萬餘人，作姦黨錄。二十六年，涼國公藍玉以罪誅。玉負勇略，數總大軍，多立功，浸驕恣，人告謀反，亦夷其族，坐黨而誅者萬五千。繇是元功宿將，相繼殆盡。蓋帝晚年，太子先死，孫又孱弱，恐其不能制諸功臣，於是疑獄迭起，而未免傷於刻矣。烏虖！鳥盡弓藏，較之漢高；尤過甚焉！

太祖旣廣建宗藩，皆擁强兵居要衝，已成外重之勢。燕王棣鎮北平，沿邊諸將，並受節度，尤雄强。帝在位三十二年崩，太孫允炆立，爲建文帝。建文初爲太孫，即憂諸王驕橫，與黃子澄齊泰謀，陰有削平諸藩之志。及即位，周王橚子有爋首其父謀不軌，詞連燕齊湘三王。子澄主先取周，藉以翦燕手足，於是遂執周王，竄蒙化。燕王懼，選壯士以自衛。帝又執湘王，王自焚死，廢齊王，幽代王於大同。燕王遂反，以誅齊黃爲名，號靖難兵，詔遣將討之，攻戰失利，唯山東軍帥盛庸，再破其衆，燕王幾就擒，以帝先有詔，毋使朕負殺叔父名，諸將莫敢發矢，縱之去。明日復戰，庸復敗，帝不得已，乃貶泰與子澄，諭罷兵，燕王不奉詔。兵起三年，燕雖數勝，亦甚疲，未敢即南下，會有宦官潛以京師空虛告，遂大出兵，掠徐泗而下，陷揚州。方孝孺建議遣使割地緩師，燕王不從，渡江逼京陷之，宮中火起，帝不知所終。燕王遂即帝位，爲成祖。是日殺方孝孺，且夷三族，羣臣多被戮者。當成祖起兵，皆姚廣孝主謀，廣孝僧也，拜少師，寵幸無比。自成祖一朝，南北經略，軍威大振，以北平形便控禦，移都之。遣張輔伐交趾，顧成平貴州，交貴自前世等於羈縻，至是開建郡縣矣。成祖既好武功，頗思張威域外，聞西南諸國多殊俗，欲一一通之，媲美漢武，且疑建文亡海外，藉以蹤跡之。初遣中官侯顯往烏斯藏，已復遣馬彬使爪哇蘇門答臘諸國，李興使暹羅，尹慶使滿剌加柯枝。逾年，又使鄭和王景和使西洋，多齎金帛，率三萬七千餘兵，造大艦六十有二，自蘇州劉家港出海，至福建，達占城，以次遍歷西洋，實所至者，爲三佛齊錫蘭蘇門答臘等國，即今南洋羣島是也。諸中官至其國，頒詔宣威德，不服，以兵力攝之，各國皆遣使隨和入朝，威儀烜赫，爲自古宦官所未有，而諸宦者亦乘勢勸帝通商互市，私爲姦利，國人豔稱之曰三保太監下西洋，然中國耗費亦不貲矣。時元族韃靼知院阿嚕台，擁立元裔別部衛拉特（舊作瓦剌）據西陲，畔服靡恆，成祖自將親征，破阿嚕台於鄂諾河，又征衞拉特，抵圖拉河，（在庫倫河）其酋瑪哈木特兵敗遠遁，二部不相合，亦數搆兵。成祖車駕凡五征，一攻衞拉特，四攻韃靼，漠北元裔納貢受封，西境自哈密（今屬新疆）以西悉來歸附。唯割大寧（今熱河境）畀烏梁海，（舊作良哈）又棄東勝（今河套境）不守，爲後來侵擾之漸。帝崩，太子高熾立，爲仁宗。

仁宗在位止一年，太子瞻基立，曰宣宗。息武勤民，罷兵棄交趾，大臣如蹇義、夏元吉、楊士奇、楊榮、楊溥輩，皆負時望，故君臣交儆，恪遵祖訓，軫念民瘼，躬秉耒於三推，觸豳風於殿壁，蓋身歷艱難而心田野者。宣德十年中，元首股肱，喜起一堂，頗彰太平之盛焉。帝即位後，漢王高煦謀反，先是，煦謀奪嫡，自雲南徙國樂安，益怨望，至是日夜招集亡命，置五軍都督府，部下諸軍，皆授官爵，以山東都指揮靳榮爲爪牙，先取濟南，然後犯闕，遣使京師，約張輔爲內應，輔捕其使者以聞，煦乃遣使請誅朝臣楊榮、夏原吉等，勸帝親征，遂出師，次樂安，以書諭煦，且諭城中人執之，煦乞降，械其父子送京師。羣臣請並執趙王高燧以絕後患，楊士奇諫乃止。趙王亦自削衞兵以謝。帝還京，廢煦爲庶人，尋殺之，帝自製東征記著其事。

土木之變

宣帝在位十年崩，太子祁鎮立，是爲英宗。九齡踐阼，首開經筵，期進聖學，賴太皇太后（張氏）賢明，委任臺閣，邊陲戒嚴，國紀整肅，雖有王振在側，猶懼而不敢肆。故正統之始，內治外寧。太后晏駕，楊溥勢孤，內閣之柄歸振掌握，戮侍講劉球，繫法司薛瑄，枷祭酒李時勉，囚御史范霖、楊球，廷臣稱爲翁父，望塵跪拜者甚衆。會北部衞拉特寖強，其酋額森（舊作也先）入寇，邊將敗沒，振欲藉此要功，力主親征，大臣諫不從。帝自總六師，出居庸關，至宣府；振勸再進，至大同，因郭敬言，始班師，額森追襲軍後。次日，車駕次土木堡，去懷來（今察哈爾懷來縣）止二十里，爲額森所及，振及從官皆死，帝被虜，是歲正統十四年也。敗報聞，或議徙都避之，于謙不可。郕王（英宗弟）受太后命監國，以于謙爲兵部尚書籌戰守，旋正帝位，爲景泰帝，遙尊英宗爲上皇。額森奉上皇大舉深入，至紫荊關，京師戒嚴，遷都之議又起；于謙又不可，督軍擊卻之，敵不獲逞，引退，然猶屢寇邊，皆叛閹喜寧（從帝同入虜者）教之。喜寧因事至京，伏誅，額森失間諜，遣使請還上皇，帝不悅，于謙勸之，迎上皇歸，居南城宮。自土木之變，微于謙，國事幾壞。謙整軍紀，改兵制，帝亦推心任之，國賴以安。初，景帝之立，以英宗子見深爲太子，既而廢見深，（改封沂王）立己子見濟，見濟死，帝亦病，儲位未定，于謙方失勢，帝位蓋岌岌可危矣。武清侯石亨與太監曹吉祥等，謀復上皇，副都御史徐有貞助之，以兵至南城，進薄南宮，舁上皇自東華門入，至奉天門升座，百官震駭入謁，上皇諭以任事如故。英宗復辟，改元天順，廢景泰帝爲郕王，（旋薨）論奪門功，封賞有差，殺于謙。久之，曹石等謀不軌，誅之。英宗再出臨御，又八年崩，傳子見深，爲憲宗。

宦官之橫

憲宗從事兩宮，加慈懿之稱，定合祔之禮，上景帝之號，卹于謙之冤，釋陳循江淵之戍，委韓雍朱英項忠等以鎭邊，成化初政，有可觀者。自信任汪直，而中官始橫。初，永樂設東廠，掌刺察姦人，至是更置西廠，命直詗刺外事以聞。直憑權恣肆，氣焰鴟張，羅織內外，輒起大獄，甚至擅行逮問，易置近臣。廷臣交章彈劾，請罷西廠，帝不省。直皆誣以罪名，士夫莫敢與競，咸俯首事直。而且耳目羣小，（韋瑛王英吳綬等）攟怨女眞，挑釁韃靼，辱國殃民，莫此爲甚。會韃靼入寇，直出巡邊境，襲敵不備，輒報大捷，論功加直歲祿，監督十二團營，西廠權力益盛。後韃靼尋仇復入，直出塞，破之威寧海子，（今綏遠興和縣）增祿三百石，直兇燄益熾。時東廠太監尚銘有捕盜功，帝賞之，直滋怒。銘懼被擠，乃刺探直所洩禁中祕語，參之，盡發其與王越交通不法狀，適小中官阿丑以滑稽之言進，帝始悟，罷西廠，貶直南京，小人之燄稍戢。然李孜省以符籙致位，僧繼曉以祕術加封，僉壬盈廷，紀綱益壞矣。及崩，太子祐樘立，是曰孝宗。

孝宗登極後，誅孜省，戮繼曉，罷斥劉吉萬安尹直輩，起用言事謫降諸臣。因地震而納文升之疏，罷壽塔而從劉健之諫，臺閣率多碩望，邊方盡屬干城。宏治十八年間，朝野稱麗。但其時邊事頻繁，先是哈密衛左都督哈商（舊作罕愼）受封爲忠順王，爲吐魯蕃所誘，襲殺之，據哈密，帝命張海等討之，無功。韃靼小王子亦往來河套爲寇，王越破之賀蘭山。後小王子復寇固原寧夏，恣掠而去，幸內政尙修，猶未爲大害也。孝宗崩，太子厚照立，是曰武宗。在東宮時，卽喜狎游伴弄，有寵八人，曰八虎，（劉瑾張永馬永成谷大用魏彬邱聚高鳳羅祥）劉瑾尤剛狠。帝既卽位，常偕八黨出游，大學士李東陽諫，不聽，尋九卿大臣共諫，帝爲動。瑾知之，夜至帝前申辨，反惑其言，以爲司禮監，威福漸甚。而帝益耽游戲，築豹房，朝夕處其中，政務悉委之瑾。瑾大得志，興黨禍，排正士，榜黨人名五十三於朝堂。繇是朝政既紊，財力大耗，流賊蝟起，及張永平賊王寘鐇，始上瑾罪狀，而江彬復以窮兵黷武，導帝四出游獵，羣臣諫者皆下獄。會寧王宸濠反，王守仁起兵討平之，帝往南京行受俘禮。十六年崩，憲宗孫厚熜立，是曰世宗，乃誅江彬。

大禮之議與倭寇之亂

世宗以憲宗孫孝宗姪奉太后命，自安陸而踐位，詔議興獻王主祀及尊稱。禮部尙書毛澄受意楊廷和，以漢定陶王宋濮王故事爲據，會羣臣議稱皇叔父，忤旨，令再議，廷和等以故事相要，勢不可。進士張璁窺帝意，請尊崇所生，立興獻王廟於京師，帝從之。廷和等大譁，交章劾璁，帝不聽，自是爭執日甚。而南京主事桂萼與璁合疏，言宜稱孝宗爲皇伯考；禮臣又大譁，然帝卒從璁等議。朝士水火之見益深，旦夕黨伐不已，國政幾無人過問矣。況其時外患迭起，韃靼小王子徙東方，號土默特，(舊作土豪) 其別部酋諳達 (舊作俺答) 濟農 (舊作吉囊) 據河套，以中國人邱福趙全爲謀主，尤雄強。兵部侍郎曾銑總三邊，(榆林寧夏固原) 創收復河套議，爲嚴嵩所忌。嘉靖二十九年，諳達循潮河川南下，至古北口，(河北省密雲縣) 進兵入犯，京師戒嚴。仇鸞黨附嵩，貪庸不知兵，帝拜鸞大將軍，節制勤王軍。會諳達本無意攻城，乃掠近郊而去，鸞掩敗狀以捷聞，帝益加寵任，命總戎政府，選邊兵番衞。然鸞怯畏寇，開馬市大同宣府，兵部員外郎楊繼盛奏言十不可、五謬，得戮尸罪。馬市雖罷，然西北邊已無寧歲。其在東南沿海地，倭寇騷擾尤甚。自海禁漸弛，內地船主土豪，往往搆倭作奸，至是大舉入寇浙東西、江南北，濱江數千里，同時告警。山東巡撫王忬破之，旋殘兵復掠江北諸縣，以李天寵代之，不能制；更擾乍浦海寧崇明，嗣又屢犯蘇州松江沿江諸縣，帝以工部尙書趙文華督三省軍務，海寇徐海伏誅，江浙略定。已而海寇汪直再起掠寧波，總督胡宗憲誘殺之，同時倭又起沿海，北族亦數內犯，宗憲總軍務討倭，卒平其亂。

權臣之禍

外寇既屢訌不已，內政亦日益壞，而罪魁禍首，實在嚴嵩。嵩窺帝日事齋醮，好青詞，卽以青詞進，納賄賂，暱羣小，凡正直之士，皆被斥戮。大學士翟鑾因罷職，山東按察使葉經杖斃，借曾銑事，并譖夏言殺之。子世蕃爲太常寺卿，父子濟惡，西北有寇，隱匿不報，楊繼盛上其罪狀，嵩計殺之，兼害沈鍊等，舉朝側目。及帝信用徐階，御史鄒應龍極言嵩父子不法，於是帝使嵩致仕，世蕃下獄，嵩寄食而死。未幾帝崩，太子載垕立，是曰穆宗。卽位後，褒楊沈之忠，釋海瑞於獄，建言諸臣存者錄用，沒者優卹，民方引領望治，然諒陰三期，未嘗召一大臣，問一講官。陳（以勤）吳（時來）二劉（體乾奮庸）疏奏不行，石（星）鄭（履淳）李（已）詹（仰庇）直諫被杖，燕雲代邊，鼓鼙震動，齊魏徐梁，洪波蕩析，地陷天鳴，星變人化，孰非彰帝之失德耶！但罷監軍之役，俾戚繼光專任練兵，納巴噶之降，使諳達定盟歸叛，不得謂非度越先朝也。在位六年崩，太子翊鈞立，是曰神宗。

張居正之當國

神宗十齡，江陵（張居正）當國，進帝鑑圖說，上寶訓錄，啓沃多方，十年之間，度民田，清驛傳，蠲逋負，賑災荒，整飭吏治，邊備無虞，洵爲一代名臣。初居正以才幹風節見長，徐階雖宿老居首輔，視之蔑如也，而語輒中旨，人皆嚴憚之。及徐階李春芳以次罷退，居正權力益專，旋以父喪奪情起復，士林羣議其非，而帝信任尤堅，中旨諭留，編修吳中行等獲杖戍罪，以是頗爲清議所訾。然節奏浮費，減均徭，加派中央及地方行政，俱得其理，荐舉方逢時總督宣大軍務，申明約信，邊境以安；寧遠伯李成梁分屯遼左要害，屢遏寇患，國紀肅然，未始非其功業之可見者也。惜乎申時行王錫爵格君無術，帝益深宮靜攝，郊廟不親，儲嗣不定，於是變亂四起，調兵餽餉，府庫空虛，計臣束手，於是礦稅貂璫，毒徧天下。先是成化時因開礦之故，致羣盜滿山，前鑒非遠，至是神宗以中官爲礦稅使，廷臣諫不便者甚多，皆寢不報。諸璫藉是四出騷擾，紛紛乘傳威福，憑陵誣逮，徧於守臣，搜括盡於雞犬，先後進奉銀三百餘萬兩，金珠寶玩貂皮名馬稱是，帝以爲能。沈鯉奏陳鑛稅害民狀，且言鑛實破壞名山大川，恐於聖躬不利，帝意稍動。蓋當時士夫雖藉利害動人主，而鑛之利，稅之害，在此不在彼，其識未能及此也。且風水之說，尤近鄙謬，神宗不得已，始命稅務歸有司，歲輸所入之半於內府，半入戶工二部，然中使仍不撤，吏民之苦益甚，終帝世未改。

東林黨議

初吏部文選郎顧憲成，因事落職，歸無錫，修葺東林書院，與高攀龍等講學其中，往往議論朝政，裁量人物，時鄒元標在京師所立首善書院，遙爲相應，天下目之爲清流，而國子祭酒湯賓尹等謂之崑宣黨，指憲成等爲東林黨，繇是東林黨之名大著，非黨中人大側目。宰相葉向高欲調護之，諸反對者益譁然。神宗一無所問，而黨爭之風益熾，國事遂無復論及者。葉向高既失勢，吏部尚書趙煥力攻東林，御史李三才爲東林辨白，因罷職，黨見益深，朝政益紊，帝日益荒怠，吏治日益廢弛，明祚至是殆岌岌矣。

三案之爭

神宗晚年，盈廷紛訟，迄國亡而猶未已者，所謂三案是也。一曰梃擊。萬歷四十三年，太子居慈慶宮，有男子張差，持梃而入，擊傷守門內侍，至殿前始被執，及鞫訊，始知內監劉成、龐保、馬三道、李守才所指使，語涉鄭貴妃，帝寵妃，不欲窮究，而東林黨必欲追理其事，非東林黨窺帝旨大攻之，此梃擊案之爭端也。二曰紅丸。神宗崩，太子常洛立，是曰光宗。即位數日，即遘疾，鴻臚寺官李可灼進藥丸，服之稱平善；日晡又進一丸，昧爽暴崩。東林黨指首輔方從哲有奸謀，非東林黨則力白其誣，此紅丸案之爭端也。三曰移宮。光宗崩，李選侍居乾清宮，內閣諸臣入白，出皇子由校御極，是曰熹宗。楊漣左光斗力請移噦鸞宮，東林以為薄待先朝妃嬪，非臣子禮，此移宮案之爭端也。爭端既啓，水火益深，非東林黨多僉人，務報排斥之仇，乃厚結宦官，以禍搢紳，於是魏璫之禍起。

魏閹之禍

於時邊方孔棘，遼瀋既失，黔蜀齊魯，草竊橫行，人日火雲，妖怪旋作，而忠賢客媼表裏為奸。忠賢初名進忠，為光宗母王才人典膳，搆內監王安與熹宗乳母客氏通。王安得勢，見忠賢侵權，重懲之。乃與客氏謀殺安，忠賢益恣，自掌東廠，擅內批，開內操，驚殺皇子，幽弒宮妃，魚肉搢紳，冒濫封爵，計墮皇后張氏胎。楊漣首發二十四大罪，帝置不問。大學士魏廣微比忠賢，書葉向高等六七十人姓氏，表為邪人，忠賢遂矯旨殺之，無一免者。尋進忠賢為上公，其黨五虎（文臣崔呈秀田吉吳淳夫李夔龍倪文煥）五彪（武臣田爾耕許顯純孫雲鶴楊寰崔應元）立致大位，一時病狂喪心之流，為立生祠亙州郡，祝拜擬帝王；兵權財政，悉歸掌握，駸駸乎不可制。元氣消亡，國是益隳，雖有賢者，蓋無如何矣。熹宗七年崩，弟信王由檢立，首貶忠賢，忠賢自殺於道，誅客氏及崔呈秀，黨與悉除。然事勢已迫，不可復支，加以流寇日訌，外患逼處，而明遂以亡。

流寇亡明

清太祖既破尼堪外蘭，旋平滿洲五部，又下長白鴨綠部葉赫八國懼，以三萬兵攻之，爲清太祖所破。嗣太祖復滅輝發及烏拉，進攻葉赫，葉恃明援不服，太祖乃伐明，破明遼東經略楊鎬軍，是爲薩爾滸之役，太祖遂滅葉赫。逮明以袁應泰爲經略，太祖攻下瀋遼，遂定都焉，所謂盛京是也。明復用熊廷弼，而太祖已下錦州等四十餘城，廷弼遁入關，王在晉爲經略，旋又以孫承宗代之，頗整軍備。及高第代，復撤備專事退保，太祖遂渡遼河，攻寧遠，未幾太祖崩，太宗嗣位，力攻錦州，明將袁崇煥遣使議和，不成。會有行反間者，逮崇煥下獄，復用承宗，太宗破之大凌河，聲勢益盛，乘勝破寧武，始建國號大清，克昌平，逼燕京，取十二城，旋班師，又破保定鉅鹿，進取鎮定，破濟南，擒德王，既而攻錦州。洪承疇爲薊遼總督，清兵下松山，虜承疇，下錦州，克杏山，明廷大震。太宗崩，世祖繼之，使睿親王多爾袞伐明，進次遼河。明廷既爲流寇李自成所逼，吳三桂聞毅宗殉國，乞援清廷，多爾袞遂與三桂入山海關，破燕京，自成西走，世祖遂定都焉。

當毅宗初立，首戮元凶，（魏客崔等）籍虎彪，定逆案，贈卹寃陷諸臣，非不厲精圖治也。然而飢饉洊至，國事日非，流賊蔓延，神州破碎。帝於是審量東事以息民，併力西向以破寇，任盧象昇、史可法而將之，起劉宗周、倪元璐而相之，或可挽回天心於萬一。乃溫體仁、周延儒繼相，一柄兩操，疑忌橫生，將帥被逐，遂至山之東、河之南、關之西、江之北，掠野攻城，民生日困。雖洪承疇、陳奇瑜、曹文詔、賀虎臣諸將屢奏捷音，而用楊鶴、熊文燦招撫之議，寇勢益橫，兵方急於西北，師又至於東南，羣盜縱橫，併而爲二：延安人張獻忠、米脂人李自成，轉輾蔓延，愈不可制。帝又因兵食不足，縣增田賦，民心益怨憤，且使臣銜命四出，暴掠殆遍，天下解體。自成既降復叛，獻忠自江淮轉戰入蜀，大肆淫威。自成旋由豫陷荆襄，衆至百萬，破潼關，陷西安，僭王號，國曰大順，寧武關破，周遇吉死，而明廷方略，唯以考選科道爲急，甚者議南遷，議閉門，信哉君非亡國之君，臣皆亡國之臣也。順闖逼京師，西獻亦據成都響應。

當自成之犯闕也，毅宗召羣臣問計，莫能對，有泣者。闖攻九門，降賊太監杜勳入城，勸帝自爲計，帝怒叱之，手詔親征。已而出宮登煤山，望見烽火徹天，因嘆曰：「苦吾民耳。」還宮，以劍斫公主，趣皇后自盡，又殺妃嬪數人，復登山，書衣襟爲遺詔，無傷吾民，而自縊山亭。太監王承恩縊於側。國君死社稷，義也；勿傷百姓一人，仁也；后妃俱盡節也；亡國之君，亙古未有如帝者。自成入承天門，羣臣亦多殉難者。及清兵至，遂挾太子慈烺二王永定西走，自山西入陝，復走湖廣，爲鄉民所殺。

自成既陷燕京，明南都大臣史可法等聞變，乃立福王由崧，改元宏光，可法督師江北，清豫親王多鐸收河南諸邑，進下江南，以書招可法，不降，城陷死之。清兵遂破南京，福王降，江南平。貝勒博洛追潞王常淓，下松江太倉，進至杭州，浙西平。時唐王聿鍵入閩，黃道周等立之，好學愛士，頗有君人之度，而魯王以海在紹興監國，各地遺臣多起兵，陳子龍等起松江，吳易等起吳江，盧象觀等起宜興，閻應元等起江陰，他若崇明、崑山、嘉定、嘉興、徽州，各有兵拒守。又益王由本據建昌，永寧王慈炎據撫州，閩浙本爲脣齒地，聲勢果能相通，成敗未可逆料。乃閩浙水火，徒倚鄭氏兄若弟，芝龍鴻逵遂令清兵以次下崇明、松江、宜興。博洛既虜潞王，乃破吳江，下江陰，取建昌撫州，益王敗走。肅親王豪格征李張餘黨，以浙東未定，博洛進逼紹興，魯王奔台州，航海而遁。清兵遂由浙而閩，唐王奔汀州，鄭芝龍降，其子成功不從。時丁魁楚瞿式耜復立桂王由榔於肇慶，據手掌之地，操同室之戈，流離播遷，迄無寧日。迨孔有德陷桂林，殺式耜，桂王奔梧州。魯王亦自舟山奔廈門，依鄭成功。成功遂由浙破瓜洲，取鎭江，進犯南京。其將張煌言下徽寧諸路，東南大震，後爲清總兵梁化鳳所破，成功遁入臺灣。桂王既自滇走永昌，清使吳三桂鎭雲南，桂王逃入緬甸，三桂脅緬酋以獻，殺之。魯王薨，成功亦卒，其子鄭經猶據臺灣，用明年號，然明實已早亡矣。

第八章　明代政教之大概

明祖懲元敝政，奮志革除，乃未幾遭靖難之變。自是厥後，外患寇虜，內病閹寺，卒未能整飭紀綱，故二百數十年間，雖有善政可紀，而制度大端，與蒙古建國不甚懸殊。茲述其大概如左：

制度之失當

明代人君宴處深宮，罕聞召見大臣之事。孝宗時，從容延接諸司，章奏面加裁決，當知圖治之道，惜中葉以後，堂廉睽隔，百度日隳。神宗偷安，已成痼疾，章奏盡束之高閣，留中一節，尤爲秕政之尤。至簡擢臣工，出自廷推，亦失用人之柄。嘉靖獨能以特旨遷除，似能矯正其失，顧所授止及侍直諸臣，而郭樸高拱，仍由徐階所薦，得與機務，究無當於拔本塞源。其後張居正用事，遂以私意爲進退，迨至季葉，枚卜亦付廷推，則更濁濫難制矣。

宦官之專橫

明初宦官但供洒掃，不得干預政典，法至善也。永樂時，始命內臣出鎭，又建東廠，使刺外事，遂爲一代厲階。英宗九齡踐阼，賴太后英明，雖有王振巨奸，猶憚誅而不敢肆張。后晏駕，楊溥勢孤，振權日盛，帝爲振所誤，歷八年始見天日。景泰不悟，興安用事，大臣唯命是從。至憲宗信任汪直，復爲特置西廠，羅織內外，其勢益橫。武宗鍾愛奄寺，八黨朋興，劉瑾尤剛佷，浸至皇莊盛而生業衰，監鎭多而民財竭。嘉靖有鑒於此，方欲裁抑中官，而命相大事，亦聽若輩之言，植黨之風，自此而熾。神宗時，礦稅貂璫，毒徧天下，水旱洊至，天意可知。至熹宗，勢已一蹶不振，而魏璫客媼，又復從而朘削之。譬猶疾病，氣已懨懨矣，莊烈雖翦元凶，究何補哉？

宗教之紛乘

西番佛教，明初凡元代法王國師，後人來朝貢者，仍許其世襲。成祖則兼崇其教，聞西番僧哈里瑪（舊作哈立）麻有道術，爲高帝高后薦福靈國寺，封大寶法王西天大善自在佛，使領天下釋教。厥後番僧受封者衆。景帝時，太監興安用事，侫佛甚於王振，請帝建大建福寺，費數十萬。先是，僧道三年一度，帝特詔停之，至是興安以皇后旨，度僧道五萬餘人。武宗御極，復度四萬餘人。帝於佛經梵語，靡不通曉，自稱大慶法王西天覺道圓明自在大定慧佛。至世宗，始好道教，用太監崔文言，建醮宮中，自此益好長生，齋醮無虛日，命夏言充監禮使，湛若水充導引官，顧鼎臣進步虛詞七章，列上壇中應行事，詞臣多以靑詞干進矣。復惑段朝用神仙服食之說，遂欲少假靜持，如方士導引延年，自比於深山修煉之舉，其愚已甚；且令太子監國，而一二年脫屣朝綱，譏雖旋罷，而以此殺直臣楊最，其鄙可嗤也。二十年後，移居西內，日禱長生，郊廟不親，朝講盡廢，君臣不相接，獨方士陶仲文得時見且加少師，封恭誠伯，於是小人顧可學、盛端明、朱隆禧輩，皆緣以進，道教盛而佛教少衰。至明末瑪墨、特西入新疆，羣以聖裔相推，（為謨罕默德二十六世孫）天山南部，遂成回教盛行之區。自歐人東渡，耶穌教亦因之東布，神宗時，意大利人利瑪竇來華，爲傳教至南京，游說士夫，漸見尊信，禮部尚書沈漼、疏言異教不宜入陪都，不報。後復與龐迪我至北京，獻方物及基督畫像，帝許中外崇建教堂，廷臣徐光啓等且習其教，厥後德人湯若望繼之，信者尤衆。永曆母后，並遺羅馬教皇書，謂爲明祈福，（書存羅馬教會藏書樓）西教東漸，自此益盛矣。

倭寇之蹂躪

明太祖慮倭患，數遺書倭大州太宰府，責禁海賊，倭不答，卒與倭斷絕交通。成祖時，倭將足利義滿，遣使上書，欲受封冊稱臣，多捕海賊誅之，明封之爲日本國王，自後貢使遂不至。宣德中，命琉球國王轉諭之，始復來。倭性黠，時載方物戎器，出沒海濱，得間則張戎器而肆攻掠，不得則陳方物而稱朝貢，以故瀕海州縣，數被騷擾，然利中國互市，每貢所攜私物，逾貢數十倍，舊制：浙東設市舶司，海船至則平其直，制馭之權在官。世宗初年，罷市舶不設，倭貨至，奸商壓負倭直，已而嚴通番禁，遂移之貴官勢家，負直愈甚。倭大怨恨，迺盤踞海岸，剽掠浙東，中國羣不逞之徒，從而附之，汪直、徐海其尤奸者也。倭以爲謀主，往來剽忽，覃及浙西、江北，沿海城鎮，陷沒不少。胡宗憲總兵事，誅汪徐，倭患稍紓，餘衆入閩粵，又爲戚繼光等所破。及萬曆中，倭酋平秀吉陷朝鮮，抵平壤，中朝大震，命李如松救之，復平壤，尋敗於碧蹄館。（在朝鮮京畿道碑石嶺之北）後秀吉死，陳璘等復邀擊之，始揚帆去。自倭亂朝鮮七載，喪師數十萬，糜餉數百萬，而明之元氣亦漸傷矣。

明之立國，綱舉目張，故自洪武永樂洪熙宣德之治，凡七十六年間，不遜美於成康。傳至成化宏治，朝綱未墜者，四十一年。自正德而後，主怠臣驕，閹寺弄權，朋黨交搆，凡百四十年，名爲無事，根本實傷，迨至天命已去，雖有善者，亦無如之何矣。

（附）明代世系表 起太祖訖由榔帝凡傳十九世二百九十四年

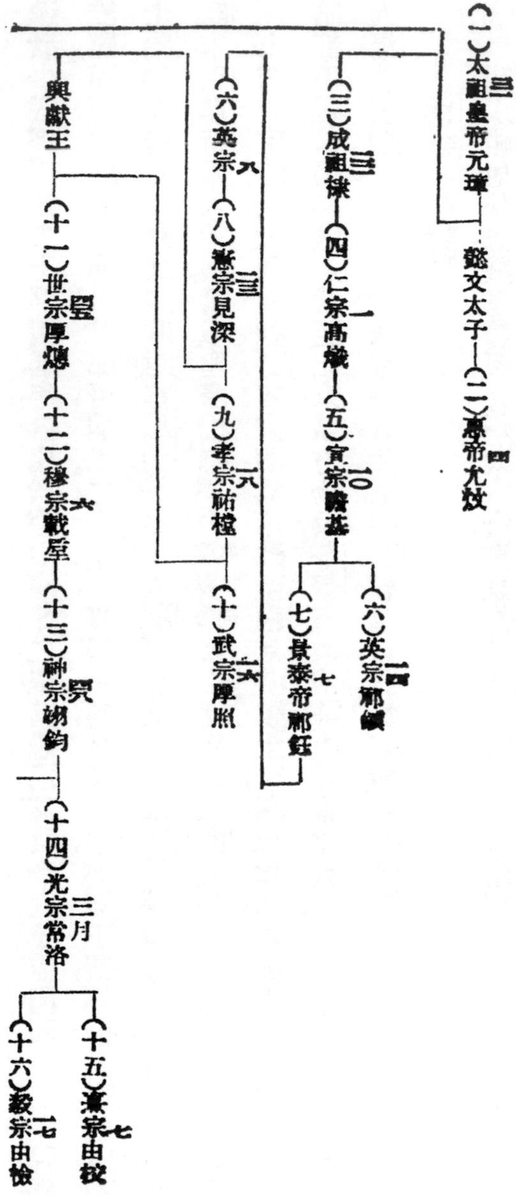

福王—(十七)帝由崧
(十八)帝聿鍵
桂王—(十九)帝由榔 一五

第九章　清代興亡事略

太祖之崛起

秦漢以降，封建垂絕，崛起有天下者凡十數，而遼金以東部雄長，鞭策中原，蒙古世爲邊患，卒混南北，此崛起之大異尋常者也。然而聲教淪國祚促，不能與漢唐爲。唯清代起自遼瀋，戡定武功，肇祖始振雄略，居黑圖阿拉，四傳至太祖，騎射軼倫。先是，旁近諸國紛亂，有蘇克蘇護河部、琿河部、完顏部、棟鄂部、哲陳部、納殷部、鴨綠江部、渥集部、瓦爾喀部、庫爾哈部、哈達部、葉赫部、輝發部、烏拉部，先後爲太祖所滅，諸貝勒勸進，乃稱尊號。其時明邊臣以採蔘啓衅，太祖本七大恨告天伐明，神宗亦思侵陷滿洲，搆葉赫與朝鮮同出兵三十萬，爲太祖所敗，太祖遂取瀋陽，定爲都，又取遼陽，滿洲建國自此始。

太宗繼起攻明

天命十一年，太祖崩，太宗嗣統，改元天聰。首命貝勒等征朝鮮，入平壤，乞和，許之。復略漠南蒙古，多所征服，朝鮮旋通明，再征之，卒降，受封號。又大舉伐明，入關取錦州，改國號大淸，又入山海關，抵山東，執德王，自是錦義間嘗有軍事，獲洪承疇，送盛京，崇德八年崩。時漠南蒙古之敖漢奈曼喀喇沁巴林察哈爾瓦爾喀等部，次第歸款，南僨明邊；二次入關，一統南北，於此已兆其端矣。

清兵入關

太宗既再入關，知明勢日蹙，又諱言和，遂有席捲中原之志，未及而崩。世祖尙冲齡，睿親王攝政，值明流寇李自成陷京師，方議進止。吳三桂聞城陷帝殉，乃降清，隨清軍入關，破走自成。清軍又助三桂追之，略定山西河北地，世祖於是定鼎北京，遣將分略河南山東。時明福王即位江南，史可法督師屯江上，遏清軍南下，遣使至清犒師，乞合兵討賊，清不禮焉。福王又庸闇昵比憸人，清遂乘勝攻江上軍，取南京，以次平浙魯王、贛永寧王、閩唐王，最後滅粵西桂王，遁入緬甸。其時適世祖崩，聖祖嗣位，於是封吳三桂於雲南，耿繼茂於福建，尙可喜於廣東，命各鎭其地，自是北極沙漠，南瀕瓊海，開國之規模大定。

臺灣三藩與遺臣

易姓之際，倉猝歸命，類未忘故君之感而奔走，冀倖於萬一者；兵戈四起，藉詞恢復，而利於自救者，三藩是也。而其志節昭著者，則維臺灣鄭氏。明天啓時，臺灣爲荷蘭人所據，自海寇鄭芝龍降明，積勛至都督同知。會閩旱，芝龍請徙飢民數萬墾島荒，漸成邑聚，勢與荷人埒。順治十七年，其子成功自江南敗歸，命子經留守廈門，而自率艦隊入島，荷總督科愛脫下令捕治，成功遂率銳攻之，悉爲所逐。成功既據臺灣，內則設政府，建學校，興農業，修武備，用處士陳永華爲謀主，並築館舍以居明宗室遺臣之來歸者；外則置兵守金門、廈門爲犄角。次年，清誅芝龍，成功飲恨死，子經嗣立，閩督李率泰貽書招之，經請如琉球朝鮮例，不登岸，不薙髮，不易衣冠；不報。未幾，魯王薨，桂王亦被難雲南，經猶奉永曆年號不改，其時康熙二年也。率泰施琅等攻之，荷蘭亦發軍艦十六艘圖報復，經不得已退回臺灣。二十年，鄭氏內亂，施琅又分三路進討，經子克塽降，於是臺灣遂爲清海東重鎭。

三藩強大，實握兵馬財政大權，隱如敵國，吳三桂尤跋扈，及移藩撤藩之論起，而其禍乃發。康熙十二年，三桂先反，分略四川湖南，先後陷落廣西襄陽皆附叛。三桂益分兵，一自長沙出江西，一自四川窺陝西，聯其養子王輔臣。其出江西者，分擾袁州，陷萍鄉安福上高，與耿精忠兵合，連陷三十餘城，漢俗不悅薙髮者，所在響應。唯尚可喜鎭廣東，守臣節。會精忠搆鄭經來擾，三桂亦遣將圍肇慶，夾攻可喜，十郡已失其四。清軍往援，比至而之信已變，可喜憂憤死，之信亦降。其時聖祖命岳樂鎭江南，圖海略關中，傑書則自浙討閩，諸路皆捷。三桂既失陝閩粵三大援，又失江西，年已六十有七矣，旋暴卒。孫世璠立，勢益衰，二十年悉平。是役也，用兵甫八載，而三逆蕩除，集勳之速，史册罕覯焉。魏源論戰勝之原，謂有數端：一則不蹈漢殺鼂錯之轍，二則不從達賴裂土罷兵之請，三則不寬王貝勒老師養寇之誅，豈其然乎？

聖祖事業

羣頑既殲，帝益厲精圖治，禁圈地，誅鰲拜，罷十三衙門，整飭紀綱，崇祀孔子，親行釋奠，數命國子監講求學術，廣徵文人學士，纂輯字典諸書，復購求遺篇，表章理學，所以綜甄文化，陰消暴戾，而宇內益安堵矣。又嘗巡幸江南，定治河方略，頒召試盛典，民心始有所慕効。帝博聞強記，學無不窺，且知人善任，雖古之令辟，其猶劣諸？至滋生人丁，永不加賦之制，尤足以卹民依而培國本。惜中葉以後，皇子朝臣，各樹朋黨，而考官舞弊，尤疊見不鮮，不無盛明之累焉。

準部及西藏之經營

聖祖在位六十年，內綏外服，國力鼎盛，而其所最著者凡二事：(一)外蒙古喀爾喀內附也，(二)西藏綏定也。其首禍皆因準噶爾部之噶爾丹。初噶爾丹篡立，兼幷四衞拉特，南摧回部，西擾藏衞，又北窺喀爾喀，乘機攻土謝圖汗車臣汗，札薩克汗亦敗走，款塞乞降。噶爾丹據其地，聖祖敕令西歸，不奉詔，且寇內蒙古。帝二次親征，大破之昭莫多。已而策妄阿拉布坦結回部青海內叛，詔許招撫之。噶爾丹不至，乃自寧夏進兵，噶仰藥死，姪獻其尸，始歸三汗於喀爾喀，自是阿爾泰山以東皆內屬。又以策淩分土謝圖汗二十一旗，命為賽音諾顏汗。其後策妄阿拉布坦誘結西藏，襲殺拉藏汗，帝命皇十四子為撫遠大將軍，遣兵分道趨藏，追策零，擁立達賴。其武功烜赫如此。

世宗事業

聖祖在位六十一年，太子允礽廢死，皇子二十餘人，樹黨爭位，唯長子允禔及世宗禩禟祹禵等勢尤強，世宗卒以第四子繼承。當其居藩邸時，內困諸王排擠，外困臣僚黨習，宮廷大擾，至是踐阼，即布偵騎，嚴吏治，首誅兄弟之為敵者。為政強毅綜覈，蠲浮糧，興社倉，除賤民階級，罷一切不急之務，朝野震悚，綱紀肅然，猜忌既深專務攜壓，於是文字之獄興，而功臣如年羹堯隆科多輩，亦不自保，因鑑諸子爭立，垂訓永不建儲貳，防弊亦云密矣。

用兵西北與征撫西南

至其武略之最著者有二事：(一)用兵西北。青海酋羅卜藏丹津叛，犯西寧，遣年羹堯等討之，羅酋投準部，朝使索之，策酋不奉詔，及其子噶爾丹策零立，復謀犯邊，世宗以準部有事，必擾及喀爾喀青海西藏，岳鍾琪籌禦準策，獻車營法，至交綏亦以車戰為主。論者謂和通淖爾之敗，以致準勢洶洶，進次奇蘭河附近。朝命策淩禦之本博圖，(烏里雅蘇台東南)準兵襲擊其帳塔米爾河，策淩怒，亟調蒙兵三萬，經擊喀喇森齊泊，轉戰至光顯寺，(即額爾德尼昭蒙古謂寺曰昭)大潰，準部始請和，於是定阿爾泰山以東地。(二)征撫西南。其時諸苗擾亂，邊民患之，議改土歸流。鄂爾泰疏言聯粵蜀練兵選將，事權歸一，即可制苗。朝旨俞允，給三相總督印，令兼制廣西，於是張廣泗哈元生等，勦撫互施，自四年迄九年，土司悉改流，苗疆始定。未幾，黔苗變起，命張照為撫定苗疆大臣，照奏改流非計，首創棄地議，中外和之，前功幾隳。金川居小金沙江上游，帝以土酋莎羅奔為安撫司，自號大金川，謂舊土司澤明為小金川，互相攻擊，並傷官軍，詔張廣泗征之，無功逮治，更遣傅恆，始破莎酋。既罷兵，又以邊界紛議，使命往來，蓋自是征戍雖撤，而猶未釋西顧之憂也。

高宗之內治外征

世宗崩，高宗纘業，雄才大略，善政纍纍，捐賦豁累，增赦起廢，懲誅玩愒，汰除僧道，猶慮日即縱弛，復揭寬猛互劑之政策。世宗以猛糾聖祖之寬，高宗以寬濟世宗之猛，因時制宜，故六十年間，稱郅治焉。又優禮文人廣徵書籍，屢頒欽定殿板諸書，而綜覈文化影響及於千古者，唯此四庫全書之鉅製。六次南巡，免逋賦，謁孔廟，尤眷眷於塘工，自製南巡記，以章其盛。乾隆初葉，鄂爾泰張廷玉當國，權勢相埒，疑忌互生，一滿一漢，各立門戶，儼然政府兩大黨焉。繇是胡中藻之詩獄以起。于敏中秉政，朝局士風爲之少變，至和珅，則益無忌憚，中外多其私黨，而寵眷始終不衰，以故寵尤隆，而勢尤赫。

於時雲貴川南，多已改土歸流，而厥庸顯然彪炳於史冊者，有數事焉：（一）征準部之役。準噶爾自康雍以來，叛服靡恆，帝命兩路出師，班第爲定北將軍，阿睦爾撒副之，永常爲定西將軍，薩拉爾副之，兩副將軍皆準部渠帥，建舊纛先進，敵望風奔潰，復會師博羅塔拉河，達瓦齊遁，餘皆降。同時青海叛酋羅卜藏亦就擒。（二）征回部之役。初命雅爾哈善往討，僅得空城，高宗怒誅之，令兆惠竣其事。先戰黑水營，繼定天山南路。素爾坦河殺其酋，以霍集占首來獻，準回之平，用兵五年，闢地二萬餘里。（三）征金川之役。大金川既降，詔傅恆班師，乃不數年，小金川澤旺老病，子僧格桑用事，遂入寇。溫福克資里及阿喀，桂林克革布什札，漸逼小金川。桂林被劾，阿桂代之，直擣其巢，溫福中鎗死，明亮海蘭察馳援，阿桂略其東，明亮攻其南，小金川盡復。乃移師攻大金川，先以水困之，繼以礮轟之，索諾木降，大金川再平，用兵亦五年，獲地不逾千餘里。（四）征臺灣之役。康熙末葉，朱一貴亂平，至是林爽文亂又起，居大理杙，設天地會，橫行數十年，因有司逮捕，遂陷彰化，剛諸羅。莊大田亦乘亂陷鳳山。總兵柴大紀，決堰灌破礮車，以數千人抗敵數萬，先後百餘戰，殺死過當。會福康安增兵入，敵遂披靡，爽文大田均就俘，臺灣遂定。（五）征緬甸之役。緬兵襲擊木邦，觀音保戰死，明瑞自經。傅恆率師討之，三路大捷，抵老官屯，緬兵分扼東西，師逼其東寨，緬人偪掘木簽，百計不獲進，卒用火攻，始乞和，定十年一貢制。（六）征安南之役。安南內亂，帝以興滅繼絕，宜出師問罪，諭分三路進：一出廣西鎭南關爲正路，一自廣東泛海至其海東府，一自雲南蒙自陸路入其洮江，敵皆奔遁，不匝月，復其國都，滇師猶未至也。（七）征廓爾喀之役。廓既吞併尼泊爾，又侵略西藏，嗣又以責貢爲名，再舉深入，駐藏大臣保泰欲以藏地委敵，廓兵大掠札什倫布，全藏大震。帝命福康安海蘭察自青海入後藏，連敗其屯兵，敵請降，不許，復三路進攻，六戰六捷，敵一方請和，一方與英訂商約乞援兵，援未至，再乞和，於是留番兵三千；漢蒙兵一千，官兵駐藏自此始。尼泊爾朝貢，至清季猶未絕。高宗御製十全記以志武成，（十全者平準爲二平回爲一掃金川爲二靖台灣爲一降緬甸安南各一降廓爾喀爲二）立石紀功，先後相望，文臣唱和，歌咏太平，四夷朝貢，遠及先朝所未至，實三百年來全盛之時代也。

乾隆一朝，文治武功，並臻極盛，自和珅專恣，卽養成貪墨之風，而吏治益不堪問矣。重以國用日絀，民間愁貧，政府又不思爲之補救，亂源醞釀，由來者漸。是以三十九年有山東王倫之亂，四十六年有甘肅回民之變，雖不久撲滅，而亂事已種其根苗。至六十年，苗民發難於湖南、貴州間，川匪紛然並作，而國勢遂以日衰矣。御極六十年，立皇十五子嘉親王爲太子，明年遂卽位，是爲仁宗。

仁宗時之內變

仁宗受內禪四年，高宗崩，首誅權奸和珅，籍其產，福長安亦干朋黨律，朝綱漸肅。是時承平之後，俗尚侈靡生計稍稍不給，民力凋敝，姦宄乘機煽動，於是教匪禍作：(一)白蓮教之叛，教創於安徽奸民劉松，後其黨劉之協等假經咒惑人。乾隆間，有旨大索，官吏奉行不善，騷擾閭閻，因以激變。內起於湖北，蔓延陝甘河南諸省，四川徐天德應之。其時滿兵不競，額勒登保、德楞泰、楊遇春等於是始用鄉兵。翌年，擒劉之協於河南；又一年，誅徐天德；又二年，川楚陝悉定，益搜捕南山餘匪，事遂寧。(二)天理教之變。亦白蓮教支派，其傳習京南者，有八卦、榮華、紅陽、白易諸目。八卦黨徒尤衆，徧布直隸河南山東山西諸省，而河南滑縣李文成、直隸大興林清爲之魁，復變名曰天理，勾結日廣。初，林清謀入京乘帝木蘭回鑾時，襲據京師，文成在外同日舉事。會滑縣知縣强克捷偵知之，捕文成下獄，不及赴林清外應之約；事機歧誤，禁門亂起，林遂爲護軍所擒，那彥成楊遇春等又破文成於滑。同時有陝西三才峽賊，雖與天理教不同，然二事適相首尾。岐山三才峽有木商集老林，伐木作薪，貿易山外，號曰「木箱，」傭作者皆無賴子。會岐陽大飢，木商停工，伐木者遂糾衆掠食，浸至木箱盡焚，箱工從者日衆，山南新起之徒復來合勢，更盛。明年，俱討平，而粵閩浙海疆亦以此時患艇盜。盜始於康乾時安南阮氏之爭，縱掠助饟，沿海奸民又附和之，至是蔡牽領其衆，李長庚擊卻之，垂獲牽，長庚中礮死。時朱濆亦肆擾，長庚裨將王得祿邱良功合粵撫阮元討之，濆死，牽自沈，艇盜始平。苗疆亦適告定。餘如贛民胡秉輝等，假託明裔，臨安邊外夷民高羅衣等，假逐漢人爲名，均起事不久，卽爲有司捕滅，致不得釀成大亂云。

宣宗時亂機之萌

仁宗崩，宣宗卽位，改元道光，亦思銳意圖治，力除數朝秕政，試行海運，整飭河員，改行淮北票鹽法，至獎勵開礦，尤有裨國計民生。其武功，首平回疆張格爾之亂。張格爾搆布魯特兵屢降屢叛，卒結浩罕，陷喀什噶爾英吉沙爾葉爾羌和闐等城。楊芳以計擒之，回疆再定。然易爲人所蒙蔽，故在位三十年間，穆彰阿曹振鏞先後當國，內以遺太平天國之亂，外以啓粵東鴉片之爭。雖阮元陶澍松筠林則徐等，才智皆有可爲，而衰象卒不免迭見者，豈國運使然歟？

鴉片戰爭

初，英人既得印度商權，以鴉片爲出產大宗，乾隆時輸入漸多，道光初至二萬餘箱，十八年始有禁烟之議，命林則徐督粵查辦。明年抵粵，燬其烟，絕互市，英通商監督義律恥被辱，圖報復，時各國均受查驗，獨英以兵艦至，則徐與戰澳門外洋，火其舟，數有斬獲，始駛出口。復藉口索償不許，則移師擾浙，陷定海寧波，分兵北犯，入白河口。朝廷咎則徐啓釁，削職戍伊犂，詔琦善等赴粵議和。至則裁水師，撤戰備，務以媚外爲事。英人佯撤兵，突襲尖沙角礮臺，宣宗大怒，逮問琦善。後知有私讓香港事，籍其家。英人再犯廣東，將軍奕山等勢屈乞和，英人遂掠廈門，再陷定海，旋入鎮海乍浦寶山上海，溯江而上，陷鎮江，逼江寧。朝命耆英赴江寧議和，乃與英使璞鼎查定休戰約。自是往返措議，至二十二年，締結南京條約，（詳見外交編）戰局始罷。

洪楊之勃興

自鴉片戰後，國政日紊，飢嗛頻仍，粵西被災爲尤甚，奸民誘煽，羣盜竊發，廣西羅大綱陳金剛等紛紛起事。洪秀全默察大勢，當趨東南，亦起於桂平金田村。秀全花縣諸生也，有才智，爲其黨所信服，益假上帝教之說，內以天道誘民衆，外以冀各國之不干涉，而自爲教首。於是馮雲山曾玉珩楊秀淸韋昌輝蕭朝貴石達開等爭入會，令富民助銀入教，黨羽日衆，遂思進取。達開定計，分東西二路，取桂林，巡撫周天爵向粵督徐廣縉告急，粵吏正骫骳不治事，勢益熾。

宣宗崩，文宗卽位，首正穆彰阿耆英之罪，諭戒臣工因循之習。兵不足，兼用勇；漕不繼，改海運，餉不給，製大錢。改口岸以整鹺綱，輸米石以實倉庾，其政不無可紀。奈外患已深，有司既多泄沓，而任勦伐之責者，復多委靡遷延，以致師久勞而無功。帝乃起林則徐視師，道卒，洪軍勢益盛。秀全遂陷永安，烏蘭泰退入斜谷，又爲馮雲山所截擊，中鎗死。秀全遂建王號，稱太平天國，餘封王爵丞相各職有差。明年，陷武昌，軍聲大振，官軍不敢攖其鋒。舟行而東，連陷九江安慶，進據江寧，定爲都，分遣其黨略河南湖北諸省。議渡河未果，提督向榮追至金陵，建江南大營圍守之。洪黨內亂，官軍乘勢規進取。會向榮卒，江南大營以爭餉潰，洪勢復盛，迭陷江浙名城，東南糜爛，大局岌岌。其時皖豫以北，復患捻，與洪軍相爲應。幸湘淮軍繼起，艱苦百戰，乃次第削平。

英法聯軍之役

先是鴉片戰後，英撤兵屯城外，因前約許領事駐城邑，乃援以爲請，粵民大憤，大創之三元里。已而洪軍起廣東，羣盜如毛，葉名琛時已晉總督，治之亟，諸附賊者或遁棲海島。英故憾粵民，遂招羣匪，使揭英國旗乘舟入內河，有一船名「亞羅」，水師執而捕之，毀其旗。咸豐六年，英領事巴夏禮稱兵入犯廣城，約名琛面評曲直，名琛不之應。粵民又縱火燬洋行六所，連及法美人居室。於是法美二國亦怨。英人歸報，遣使至粵，以兵艦問罪。七年，英使兩致書，名琛不答，會法教士又被殺於廣西，英遂煽法美共搆釁，美人不欲戰。英法聯軍，徑破廣州，執名琛送印度，聯軍四出騷擾，粵人率鄉團拒之。八年，英法俄美四國使聯名致牘政府，議此事未決，聯軍遽率軍艦進攻天津，要迫和議，許之。翌年在天津換約，（詳見外交編）我以大沽設防，令各國自北塘入，（大沽北十餘里）英人不聽，軍艦逕入大沽，親王僧格林沁轟沈其二艘，於是戰釁復啓。

咸豐十年，英法兵二萬，駕巨艦犯天津，逕大沽，膠淺不獲進，佯張白旗乞緩攻，我師不知其詐。旋水漲，入口夾擊，我師敗績，敵遂陷津。重開和議，命怡親王載垣赴通州議之。英公使額羅金遣其參贊巴夏禮來，載垣以其言不遜，執之。於是敵引兵深入，至張家灣，逼通州，我師又失利，敵進犯京師。時文宗狩熱河，命恭親王奕訢留守。敵攻海淀，禁兵潰，敵據圓明園，聲言攻城。王大臣釋英俘請和，俘有死者。英人不悅，再擾海淀，焚圓明園，且入京城。俄公使居間調解，始講和焉。引二國軍至禮部堂，訂盟約，是為北京續約。（詳外交編）更開登州臺灣潮州瓊州九江漢口天津牛莊八口，割九龍予英，許英法人入內地游歷傳教，遣公使駐京城。湘軍主帥請以兵入衛；會和議成，乃止。

中興之治績

洪軍既得勢，而各處紛然起應者，於是豫皖有捻亂，陝甘有回亂，賴中興諸名將以次平復，始奏膚功。

(一)曾左戰蹟。曾名國藩，籍湖南湘鄉，以侍郎居憂在籍，承旨辦團練，仿明戚繼光兵法，募練湘民，號湘軍。諸生王鑫羅澤南李續賓等統之，出境討伐。各省創設釐局，以濟軍糈，復與胡林翼仿江忠源成議，設長江水師，彭玉麟楊載福等統之。尋克武昌，扼敵上游。已而江南大營潰，張國樑死，蘇杭迭陷。國藩疏薦李鴻章左宗棠堪大用，於是宗棠率蔣益澧等復浙，鴻章率程學啓等復江蘇，復用洋將華爾戈登白齊文等統常勝軍，頗有功。齊文等叛，宗棠獲之於閩，舟覆死。既而國藩督兩江，令彭玉麟楊岳斌（即楊載福）鮑超緣江東下，李續賓死於皖，曾國荃卒復安慶。厥後浙贛既復，敵勢大衰，國荃玉麟以水陸軍逼金陵，太平軍突至，攻圍至四十六晝夜，卒擊卻之。嗣以地道攻克江寧，秀全先死，其子福逃奔，爲席寶田等斬於贛。（二）平捻戰蹟。捻盛於皖豫間，其渠率李士林劉疙瘩張樂刑張總愚尤兇悍，與苗沛霖搆結，勢洶洶。其先袁甲三勝保科爾沁親王僧格林沁分軍進擊，捻皆殊死戰，未能平，走山東。國藩既平洪黨，遂倡圈制之策，既捻分爲二，總愚入秦爲西捻，任柱賴文光入魯爲東捻，鴻章以郭松林劉銘傳平東捻，宗棠率師破西捻，殲總愚等黃運徒駭間。（三）平回戰蹟。初，豫撫嚴樹森募回勇，旋給貲遣散，因事與漢民齟齬，遂合滇回赫明堂任五倡亂，戕團練大臣張芾，掠同州，圍西安。甘回馬化龍白彥虎遙爲聲應，據金積堡。詔遣多隆阿往討，未捷而死。劉蓉楊岳斌繼之，而回黨憑陵，淹移日月。宗棠卒以三路進兵之策，平陝西，尋劉錦棠克金積堡，下寧夏蘭州，屠回七千餘人，至是粵捻回皆肅澄。

文宗與穆宗

初，聯軍北犯，車駕幸熱河，次年崩，穆宗即位，改元同治，尙幼冲，兩宮皇太后聽政。用國藩鴻章，平定洪軍捻亂，宗棠再定新疆，四境寧謐。親政後，宵衣旰食，綱舉目張。天津之役，英美法德皆已訂約，至是丹荷西比義奧先後踵至，與數國訂約，自此始。東邦日本通商最早，然自道咸以來，海禁雖開，未與結約。十年，始遣使來議約事久乃許之，於是兩國使臣會於天津，訂修好規條及通商章程。（詳見外交編）會日人海上遇颶，漂至臺灣遇禍，遂於十三年發師入臺灣後山，朝命沈葆楨渡臺示形援，卒償兵費以自解。是歲始遣公使至日本及西洋各國。未幾穆宗崩，無嗣，兩宮皇太后以醇親王之子即位，是爲德宗。

德宗時之朝局

德宗幼沖，兩宮皇太后臨朝，其時文祥與恭親王奕訢同心輔政，海內乂安，逮李鴻藻翁同龢相繼當國，南北分立黨援，於是雲南報銷之案起，言路發舒，始於爭改俄約，嗣復歸於斯役，遂至搆成法越戰爭。戰釁既開，樞臣又號召親黨，紙上談兵，未及旬時，疆事大壞，鴻藻坐是失敗，孫毓汶繼之，厭惡言路，朝局大變，至甲午一役，毓汶亦被擠而去，然亦無以善其後。及帝親政，銳欲有爲，力矯守舊之失，而翻雲覆雨，卒釀成戊戌庚子之變，厥後改革紛紜，而國事益不可爲矣。

新疆之紛擾

先是，中國內困洪楊，外迫英法，俄國乘釁而起，咸豐八年，與訂瑷琿條約，（詳外交編）越二年，又有北京之約，東北疆事，視尼布楚舊約大異，然其西界約未定也。同治三年，將軍明誼奉勘西北界，已將塔城之雅爾（塔城西二百里）及伊犂以西之特穆爾伯（即伊斯色克庫里湖）劃入界外，值新疆回亂，遂占我伊犂。光緒四年，戡定新疆，議收伊犂，遣崇厚往議，崇厚擅許償兵費盧布五百萬，以伊犂西界及南界各數百里與俄，侵占反多。（詳外交編）言者大譁，責其辱命，詔逮治，更命曾紀澤自英赴俄，俄拒之，分遣黑海軍艦赴中國，圖封遼海。我西路軍帥左宗棠金順亦主廢約力戰，幾決裂。詔中國赦崇厚罪，俄亦允改約，於是曾紀澤避重就輕，與俄改訂新約，時光緒七年十一月也。（詳外交編）伊犁既交還我國，劉錦棠等奏改建行省，始定新疆省增設之制。

法越之役

法因廣南王阮文惠有舊情，獲割地通商傳教權，法人益橫。及阮福映復仇，爲越南國王，拒法甚力，嗣位者或因過激殺法教士，與法結怨。咸同間，法遣兵據西貢，破越南軍，復取其附近三郡。會黎氏舊臣起兵掠東京東北部，並遣使西貢乞援，越王大懼，與法締盟，出償金，法人始有覬覦之志。未幾，又有柬埔寨之叛，法乘機據之，認爲保護國，是時越西南部皆爲法屬矣。同治末，以內地傳教及紅河行船條件逼越，尋率兵陷東京，越王憤甚。粵西人劉永福者，竄安南，有游兵數千，號「黑旗兵」，越利用之以抗法兵，戰輒有功。光緒九年，法又陷河內，（越東京）安南不支，曾紀澤使法，爭越爲我藩屬，久不決。朝旨使左宗棠援越，率黑旗兵攻法人於河內，敗之。旋法增兵，復陷北寧，掠順化，李鴻章力主和議，定約天津。法又索償，未允，法將孤拔率軍艦攻臺灣，破基隆，其秋戰馬江，（福州海口）張佩綸失策先遁，孤拔雖斃，軍艦盡燬，法軍之在越者，亦爲馮子材敗，卻請和。紀澤密電力主戰；不報。法允不索兵費，以越南讓與。我師遂棄諒山諸城還，乃有中法新約之結，（詳外交編）時光緒十一年四月也。同時英亦滅緬甸，於是西南藩屬盡棄。

朝鮮之失

自同治間認償兵費，日人益輕我，遂以兵刧朝鮮，立約尊之爲自主，明非我藩屬，更悍然滅琉球矣。光緒八年，朝鮮與美德兩國結約，皆請於我，命道員馬建忠涖盟。其夏，朝鮮軍亂，焚日本使署，殺兵官數人，事聞，我先發水陸軍以往，爲定其亂。建忠等至仁川，執大院君歸，遂議和，朝鮮償金五十萬圓。大院君雖廢，閔妃悍而專制，朴泳孝等議變法，與外戚意見不合，國中分新舊二黨，日本陰助新黨。十年，泳孝等殺舊黨首領閔泳翊，擁國王頒新政，日本助之，我駐朝軍將吳長慶率兵入衞，以王歸我營，斬亂者以徇，爲朝難故，明年日遣其大使伊藤博文西鄉從道兩人來天津，朝命李鴻章與議約，嗣後派兵朝鮮，互相照會，甲午之役已伏於此。

光緒二十年，朝鮮東學黨倡亂，蔓延忠清全羅諸道，來乞師。直隸提督葉志超率兵三營赴援，屯牙山，（忠清南道洪州北。）並告日本援朝師期，援師既至，東學黨人聞之，已棄全州遁，內亂既寧，約日本撤兵，日欲聯我改革朝鮮內政，拒之。時日兵來不已，皆據要害，而我兵逍遙牙山，漫無戒備。日兵突入王宮，刼朝王，令大院君（朝王之父）主國政，實歸日人掌握，並擊我運船沈於海，牙山兵亦敗於成歡。（驛名，牙山東北五十里）七月朔，廷議宣戰，班戰書未匝月，而陸軍潰平壤，水師敗大東溝，日軍連破我九連鳳皇諸城，遂渡鴨綠江，進逼遼陽，諸軍連戰皆北，名城迭陷，關內外大震。丁汝昌盡失海軍，北洋艦隊無存焉。明年，美公使出而調停，朝命李鴻章爲頭等全權大臣，至馬關，與伊藤博文訂約。（詳外交編）

還遼之役

當美主調停，朝廷先遣侍郎張蔭桓，巡撫邵友濂往日，不納而返，私以鴻章爲請，許之。鴻章以二月初行，適吳大澂牛莊陸路之兵又大潰，水陸兩無可恃，割地償款，唯所欲索。三月議成，中外大譁。會俄以遼東讓日，於己不利，乃搆德法出而干涉，責日以遼東地歸我，日本畏之；九月，定還遼約於京師。

港灣之租借

俄既以陰忌日人，故仗義責言脅還遼東於我，日人深銜之。既而德法諸國，俱以有德於我，索償之意甚奢。德首以山東殺二教士故，突率軍艦入膠州灣，強租其地。於是法報謂爲分內之報酬，英報謂爲適當之舉動，俄本與有密謀，絕無異議。故未匝月，而俄租旅順大連灣，英租威海衞，法租廣州灣，紛然而起，而我之海疆，遂無完土矣。

臺灣之割據

馬關之約，本割遼東臺灣澎湖三處，遼東既索還，而臺灣遂永淪矣。臺灣自施琅平鄭氏後，已入行省，土沃物阜，一歲三穫，亦南疆要地也。康熙朝有朱一貴之亂，乾隆朝有林爽文之叛，俱用兵討平之。及嘉慶後，福建巡撫移臺南。光緒二十一年，既定割讓之約，臺民大駭，哀懇收回成命，不報。巡撫唐景崧自立爲總統，總兵劉永福主軍政，不數日而兵變，日本援約收地，唐等遂倉皇內渡。（按民國三十四年抗戰勝利臺灣重歸我國）

戊戌政變

光緒六年，慈安太后崩，十五年，孝欽太后歸政，中日既議和，外侮日棘。德宗銳意自強，令主事康有爲上書言事。二十四年夏，有旨嚴飭中外大臣實行新政，擢楊銳林旭劉光第譚嗣同四品卿銜，參預機務。樞臣剛毅等徒伴食，遂廢制藝文及文武試制，許士民上書，詔各省徧設學堂，中外條陳新政者，日數十起。獨張之洞與陳寶箴條舉其應行事甚詳，帝倚畀甚至。未幾，密召銳等入，告以朝臣倚太后，梗新政，思以袁世凱代榮祿，司北洋兵柄，衛己變法。嗣同以告世凱，世凱赴津告祿，祿以告太后，遂生大變。八月，太后復聽政，徵名醫視帝疾，召祿入樞府，以康有爲等謀圍頤和園捕治之。有爲及梁啓超遁，黜其舉主徐致靖、李端棻、陳寶箴，殺其黨康廣仁、楊深秀及銳等四人，悉罷新政。嗣之洞以唐才常謀革命誅之，新機大阻。

拳亂始末

初，山東奸民承八卦等教餘風，倡義和團，立大師兄、二師兄諸目，設壇演拳，詭言能避鎗礮，以妖術愚民。魯撫袁世凱治之急，竄入畿輔。時內地莠民，借入教爲護符，魚肉鄉里，積忿已久，拳民乘隙煽之，以扶清滅洋爲幟，焚教堂，戕教士，並燬鐵路電線。詔遣剛毅、趙舒翹赴涿州辦理。剛毅等遽撫之，拳民入京師。端王以大阿哥溥儁故，方預政，頗信之，任其焚刧商市，京師大擾。拳民殺德公使克林德及日本書記官杉山彬。端王憤袁昶、許景澄、徐用儀等持正論，矯詔棄諸市。拳民復與亂軍合，環攻使館。各公使告急本國，援軍屬至。疆臣劉坤一、張之洞、袁世凱等與各國約，互相保護，東南始無恐。英俄法德美日意奧八國兵，突攻大沽口，陷之，義和團潰，遂進兵陷天津，直督裕祿自殺。李秉衡聞變入都，倉卒命視師，至通州，兵潰，亦自殺。京師戒嚴，德宗奉太后西幸，慶親王奕劻留守。八月，車駕至太原，京城陷。閏八月，幸西安，詔奕劻、李鴻章與各國議和。各國索償四百五十兆兩，誅庇拳民諸臣，燬大沽礮臺及天津城，拓京師各使館界，得駐兵保護，仇教各府縣，停試五年，凡十二條，（詳外交編）並允之。黜端王載漪、輔國公載瀾爵，並戍新疆；殺莊王載勛、毓賢、趙舒翹、英年、啓秀、徐承煜等；秉衡剛毅已先卒，追奪官諡；褫董福祥職，遣醇親王載灃赴德、侍郎那桐赴日本修舊好。初，俄人乘亂據東三省，既而和議成，各國撤兵歸，唯俄占東三省如故。二十七年，帝奉太后回鑾，廢大阿哥，詔行新政，立圖強雪恥之策焉。

拳亂後三案

拳亂既劇，而風潮繼此而起者凡三大案：當日俄之戰遼東半島也，我國守中立之界限，概不與聞戰事。日遂與各公使約定，圈出戰地，警告政府不得有偏袒舉動。嗣因俄數徵軍需於蒙古，且留軍艦戍滬，幾致破壞中立。和議成，各國藉詞不肯退，至光緒二十八年秋，始行撤回，是爲東南撤兵之案。聯軍之在直隸也，京津蘆保鐵路，英法實轄之，關外則俄人司之，而天津則爲軍隊公管之區。和議成，聯軍自京退津，直督袁世凱與議，至二十八年春，始次第收回，是爲交路還津之案。俄之據關東也，脅將軍增祺與訂約，陰聽俄人之節制。列國守津，陰與相持，津既還，俄迫於公議，與政府訂立撤兵約，二十八年春約成，是爲交還東三省之案。

日俄戰爭

日以還遼之舉，甚不慊於俄，故時思報復。庚子之變，俄據東三省，久不撤兵，又以朝鮮保護事齟齬不下，俄關東總督阿力克雪夫堅持原議。日人爲先發制人計，擊敗俄艦於仁川，復敗之旅順，於是兩國始決戰。時光緒二十九年十二月二十四日也。中國政府乃於域內援局外之例，不敢復爭主權。日軍自朝鮮進奪旅順，陸軍一方攻取遼東半島，俄調波羅的海艦至東，大敗，日生擒其兩大將。於是美總統力勸兩國和，俄舉所得於中國東三省南部之權利，盡以畀日。（詳外交編）我政府亦將關東三省改為行省，然日營其南，俄營其北，交涉紛紜，凡疆界、路礦、森林、漁業各事日以棘手矣。

藏約糾結

西藏與英領印度之間向以廓爾喀哲孟雄不丹三部為屏障。既而英取哲孟雄，開鐵路至大吉嶺，於是印藏始有界務之交涉。光緒十六年、十九年，與英立約，關亞東為商埠；而適值俄人謀擴利權於中國西部，遣使與達賴喇嘛相款洽，並誘使從俄。達賴本有倚俄心，又誤以俄為同教國，遂親俄而遠英。英約未實行，俄復為達賴畫策，購置軍火，圖抗英。會達賴殺弟穆呼圖克圖，籍其產，藏人頗不直之，達賴漸失眾心，而俄為日所困，不及謀藏，英遂藉事進兵，時光緒三十一年也。駐藏大臣裕鋼往解之，達賴以有恃無恐，欲與英戰，嗣是藏兵屢敗，英禍日迫，遂結英藏條約：藏地自亞東外，江孜、（後藏地）噶大克（阿里境）皆闢商埠，償兵費二百五十萬盧布。我政府以蔑視主權太甚，遣唐紹儀為全權大臣，與英使薩道義磋商廢約，英不允，別訂正約六條，（詳外交編）於三十二年在北京鐵押後，又遣張蔭棠赴印度議商約，三十四年始議定。達賴輾轉至京，反錫以封號。宣統二年，達賴以叛走印度，革封號，遂留住印度云。

憲局鑄張

日俄戰後，外侮益亟，蒙回見逼於俄，西藏受制於英，越南朝鮮次第攘削，海疆虛設，內亂時聞，朝廷決意施行新政以救危局，士民亦多數主張立憲，各省督撫咸以為言。時太后當國，乃命載澤端方戴鴻慈徐世昌紹英（徐紹以炸彈受驚改派李盛鐸尚其亨）五大臣赴東西各國，考察政治。未幾歸國，隨於光緒三十二年秋，下預備立憲詔；嗣於三十三年夏，下各省督撫實行預備立憲政詔；更於三十四年秋，下九年籌備立憲詔，並先後設會議政務處、考察政治館、憲政編查館、憲政籌辦處；又設資政院於京師，諮議局於各省，以立議院基礎。會孝欽后及德宗先後崩，醇親王載灃子嗣立，改元宣統，載灃自爲監國攝政王，以當憲政之衝。

載灃本以拳亂時赴德國謝罪，蓋游歷東西洋，一旦出而執政柄，故海內喁喁，望治甚切，顧於憲政無所進步。而果能以中央集權揭政要，化除滿漢，結人心，亦未始非持危之道。乃內而樞府與資政院相詰責，外而督撫與諮議局相競爭，本思靖國，國反以囂。重以間島、片馬，諸未解決，士民皇皇，上速開國會請願書，或斷指瀝血以叩閽，而衮衮諸公，反以國民程度未及爲詞。於是國民愈激愈奮，一請不已，繼之以再，再請不已，繼之以三。政府不獲已，乃縮九年籌備期爲五年，部院疆臣，按歲奏報。元年二年之間，增飾品目，剗勦故常，於三年夏組織內閣，以奕劻爲總理，其弟載洵、載濤及毓朗、載澤、善耆等，多據要津，士民以皇族內閣不利國家，堅請改組政府，不允。自茲以往，國事日非，民心乃大去。

民國肇興

奕劻之總理內閣也，以盛宣懷長郵部，盛遂上鐵路國有策，外而鄭孝胥和之，於時風雲日亟，外人之覬覦路權者益甚，而各省所籌路綫，財力旣絀，人心復歧，往往緩不及事。朝廷以司農仰屋，困於支應，利用此策，以大借外債，並諭有抗爭者，律以違制。而適值籌備憲政之第四年，諸凡籌備之事，應交資政院協議，由內閣議決，政府電資政院阻梗，不交院而輒行。鄂湘川粵人民，請暫緩收路，均嚴旨申飭。川省因路事風潮正烈，學校停課，商賈罷市，輟租稅捐納爲迫切要求。乃命趙爾豐爲川督。爾豐即拘保路會代表鄧孝可等若干人，紳民環請保釋，又擊殺十餘人，並請端方督兵入省。諮議局副議長蕭湘自京至漢，亦以嫌疑爲鄂督瑞澂所執，川亂益熾。清命岑春煊赴川，爾豐又以亂事敉平入報，並電知各省。於是端方瑞澂合奏川漢粵漢兩路，實行收爲國有，清廷方傳旨嘉奬，而不意革命軍已起於武昌。

初，洪軍失敗，民心潛伏者數十年，第鬱之久，發之必暴，於是孫文謀起於廣州，唐才常謀起於漢口，徐錫麟熊成基先後謀起於安徽，至三年三月，黃興趙聲等復舉兵於粵，均失利。逮八月十九日，民軍大起武昌，瑞澂及司道官皆遁，唯提法使馬吉樟不屈，統制張彪不知所往。協統黎元洪，衆擁爲鄂軍都督，隨下漢陽，據兵工廠，旋占領漢口。清廷遣廕昌薩鎭冰分督陸海軍馳援。元洪以軍政府名義，照會各領事，以保護租界爲己責，請外人毋干涉，各領事電各政府俱贊同。各省民軍，以次響應。清廷大震，下罪己詔，釋黨禁，罷皇族內閣，以袁世凱爲總理，頒布憲法信條，宣誓太廟，分遣各省宣慰使。時清已軍攻陷漢陽，勢復振，然南京爲民軍所得，世凱遣代表赴鄂議和，未獲要領，各領事居間調停，南北停戰。載灃辭攝政職，世凱復以唐紹儀爲全權代表，與民軍代表伍廷芳議和於上海。會是時十七省代表公舉孫文爲臨時大總統，就職南京，而和議猶遷延未就緒，世凱遂日電達議和。議定清帝遜位，孫文旋辭職，由參議院公舉世凱爲臨時大總統，合漢滿蒙回藏五大民族，組織共和政治，於是數千年君主政體，乃告終云。

第十章　清代政教之大概

一國之政教與文明進化爲比例。滿洲入關，以用武得國，而其所以致治之原，唯政與教，實具左右一世之勢力。茲擇其重且大者，簡略言之。

編制之不同

自滿洲肇興，典禮職官，以編制八旗爲本。至併內蒙古，取遼東各部，各編八旗，爲二十四旗。統一而後，以採用漢俗，故一切制度悉沿明舊，喪祭冠昏，尙存漢禮。衣服薙髮，男子同之，女則任沿舊俗，男之薙髮，女之纏足，始皆禁之，而其後卒弛之。官制，始用滿洲名號，唯內閣六部，兼存漢名，後皆通用漢字唯理藩院內務府無漢員。武職則京營僅副將以下，餘自宿衞以逮期門羽林，皆旗籍也。祭祀唯堂子祭禮稍異。而其與前史不同者，尤有二端，一爲滿漢不婚，一爲捐納實官，後亦捐除此例。

學術之迭興

至於學術，自聖祖高宗以談經講藝爲化成上策，取士沿用制藝經義對策，嚴定科場程式，召試博學宏詞，廣徵文藝春秋，常御經筵，親祀孔子。高宗且詔釐正文體，凡詭奇焠直者，悉指摘訛謬，分別治罪。誅鉏旣嚴，士習遂日漸粹美。經師家派直追馬鄭。康熙中有閻若璩胡渭張爾岐馬驌惠周惕惠士奇朱彝尊，乾隆中有江聲王鳴盛錢大昕洪亮吉江永金榜戴震盧文弨孔廣森，皆先後得稽古之榮。推理學正宗者，首稱二陸。一陸世儀陸隴其一厥後桐城一派，恪守程朱。咸同之際，海內多故，其手夷大難之湘中諸賢自曾國藩以下，羅澤南劉蓉輩，皆以理學名臣著中興偉績，斯亦盛矣。季世外患刺激，漸趨於實驗之學，於是上海製造局翻譯西書，益進而未有已也。

財用之匱乏

清承明季民窮財匱之後，庫藏空虛，又除三餉加派，歲用不足，乃議節流，故當時政費甚少。然終順治之世，歲支常浮於入；康熙時，三藩協餉，幾糜天下財賦之半，於是籌款之說興。改折漕貢，量增課稅，裁停俸工，開捐事例，然猶蠲免全國糧賦。其時內外官吏侵漁中飽，相習成風。世宗首抉弊害，懲治無遺，於是耗羨歸公之議定，而國庫不虞匱乏。承平日久，漸開奢侈之端，生計盈虛，以北賈南鹽為斂財之樞紐。乾隆中葉，河工兵費，屢用巨帑，蓋藏漸寡，卒致鹽斤加價，公攤養廉，關稅加贏餘，紛然並起，以故嘉道兩朝，景況益形凋敝。咸同軍興，全恃釐金以為挹注，至季葉制作紛紜，網羅財賄，民生日蹙，朝政日非，以迄於亡。

喇嘛之崇奉

滿洲舊奉薩滿教，兼崇喇嘛教。崇德時，達賴貢方物，並獻丹書，順治朝禮遇有加。聖祖末葉，西陲假援，遣兵送達賴入藏，準夷敗走。先是章嘉呼圖克圖為達賴第五世大弟子，聖祖命住持多倫諾爾以北三廟之一彙宗寺。至高宗時，奉詔入京，審定大藏經咒，又佐莊親王修同文韵統，此黃教之衍於西北諸部者也。其班禪則居後藏。宗喀巴經言達賴班禪，六世後不復再來，故後此登座者，無復真觀密諦，祇憑垂仲猶內地師巫降神指示，其弊滋甚。高宗獨運神斷，搬頒金奔巴瓶一，供於中藏大招寺，遇有呼畢勒罕出世，（呼圖克圖第二世猶華言化生）互報差異者，納籤瓶中誦經降神，駐藏大臣會同達賴班禪掣籤取決。其蒙古所奉之呼圖克圖轉生，亦報名理藩院，與住京之章嘉呼圖克圖掣之瓶供雍和宮。蓋所以順俗而懷柔之也。厥後蒙藏交涉日漸棘手，爲西北邊防計，亟思有以智其民爲先務云。

清自太祖稱帝，在關外二十九年；世祖定鼎燕京，下迄高宗，其間爲極盛時代者百五十二年；嘉道間內變外爭相繼而起，名爲中衰者五十五年；咸同軍興，前後十五年，始平定；光宣之間，國家益多事矣，計三十七年而國亡。

（附）清代世系表 起太祖訖宣統凡傳十二世二百九十六年

（一）太祖努爾哈赤（一一）—（二）太宗皇太極（一七）—（三）世祖福臨（一八）—（四）聖祖玄燁（六一）—（五）世宗胤禛（一三）

—（六）高宗弘曆（六〇）—（七）仁宗顒琰（二五）—（八）宣宗旻寧（三〇）—（九）文宗奕詝（一一）—（十）穆宗載淳（一三）

（九）文宗奕詝—（十一）德宗載湉（三四）—（十二）宣統溥儀（三）

中國通史卷二

地形編

敍言

自禹貢別九州，定山川，分圻略，條物產，遂爲千古言地志者之所祖。周官以其事分之衆職，而冢宰掌邦六典，實總其事，太史以典逆冢宰之治，其旨蓋亦爲史官之職。史遷所記，但述河渠，班氏繼之，因州繫郡，因郡繫縣，戶口風俗，各有攸敍。厥後畿服經、區宇志、諸州圖經集，紀載所加，博洽鬼瑣。昔鄭夾漈之稱禹貢也曰：『州縣之設，有時而更，山川之形，千古不易，故其分州，必有山川定疆界，使兗州可移，而濟河之兗州不可移；梁州可遷，而華陽黑水之梁州不可遷。』韙哉言乎！洵地志之達例也。夫蕭何收亡秦圖籍，故能知天下要害，馬援陳天水形勢，故能示道徑往來。吾國地志，不少專書，遠而杜典馬考，往轍可尋；近而人文地理，自然地理，譯篇甚富。竊以爲經世之略，宜注重政治。顧氏祖禹曰：『時代之因革，視乎州域，州域之乘除，關乎形勢。州域之建置有定，而形勢之變動無方，禹跡茫茫，其得失成敗之故，不越於此也。』爰取斯旨，輯地形編。

第一章　古代九州

禹貢以前之九州

昔黃帝方制九州，（鹽鐵論大夫曰：鄒子推終始之運，謂中國天下八十一分之一，名赤縣神州，而分爲九州）列爲萬國。或曰，九州爲顓帝所建，帝嚳受之，（帝王世紀：冀兗青徐揚荊豫梁雍九州爲顓帝所建，通典亦云）孔子稱其北至幽陵，南暨交趾，西蹈流沙，東極蟠木者是也。堯遭洪水，天下分絕，舜攝帝位，命禹平水土，以冀青地廣，分冀東恆山（尚書曰「十有一月朔巡狩至於北岳」註北岳恆山也。地理志云在常山曲陽縣西北。五嶽圖曰恆山高三千九百丈，上方三十里，周迴三千里）之地，爲幷州，冀東北醫無閭」（周禮職方氏「東北曰幽州，其山鎮曰醫巫閭，在今遼寧北鎮縣西五里，高十餘丈，周二百四十里）爲幽州，東北遼東之地爲營州。故書曰：『肇十有二州。』此禹貢以前疆域之大勢也。

禹貢之九州

禹平水土，還爲九州，禹以治水功爲最著，洪水既平，疆理九州，任土作貢，故以禹貢名篇。

都邑考：伏羲都陳；（今河南淮陽縣）神農亦都此，後徙曲阜；（山東曲阜縣）黃帝邑於涿鹿之阿；（括地志：嬀州懷戎縣東南五十里有涿鹿，舊直隸宣化府懷來縣，民國初屬直隸口北道，今改屬察哈爾省）少昊自窮桑登位，（曲阜縣北）復徙曲阜；顓頊自窮桑徙帝邱；（河北省濮陽縣西南）帝嚳都亳；（河南商邱縣東南）至堯始都平陽；（世紀：堯始封唐縣，後徙晉陽，今山西太原縣治；及爲天子，都平陽，今山西臨汾縣）舜都蒲坂；（今山西永濟縣北三十里，曰虞都鎮）禹都安邑。（舊屬山西解州，民國移治運城，今爲山西省安邑縣）其後帝相都帝邱，少康中興，復還安邑。自上古至夏，都邑不過二百里，皆在冀州之內。

冀州。三面距河，東距兗河，西距雍河，南距豫河。（今河北山西二省及河南黃河以北，遼寧遼河以西之地）

濟河惟兗州。東南距濟，西北距河。（李巡曰：濟河間其氣專質，厥性信謙，故曰兗。兗，信也。卽沇水。山東舊東昌府及兗州濟南青州之西北境，直隸舊大名府及正定河間之

東南境皆古兗州地

海岱惟青州。東北距海，西南距岱。論者謂土居少陽其色爲青故名舊山東之膠東及濟南道東境皆是兼有瀋陽遼河以東之地

海岱及淮惟徐州。東距海，北距岱，南距淮，西距濟，不言濟者，以鄭州互見也。李巡曰淮海間其氣寬舒稟性安徐故曰徐徐舒也今江蘇舊徐州府及邳縣山東舊兗州府安徽之宿縣泗縣皆其地也徽則鳳陽泗州在淮水以北者皆屬焉

淮海惟揚州。北距淮，東南距海，西與荊豫分界。李巡註江南其氣躁勁厥性輕揚今江蘇安徽江西浙江福建之地

荊及衡陽惟荊州。北距南條，荊山，南距衡山之陽，以衡山之南，無復有名山大川可以爲記，故言陽以見其境過山南也。李巡曰漢南其氣燥剛稟性彊梁故曰荊荊彊也釋名以爲取荊山之名今湖南湖北及四川舊重慶府貴州舊遵義思南銅仁思州石阡等府及廣西之全縣廣東之連縣皆其地也

荊河惟豫州。西南距南條荊山，北距大河。李巡曰河南其氣著密厥性安舒故曰豫豫舒也即今河南省或曰兼山東舊曹州安徽舊潁州湖北舊襄陽鄖陽境

華陽黑水惟梁州。西距黑水，東距華山之陽。今四川及陝西舊漢中興安府境

黑水西河惟雍州。西南距黑水，東距西河，河在雍州之東，而曰西河者，以冀州西界而言之也。應劭曰西方金剛其氣强梁今陝西甘肅二省及青海額濟納之地皆是

殷商之九州

殷商革命，詩稱九有，因夏之制，略有變更。

都邑考：契始封商，今陝西商縣 相土遷商邱，今河南商邱縣 湯居亳，受命後都西亳，河南偃師縣西亦曰尸鄉即古西亳 遷囂，河南廣武

縣）河亶甲徙相，（河南安陽縣西北五里洹水南岸）祖乙徙耿，（山西河津縣）復徙邢，（河北邢臺縣）盤庚復歸西亳，武乙徙朝歌，（今河南淇縣東北）所謂沬邦也。

王制於商，亦曰九州千七百七十三國，商之九州，蓋襲夏而已。孫炎以爾雅九州與禹貢周禮不同，疑爲殷制。陸氏佃亦云：禹貢有青徐梁而無幷幽營，爾雅有徐幽營而無青梁幷，職方有青幽幷而無徐梁營，三代不同故也。班氏志地理，以爲殷因於夏，無所變政，然殷所因者禮也；謂因地則亦無明文。

爾雅九州考

冀州　釋地九州，兩河間曰冀州。郭璞注：自東河至西河。此蓋殷制，孫炎李巡同。舜肇十有二州，鄭注謂舜於舊九州外，分青州爲營州，冀州爲幷州，幽州，至夏乃合爲九。禹貢無幽幷二州，則幽幷之地周分置幽幷俱在禹貢冀州域內，是殷周冀州視夏制差小。

豫州　河南曰豫州。註：自南河至漢北。禹貢豫州以荊山之北爲界，爾雅豫州以漢水之北爲界，夏殷殊制。職方云：河南曰豫州，正南曰荊州，則周時荊州，兼有漢北之地，與殷制異。郭知自南河至漢北，以豫州居冀荊之間，其界爲南河之南，漢水之北也。周禮疏云：周之雍豫，兼梁州之地，爾雅無梁州，則殷之豫地，亦兼梁地。

雍州　河西曰雍州。注：自西河至黑水。職方云：正西曰雍州。殷周雍州俱兼梁州之地，與禹貢異。

荊州　漢南曰荊州。注：自漢南至衡山之陽。殷時荊州以漢水爲界，則自大別以東，江南之地，屬於揚州；

大別以西，漢東之地，屬於豫州，視夏制差小。謂凡在漢水以南，皆屬荊州，其南界則越過衡山之陽也。

揚州　江南曰揚州。注自江南至海。殷制，割淮南江北之地以屬徐州，故揚州以江爲界，兼有大別以東之地，蓋較夏之揚爲小。

兗州　濟河間曰兗州。注：自河東至濟。殷制與夏同。職方云：河東曰兗州。賈疏：周之兗州，於禹貢侵青徐之地，兗州之域，河東與冀分界，濟自滎至菏西南與豫分界，自菏至會汶南與徐分界，會汶後東北行，東與營分界。

徐州　濟東曰徐州。注：自濟東至海。殷仍夏制。職方云：正東曰青州，其山川皆禹貢徐州之域。周無徐州，蓋以徐爲青也。徐與兗以濟爲界，自濟而東，兼有淮南江北之地，與揚州分界。周之青州於禹貢侵豫州地，故其澤藪曰望諸。殷爲徐州，則望諸亦當在境內。

幽州　燕曰幽州。注：自易水至北狄。禹貢以幽州之地，合於冀州。職方云：東北曰幽州，正北曰并州。爾雅無并州，幽州兼有并州之地。故下文云：燕有昭余祁，昭余祁爲周禮并州之澤藪也。殷以昭余祁屬燕，是爲并合於幽之證。職方并州其浸淶易，殷制合并於幽，故易水在幽州境內。水經云：易水出涿郡——故安縣——閻鄉西山。周時幽州偏於東北，其正北則爲并州，殷以東北之地割屬營州，則幽州之境縮於東北而贏於正北。

營州　齊曰營州。注：自岱東至海。禹貢云：海岱惟青州。公羊疏引鄭注云：今青州界，東至海，西至岱，東嶽曰岱山。職方云：正東曰青州，夏商俱無營州。釋文云：爾雅營州爲禹貢之青州矣。營者，蓋取營邱以爲號。博物志云：營與青同，海東有青邱，齊有營邱，豈是名乎。說苑齊曰青州，是青卽營也。公羊疏引孫氏自岱東至海。鄭注本孫炎書疏云：青州之境，非至海畔而已，堯時青州，當越海而有遼東也。舜時十有二州，分青邱爲營州，營州卽遼東也。爾雅營州之境，與禹貢青州同。

周職方氏之九州

周既定鼎，職方所掌，亦曰九州，與禹貢所紀有略異者。

都邑考：后稷始封郃，（今陝西武功縣西南二十里）公劉徙豳。（今陝西栒邑縣西三十里有古豳城）太王遷岐，（今陝西岐山縣東北五十里）南有周原，改號曰周。王季宅程，亦曰郢，（今陝西咸陽縣東二十里有安陵城古程邑也）文王居豐，（今陝西鄠縣東）武王都鎬，（今陝西長安縣西南）成王營洛邑，（今河南洛陽縣西五里）名曰東周，懿王徙犬邱，（今陝西興平縣東南十里）平王避犬戎之難，東遷於洛，卽洛邑也。

（東南）曰揚州。山、會稽，（在浙江紹興縣）藪、具區，（卽太湖在江蘇舊蘇州府西南五十里與舊常州府及浙江舊湖州府分界）川、三江，（松江婁江東江跨江蘇浙江境）浸、五湖。（孔氏曰太湖東岸五灣也水瀰漫而湖淺者曰藪窪下而鍾水者曰浸）

（正南）曰荊州。山、衡山，（在湖南衡山縣西）藪、雲夢，（湖北安陸縣南五十里）川、江漢，（江發源今四川茂縣西北之岷山經梁荊揚三州至江蘇海門縣入海漢發源陝西寧羌縣東北之嶓冢山至湖北漢陽縣城東北入大江）浸、潁湛。（潁水發源河南登封縣陽乾山至安徽潁上縣入淮湛出河南臨汝縣魚齒山下流入汝水在禹貢爲豫州川）

（河南）曰豫州。山、華山，（陝西華陰縣西南）藪、圃田，（河南中牟縣西）川、滎洛，（或以爲滎澤誤滎瀆通卽汴水洛出陝西商縣南冢嶺山）浸、波溠。（波出河南魯山縣西北下流入汝水溠出湖北棗陽縣東北下流入溳）

（正東）曰青州。山、沂山，（山東臨朐縣西）藪、孟諸，（河南商邱縣東北禹貢爲豫州境）川、淮泗，（淮出河南桐柏縣桐柏山至江蘇漣水縣東北入海泗今自山東濟寧縣入運河）浸、沂沭。（沂沭二水皆出山東臨朐縣沂山）

（河東）曰兗州。山、岱山，（山東泰安縣北）藪、大野，（山東鉅野縣東亦曰鉅野澤）川、河泲，（泲即濟河出河南濟源縣王屋山至山東利津縣入海）浸、盧濰。（盧水在山東長清縣今堙濰出山東莒縣下流入海）

（正西）曰雍州。山、嶽山，（陝西隴縣南）藪、弦蒲，（隴縣西）川、涇汭，（涇出甘肅平涼縣西下流入渭汭出弦蒲藪下流合涇）浸、渭洛。（渭出甘肅渭源縣洛出慶陽縣北三百里白於山亦曰女郎山）

（東北）曰幽州。山、醫無閭，（見上）藪、貕養，（山東萊陽縣東禹貢屬青州）川、河泲，浸、菑時。（菑即淄水出山東萊蕪縣東原山至壽光縣入海時出臨淄縣合小淸河入海二水並泲水禹貢屬青州川）

（河內）曰冀州。山、霍山，（山西霍縣東南）藪、揚紆，（即水經注大陸澤在河北平鄉寧晉隆平等縣境）川、漳，（今名漳河上源二淸漳出山西平定縣治東南沾嶺西南流逕和順縣折東南逕遼縣入河南涉縣合源泉河水又東南分支復合至林縣北會濁漳濁漳西源出山西長子縣西南發鳩山東流至長治縣折北逕潞城至襄垣縣東北北源出沁縣西北伏牛山東南流來會又東南逕黎城平順至回風峪入河南會淸漳由是東逕安陽臨漳折東北流至河北大名縣入衛河）浸、汾潞，（汾出山西靜樂縣管涔山至榮河縣西入河潞在密雲縣北即今通縣之白河）

（正北）曰并州。山、常山，（即禹貢恒山）藪、昭余祁，（山西祁縣東）川、滹沱嘔夷，（滹沱出山西繁峙縣東北泰戲山至河北天津入海嘔夷即唐河出山西靈邱縣西北高是山至河北安新縣北流合於易水）浸、淶易，（淶出河北淶水縣北一名拒馬河下流合於易水易水有三源並出易縣下流合衛河滹沱河入海）

周職四履

以上言九州者三：禹貢之冀兗青徐揚荊豫梁雍，夏制也；爾雅之冀幽營兗徐揚荊豫雍，商制也；職方之揚荊豫青兗雍幽冀幷，周制也。商有幽幷而無禹貢之青梁，周有幽幷而無禹貢之徐梁，此三代九州之不同也。然禹貢職方之界有相侵者：禹貢曰海岱及淮惟徐州，又曰大野既豬。職方青州之川淮泗，兗州之澤大野，是以徐而入青兗。禹貢曰華陽黑水惟梁州，又曰厥貢璆鐵銀鏤砮磬；職方豫州之山華山，雍州之利玉石，是以梁而入於雍豫。職方既以青兗而包徐，故青州多入禹貢之豫，兗州多入禹貢之青。禹貢豫州曰被孟豬，而職方青州曰其澤望諸；禹貢青州曰鹽絺海物，而職方兗州曰其利蒲魚。職方既分冀而爲幽幷，故幽州多入禹貢之青，冀州多入禹貢之雍。職方曰幽州其山醫無閭，醫無閭在遼東，遼東於禹貢屬青。職方曰冀州其澤揚紆，爾雅謂秦有揚紆，於禹貢屬雍。大抵周以禹之一冀州析而爲三；以禹之八州合而爲六，其勢必不能如禹之舊。杜氏與二鄭，不本此說，不改職方之字，則改職方之意，疏矣。

左傳（僖公二十四年）富辰曰：『管、（河南鄭縣治即古管城）蔡、（今河南上蔡縣）郕、（今山東汶上縣北二十里）霍、（山西霍縣）魯、衛、毛、（畿內國河南宜陽縣境一云在甘肅天水縣）聃、（亦作冉又爲那今湖北荊門縣）郜、（山東滋陽縣有郜城）雍、（河南修武縣西）曹、（山東菏澤縣）滕、（山東金鄉縣東）畢、（陝西咸陽縣北）原、（河南濟源縣西北）酆、（杜氏曰酆在今陝西鄠縣東今長安縣）郇、（山西臨晉縣東北）文之昭也；邘、（今河南沁陽縣西北）晉、應、（河南魯山縣東）韓，武之穆也；凡、（河南輝縣西南）蔣、（河南固始縣西北）邢、（今河北邢臺縣治）茅、（山東金鄉縣西北）胙、（今河南延津縣北三十五里）祭，（畿外國今河南鄭縣東北十五里）周公之胤也。』又景王使詹桓伯辭於晉曰：我自夏以后稷，魏、（山西芮城縣東北）駘、（陝西武功縣西南）芮、（今陝西大荔縣城南）岐、（陝西岐山縣）畢，（陝西咸陽縣）吾西土也；及武王克商，蒲姑、（山東博興縣東）商奄，（山東曲阜縣東）吾東土也；巴、（四川巴縣）濮、（湖南舊辰州常德二府境）楚、（楚之先國於丹陽今湖北秭歸縣東南）鄧，（河南鄧縣）吾南土也；肅愼、（當在今吉林寧安縣以北直至松花江南北之地）燕、（今河北省北境）亳，（陝西北境）吾北土也。黃氏曰：荊、宛、幷、韓，（荊州之宛幷州之韓宛即申也）其國都皆近京師，宛衞武關以制楚，（武關在陝西商縣東北八十里）韓捍臨晉以制翟，（臨晉關即蒲津關在山西永濟縣西門外黃河西岸）皆天下形勝，故宣王中興，特著二詩焉。大抵周代幽據全燕，齊據海岱，（燕制翟，齊制淮夷）兗冀，翼蔽洛陽，幷荊，控扼咸陽，此天下全勢也。觀九州山川險要之處，與其建牧規模，而經略大體可見矣。

第二章　春秋戰國疆域形勢

東周之疆域

周自平王畏戎遠避，遷都洛邑，豐鎬千里，宗社蕩然。當時遂以岐豐之地予秦，坐棄西周舊壤而不惜此春秋所由託始歟。嗣後惠王割虎牢（河南汜水縣西）畀鄭，酒泉（今陝西大荔縣境或曰河南澠池縣地）畀虢，而東南之屏蔽失。至襄王又畀溫（河南溫縣）、原（河南濟源縣）數邑於晉，而東北之大局去矣。迄於二周之亡，所有者惟河南（即王城）、洛陽（即下都）、穀城（洛陽縣城西北）、平陰（河南孟縣東）、偃師（河南偃師縣）、鞏（河南鞏縣）、緱氏（偃師縣南）七城而已。

春秋各國之形勢

自春秋之世，齊、晉、秦、楚號爲大國，四隅分建，互相爭雄。魯、衞、宋、鄭，介乎其間，事彼事此，左右爲難。吳、越抗衡江表，爭長中原，又後起之勁也。其強弱之勢，恆以地利形勢爲轉移，茲先述魯，次齊、晉、楚、宋、衞、鄭、秦，次吳、越。

魯（今自山東滋陽縣以東南及江蘇沛縣安徽泗縣等皆其地也）本望國，當泰山之南，據汶泗上流，其地平衍，終春秋世，常畏齊而服晉。其西南則宋、鄭、衞及邾、莒、杞、鄫諸國地，犬牙相錯，時吞滅小國以自附益，祊（在泰山下）易於鄭，防（山東金鄉縣西北）取於宋，須句（今東平縣東南）取於邾，向（今莒縣南）、鄆（今嶧縣東）取於莒，而邾（今鄒縣）則空其國都，收邾衆退保嶧山（鄒縣東南），與莒爭鄆（沂水縣北），無寧日。逮晉文分曹地，則有今濮縣西南。而越既滅吳，與魯泗東方百里地，界稍稍擴矣。然終不能抗衡齊晉，豈特其君臣之孱弱，亦地當走集，以守以攻，皆不足也。

都邑考：魯都曲阜，故少皞都也。故春秋傳曰：命伯禽而封於少皞之墟。

齊（今自山東益都以西至歷城聊城之間北至河北景滄諸縣東南際海皆其地也）地形勢險要不如晉，幅員廣遠不如吳楚，徒以東至海，饒魚鹽之利；西至河，憑衿帶之固；南至穆陵，（今山東臨朐縣大峴山）有大峴之險；北至無棣，（今河北慶雲縣山東無棣縣皆其地也）收廣莫之地。用管子之計，官山府海，遂成富强，為五伯首，豈惟地利，抑亦人謀之善也。

都邑考：太公初封營邱，（即山東臨淄縣或曰昌樂縣東南營陵城為古營邱）胡公徙薄姑，（山東博興縣東北十五里）獻公徙臨淄。（即臨淄縣）

晉（今自山西舊平陽太原以東至舊直隸廣平大名諸府地）初僻處太原，自周室東遷，猶彈丸黑子地。及曲沃武公伐晉，列於諸侯，漸肆吞併。嗣是滅虢，據崤函之固；啓南陽，扼孟門（即白陘為太行八陘之第三陘在今河南輝縣）太行（太行陘為八陘中之第二陘在今河南沁陽縣）之險，南據虎牢，（河南汜水縣西）北據邯鄲。（今河北邯鄲縣西南十里）擅河內之殷墟，（衛之朝歌今之河南淇縣商所都也）連肥（國名今河北藁城縣西南）鼓（國名今河北晉縣）之勁地，西入秦域，（伐秦、取汪及彭衙（皆在陝西大荔縣白水縣界）又伐秦取少梁（今山西大荔縣韓城縣南））東軼齊境，（伐齊取犁（山東臨邑縣西）及轅（山東禹城縣西北））天下扼塞鞏固之區，無不為晉有。然後以守則固，以攻則勝，擁衛天子，鞭笞列國，周室藉以少定。然則晉之取威定霸，亦地勢使然哉。

都邑考：虞叔封唐，（山西太原縣）燮父徙居晉，（太原縣汾東北）穆侯徙絳，（山西翼城縣東南十五里）孝侯改絳曰翼，既而曲沃（山西聞喜縣東）滅翼，復都絳，景公遷新田。（曲沃西南二里）

楚（今湖南湖北安徽江蘇浙江及四川巫山以東廣西蒼梧以北陝西洵陽以南皆其地也）居南服，其北嚮以抗衡中夏也，自文王滅申（見上）始也。（莊十六年）自後滅呂，（見上）滅息，（故城在今河南息縣西南）滅鄧，（今河南鄧縣）南陽汝寧之地，悉爲楚有，遂平步以窺周疆。故楚出師，則申息爲之先驅，守禦則申息爲之藩蔽。城濮之敗，而子玉羞見申息之老；楚莊初立，而申息之北門不啓。子重欲取申呂以爲賞田，而巫臣謂晉鄭必至於郊，申之係於楚，豈小補哉？故論當日楚之形勢：東拒齊，則召陵（河南郾城縣東）爲咽喉之塞；西拒晉，則武關（陝西商縣東）通往來之道；南面捍吳，則鍾離（今安徽鳳陽縣東北二十里）居巢（今安徽巢縣）州來（今安徽鳳臺縣北）屹爲重鎭；迨州來失而吳人入郢之禍始兆矣。

都邑考：熊繹封丹陽，（故城在今湖北秭歸縣東南七里）文王始都郢，（即今湖北江陵縣北十里之紀南）平王更城郢而都之，（郢湖北江陵縣東南之故郢城也）昭王遷鄀，（今湖北宜城縣西南九十里）旋還郢。至襄王，東北保陳城，（即故陳國）考烈王遷鉅陽，（或曰安徽潁州西北四十里，即今阜陽境也）又還壽春，（即今安徽壽縣）亦曰郢。最後至秦時，懷王孫心都盱眙，（安徽盱眙縣）又徙長沙郴縣而亡。（即今湖南郴縣）

宋（今河南商邱縣以東至江蘇銅山縣以西皆其地也）爲四望平坦之地，入春秋，乃有彭城。（即今銅山縣）彭城俗故勁悍，又當南北之衝。晉悼公之再霸也，用吳以犄楚，先用宋以通吳，實於彭城取道。楚拔彭城以封魚石，實欲使吳晉隔不得通。晉滅偪陽以畀宋，欲宋爲地主通吳晉往來之道。蓋彭城爲宋有，而柤（襄十年晉合諸侯會吳子於柤）偪陽爲楚與國，皆在今沛縣境。宋有偪陽，而吳晉相援如左右手矣。故當日楚最仇宋，常合鄭以齮宋，亦最力。而宋以有彭城之故，遂爲天下所輕重。

都邑考：宋都商邱，即相土所遷者

衞（今自河北舊大名開州以西至河南舊衞輝懷慶府境皆其地也）地西鄰晉，東接齊，北走燕，南距鄭宋；楚與晉爭霸，爭鄭宋，而衞不受兵，以鄭宋南面爲之蔽也。自晉文城濮之役，用兵於衞，自後受制於晉，幾同晉之鄙邑。

都邑考：衞都朝歌，即殷紂都也。故酒誥曰：『明大命於妹邦。』（妹沬通）其後戴公廬曹，（河南滑縣）文公遷楚邱，成公徙帝邱，即顓頊都也。故春秋傳曰：『衞，顓頊之墟，』（又傳云衞成公夢康叔曰相奪予享蓋夏后相亦徙帝邱也）亦謂之濮陽（戰國時名見上）至元后徙野王而祀絕。（野王今河南沁陽縣治）

鄭，（今河南河以南中部皆其地也）西有虎牢之險，北有延津（即廩延河南延津縣北為古黃河經流之道）之固，南據汝潁之地，特其險阻，左支右吾；蓋滎陽成皋，自古戰爭地，南北有事，首被兵衝，地勢然也。至子產之世，虎牢已屬晉，犨、（今河南魯山縣東南）郟、（今河南郟縣）櫟（河南禹縣）已先屬楚，地險盡失，所恃者區區辭命，以大義折服晉楚而已。自後三家分晉，而韓得成皋，（即虎牢）卒以滅鄭，則鄭之虎牢，豈非得之以興，失之以亡哉！

都邑考：鄭都新鄭。（在濟西濟東河南潁北四水間即今河南新鄭縣是也）

秦（今自陝西長安以西皆其地也）據豐鎬故都，其東則晉，限以桃林之塞；少南則楚，限以武關之險；故滅滑（河南偃師縣南）爲晉所得，滅鄀（河南淅川縣西）爲楚所得，終春秋無能越中原一步。且自今同華延綏之境，晉地皆陡入其中，故雖以穆公之雄心不忘東向，而卒無以逞其志，力之所至，止於開斥戎疆，稱霸西戎而已。二百年來，秦人屏息而不敢出氣者，實晉有以制之也。

都邑考：非子封秦城，（今甘肅天水縣有秦亭非子所封）莊公復居犬邱，（在天水縣西南有故城為莊公所居）襄公徙居汧，（陝西汧陽縣）文公復卜居汧渭間，(陝西郿縣東北)寧公徙平陽，(郿縣西四十六里有平陽故城)德公徙居雍，(陝西鳳翔縣治)獻公徙櫟陽，(陝西臨潼縣北五十里)孝公作爲咸陽，徙都之。(咸陽縣東三十里)自孝公至子嬰，凡九世，皆居此。

吳(今自淮泗以南至浙江嘉湖之境皆其地也)跨江南北立國，其始服屬於楚，自吳晉交通，晉敎吳叛楚，以後遂爲勁敵。吳楚交兵數百戰，楚得上游，從水則楚常勝；而從陸則吳常勝。楚以水師臨吳，而吳常從東北以出楚之不意也。鍾離、居巢、州來此三城者，爲楚備吳之重鎮，吳爭之七十年而後得。三城滅，而楚淮右之藩籬盡撤，吳遂由陸道從光州(今河南潢川縣)逕義陽三關(大隧即黃峴關在河南信陽縣南其東曰冥阨即平靖關又東曰直轅即武陽關也皆南接湖北麻城應山二縣界)之險，以瞰郢都，(湖北江陵縣北)而置大江於不問矣。

都邑考：吳都吳。(江蘇吳縣治)

越(今自浙江杭縣以南東至海之地)自允常始見於春秋，再世至句踐，遂成霸業。其初疆域，南至於勾無，(一名甬東今浙江定海縣)北至於禦兒，(今浙江崇德縣)東至於鄞，(浙江鄞縣)西至於姑蔑。(浙江龍游縣)然檇李，(浙江嘉興縣)餘汗，(江西餘干縣)皆爲越壤，則西北境且不止此，及其滅吳，遂有吳之全土，北與齊魯接壤。(以上節取春秋大事表列國疆域表)

都邑考：越都會稽。(浙江紹興縣治)

至子男附庸之屬，見於春秋經傳者，百有十三國，餘皆亡其處矣。

邾(文十三年邾文公遷繹魯繆公時改爲鄒今山東鄒平縣地)　杞(今河南杞縣)

茅(見上)　滕(今山東滕縣)

薛　滕縣西南四十里

向　今山東莒縣南

夷　山東即墨縣西

鄫　山東嶧縣東有鄫城

譚　今山東歷城縣東南莊十年齊城譚

郜　山東城武縣僖二十年郜子來朝

邿　山東濟寧縣東南襄十七年取邿

宿　山東東平縣東二十里莊十年宋人遷宿

須句　即今東平縣文七年取須句

郯　山東郯城縣西南有古郯城

於餘邱　或曰在今山東臨沂縣北莊二年魯伐於餘邱

鄣　東平縣東六十里莊三十年齊人降鄣

鄅　山東臨沂縣北故開陽城即此昭十八年邾入鄅

根牟　山東沂水縣南宣九年取根牟

介　山東高密縣西僖二十九年介葛盧來朝

莒　山東莒縣

紀　山東壽光縣西南三十餘里有紀城

郳　山東滕縣東南有郳城

遂　山東寧陽縣北有遂城莊十年齊滅遂

偪陽　山東嶧縣南五十里

鑄　山東寧陽縣西北

鄟　或曰山東郯城縣東北成六年取鄟

任　今濟寧縣即古任國

顓臾　山東費縣西北

州　山東安邱縣東桓六年州公如曹

牟　山東萊蕪縣東桓十五年牟人來朝

郕　山東汶上縣北二十里隱五年衛人入郕

極　山東魚臺縣西南隱二年魯入極

陽　沂水縣南閔二年齊人遷陽

萊　今山東掖縣治襄六年齊滅萊

虞 山西平陸縣東北僖五年晉滅虞

祭 今河南鄭縣東北隱元年祭伯來

南燕 今河南延津縣北三十五里春秋時爲南燕胙爲所并也

蘇 今河南溫縣西南爲蘇子國都

周 畿內國采邑在今陝西岐山縣北東遷後其采邑在今洛陽東郊

毛 畿內國在河南宜陽縣一云在甘肅天水縣僖二十四年狄伐周獲毛伯

單 畿內國河南孟津縣東南

雍 河南修武縣

尹 畿內國河南新安縣東南

鞏 畿內國河南鞏縣

魏 山西芮城縣東北閔元年晉滅魏

梁 陝西韓城縣南僖十九年秦取梁

耿 今山西河津縣東南閔元年晉滅耿

冀 山西河津縣東北僖三年冀爲不道

黎 山西黎城縣東北宜十五年晉立黎侯

虢 見上

共 河南輝縣隱元年鄭叔段出奔共

凡 在今河南輝縣西南隱七年天王使凡伯來聘

原 今河南濟源縣西北十五里

召 畿內國采邑在今陝西鳳翔縣治後徙而東其采邑在今山西垣曲縣東

甘 畿內國在今河南洛陽縣西南二十五里襄王弟子帶之封邑

成 畿內國在今洛陽縣境成十年成肅公會晉侯伐秦

樊 畿內國或曰在濟縣源西南十五里

劉 畿內國河南偃師縣南三十五里宣十年劉康公來報聘

芮 陝西大荔縣治或曰山西芮城縣桓三年芮伯萬出居於魏

荀 亦曰郇今山西臨晉縣東北十五里

賈 陝西蒲城縣西南桓八年虢仲芮伯梁伯荀侯賈伯伐曲沃

霍 山西霍縣閔元年晉滅霍

崇 或曰今陝西大荔縣境一云陝西鄠縣取五里宜元年晉侵崇杜曰秦與國

鄧 今河南鄧縣莊十六年楚滅鄧

申　今河南南陽縣北十五里莊六年楚滅申

息　河南息縣莊十四年楚滅息

江　今河南息縣西南文四年楚滅江

道　河南息縣西南十里即春秋道國

沈　今安徽阜陽縣西北一百二十里有沈丘集即其地

項　河南項城縣東北僖十七年晉滅項

胡　故城在安徽阜陽縣西北二十里定十五年爲楚所滅

唐　湖北隨縣西北八十里定五年楚滅唐

戴　河南考城縣隱十年鄭取戴

蕭　今江蘇蕭縣宣十二年楚滅蕭

六　今安徽六安縣北一云在安徽舒城縣東南六十里文五年楚滅六

宗　安徽廬江縣西境文十二年楚執宗子

英氏　安徽六安縣西僖十七年齊人徐人伐英氏

舒　安徽舒城縣僖三年徐人取舒

舒庸　今安徽懷寧縣境成十七年楚滅舒庸

滑　河南偃師縣南僖三十三年秦人滅滑

黃　河南潢川縣西十二里又山西境內亦有黃國

弦　今河南潢川縣西南僖五年楚滅弦

柏　河南西平縣西有柏亭應劭曰即古柏國

頓　今河南項城縣北五十里南頓故城定十四年楚滅頓

鄀　河南內鄉縣西文五年秦人入鄀

隨　今湖北隨縣

房　今河南遂平縣

葛　河南寧陵縣北桓十五年葛人來朝

徐　今安徽泗縣北五十里昭三十年吳滅徐

蓼　安徽霍邱縣西北文五年楚滅蓼

巢　安徽巢縣文十二年楚圍巢

桐　安徽桐城縣西南定二年桐叛楚

舒鳩　今安徽合肥縣境襄二十五年楚滅舒鳩

鍾吾　江蘇宿遷縣昭三十年吳執鍾吾子

穀 湖北穀城縣桓七年穀伯來朝

軫 湖北應城縣西桓十一年楚屈瑕將盟貳軫

絞 在湖北鄖縣西北桓十二年楚伐絞

賴 河南商城縣南昭四年楚滅賴遷賴於鄢

權 湖北當陽縣東南左傳楚武王克權

庸 湖北竹山縣東文十六年楚滅庸

夔 今湖北秭歸縣東僖二十六年楚滅夔

邢 今河北邢臺縣治僖元年邢遷於夷儀

焦 今河南陝縣南二里有焦城

韓 陝西韓城縣南有古韓城

貳 湖北應山縣境

鄖 亦作䢵今湖北鄖縣治

羅 湖北宜城縣西二十里有羅川城卽羅故國

州 湖北監利縣東桓十一年鄖與隨絞州蓼伐楚師

厲 湖北隨縣北境僖十五年齊師曹師伐厲

麇 湖北鄖縣治文十一年楚伐麇

巴 在四川巴縣或曰舊夔州以西敍州以北皆古巴國地

北燕 今北平市春秋時燕都也

揚 山西洪洞縣東南

不羹 音郎河南襄城縣東南昭十一年楚子城陳蔡不羹

又成周之世，中國之地最狹，以今地考之，吳越楚蜀閩皆爲蠻；淮南爲羣舒；秦爲戎；河北、眞定、中山之境，乃鮮于肥鼓國；河東之境有赤狄、里氏、留吁、鐸辰、潞國；洛陽爲王城，而有楊拒泉皋蠻氏陸渾伊雒之戎；齊東有萊牟介莒皆夷也；杞都雍邱，今汴之屬邑，亦用夷禮；邾近於魯，亦曰夷。其在中國者，獨晉衞齊魯宋鄭陳許而已，通不過數十州，蓋於天下特五分之一耳。今此種蠻夷可考者，約十有八國云。

戎蠻 今河南臨汝縣西南有蠻城哀四年楚圍蠻氏

陸渾 河南嵩縣北三十里昭十七年晉滅陸渾

無終　今河北玉田縣即山戎無終子國

潞氏　今山西潞城縣宣十五年晉滅赤狄潞氏

白狄　今陝西膚施縣及山西汾陽縣境

犬戎　今陝西鳳翔縣北境

茅戎　今河南陝縣境成元年劉康公伐茅戎

鄭瞞　今山東歷城縣北境亦曰長狄

淮夷　今江蘇銅山邳縣諸境亦曰東夷

鼓　今河北晉縣昭二十二年晉滅鼓

濮　亦曰百濮今雲南曲靖境文十六年麇人率百濮伐楚

鮮虞　今河北正定縣西北哀三年齊衞求援於中山即此

廧咎如　今山西太原縣境亦赤狄別種

驪戎　今陝西臨潼縣

山戎　今河北盧龍縣境莊三十年齊伐山戎

廬戎　今湖北南漳縣東五十里

北狄　山西大同縣察哈爾蔚縣境

肥　山西昔陽縣東昭十二年晉滅肥

戎　山東曹縣東南有楚邱城

戰國七雄之形勢

由春秋入戰國，并吞之禍益亟。於是田氏代齊，三家分晉，燕亦崛起於東北之陬，遂有秦韓趙魏燕齊楚之七國。而是時魯越滅於楚，宋滅於齊，鄭滅於韓，衞侵削於晉，而天下之形勢又一變。

秦於七國爲最強　蘇秦曰：「秦西有巴蜀漢中之利，北有胡貉代馬之用，王氏曰「胡如樓煩林胡之屬貉如長韓之屬今山西太原府（今改縣）岢嵐州（今改縣）以北故樓煩胡地大同府（今改縣）朔州（今改縣）以北故林胡地遼東三萬衞以東北即貉地而大同蔚州（今改縣屬察哈爾）之境古代地也皆產良馬胡與代屬趙貉屬燕時巴蜀胡代皆非秦所有蘇秦姑侈言之耳」南有巫山四川巫山縣東三十里黔中湖南辰州常德府及其西諸郡之限，東有崤函崤阪在河南洛寧縣北函谷關在河南靈

（賨縣南）之固，沃野千里，地勢形便，此所謂天府、天下之雄國也。又謂趙王：「秦下軹道，（河南濟源縣南三十里有軹城）則南陽動；（今河南沁陽縣境春秋時晉人自太行以西皆謂之南陽）劫韓包周，則趙自銷鑠；據衛取淇，（河南淇縣）則齊必入朝；秦欲已得行於山東，則必舉甲而向趙；秦甲涉河逾漳，（今河南沁陽縣南境之河安陽縣境之漳）據番吾，（今河北平山縣或曰磁縣境）則兵必戰於邯鄲之下。（趙都也）」楚人謂頃襄王：「秦左臂據趙之西南，右臂搏楚之鄢郢，（見上頁國及楚都）鷹擊韓魏，垂頭中國，處既形便，勢有地利。」

韓爲秦魏之門戶　蘇秦曰：「韓北有鞏、（河南鞏縣）洛、（河南洛陽）成皋（河南汜水縣西二里亦曰虎牢關）之固，西有宜陽、（河南宜陽縣）商阪（即商洛山陝西商縣東南）之塞，東有宛、（河南南陽縣治北）穰、（河南鄧縣）洧水，（出河南密縣至西華縣入潁）南有陘山，（河南新鄭縣西南）地方千里。」其自成皋渡河上黨，（今山西長治縣）亦韓郡也。」張儀說韓曰：「秦下甲據宜陽，斷絕韓之上地，東取成皋滎陽，則鴻臺之宮，桑林之苑，（鴻臺桑林宮苑名也在韓都城內）非王所有。」三晉分知氏地，段規謂韓王曰：「分地必取成皋。」王謂石溜之地無所用，規曰：「不然，一里之厚，而動千里之權者，地利也。」

都邑考：晉封韓武子於韓原，（即故韓國）宣子徙居州，（河南沁陽縣東南五十里）貞子徙平陽，（堯所都）景侯徙陽翟，（河南禹縣本鄭地爲韓所併故韓亦兼鄭之稱）哀侯徙新鄭。（故鄭都）

魏爲天下之胸腹，據河北之襟喉　蘇秦曰：「魏南有鴻溝，（即汴河自滎陽東南至安徽泗水入淮）東有淮潁，（淮出河南桐柏山東流入安徽境瀦於江蘇安徽間之洪澤湖其下游本由江蘇漣水縣入海潁出河南登封縣西境潁谷東南流逕禹縣臨潁西華商水與沙河合而東流至淮陽周家口會賈魯河又東南流入安徽逕太和阜陽潁上至西正陽關入淮）西有長城，（史記魏築長城自鄭（陝西華縣治）濱洛以北有上郡（陝西膚施縣綏德縣境）固陽（榆林縣北）魏惠王初河西之地皆魏有也其後築於滎陽陽武間矣）北有河外，（河之南邑對河內言）地方千里。」衛鞅曰：「魏居嶺阨之西，都安邑，與秦界河，而獨擅山東之利。」張儀曰：「魏地四平，諸侯四通條達輻輳無名山大川之限。」左太冲所謂「旁極齊秦結湊冀道開胸殷衞跨躡燕趙」者也。

都邑考：晉封畢萬於魏城，（即故魏國）悼子徙霍，（故霍國）莊子徙安邑，（夏都）至惠王遷大梁，（今河南開封縣）因稱梁。

趙爲河北之强國　蘇秦曰：「當今之時，山東之建國，莫如趙强。趙地方三千里，西有常山，（即恆山今河北曲陽縣北）南有河漳，東有清河，（河北清河縣西境）北有燕國。」又言「秦甲渡河踰漳，據番吾，（今河北磁縣）兵必戰於邯鄲之下。」張儀曰「秦趙戰於河漳之上，再戰而趙再勝」是也。武靈王北破林胡樓煩，築長城，自代傍陰山下，置雲中（今綏遠歸綏縣城南）鴈門（山西舊大同朔平二府）代郡，（即今代縣）東南擁太行以爲固。蘇厲所謂萬乘之强國也。

都邑考：造父始封趙城，（今山西臨汾縣西南）趙夙邑耿，（故耿國）成子居原，（故原國）簡子居晉陽，（故晉都）獻侯治中牟，（河南湯陰縣西五十里後復居晉陽）肅侯徙都邯鄲。（河北邯鄲縣）

燕附齊趙以爲重　蘇秦曰：「燕東有朝鮮遼東，（朝鮮遼東塞外國）北有林胡樓煩，（胡種約在山西舊大同朔平二府左右之境戰國時雄於北方爲趙所破）西有雲中九原，（山西邊外綏遠烏喇特旗境）南有滹沱易水，地方二千里。南有碣石（山名河北昌黎縣西北）雁門（關名山西代縣北）之饒，北有棗栗之利，此天府也。」韓非子曰：「燕襄王以河爲境，以薊爲國，襲涿方城，殘齊平中山，有燕者重，無燕者輕。」鮑氏曰：「雲中九原及鴈門，本趙地而兼言之者，與燕接壤也。跨河而南，與齊毘隣，故曰附齊趙以爲重。」

齊據東海之表　蘇秦曰：「齊南有泰山，東有琅琊，（山東諸城縣東南百四十里）西有清河，北有勃海，地方二千餘里，所謂四塞之國也。」春申君曰：「齊南以泗水爲境，東負海，北倚河而無後患。」國子曰：「是以天下之勢，不得不事齊，秦得齊則權重於中國，趙魏楚得齊則足以敵秦，故秦楚趙魏得齊者重，失齊者輕。齊有此勢，不能以重於天下者何也，其用者過也。」

楚居南服之勁　蘇秦曰：「楚、天下之强國也。西有黔中見上、巫郡，四川巫山縣東有夏州今漢口、海陽，楚幷吳越東至海南有洞庭今湖南岳陽縣洞庭湖、蒼梧，卽九嶷山湖南寧遠縣南北有陘塞卽陘山與韓接境、郇陽，郇水之陽在陝西郇陽縣地方五千里，此霸王之資也。」淮南子曰：「楚地南卷沅湘，沅有二源北源出貴州甕安縣曰鎭陽江南源爲平越之豬梁江都勻之馬尾河合流爲淸水江東流入湖南至桃源常德湘出廣西興安縣南陽海山至湖南長沙北境二水並入洞庭湖北遶潁泗，西包巴蜀，東裹鄭淮，鄭見前鄭國潁汝汝出河南魯山縣大孟山至安徽潁上縣入淮以爲洫，江漢以爲池，垣之以鄧林，河南鄧縣西多山林綿之以方城，今河南方城縣東北四十里山高尋雲，谿肆無景。」楚後滅越，盡取故吳地，東北接於齊境。夫江淮河漢，古稱四瀆，而楚占其三焉，故楚地爲最廣。

方七國强盛之時，秦楚之地爲大，次齊趙，次燕魏，韓最小。於時儀秦輩掉三寸舌，今日說合從，欲悉慮以擯孤秦；明日說連衡，欲拱袂而臣六國。如是其謀，以爭相雄長。且齊有孟嘗，趙有平原，魏有信陵，楚有春申，又皆養猛將禮謀臣，日夜以弱秦爲計，而卒爲秦所併者，何哉？初秦之不能爭雄於中國也，有晉足以制之也，及三家分晉，而晉非復春秋之舊矣。然衞鞅之言曰：「秦之與魏，譬人有腹心之疾，非魏併秦，卽秦併魏，魏必東徙，然後秦可據山河之固，東鄉以制諸侯。」是一魏猶足以難秦也。蓋魏之强，以河西安邑；而韓之强，則以上黨；趙之强，則以晉陽及雲中九原。自魏失安邑，勢遂不復振，重以拔上黨，拔晉陽，而三晉以亡。於是秦始憑黃河，據崤函，而又南通巴蜀，循江而下，攻楚拔郢，湖北江陵縣治取巫黔，握長江之上游，中原形勢，都入掌握中矣。執敲朴以鞭笞天下，先後殆百八十年。先滅韓，次滅趙，魏次之，楚次之，燕又次之，而齊之四十餘年不受兵者，亦付之「松耶柏耶」之歌。故三晉分而秦强，范睢遠交近攻之策行而六國吞併之禍成。唐杜牧曰：「滅六國者，六國也，非秦也。」信然！

第三章　秦漢州郡及三國分立之地位

秦拓關中以馭六國

秦王政既併六國，分天下爲三十六郡，又平百越，置四郡，郡置一守。綜天下四十郡，守秩皆二千石。顧亭林曰：「自漢以下之人，莫不謂秦以孤立而亡，不知秦之亡，不封建亡，封建亦亡，而封建之廢，固自周衰之日而不始於秦也。故曰周者名家之天下，秦者法家之天下。秦唯膠膠然固天下於掌握，顧盼驚猜，恐强有力者旦夕崛起，效己而劫其藏。故罷侯置守，以救其失，欲以凝固鴻業，長久一姓，而僨敗旋踵。蓋封建之制，私其天下於一家，郡縣之制，私其一家之天下於一子，始皇帝此舉，乃其私天下之極軌，而無可復加者也。夷考其地，西臨洮，（甘肅岷縣）北沙漠，東縈南帶，皆臨大海，盡四海之內而郡縣之，以爲如是始可以制天下，始皇帝蓋欲愚四海而智一人哉。」

秦四十郡表

郡名	郡治	釋地概要

內史	咸陽（秦都陝西咸陽縣東）	陝西舊西安鳳翔同州等府及今商縣乾縣境為秦之畿內
三川	洛陽（河南洛陽縣）	河南舊河南開封二府及懷慶衞輝二府地
河東	安邑（山西安邑縣）	山西舊平陽蒲州二府及今解縣夏縣平陸芮城新絳垣曲聞喜絳縣稷山河津霍縣汾西靈石趙城臨縣大寧蒲縣永和境
上黨	壺關（山西長治縣）	山西舊潞安澤州二府及今沁縣沁源武鄉諸境
太原	晉陽（山西太原縣東北）	山西舊太原汾州二府及靈縣代縣忻縣平定縣保德縣境
代郡		今山西平遠縣及大同以北境
鴈門		今山西代縣以北及右玉寧武諸境
雲中		今綏遠歸綏縣一帶
九原		今綏遠五原縣及茂明安旗一帶地
上郡		今陝西膚施縣至榆林縣皆其地也
北地	義渠（甘肅寧縣）	甘肅舊慶陽平涼寧夏三府及今固原涇川諸境
隴西	狄道（甘肅臨洮縣）	甘肅舊鞏昌府秦州階州及今皋蘭縣黃河以南境
潁川	陽翟（河南禹縣）	今河南禹縣及舊陳州府汝寧府許州汝州境
南陽	宛（河南南陽縣）	河南舊南陽府及湖北襄陽府境
碭郡	碭（江蘇碭山縣）	河南舊歸德府及山東曹州府濟寧東平兩州又江蘇碭山縣至安徽宿州境

邯鄲	邯鄲　河北邯鄲縣	河北舊廣平府及河南彰德府境
上谷		河北舊保定河間二府及順天府之南境西境又易州及宣化府境
鉅鹿	鉅鹿　河北平鄉縣	河北舊順德正定二府及定州趙州冀州深州境
漁陽		今北平市東至薊縣一帶
右北平		今河北盧龍縣至薊縣又北至熱河西南境
遼西		今盧龍縣以北至熱河及遼寧錦縣新民諸境
遼東		今遼寧瀋陽之東南境
東郡	濮陽　河北濮陽縣西南	河北舊大名府山東東昌府臨清州及長清縣以西境
齊郡	臨淄　山東臨淄縣	舊山東登萊青三府及泰安武定府及今歷城縣東境
薛郡		今山東滋陽縣東南至江蘇東海縣一帶
琅琊		山東舊沂州府至青州府南界萊州府南境膠州一帶之境
泗水	沛　江蘇沛縣	今江蘇銅山縣及淮安縣北境安徽鳳陽縣至泗縣一帶境
漢中		陝西舊興安漢中二府及湖北鄖陽府境
巴郡	巴　四川巴縣	四川舊保寧順慶夔州綏定重慶諸府及忠州瀘州境
蜀郡		四川舊成都龍安潼川嘉定雅州等府及茂州緜州資州邛州眉州境

九江	壽春（安徽壽縣）	江蘇舊揚州淮安，安徽之安慶廬州鳳陽等府，六安滁和等州，及江西境內
鄣郡		江蘇舊江寧，安徽池州太平寧國等府，廣德州，及浙江之嚴州湖州二府境
會稽	吳（江蘇吳縣）	江蘇舊蘇松常鎭諸府，及浙江境內皆其地
南郡	郢（湖北江陵縣）	今湖北全境，惟襄陽北境屬南陽，鄖縣屬漢中，餘皆是
長沙	臨湘（湖南長沙縣治）	湖南舊長沙寶慶岳州衡州永州諸府，及桂陽郴州，又廣東北一隅
黔中		湖南舊常德永順辰沅等府，及澧靖二州皆是
閩中（以下四郡後置）	侯官（福建閩侯縣）	今福建全境皆是
南海	番禺（廣東番禺縣）	今廣東全境，自舊高雷廉三府及欽州外，餘皆是
桂林		今廣西全境
象郡		廣東舊高雷廉欽諸府及廣西梧州以南，並越南境內

漢初諸王分地之大勢

夫繼秦而有天下者，劉氏，而將五諸侯滅秦，縱兵入咸陽，焚其宮室，誅其君，爲天下報仇者，羽也。二人皆自匹夫起，寸土不基，一民不版，而及始皇帝之卒，未三年，因海內之變，乘時奮發。沛公先引兵自南陽（河南南陽縣）入武關，羽亦自河南進兵函谷。然羽勢甚盛，沛公莫能及，以故分王諸將，政由羽出。楚分爲四：羽自王梁楚地，號西楚霸王，吳芮王衡山，英布王九江，共敖王臨江。秦分爲三，幷漢中爲四：沛公王漢，章邯王雍，司馬欣王塞，董翳王翟。韓趙魏燕各分爲二：韓王成王韓，申陽王河南，張耳王常山，趙王歇王代；魏豹王河東，司馬卬王河內。韓廣王遼東，臧荼王燕。齊分爲三：田都王齊，田安王濟北，田市王膠東。是時天下洶洶，復喪而爲六國，而唯漢王能用三傑，還定三秦，與楚相持滎陽（今河南鄭縣）京（滎陽縣東南）索（故京城西）間。漢堅守成皋，卒平強楚。天下既定，於是矯秦孤立之弊，封建王侯。其初以異姓而王者凡七國：楚（韓信）、梁（彭越）、趙（張耳）、韓（韓王信）、淮南（英布）、燕（臧荼）、長沙（吳芮）。然不數年，以次翦除。（自漢五年定封至十一年，皆相繼殺滅，唯長沙獨存）乃復改封同姓子弟，大啓九國：自雁門太原以東至遼陽爲燕、（以燕王盧綰地立子建爲燕主）代、（始以兄喜爲代王，後文帝亦爲之，兼有韓王信故址）常山；以南太行左轉渡河濟，東漸於海，爲齊、（立子肥爲齊王）趙；（以趙王張敖地徙少子代王如意爲趙王）自陳以西，南至九疑，東帶江、淮、穀（即睢水自汴河分逕徐州南境下流入于泗）泗，奄有龜蒙，（龜山山東新泰縣西南，蒙山山東費縣西北）爲梁、（分彭越地益以東郡地立子恢爲梁王）楚；（分韓信地以淮北諸郡立弟交爲楚王）東帶江湖，薄會稽，爲荊吳；（分韓信地以淮東諸郡立從兄賈爲荊王後更吳王）北界淮，瀕略廬衡，（漢文分淮南爲三：淮南治壽春，衡山治六，廬江治舒，包有漢之臨淮、廬江、九江郡）爲淮南。（以英布地立子長爲淮南王）唯被漢之陽，亙九疑，（山名湖南永順縣）爲長沙，此特異姓耳。漢獨有三河，（河東河南河內）東郡、潁川、南陽，自江陵以西至蜀，北自雲中至隴西，與內史，凡十五郡，而公主列侯，頗食邑其中。何者？天下初定，骨肉同姓少，故廣彊庶孽，以鎮撫四海，用承衞天子也。此漢初封域之大略也。

兩漢之疆域

都邑考：高祖初自南鄭徙都櫟陽，既滅楚，還都洛陽；（因周都也）既而從婁敬張良之言，復還櫟陽，定都長安。（今長安縣西北三十里長安故城是）景帝時，吳、（吳王濞）楚、（楚王戊）趙、（趙王遂）膠東、（膠東王雄渠）膠西、（膠西王卬）菑川、（菑川王賢）濟南（濟南王辟光）七國變起，中以吳楚齊趙爲最強。賈誼請舉淮南地以益睢陽，而爲梁立後，則梁足以捍齊趙，睢陽足以禁吳楚。復用周亞夫力制之卒致吳楚散敗，齊趙皆平，是以諸侯帖然而委伏。逮武帝時，主父偃勸令諸侯得推私恩分子弟邑，於是齊分爲七，（齊、城陽、濟北、濟南、菑川、膠東、膠西，凡七國）趙分爲六，（趙、河間、廣川、中山、常山、清河，凡六國）梁分爲五，（梁、濟陰、濟川、濟東、山陽，凡五國）淮南分爲三。（淮南、廬江、衡山，凡三國）及天子支庶子爲王，王子支庶爲侯，百有餘焉。是時燕代無北邊郡，吳淮南長沙無南邊郡，齊趙梁楚支郡，名山陂海，咸納於漢，諸侯益以衰息矣。武帝又逐匈奴，平南越及西南夷，通西域，開朝鮮，南置交趾，北置朔方，郡國增置，拓地益廣。王氏曰：「秦地東不過浿水，（朝鮮平壤城東，今名大同江）西不越臨洮，（甘肅臨洮縣）茲以朝鮮地分四郡：曰樂浪，（今平安道南境及黃海道）臨屯，（江原道）玄菟，（成鏡道及平安道北境）眞番，（遼寧瀋陽縣東境）則東境已接於朝鮮之漢江。其西收河西四郡，（張掖、武威、酒泉、敦煌，今甘肅西北境）酒泉亭障接於玉門，（甘肅敦煌縣西）又循天山之麓而有西域諸國。故揚雄云：大漢左東海，右渠搜，（古西戎國，今新疆西南安集延延，今屬蘇聯）前番禺，後陶塗，（今沙漠地）東南一尉，（會稽東部都尉，今浙江臨海諸縣）西北一侯。」（敦煌玉門關侯，即廢沙州西北二百六十里）是漢又廣於秦矣。大凡西漢之世，郡國一百有三，縣邑千三百十四，道（邑通蠻夷曰道）三十二，侯國二百四十一，東西九千三百二里，南北萬三千三百六十八里，其郡與國所繫，綜爲十三部云。

西漢季葉，哀帝既崩，太皇太后尊寵王莽，迎立平帝，而政自莽出，自以北伐匈奴，東致海外，南懷黃支，而挈劉氏之天下，玩弄於股掌之上。於是羣雄蠭起，稱王稱帝，瓜分四國，斷切九州，人人有窺竊神器之心。赤眉據長安，王郎起邯鄲，秦豐擅黎邱，（湖北宜城縣）李憲屯廬江，（郡治舒）公孫述掠成都，隗囂還天水，（甘肅通渭縣西南）竇融擾河西，盧芳銜安定，（今甘肅平涼縣）而彭寵虎視於漁陽，張步鯨吞於臨菑，劉永梟雄於睢陽，董憲鴟張於東海，田戎豕突於夷陵。九垓爲爐，四海鼎沸，卯金一綫，不絕如縷，而天下之謳吟思漢，已非一日矣。

光武一旅，攻入長安，誅莽除苛政，一時攀龍附鳳之輩，莫不硏精殫慮，躍馬披甲，嘘高皇帝之死灰復燃之。攻邯鄲而王郎授首，命馮異而盆子(赤眉)歸降，擊銅馬而關西投死，委吳漢而江淮悉平，(斬董憲等)遣耿弇而張步款附，征隴西而隗囂穴破，攻巴蜀而公孫述隕首，天戈所指，以次翦除，乾淸坤夷，改宅東京，并省郡國十，縣邑道侯國四百餘所，厥後漸復分置，迄乎孝順，凡郡國百有五，縣邑道侯國千一百八十。東樂浪，西敦煌，南日南，(即今安南)北雁門，西南永昌。(今雲南保山縣)仍分天下爲十三部：司隸治河南，(即洛陽)豫治譙，(今安徽亳縣)兗治昌邑，(見前後徙治鄄)徐治郯，青治臨淄，涼治隴，(今甘肅淸水縣)并治晉陽，冀治鄗，(河北柏鄉縣)幽治薊，揚治歷陽，(安徽和縣後治壽縣)荊治漢壽，(湖南常德縣東四十里)益治雒，(四川廣漢縣)交治廣信，(今廣西蒼梧縣)四履之盛，蓋與前漢相埒云。

兩漢十三州郡合表

西漢刺史不常所治表中所列州治專屬後漢兩朝增省或有不同今爲識別凡前漢有而後漢無者用「○」後漢有而前漢否者用「•」

州	州治	郡國	領縣	釋地概要
司隸校尉部	河南(今洛陽縣)	京兆尹	長安等縣二十三	今陝西長安縣渭水之南迤東至潼關皆是
		左馮翊	高陵等縣二十四	今陝西大荔縣及長安縣渭水之南兼有鄠縣之地高陵縣安徽今陝西陝縣西南一里有故城
		右扶風	渭城等縣二十一	今陝西鳳翔等縣至長安縣西兼有乾縣邠縣地渭城今咸陽縣
		宏農	宏農等縣十一	今河南洛陽以西至陝縣又南陽縣西境及陝西商縣境宏農今河南靈寶縣
		河內	懷縣等縣十八	河南濟懷慶衛輝府及彰德南境懷縣今河南武陟縣
		河南	洛陽等縣二十二	河南洛陽縣至開封縣西兼有沁陽縣南境又南得臨汝縣
		河東	安邑等縣二十四	安邑今山西夏縣北

豫州刺史部			
譙　安徽亳縣			
潁川	陽翟等縣二十	陽翟今河南禹縣	
汝南	平輿等縣三十七	河南舊陳州汝寧二府南境及今潢川縣兼有安徽舊潁州府境平輿今河南汝南縣	
沛　後漢改國	相縣等三十七	相縣今安徽宿縣	
梁國	都睢陽有縣八	河南商邱縣以南及江蘇碭山縣睢陽即商邱縣	
魯國	都魯有縣八	山東舊兗州府境魯今山東曲阜縣	
陳國	前漢即淮陽國		

冀州刺史部		
鄗　河北柏鄉縣		
魏郡	鄴縣等十八	河北舊大名廣平二府及河南安陽縣境兼有山東臨清縣地鄴今河南臨漳縣
鉅鹿	鉅鹿等縣二十	河北舊順德府及正定府南境並今冀趙二縣鉅鹿今河北鉅鹿縣
常山　後漢改國	元氏等縣十八	河北舊正定府至趙州兼有順德府之平鄉內邱地元氏今河北元氏縣
清河　後漢改國	清陽等縣十四	河北舊廣平府及今冀縣山東則聊城縣以北兼有臨清縣地清陽今河北清河縣
趙國	都邯鄲有縣四	河北舊廣平府西境兼有順德府地邯鄲今河北邯鄲縣
廣平國　後漢并入鉅鹿	都廣平有縣十六	河北舊順德府東境及廣平府是其地廣平今河北永年縣
真定國　後漢并入常山	都真定有縣四	真定今河北正定縣
中山國	都盧奴有縣十四	河北舊定州以北及保定府境盧奴今河北定縣治
信都國　後漢改安平	都信都有縣十七	今河北冀縣深縣及棗縣皆是信都今冀縣治
河間府	都樂城有縣四	樂城今河北獻縣
勃海　前漢屬幽州		詳後幽州渤海部

州部	郡國	縣數	今地
兗州刺史部（昌邑見下）	陳留	陳留等縣十七	河南舊開封府東至歸德府並衛輝及河北舊大名府南境陳留今河南陳留縣
	山陽	昌邑等縣二十二	山東舊兗州府並濟寧州所屬又兼有曹州府境昌邑今山東金鄉縣
	濟陰	定陶等九縣	山東舊曹州府境定陶今山東定陶縣
	泰山	奉高等縣二十四	山東舊泰安及兗州府東北境兼得蒙陰費縣地奉高今泰安縣
	東郡	濮陽等縣三十二	直隸舊大名東南境山東東昌泰安南界曹州北界並河南延津縣地濮陽今河北開縣
	城陽國	都莒有縣四	莒今山東莒縣
	淮陽國	都陳有縣九	河南舊陳州府境並有歸德府南境陳今河南淮陽縣
	東平國	都無鹽有縣七	山東舊泰安府東平州至濟寧州界無鹽今山東東平縣
	任城國	分東平國地	治任城縣今山東濟寧縣
	濟北國	分泰山郡地	治盧縣今山東長清縣
徐州刺史部（郯見下）	琅琊（後漢改國）	東武等縣五十一	東武今山東諸城縣
	東海	郯縣等三十八	山東舊兗州府東南連沂州至江蘇海州邳州境郯今山東郯城縣
	臨淮（後漢改下邳國）	徐縣等二十九	今安徽泗縣江蘇自宿遷至舊淮揚二府境徐今泗縣西
	泗水國	都淩有縣三	今江蘇宿遷縣東南一帶之境淩即宿遷縣
	廣陵國（後漢改郡）	都廣陵有縣四	江蘇舊揚州府境廣陵今江都縣
	楚國（後漢改彭城）	都彭城有縣七	舊徐州府境彭城今江蘇銅山縣
青	平原	平原等縣十九	山東舊濟南府北境及武定府境平原今山東平原縣

州刺史部	臨淄見下	千。乘。後漢改樂安國	千乘等縣十五	山東舊青州府以北至濟南府東境千乘今山東高苑縣
		濟南後漢改國	東平等縣十四	山東舊濟南府境東平今山東歷城縣境
		北海上同	營陵等縣二十六	山東舊青州府以東皆其地營陵今山東昌樂縣
		東萊	掖縣等十七	山東舊萊州府以東至海皆其地掖今山東掖縣
		齊郡。後漢改國	臨淄等縣十二	山東舊青州府是其境臨淄今山東臨淄縣
		菑川國。後漢俱并入北海國	都劇有縣三	山東舊青州府西北境劇今山東壽光縣
		膠。東。國。	都卽墨有縣八	山東舊萊州府平度州一帶之地卽墨今山東卽墨縣
		高。密。國。	都高密有縣五	今山東膠縣以西境高密今山東高密縣
荊州刺史部	漢壽卽索縣見下	南陽	宛縣等三十六	河南舊南陽府至湖北均縣境宛今南陽縣治
		江夏	西陵等縣十四	湖北舊德安安陸武昌漢陽黃州諸府境西陵今湖北黃岡縣
		南郡	江陵等縣十八	湖北舊荊州府北至襄陽府兼得宜昌府地江陵今湖北江陵縣
		桂陽	郴縣等十一	湖南舊郴州桂陽州廣東韶州府連州皆其境郴今湖南郴縣
		武陵	索縣等十三	湖南舊常德辰州沅州永順諸府兼有今澧縣地並貴州東境索縣今常德縣東
		零陵	零陵等縣十一	湖南舊永州府至廣西桂林府境零陵在今廣西全縣北三十里後漢始移治今縣
		長沙國後漢改郡	都臨湘有縣十三	湖南舊長沙府及寶慶衡州二府境臨湘今長沙縣治
揚		廬江	舒縣等十二	安徽舊廬州府及安慶府境舒縣今安徽廬江縣
		九江	壽春等縣十五	安徽舊鳳陽府南至廬州府境兼有今滁縣和縣地壽春今安徽壽縣

州刺史部	治所	郡國	縣數	今地
	歷陽今安徽和縣後移治今壽縣	會稽	吳縣等二十六	吳縣舊江蘇蘇州府治後漢分置吳郡治吳其會稽郡治今浙江紹興縣
		丹陽	宛陵等縣十七	宛陵今安徽宣城縣
		豫章	南昌等縣十八	今江西境內皆是南昌今江西南昌縣
		六安國後漢入廬江郡	都六有縣五	安徽六安縣及壽縣南境六縣今六安縣
		•吳郡•	後漢分會稽郡立之	

益州刺史	治所	郡國	縣數	今地
	雒今四川廣漢縣	漢中	西城等縣十二	西城今陝西安康縣治西北
		廣漢	梓潼等縣十三	四川舊綿州及成都府北境保寧府西北至龍州府兼甘肅文縣地梓潼今四川梓潼縣
		犍爲	僰道等縣十二	四川舊敍州府嘉定府眉州兼有雲南昭通東川二府境僰道今四川宜賓縣治
		武都○後漢屬涼州	武都等縣九	陝西舊漢中府西界及甘肅階州秦州是其地武都今甘肅成縣
		越嶲	邛都等縣十五	四川舊寧遠府及雲南麗江府境邛都今四川西昌縣
		益州	滇池等縣二十四	今雲南境內是其地滇池今雲南昆明縣
		牂牁	故且蘭等縣十七	貴州舊遵義府以南及思南石阡等府兼有雲南曲靖臨安澄江三府東境故且蘭今貴州平越縣
		巴郡	江州等縣十一	江州今四川巴縣
		蜀郡	成都等縣十五	四川舊成都府雅州府邛州茂州皆其境成都今成都縣治
		•永昌•後漢分益州置	不韋等縣八	不韋今雲南保山縣治北
		•廣漢屬國•	陰平道等三城	陰平道今甘肅文縣
		•犍爲屬國•	朱提等二城	朱提今四川宜賓縣西

州部	治所	郡國	屬縣	今地
部		蜀郡屬國	漢嘉等四城	漢嘉今四川名山縣
涼州刺史部	隴甘肅清水縣	隴西	狄道等縣十一	甘肅舊蘭州府鞏昌府南境兼有秦州地狄道今甘肅臨夏縣
		金城	允吾等縣十三	甘肅今皋蘭縣及永登縣地兼青海西寧一帶允吾即皋蘭地
		天水後漢改漢陽	平襄等縣十六	甘肅今隴西縣以東至天水縣之境平襄今甘肅通渭縣
		武威	姑臧等縣十	姑臧今甘肅武威縣治
		張掖	觻得等縣十	觻得今甘肅張掖縣治西北
		酒泉	祿福等縣十	祿福今甘肅酒泉縣西南
		敦煌	敦煌等縣六	敦煌今甘肅敦煌縣
		安定	高平等縣二十一	甘肅舊平涼府至涇州一帶兼有蘭州鞏昌北境高平今甘肅固原縣
		北地	馬領等縣十九	甘肅舊慶陽府及今寧夏省寧夏縣境馬領今甘肅環縣
		武都前見		
		張掖屬國	侯官等五城	侯官今甘肅張掖縣北
		居延屬國	居延一縣	居延在張掖縣西北千二百里
幷州	晉陽見下	太原	晉陽等縣二十一	山西舊太原府及汾州府境晉陽今太原縣治
		上黨	長子等縣十四	長子今山西長子縣
		西河	富昌等縣三十六	今山西石樓縣至陝西榆林縣兼有今綏遠南部之地富昌今綏遠鄂爾多斯前旗界
		朔方	三封等縣十	綏遠鄂爾多斯境兼有今套外西邊地三封在黃河西岸

刺史部	郡國	屬縣	今地
刺史部	五原	九原等縣十	綏遠烏喇忒部九原在套北大河自南來東流之處其北即陰山
	雲中	雲中等縣十一	套東北至綏遠省歸綏縣一帶雲中在歸綏縣
	定襄	盛樂等縣十二	西黃河東岸今綏遠歸綏縣東南一帶盛樂今歸綏縣南
	鴈門	善無等縣十四	善無今山西右玉縣南
	上郡	膚施等縣二十三	膚施今陝西綏德縣
幽州刺史部（薊見下）	渤海（後漢爲冀州）	浮陽等縣二十六	河北舊天津河間二府南至山東武定府境浮陽今河北滄縣
	上谷	沮陽等縣十五	沮陽今河北懷來縣南
	漁陽	漁陽等縣十二	漁陽今河北密雲縣境
	右北平	平剛等縣十六	平剛今河北盧龍縣北邊外接熱河承德縣界
	遼西	且慮等縣十四	且慮在盧龍縣東境
	遼東	襄平等縣十八	襄平今遼寧遼陽縣北
	玄菟	高句麗等縣三	高句麗故城在朝鮮咸鏡道
	樂浪	朝鮮等縣二十五	朝鮮縣即王險城今平安道之平壤
	涿郡	涿縣等二十九	今河北涿縣至清苑縣及易縣境南有河間縣及深縣涿今河北涿縣
	代郡	桑乾等縣十八	桑乾故城在今山西平遙縣東北
	廣陽國（後漢改郡）	都薊有縣四	薊今河北薊縣治
	遼東屬國	昌黎等六城	昌黎約在遼寧錦縣西境

交州刺史部		
廣信見下		
南海	番禺等縣六	廣東廣惠潮三府境番禺今廣東番禺縣
鬱林	布山等縣十二	廣西潯州柳州慶遠南寧思恩等府及今鬱林縣地布山今廣西桂平縣
蒼梧	廣信等縣十	廣西蒼梧州平樂二府及廣東肇慶府境廣信今廣西蒼梧縣
交阯	羸𨻻等縣十	越南國境
合浦	徐聞等縣五	廣東雷高廉三府及今欽縣兼有高要南境徐聞今廣東徐聞縣
九眞	胥浦等縣七	越南國西南境
日南	朱吾等縣五	占城國境

三國分立形勢

董卓賊亂，曹操迎帝許都，有挾天子令諸侯之勢，既而併徐州，吞淮南，遂北攻袁紹，取冀幽青幷四州，武侯所謂不可爭鋒，而定三分之業者也。有州十三：司隸、荊、豫、兗、青、徐、涼、秦、冀、幽、幷、揚、雍；郡國九十五：東自廣陵、今江蘇江都縣治壽春、今安徽壽縣合肥、安徽合肥縣沔口、今漢口西陽、湖北黃岡縣東襄陽，湖北襄陽縣重兵以備吳；西自隴西、治狄道縣今甘肅臨洮縣南安、靈帝置治獂道故城在今甘肅隴西縣東北渭水地祁山、城名在今甘肅西和縣西北漢陽、今甘肅甘谷縣陳倉，城名今陝西寶雞縣重兵以備蜀，並爲重鎭。

都邑考：魏武初封魏公，都鄴；河南臨漳縣西二十里有故鄴城文帝篡漢，復都洛陽；黃初二年，以譙爲先人本國，故豫州治許昌爲漢之所居，長安爲西京遺蹟，鄴爲王業本基，與洛陽號曰五都；魏志文帝置五都立石表西界宜陽北循太行東北界陽平南循魯陽東界鄴爲中都地

司隸—治河南—（郡）
- 河南
- 河內
- 河東（以上漢故郡）
- 宏農（故郡）
- 平陽（山西安邑縣）
- 朝歌（河南汲縣）

荊—治襄陽—（郡）
- 南陽
- 江夏（以上皆故郡）
- 襄陽（湖北襄陽縣）
- 南鄉（河南淅川縣）
- 魏興（陝西安康縣）
- 新城（湖北房縣）
- 上庸（湖北竹山縣）
- 義陽（河南信陽縣）

豫—治譙—（郡）
- 潁川
- 梁郡
- 沛郡
- 陳郡
- 魯郡（以上皆故郡）
- 汝南（故郡）
- 譙郡（安徽亳縣）
- 弋陽（安徽阜陽縣）
- 陽安（河南正陽縣）

青—治臨淄—（郡）
- 齊郡
- 濟南
- 樂安
- 東萊
- 城陽（以上皆故郡）

﹁山陽
﹁任城

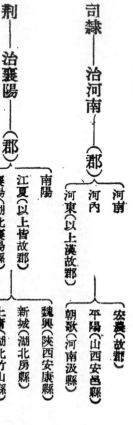

- 兗——治鄄——（郡）
  - 濟陰
  - 東郡
  - 陳留
  - 東平
  - 濟北
  - 泰山（以上皆故郡）
- 揚——治合肥——（郡）
  - 淮南（故漢九江郡）
  - 廬江（今安徽舒縣）
  - 安豐（同上）
- 徐——治彭城——（郡）
  - 下邳
  - 彭城
  - 東海（以上皆故郡）
  - 琅琊
  - 廣陵（以上故郡）
  - 東莞（山東沂水縣）
- 涼——治武威——（郡）
  - 金城
  - 武威
  - 張掖
  - 酒泉（以上故郡）
  - 敦煌（故郡）
  - 西平（青海西寧縣治）
  - 西郡（甘肅山丹縣）
  - 西海（故居延屬國）
- 秦——治上邽（甘肅天水縣）——（郡）
  - 隴西
  - 漢陽
  - 武都（故郡後入於蜀）
  - 南安（見前魏重鎮）
  - 廣魏（甘肅秦安縣）
  - 陰平（後入蜀）
- 趙郡
- 鉅鹿
- 常山
- 魏郡（以上故郡）

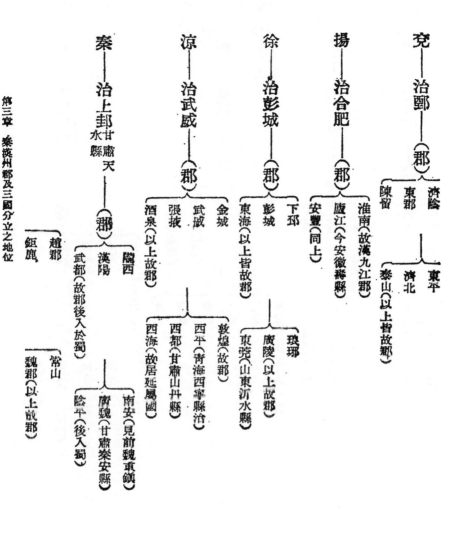

- 冀 — 治鄴（河南臨漳縣）— （郡）
  - 安平
  - 渤海
  - 河間
  - 清河
  - 中山（以上故郡）
  - 平原（漢屬青州）
  - 樂陵（山東樂陵縣）
  - 陽平（河北大名縣）
  - 廣平

- 幽 — 治薊 — （郡）
  - 范陽（故涿郡）
  - 薊郡（故廣陽）
  - 右北平
  - 上谷
  - 代郡
  - 遼西
  - 遼東
  - 樂浪
  - 玄菟
  - 昌黎
  - 帶方（公孫度分樂浪置）

- 幷 — 治晉陽 — （郡）
  - 太原
  - 上黨
  - 西河（以上故郡）
  - 雁門（故郡）
  - 樂平（山西平定縣）
  - 新興（山西忻縣）

- 雍 — 治長安 — （郡）
  - 京兆
  - 馮翊
  - 扶風（以上故郡）
  - 安定
  - 北地（以上故郡）
  - 新平（陝西邠縣）

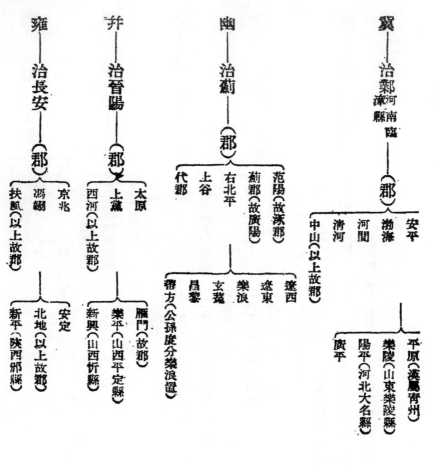

案魏以三河宏農爲司隸，而三輔入於雍州，又分雍州之河西爲涼州，隴右爲秦州，又分遼東昌黎帶方玄菟樂浪爲平州，後復合爲幽州，亦兼置荊揚二州，實得十三州之九云。

劉備，漢景帝子中山靖王之後，初領徐州牧，旋依劉表，用孔明謀，得荊州爲根據地。已復破劉璋，據巴蜀，置益梁交三州，有郡二十二。北拒魏，東拒吳；以漢中（今陝西南鄭縣）、興勢（陝西洋縣北有興勢山）、白帝（城名四川奉節縣東）並爲重鎮。

都邑考：蜀都成都。

益——治成都——（郡）
- 蜀郡
- 犍爲
- 汶山
- 越嶲
- 牂柯
- 永昌（以上故郡）
- 江陽（四川瀘縣）
- 漢嘉（本蜀郡屬國）
- 朱提（本犍爲屬國）
- 建寧（漢益州郡）
- 雲南（即滇永昌郡）
- 興古（雲南馬龍縣）

梁——治漢中——（郡）
- 漢中
- 廣漢
- 巴郡（以上故郡）
- 梓潼（四川梓潼縣）
- 涪陵（四川重慶府涪州）
- 巴東（分巴郡置）
- 巴西（同上）
- 宕渠（四川廣安縣）
- 陰平（魏置入于蜀）
- 武都（同上）

交——治達寧

案蜀分益爲梁，又以建寧太守遙領交州，得漢十三州之一。又延熙四年，蔣琬奏以姜維爲涼州刺史，時涼州止有武都陰平二郡，蓋亦遙領也。空名僑寄，蓋亦與魏之荆揚無異耳。

孫權席父兄之業，奄有江東，復與劉備破操赤壁，分荆州，又定交州，吳蜀共長江之險。吳據江負海，置交廣荆郢揚五州，有郡四十三。西拒蜀，北拒魏，以建平、（今湖北秭歸縣）西陵、（今湖北宜昌縣治）樂鄉、（今湖北松滋縣）南郡、（治湖北江陵縣）巴邱、（湖北岳陽）夏口、（晉志夏口在荆江中正對沔口）武昌、（今改江夏縣爲武昌因改此爲壽昌又改爲鄂城）皖城、（今安徽懷寧縣治）牛渚圻、（即采石磯在安徽當塗縣西北）濡須塢，（即東關在安徽巢縣東南四十里）其後得沔口、（今湖北黃岡縣）廣陵，並爲重鎭。

都邑考：孫策屯曲阿，（今江蘇丹陽縣）尋徙屯吳；（今江蘇吳縣治）權徙治丹徒，謂之京城，（今江蘇鎭江縣治亦曰京口）尋還秣陵，號曰建業，（今江蘇江寧縣治）而武昌爲行都云。

揚——治建業（江蘇江寧）——（郡）
- 丹陽
- 吳郡
- 會稽
- 豫章（以上故郡）
- 廬江（與魏分置安徽舊安慶府）
- 廬陵（江西舊吉安府）
- 鄱陽（江西舊饒州府）
- 新都（安徽舊徽州府及浙江嚴州府）
- 臨川（江西舊撫州府）
- 臨海（浙江舊台州府）
- 建安（福建舊建寧府）
- 吳興（浙江舊湖州府）
- 東陽（浙江舊金華府）

- 荊——治南郡——（郡）
  - 南郡
  - 武陵
  - 零陵
  - 桂陽
  - 長沙（以上故郡）
  - 宜都（湖北舊宜昌府）
  - 臨賀（廣西賀縣）
  - 衡陽（湖南舊衡州府）
  - 湘東（衡州府東）
  - 建平（今湖北秭歸縣）
  - 天門（今湖南石門縣）
  - 邵陵（今湖南寶慶縣）
  - 始安（今廣西桂林縣）
  - 始興（今廣東曲江縣）
- 郢——治江夏——（郡）
  - 武昌（故江夏郡與魏分置）
  - 蘄春（湖北蘄春縣）
  - 安成（江西安福縣）
  - 彭澤（江西九江縣境）
- 交——治龍編安南東郡——（郡）
  - 日南
  - 交趾
  - 九眞
  - 合浦（以上皆故郡）
  - 新昌
  - 武平
  - 九德（以上俱安南國境）
- 廣——治番禺——（郡）
  - 南海
  - 蒼梧
  - 高興（廣東陽江縣）
  - 桂林（廣西馬平縣）

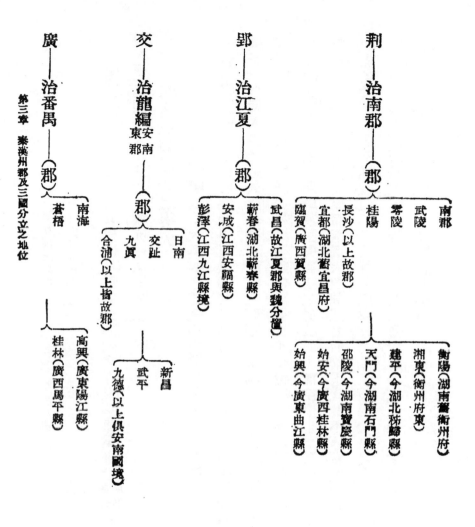

鬱林（以上故郡）　〔合浦北部（廣西邕寧縣）〕
高涼（廣東茂明縣）

案吳分漢交州之南海蒼梧鬱林爲廣，分荊州之江夏以東爲郢，（晉書晉滅吳得州四謂荊揚交廣也郢州蓋初置後廢）得漢十三州之三，其荊揚二州江北之境，亦半入於魏矣。

綜論三國形勢之得失

茲綜三國所據疆域，魏爲大，吳次之，蜀最小。然國無論大小，其形勝要害根本次第，必先會觀熟計，有緩一着不得躁一着不得者，然後可以操必勝之勢。昔昭烈帝之取漢中也，始亦有上庸，而以屬之劉封孟達兩孺子，致自蜀入秦之道失，諸葛亮百計取之而不能；蔣琬亦欲溯漢水攻魏而有之，而無如襄陽之襲其後也。若孫吳失廣陵，西失襄陽於魏，又瑜肅相繼早世，不得遂其入蜀之謀，僅恃此南郡東興邾城皖口，日夜兢兢，則以撤淮東之藩籬，而建康單露；失襄陽之屏蔽，而上流空虛也。蓋襄陽者，吳蜀與魏共爭之地也。方劉琮之舉襄陽而降操，操乘勝順流而南下，大敗於江夏而歸也，宜計不返顧，迺猶命曹仁死守江陵，樂進死守襄陽，則操之於荊襄，雖當極敗，而不忘後圖，所以爲守者極密。後竭瑜亮之力，止得江陵夷陵，而襄陽不可復覬，故吳蜀終不能越此而侵魏。魏之所以制吳蜀之命者，襄陽也，則操之才，其於天下形勢，攬之確，握之固矣。後雖瑜亮羽蒙竭智力以爭之，不得也。然則地勢顧可忽乎哉！

第四章　兩晉南北朝封畛之廣狹

西晉之疆域

司馬氏染指曹鼎，垂涎三世，借其要地，以遂逆謀，西滅蜀，東滅吳，即代魏而有國。懲魏孤立，大封宗室，有州十三，司兗豫冀幷幽青徐荊揚涼雍秦，一仍曹氏，而分幽屬遼東爲平州，西南梁益，東南交廣，沿用吳蜀，而分益之雲南爲寧州；凡郡國百七十有三，縣千一百有九，爲冠帶之國，幾盡秦漢之土疆矣。

都邑考：晉都洛陽，愍帝都長安，南遷後，都建康。即吳建業

西晉州郡表

州	州治	郡國釋地
司州	洛陽今河南洛陽縣	河南今河南許昌臨汝諸縣地
		宏農今河南陝縣治
		上洛今陝西商縣及河南陝縣地
		河內今河南黃河以北大部分地方皆是
		河東今山西永濟縣解縣絳縣地
		平陽今山西臨汾縣地
		滎陽今河南滎澤縣西南十七里
		汲郡今河南汲縣西南二十五里
		魏郡今河南安陽汲縣及河北大名地
		頓邱今河北清豐縣西南二十五里有故城
		陽平今河北大名及山東聊城菏澤臨清地
		廣平今河北雞澤縣東二十里

州	治所	郡國		
雍州	長安陝西長安縣治	京兆今長安縣及華縣地 馮翊今陝西大荔縣長安縣華縣耀縣地 扶風今長安縣鳳翔縣乾縣地	北地今陝西耀縣及長安縣地 新平今陝西邠縣地 安定今甘肅涇川縣地	始平今陝西乾縣鳳翔縣地
秦州	冀甘肅甘谷縣 後治上邽	天水今甘肅天水縣地 略陽同上	隴西今甘肅隴西縣西境及臨潭縣 南安今甘肅隴西縣東境	武都今甘肅武都縣及天水縣隴西縣地 陰平今甘肅武都縣及四川平武縣地
涼州	姑臧甘肅武威縣治	武威甘肅武威縣 金城今甘肅皋蘭平涼地及青海西寧地 西平今青海西寧縣地	西郡今甘肅張掖縣東境 張掖今張掖縣西境 西海今甘肅張掖縣及酒泉縣北	酒泉今甘肅安西縣地 敦煌今甘肅安西縣地
幷州	晉陽山西陽曲縣治	太原國今陽曲縣及汾陽縣地 上黨今山西之東南部	西河國今山西汾陽縣地 樂平今山西平定縣遼縣地	新興今山西平定縣地 雁門今山西大同縣右玉縣地
幽	薊北平市	燕國今北平市 范陽國今北平市南境及河北易縣新鎮縣地	廣寧今察哈爾宣化縣南境 上谷今察哈爾宣化縣東境	遼西今河北盧龍縣地

州	平州	冀州	兗州	青州
	昌黎今遼寧興城縣	房子今河北高邑縣 後治信都	廩邱今山東范縣	
代郡今察哈爾宣化縣及河北易縣地	昌黎今遼寧興城縣及熱河東境 遼東國今遼寧瀋陽縣地	趙國今河北趙縣及邢臺縣隸清苑縣南境 鉅鹿國今河北趙縣邢臺縣地 常山今河北正定縣南 中山國今河北定縣等地 高陽國今河北清苑縣境	濮陽國今河北濮陽縣南 陳留國今河南陳留縣東北 東平國今山東東平縣西北十五里	齊國今山東益都縣及歷城縣東境
北平今北平市	樂浪今遼寧瀋陽縣南境及朝鮮地 玄菟今朝鮮境內	博陵國今河北深縣定縣地 河間國今河北河間縣及清苑縣東境 章武國今河北大城縣治 渤海今天津市及河北河間山東惠民縣地 樂陵國今山東惠民縣及河北河間東南境	濟北國今山東肥城縣南 濟陰今山東定陶縣西北四里 高平國今山東滋陽縣地	樂安國今山東桓臺縣東
	帶方今朝鮮境內	安平國今河北冀縣深縣廣平縣地 清河國今河北清河棗強南宮山東之清平恩縣冠縣高唐臨清武城之地 平原國今山東武定濟南之西部北自樂陵南至長清諸縣皆是	任城國今山東濟寧縣地 泰山今山東泰安縣東南	長廣今山東即墨縣西南

州	徐州	揚州	豫
臨淄今山東臨淄縣	彭城今江蘇銅山縣治	建業江蘇江寧縣治	
濟南今山東歷城縣地 濟岷今山東掖縣地	彭城國今江蘇銅山縣治 下邳國今江蘇銅山縣東南及安徽泗縣西境 臨淮今安徽泗縣及江蘇銅山縣東境江都縣北境	丹陽今江蘇江寧縣東南五里 毗陵今江蘇武進鎮江二縣地 吳郡江蘇舊滬海道蘇常道及金陵道西部之地 吳興今浙江吳興縣治 會稽今浙江紹興縣治 臨海今浙江臨海縣東南一百十五里	潁川河南舊許州陳州汝寧汝州諸府州及禹縣至陽武各縣皆是
城陽今山東莒縣治 東萊國舊山東登萊二府地	廣陵今江蘇淮陰縣東南五十里 東海今江蘇東海縣及山東臨沂縣滋陽縣南境 琅琊國今山東臨沂縣及滋陽縣東境	晉安今福建閩侯縣東北 建安今福建建甌縣 東陽今浙江金華縣治 新安今浙江淳安縣西 宜城今安徽懷寧縣治景定建康志宜城者淮汊對岸一要害處吳魏相拒時嘗設疑城於此後訛疑爲宜故襲稱宜城 淮南今安徽當塗縣治	譙郡今安徽鳳陽阜陽北境河南商邱南境
	東莞今山東益都縣臨沂縣諸地	廬江今安徽霍丘縣西五十五里 鄱陽今江西鄱陽縣北 豫章今江西南昌縣 臨川今江西臨川縣西 廬陵今江西吉水縣東北 南康今江西寧都縣東北	安豐今安徽阜陽河南潢川地

州	項（河南項城縣）	梁國（故治在今河南商丘縣南） 沛國（今安徽鳳陽縣北江蘇銅山縣西） 魯郡（今山東舊兗州府地）	汝陰（今河南汝南淮陽潢川地） 汝南（河南舊汝寧陳州二府及安徽舊潁州府皆是） 襄城（河南襄城縣）	弋陽（今河南光山縣治）
荊州	江陵（湖北江陵縣）	南郡（湖北舊荊州安陸漢陽武昌黃州德安施南諸府及漢陽府之南境皆其地） 宜都（今湖北舊宜昌荊州二府地） 建平（今湖北舊南陽襄陽德安等府地） 新城（今湖北房縣治） 上庸（今湖北山縣東南） 魏興（陝西舊興安府湖北舊鄖陽府地） 襄陽（今縣及鐘祥縣地） 順陽（初在湖北光化縣北後徙治在今河南淅川縣東南）	南陽（今河南南陽臨汝地） 義陽（今河南南陽湖北襄陽安陸地） 江夏（今湖北安陸縣治） 武昌（今湖北武昌江西九江興國縣地） 南平（今湖北江陵縣湖南澧縣岳陽縣治） 天門（今湖南澧縣地） 武陵（今湖南舊常德辰州沅州永順靖州地）	長沙（今湖南舊長沙岳州二府兼湖北武昌地） 衡陽（今湖南湘潭縣西六十里） 湘東（今湖南衡陽縣治） 安成（今江西吉安宜春清江諸縣地） 桂陽（今湖南郴縣及桂陽衡陽二縣地） 零陵（今湖南零陵縣北二里） 邵陵（今寶慶縣治）
梁州	南鄭（陝西南鄭縣治）	漢中（今陝西南鄭縣） 梓潼（今四川閬中綿陽地）	廣漢（今四川梓潼縣治） 巴西（今四川閬中南充地）	巴東（今四川奉節縣東北） 涪陵（今四川酉陽巴縣地）

州	治所	郡	郡	郡
州		新都今四川綿陽成都地	巴郡今四川巴縣地	
益州	成都四川成都	蜀郡今成都縣地 汶山今四川理番縣疊保縣南 漢嘉今四川舊雅州府地	越巂今四川西昌縣地 犍爲今四川眉山資中樂山宜賓成都地 朱提今雲南會澤昭通及四川宜賓縣地	江陽今四川瀘縣地 牂柯今貴州舊遵義府以南至思南石阡等府皆其地
寧州	雲南雲南昆明縣	雲南故城在今雲南祥雲縣南八十里 建寧今雲南曲靖昆明建水澂江地	興古今雲南曲靖建水元江及貴州遵義地 永昌今雲南保山大理諸縣地	
交州	龍編安南國境	交趾安南國境 合浦今廣東合浦海康廣西蒼梧縣地 武平安南國境以下均同	新昌 九眞 九德	日南
廣州	番禺廣東番禺縣	南海 始興今廣東曲江縣 始安今廣西桂林縣治 臨賀今平樂縣	蒼梧今廣西蒼梧平樂及廣東高要地 高興今高要縣地 高涼今廣東舊肇慶高州地 桂林今馬平宜山地	鬱林故城在今廣西貴縣南 甯浦今廣西南甯道治

東晉之疆域

迨惠帝孱弱嗣統，南風烈烈，（賈充女名南風）八王樹兵，自相魚肉，於是羣翟紛乘，中原板蕩。南渡封域，廣狹靡恆，西失蜀於成李，東失徐於劉石，祖逖死而北境蹙，僅以合肥、淮陰、（今江蘇淮陰縣東南）壽陽、（即壽春）泗口、（泗水入淮口，即清口）角城（淮陰縣東北）為東方之重鎮，上明、（即松滋，今安徽宿松縣西北五十里）江陵、夏口、武昌為西方之重鎮，則益縮而南矣。何充曰：荊楚國之西門，其時得以保此西門者，始有桓宣守襄陽，繼有桓溫鎮襄陽也。成穆二朝，桓溫之師得以東至灞上，修洛陽諸陵；柳玄景之師，得直據潼關，而戰於陝下，南國之立威於北者，唯此二舉；然非藉襄陽之形勢，師可以進乎？洎苻堅東平慕容暐，（前燕）西南略蜀漢，（東晉州郡）西北克姑臧，（前涼，即今甘肅武威縣治）則漢水長淮以北，悉為堅有，聲勢大盛。當其窺晉之初，亦知命重兵陷襄陽，執朱序，果由此浮漢入江，桓沖將求死不得，乃徒引兵而歸，則其失策已甚，固不待淝水喪師而後知其敗也。及堅敗，於是郭寶平梁州，任權平益州，謝玄平青徐兗豫司諸地，晉室復振。乃未幾南燕（慕容德）陷青兗，後秦（姚興）陷豫司，成都王（譙縱）陷梁益，既得而復失。義熙以後，失地旋復，然政已移於宋矣。

十六國之疆域

魏時，胡族分五部，雜居陝西邊境，勢力漸強，迄東晉而五胡雲擾。其初止漢（劉淵）成（李雄）趙（石勒）燕（慕容氏）涼（張氏）秦（苻健）六國，苻堅興而中原為一，夷戎入貢者六十餘國。及其敗也，諸方並起，有二趙、五涼、四燕、三秦、一蜀、一夏，所謂十六國是也。（不云二十國者，附劉淵於前趙，附冉閔於後趙，附西燕於後燕，附譙縱於李蜀也）今述其盛時之疆域。

漢（劉淵起離石稱漢劉曜據長安改稱趙後滅於石勒）東不過太行，南不越嵩洛，西不踰隴坻，北不出汾晉。淵嘗置雍州於平陽，幽州於離石；聰置荊州於洛陽；曜以秦涼二州，並置於上邽；復置朔方於高平，并州於蒲阪；改置幽州於北地；又嘗置益州於仇池。至郡縣分併，類不能詳。

成（李雄據蜀稱成李壽改稱漢桓溫討滅之）東守三峽，南兼僰爨，西盡岷邛，北據南鄭。李雄置益州於成都，梁州於涪，寧州於建寧；又分梁州，置荊州於巴郡，分寧州，置交州於興古。及雄卒，而成業遂衰。李壽時，寖削弱，勢繼之亡不旋踵矣。

趙（石勒據襄國稱趙其養子冉閔據鄴改稱魏爲慕容氏所滅）南踰淮漢，東濱於海，西至河西，北盡燕代。石勒置冀州於信都、并州於上黨，朔州於代北，兗州於鄄城，徐州於廩邱，幽州於薊，青州於廣固，雍州於長安，秦州於上邽，揚州於壽春，豫州於許昌，荊州初置襄陽，復徙晉陽，司州仍置於洛陽，石虎改置司州於鄴，而分置洛州於洛陽，又增置營州於令支，涼州於金城。及虎之隕，國隨以失。

燕（慕容廆起遼東再傳至雋遷都於薊後爲苻堅所併）南至汝潁，東盡青齊，西抵崤澠，北守雲中。初平州仍置於襄平，幽州置於龍城，復徙於薊，冀州初置於常山，後還治信都，（常山亦曰北冀州）青州初置於樂陵，後還治廣固，兗州置於陽平，中州置於鄴，洛州置於金墉，并州置於晉陽，荊州初置於梁國之蠡臺，（河南商邱縣城南）後置於魯陽，豫州初置於陳留，後置於許昌。及其亡也，秦所得郡，凡百五十有七焉。

涼（張軌據河西再傳至駿又臣服西域歸國後爲苻堅所併）南踰河湟，東至秦隴，西迄葱嶺，北暨居延。張軌時，分置武興晉興諸郡，張寔復分置廣武郡，其後增置益多，張茂嘗置秦州，又置定州，張駿更以武威等郡爲河州，敦煌等郡爲沙州，張祚又增置商州。涼張瓘嘗言：吾保據三州，西包葱嶺，東距大河，蓋涼以涼河沙三州爲封域云。

秦（苻健據長安及堅淝水之役國遂分裂）南至邛僰，東抵淮泗，西極西域，北盡大磧。置司隸於長安，秦州於上邽，南秦州於仇池，雍州於安定，涼州於姑臧，并州於晉陽，冀州於鄴，豫州於洛陽，荊州於襄陽，洛州於豐陽，梁州於漢中，河州於枹罕，晉州於晉興，益州於成都，寧州於墊江，兗州於倉垣，徐州於彭城，揚州於下邳，幽州於薊，平州於和龍，（即龍城）青州於廣固，十六國中爲最盛焉。

後燕（慕容垂據中山傳子寶爲魏所逼東保龍城有遼東西地亡於馮跋）東訖遼海，西屆河汾，南至琅琊，北暨燕代。冀州仍治信都，幽州治龍城，平州治平郭，兗州治滑臺，青州治歷城，徐州治黎陽，并州治晉陽，雍州治長子。及東保龍城，（喀喇沁左翼地）州郡頗多僑置，幽州置於令支，（今河北盧龍縣東北）平州置於宿軍，（故龍城東北）青州置於新城，（即今熱河凌源縣）并州置於凡城，（熱河朝陽縣西南）冀州置於肥如，（今盧龍縣西北）其視前燕版圖，抑又末矣。

後秦（姚萇據長安後爲劉裕所滅）南至漢川，東踰汝潁，西控西河，北守上郡。置司隸於長安，秦州於上邽，雍州於安定，并州於蒲阪，河州於枹罕，涼州於姑臧，豫州於洛陽，兗州於倉垣，徐州於項城，荊州於上洛，較之苻秦，蓋及半而止矣。

西秦（乞伏乾歸據苑川今甘肅榆中縣後爲赫連定所滅）西踰浩亹，東極隴坻，北距河，南略吐谷渾。置秦州於南安，河州於枹罕，涼州於樂都，梁州於赤水，（今甘肅隴西縣東）益州於漒川，商州於澆河，（今青海西寧縣西百二十里）沙州於湟沙。蓋乞伏於西北諸國，差爲强盛，歷年亦最久云。

後涼呂光據姑臧後降於姚興呂光初據姑臧，前涼舊壤，安然如昨，未幾而紛紜割裂。及其亡也，姑臧而外，惟餘蒼松、今甘肅永昌縣番禾同上二郡而已。

南涼禿髮烏孤據廉川後爲乞伏熾磐所滅東自金城，西至西海，南有河湟，北據廣武，至拱手而得姑臧，爲計得矣。乃卒不能守，并樂都而失之，然則廣地固不可恃哉！

北涼沮渠蒙遜初據張掖尋遷姑臧後爲柔然所滅西掠西域，東盡河湟，前涼故壤，幾奄有之矣。較於諸涼，又其後亡者也。

西涼李暠據敦煌遷治酒泉爲沮渠蒙遜所滅有郡凡七，敦煌酒泉晉興建康涼興會稽廣夏皆今甘肅張掖縣酒泉縣安西縣地最爲弱小，其亡也忽焉。

南燕慕容德據滑臺後都廣固劉裕滅之東至海，南濱泗上，西帶鉅野，北薄於河，置司隸於廣固，兗州於梁父，青州於東萊，并州於平陰，幽州於發干，徐州於莒城，慕容超自謂據九州之地者也。

北燕馮跋纂後燕都和龍爲元魏所滅據後燕故壤，有遼東西之地。和龍即龍城

夏赫連勃勃據統萬今寧夏省寧夏縣治後爲吐谷渾所滅南阻秦嶺，東戍蒲津，西收秦隴，北薄於河。置幽州於大成，朔州於三城，雍州於長安，并州於蒲阪，秦州於上邽，梁州於安定，北秦州於武功，豫州於李閏，今陝西大荔縣東北荊州於陝。其地不逮姚秦也。

南朝宋齊梁陳之疆域

劉淵匈奴種而居晉陽，石勒羯種而居上黨，姚氏羌種而居扶風，苻氏氐種而居臨渭，慕容鮮卑種而居

昌黎。逮劉淵一倡，幷雍之間，乘機四起，始於晉惠永興之初，訖於宋文元嘉之季，爲戰國者一百三十有六年。晉祚既移於宋，中原幷於元魏，遂爲南北朝之對峙。

南朝疆域，宋爲大，陳最小。蓋自劉裕興草澤，克翦元逆，南靖番禺，北平廣固，西定巴蜀，又克長安，尋長安爲赫連勃勃所陷，河南諸郡復陷於魏，最後又失淮北四州及豫州淮西之地。然其初强盛時，南鄭今陝西南鄭縣治、襄陽、懸瓠城名河南汝南縣治、彭城、歷城山東歷城縣、東陽山東益都縣治皆爲宋氏屛翰。今大較以孝武大明八年爲斷，有州二十二，郡二百六十八，縣千二百九十九。

都邑考：自宋陳皆因晉都。

蕭道成初爲南兗州刺史，鎭淮陰，及徵入朝，先後擊平桂陽王休範、建平王景素，威望既著，遂奸宋位。建武末，既失淮北，又失沔北；永元中，壽陽降於魏，魏復進取建安、合肥，於是幷失淮南地。而南鄭、樊城今湖北襄陽縣北、襄陽、義陽今河南信陽縣治、壽春、淮陽、角城、漣口今江蘇漣水縣、朐山今江蘇東海縣並稱重鎭焉。有州二十三，郡三百九十五，縣千四百七十四。蕭齊諸郡，有新置者，有寄治者，有狸郡獠郡荒郡左郡無屬縣者，有荒無民戶者，建置雖多，較之宋大明，其土已蹙矣。

梁武帝既受禪，不數年卽失漢川淮西之地，厥後頻歲與魏交攻於淮南淮北，互有勝負，又克合肥壽春，旋因魏亂，沿邊州郡，多來附梁。梁又遣陳慶之送元灝爲魏主，直至洛陽，俄而又失。唯義陽下邳及漢中諸郡復爲梁有。及侯景傾陷建康，蕭繹爲謀不遠，苟安江陵，於時江北之地，殘於高齊，漢中蜀川，沒於西魏，蕭梁亦僅西以雍州、（今湖北襄陽縣）下溠戍、（今湖北隨縣）夏口爲重鎭，中以白狗堆（城名）硤石城（今安徽阜陽縣）爲重鎭，東以合肥、鍾離、（今鳳陽縣）淮陰、朐山爲重鎭，則益縮而南矣。今大較以梁天監十年爲斷，有州二十三，郡三百五十，縣千二十三。後以務恢境宇，增析分合，不可勝紀，大同中有州一百七，郡縣稱是。

陳霸先奄有建康，拾梁餘緒，稽其版圖，較前彌蹙，西不得蜀漢，北又失淮肥，以長江爲境。宣帝太建中，收淮南之地，更經略淮北，大破齊軍於呂梁，（今江蘇銅山縣）會齊亡，又使吳明徹攻周，全軍沒於清口，自是江北盡入於周，又劃江爲界矣。及隋軍來伐，狼尾灘、（今湖北宜昌縣西三峽中）荆門、（山名，今湖北宜都縣西北）安蜀城、（宜昌縣西北）公安、（湖北公安縣）巴陵，（今湖南岳陽縣）盡爲楊素所陷，韓擒虎渡采石，賀若弼渡京口，而陳以亡。所有州四十二，郡惟一百九，縣四百三十八而已。

東晉宋齊前後州治合表（梁陳書無地志姑從闕）

州名	東晉治	宋治	齊治
揚	建業	建業	建業
徐	淮陰　廣陵　京口　下邳		
南徐	京口（孝武以京口爲南徐）	京口	京口
北徐	彭城（孝武以彭城爲北徐）	彭城　鍾離　朐山	鍾離
兗	鄒山　廣陵　金城　下邳　山陽		

南兗	廣陵孝武以廣陵爲南兗	廣陵　盱眙　淮陰	廣陵
兗	鄄城孝武以鄄城爲兗州	滑臺　鄒山　彭城　須昌　瑕邱	淮陰
豫	譙　雍邱　壽春　蕪湖　邾城　歷陽		
南豫	姑孰孝武以姑孰爲南豫	歷陽　於湖	於湖
豫	汝南　歷陽	壽陽	壽春
江	豫章　武昌　半洲　尋陽	尋陽	尋陽
青	淮陰　臨淄　京口　廣陵		
南青後省南青	丹徒　廣陵安帝以僑置青州曰南青		
北青改北青曰青州	東陽安帝以東陽爲北青	歷城　鬱洲	朐山
冀	初南冀州僑立江北今其地無考義熙中立治青州	歷城　鬱洲	鬱洲
幽	廣固		
幷	淮陰　蒲阪		
司	合肥　滎陽　襄陽　洛陽	虎牢　義陽　汝南	義陽
荊	巴陵　江陵　上明	江陵	江陵
郢		江夏	江夏

湘	臨湘	臨湘	臨湘
雍	鄧城　襄陽　洛陽	襄陽	襄陽
梁	襄陽　魏興　苞中	南城　南鄭	南鄭
秦	與梁州同治　此爲南秦州又以仇池置北秦州宋時沒於元魏	與梁州同治	
益	巴東　成都	成都	成都
寧	雲南	建寧	建寧
廣	南海	南海	南海
交	龍編	龍編	龍編
越		臨漳	臨漳

淮陰今江蘇淮陰縣舊清江浦鎮也、京口今江蘇鎮江縣　下邳今江蘇邳縣　鄒山今山東鄒縣境　金城今江蘇江寧縣　山陽今江蘇淮安縣　鄄城今山東濮縣　須昌今山東東平縣　瑯邱今山東滋陽縣　蕪湖安徽蕪湖縣　歷陽安徽和縣　姑孰安徽當塗縣治　於湖當塗縣治南　汝南今河南息縣　豫章今江西南昌縣治　武昌湖北武昌縣　半洲江西九江縣西　尋陽九江縣　鬱洲山名江蘇東海縣東北　臨湘湖南長沙縣治　魏興陝西長安縣治　苞中陝西褒城縣　南城同上　巴東今四川奉節縣東　建寧今雲南曲靖縣　臨漳廣東合浦縣治　餘見前

北朝魏齊周之疆域

北朝元魏起自北方，混一中夏以後，分爲齊周，其勢常伸於南朝。道武珪貳於燕，取廣寧、上谷二郡，尋克并州，下常山，略中山，盡取慕容燕河北地。明元襲位，與宋爭河南，州鎮悉爲所得。太武燾滅大夏，吞北涼、北燕，

又伐宋，取徐兗等六州，所未得者，漢中、南陽、懸瓠、彭城及青州以南諸地耳。其後車駕南征，復臨瓜步。獻文之世，漸有長淮以北；孝文都洛，復取南陽；宣武恪時，又得壽春，續收漢川，遂入劍閣，置涪城。（今四川綿陽縣治）於是魏地北踰大磧，（陰山以北）西至流沙，東接高麗，南臨江漢，此魏之極盛也。已而梁收壽春，復漢川，逮魏之衰，內訌時作，三四年後，分爲東西魏矣。今以太和十年爲斷，有州三十八，其末也增析州至百十有一，郡五百十九，縣千三百五十二云。

都邑考：拓跋力微始自北荒遷盛樂，猗盧復徙馬邑，城盛樂爲北都，修故平城爲南都。賀傳都東木根山，（賀傳應作鬱律）什翼犍更城盛樂，其孫珪復都雲中，（即盛樂亦曰雲中宮）改代曰魏，尋徙平城，孝文太和十九年，遷於洛陽。其後孝武遷長安爲西魏，孝靜遷鄴爲東魏。

魏三十八州表

州	州治
青	東陽（見前）
南青	東莞（山東沂水縣）
兗	瑕邱（見前）
齊	歷城（見前）
雍	長安
秦	上邽（甘肅天水縣）
南秦	仇池（甘肅成縣西北）
梁	南鄭（見前）
陝	陝城（河南陝縣）
夏	統萬（見前）
岐	雍（陝西鳳翔縣治）
班（後改邠州今爲縣）	彭陽（甘肅慶陽縣西南）
相	鄴（河南臨漳縣）
冀	信都（河北冀縣）
幽	薊（北平市）
燕	昌平（河北昌平縣）

州	治所
濟	碻磝（前見）
兗	披城（山東披縣）
豫	汝南（前見）
洛	上洛（陝西商縣）
徐	彭城（前見）
東徐	宿豫（江蘇宿遷縣）
益	晉壽（四川廣元縣）
荊	穰城（河南鄧縣）
涼	姑臧（甘肅武威縣）
河	枹罕（甘肅臨夏縣）
沙	敦煌（甘肅敦煌縣）
華	華陰（陝西華陰縣）
郢	眞陽（河南正陽縣）
（以上二十五州在河南兼及河西）	
司	洛陽
幷	晉陽（山西陽曲縣治）
肆	九原（山西忻縣西）
定	盧奴（河北定縣）
營	和龍（前見）
平	肥如（河北盧龍縣）
安	方城（河北密雲縣）
瀛	樂城（河北獻縣）
汾	蒲子（山西隰縣）
（以上十三州在河北）	

魏之分東西也，高歡宇文泰各依其主，以相角逐。十數年中，東魏伐西，師凡四出，西魏伐東，師亦三出焉。於是天下三分，江東隸梁陳，關西隸宇文，河北隸高氏。其河南自洛陽東、河北自晉州東，皆爲齊境。齊天保中，北界沙漠，東濱海，依侯景之亂，遣將略地，南際於江矣。有州九十七，郡百六十，縣三百六十五。而姚襄城（山西吉縣西臨黃河）、洪洞（今山西洪洞縣北六里）、晉州（今山西安邑縣）、武平關（山西新絳縣西）、柏崖（關名，河南孟縣西）、軹關（河南濟源縣西北）、河陽（河南孟縣西南）、南則虎牢、洛陽、北荊州（河南嵩縣）、孔城防（今河南洛陽縣南）、汝南郡（河南臨汝縣西南）、魯城（河南魯山縣東北），皆置兵以防周。後主時，吳明徹等取淮南地，周師拔河陰（河南孟縣東），拔平陽，而齊遂亡。

都邑考：高氏繼東魏都鄴，以鄴爲上都，晉陽爲下都。

宇文泰統賀拔岳軍，據有關隴，會魏主爲高歡所迫，迎入長安，東克潼關，與歡相逐河汾汝潁間；再得洛陽，（西魏文帝大統三年敗高歡於沙苑，乘勝東略，入金墉，四年復爲東魏所取，未幾復得之，九年邙山戰敗，洛陽仍沒於東魏。）入虎牢，（大統三年取滎陽，入大梁，既而復失，七年虎牢來歸，邙山戰敗，仍沒於東魏守潁川，大統三年潁川降魏，韋孝寬復得其豫州，尋棄不守。十二年侯景以河南諸州來降，王思政遂入潁川，十五年陷於東魏。皆不能有，其河南自洛陽之西，河北自晉州之西，皆為周境。而玉壁、山西稷山縣西南邵郡、山西垣曲縣齊子嶺、河南濟源縣西通洛防、河南新安縣東，即漢之函谷新關黃壚三城、曰黃涇，曰同軌，曰永昌，皆河南洛寧縣東宜陽郡、河南宜陽縣陝州、河南陝縣土剗、河南盧氏縣東南三荊、荊治穰城，今河南鄧縣；東荊治泌陽，今河南南陽縣；南荊治於安昌城，今河南信陽縣西北三鵶路，一名平高城，在河南魯山縣西南皆置重兵以備齊。又西幷梁益，南克江漢。于謹平江陵，殺梁元帝武帝建德中，東幷高齊，兼取陳淮南地，自是東至海，南盡江矣。通計州二百十一，郡五百八，縣千二十四，北朝版圖之廣，自五胡分裂以來，未有如周者也。楊隋代周，憑藉其勢，天下遂一。

都邑考：宇文氏繼西魏，仍都長安。

綜論南北朝州郡建置之淆亂

自東晉以訖隋初，南北州郡，建置棼如，江左一隅，為晉宋所分，已非復舊時疆土，齊梁尤甚焉。沈約謂：名號驟易，境土屢分，或一郡一縣，分為四五，四五之中，亟有離合，千回百折，巧歷莫算，尋校推求，未易精悉也。此第言晉宋僑治分寄之難知也。至蕭齊諸郡，名存實亡，其境已蹙。見前梁則大同二年，朱异奏分州五品，遂有一百七州。其下州皆異國之人，徒有州名而無土地，或因荒徼之民所居村落，置州及郡縣，刺史守令，皆用彼人為之，尚書不能悉領，山川險遠，職貢鮮通。又以邊境鎮戍，雖領民不多，欲重其將帥，皆建為郡，或一人領二三郡。州郡雖多，戶口耗矣。韓顯宗言：南人昔有淮北之地，自比中華，僑置郡縣，歸附以來，仍而不改，名實交錯，文書難辨，宜依地理舊名，一皆釐革，時未能從，是後南北相高，互增州郡，繼以五方脊亂，建置滋多。齊王洋嘗言：

魏末州郡，類多浮僞，百室之邑，遽立州名，三戶之村，虛張郡國，循名責實，事歸烏有。隋初楊尚希亦曰：當今郡縣，倍多於古，或地無百里，數縣並置，或戶不滿千，二郡分領，民少官多，十羊九牧，蓋疆理之亂，至斯而極矣。

第五章　隋州郡更置及唐之分道

隋之疆域

隋主取梁平陳，既受禪，即有併吞江南之志。尋命晉王廣出六合，秦王俊出襄陽，楊素出永安；又命劉仁恩出江陵，王世積出蘄春，韓擒虎出廬江，賀若弼出廣陵，燕榮出東海，東西並進，所向克捷，於是南至嶺海，皆爲隋境。煬帝嗣統，又平林邑，（即古城國越南南境置蕩農冲三州後改北景海陰林邑三郡）克吐谷渾，（今青海省西寧縣及甘肅臨夏縣西徼外之地置西海河源鄯善且末四郡）西南版圖，張於前世。然州郡之制，大有變更，自漢以來，州皆統郡。隋開皇三年，悉罷諸郡爲州，以州治民。大業二年，分遣十使，幷省州縣，三年復改州爲郡，州郡猶相等也。大凡郡一百九十，縣千二百五十二，東南至海，西至且末，（新疆嘯斯湖西境羅布泊之南）北至五原，（今寧夏省靈武縣東南鹽池縣境內）特其盛强，連歲動衆，禍始於高麗，亂成於玄感，於是羣雄競起，稱魏、（李密自玄感敗後依韋城翟讓讓推爲主號魏公殺讓并其衆隋仍命爲魏國公王世充擊敗之降唐）夏、（竇建德起自漳南據樂壽自稱長樂王改國號曰夏旋稱帝後爲唐所滅）秦、（薛舉自稱西秦霸王未幾盡有隴西之地改稱帝子仁杲嗣旋爲唐所滅）涼、（李軌自稱河西大涼王盡有河西之地唐拜爲涼州總管仍自王號尋自稱帝唐遣安興貴執之國滅）許、（煬帝寵任宇文化及封許公旋稱帝有濟北數城唐武德二年爲竇建德所滅）鄭、（越王侗嗣煬帝位封王世充爲鄭國公唐武德二年世充僭稱帝北據河東至徐兗南有襄鄧西保慈澗（河南新安縣）境內置十二州以拒唐唐遣世民滅之）燕、（勃海高開道收河間賊帥格謙餘衆稱燕王唐武德三年降唐封北平郡王尋復叛其將張金樹殺之以降）魯、（徐圓朗初爲賊帥既降唐封魯國公尋復叛自稱王後劉黑闥擊走之爲人所殺）宋、（輔公祏以丹陽叛稱帝國號宋趙郡王孝恭討平之定楊、馬邑劉武周作亂突厥立爲定楊可汗武周因以爲國號世民擊敗之遁突厥尋爲所殺永樂、潚城郭子和作亂稱永樂王武德初降唐漢東劉黑闥初自稱大將軍半歲間其帥竇建德所失諸地皆爲所復旋稱漢東王後太子建成等擊之食盡遁饒州其下執之以降者各一，稱楚、城父朱粲初降隋封楚王尋自稱帝嗣復降唐又叛爲王世充所殺，鄱陽林士宏代統操師乞餘衆稱帝都豫國號楚後爲洪州刺史若干則所破尋死吳東海李子通陷江都遂稱帝國號吳嗣爲杜伏威所擊敗食盡走保京口收合亡散襲沈法興於吳郡復振後爲伏威將王雄誕所滅章邱杜伏威初據六合稱將軍旋稱總管降隋封楚王降唐封吳王漸有淮南江東之地武德五年入朝其地悉入於唐者二，稱梁者三，朔方郎將梁師都作亂自稱梁王貞觀二年柴紹等圍朔方爲其下所殺羅川令蕭銑入巴陵稱梁王明年稱帝東自九江西抵三峽南盡交阯北距漢川皆爲所有武德四年江夏王孝恭收之江陵國亡武康沈法興初爲吳興太守藉口討宇文化及據江表十餘郡稱梁王武德三年李子通連克丹陽毘陵諸郡復自太湖襲破之法興走死天下又復分裂。

都邑考：隋初承周舊，開皇二年，更營新都；明年，名其城曰大興城，今陝西長安縣城遂定都焉。大業元年，更營洛陽，謂之東都。初亦曰東京在舊都城西十八里其後李淵立代王侑於長安，王世充立越王侗於東都也。煬帝幸江都立江都宮於揚州今江蘇江都縣城

唐之疆域

唐祖起兵太原，轉戰入長安，麾鉞所臨，羣寇冰泮，隋季分割，建置紛然，唐興，因而不改，其納地來歸者，亦往往割置州縣，以畀之，繇是州縣之數，倍於開皇大業間。貞觀初元，以民少官多，思革其弊，遂命大加併省，因山川形便，分爲十道：(一)關內道，東距河，西抵隴坂，南據終南，北邊沙漠；(二)河南道，東盡海，西距函谷，南濱淮，北薄河；(三)河東道，東距常山，西據河，南抵首陽太行；(四)河北道，東距海，南迫於河，西距太行常山，北通渝關即今山海關薊門，即今居庸關(五)山南道，東接荊楚，西抵隴蜀，南控大江，北距商華之山；(六)隴右道，東接秦州，

西踰流沙，南連蜀及吐蕃，今西藏地北界沙漠；（七）淮南道，東臨海，西抵漢，南據江，北距淮；（八）江南道，東臨海，西抵蜀，南極嶺，即五嶺北帶江；（九）劍南道，東連牂牁，西界吐蕃，南接羣蠻，北通劍閣；（十）嶺南道，東南際海，西極羣蠻，北據五嶺。共州三百九十有三。其後北殄突厥頡利，西平吐谷渾高昌，今新疆土魯番縣至焉耆縣於是東極海，西至焉耆，南盡林邑，北接薛延陀，阿爾泰山西南東西凡九千五百十里，南北萬六千九百十八里。緣邊四周，則有六都護府，安北單于安西北庭安東安南總治戎夷。開元二十一年，又因十道，分山南江南爲東西，增置黔中、京畿、都畿，爲十五道。採訪使檢察，如漢刺史職。時天下郡府三百二十八，縣千五百七十三，而羈縻府州統於六都護及邊州都督者不與焉。舉唐之封域，南北與前漢埒，東不及而西過之。東無漢之樂浪玄菟二郡西則遠達龜茲爲漢所不及及天寶之亂，河西隴右，沒於吐蕃；宣懿二朝，隴右雖復，而藩鎮跋扈，號令不行，國已大詘矣。

都邑考：高祖因隋之舊，定都長安，時謂長安爲京城。太宗修洛陽宮，時巡幸焉。高宗嘗言：兩京，朕東西二宅。顯慶二年以洛陽爲東都武后都洛陽。光宅初號曰神都中宗神龍初復曰東都玄宗以長安爲西京，洛陽爲東京。開元元年定制九年又改東京曰東都天寶初復故又開元元年以蒲州爲河中府建中都未幾復罷爲州乾元三年復曰河中府置中都元和三年罷中都爲府如故肅宗更以蜀郡爲南京，鳳翔爲西京，蜀郡以上皇南幸之地鳳翔以中興駐蹕之所並建爲京而西京爲中京。至德二載建三京上元初復置南都於荊州曰江陵府尋又以京兆爲上都，河南爲東都，鳳翔爲西都，江陵爲南都，太原爲北都，所謂五都也。唐志北都天授元年置神龍元年罷開元十二年復置天寶元年曰北京上元二年與京兆河南鳳翔江陵並罷立都之號明年詔曰「五都之號其來自久因以京兆河南鳳翔江陵太原並建爲都」其後復罷六典京兆河南太原時謂之三都又昭宗天祐元年朱全忠復劫遷車駕於洛陽而唐祚以移

唐初十道分州表

按唐初改郡爲州天寶又改州爲郡至德二載復故清仍以州爲郡今改縣

道	州名
關內道	雍（今陝西長安縣）華（今陝西華縣）同（今陝西大荔縣）岐（今陝西鳳翔縣）隴（今陝西隴西縣）邠（今陝西邠縣）涇（今甘肅涇川縣）寧（今甘肅寧縣）坊（今陝西中部縣）鄜（今陝西鄜縣）丹（今陝西宜川縣）延（今陝西膚施縣）慶（今甘肅慶陽縣）原（今甘肅固原縣）鹽（今寧夏鹽池縣北）靈（故城在今寧夏靈武縣西南）會（今甘肅靖遠縣）夏（今陝西橫山縣）豐（舊河套地今綏遠南境卽鄂爾多斯地）勝（同上）銀（今陝西米脂縣）綏（今陝西綏德縣）
河南道	洛（今河南洛陽縣）陝（河南陝縣）虢（今河南靈寶縣）汝（河南臨汝縣）鄭（河南鄭縣）汴（今河南開封縣）豫（今河南汝寧縣）許（今河南許昌縣）陳（今河南淮陽縣）潁（今安徽阜陽縣）亳（安徽亳縣）宋（今河南商丘縣）曹（今山東菏澤縣）滑（河南滑縣）濮（山東濮縣）鄆（今山東東平縣）濟（今山東長清縣）齊（山東濟南市）淄（今山東淄川縣）徐（今江蘇銅山縣）兗（今山東滋陽縣）泗（今安徽鳳陽縣）沂（今山東益都縣）青（同上）萊（今山東掖縣）棣（今山東惠民縣）密（今山東諸城縣）海（今江蘇東海縣）
河東道	并（今山西陽曲縣）潞（今山西長治縣）澤（今山西晉城縣）晉（今山西安邑縣）絳（今山西新絳縣）蒲（今山西永濟縣）汾（今山西汾陽縣）慈（今山西吉縣）隰（山西隰縣）石（今山西離石縣）沁（山西沁縣）箕（今山西遼縣）嵐（今山西岢嵐縣）忻（山西忻縣）代（山西代縣）朔（今山西右玉縣）蔚（今山西靈丘縣）雲（今山西大同縣）
河北道	懷（今河南沁陽縣）衞（今河南汲縣）相（今河南安陽縣）洺（今河北永年縣）邢（今河北邢臺縣）趙（河北趙縣）冀（河北冀縣）恆（今河北正定縣）定（河北定縣）易（河北易縣）幽（今北平市）深（今河北饒陽縣）瀛（今河北河間縣）貝（今河北清河縣）魏（今河北大名縣）博（今山東聊城縣）德（今山東陵縣）滄（河北滄縣）嬀（今察哈爾懷來縣）檀（今河北密雲縣）順（今河北昌平縣）平（今河北盧龍縣）營（今熱河承德縣）
山南	荊（今湖北江陵縣）襄（今湖北襄陽縣）鄧（河南鄧縣）唐（今河南沘源縣）隨（湖北隨縣）郢（今湖北鍾祥縣）復（今湖北沔陽縣）均（湖北均縣）房（湖北房縣）峽（今湖北宜昌縣）歸（今湖北秭歸縣）夔（今四川奉節縣）萬（四川萬縣）忠（四川忠縣）梁（今陝西南鄭縣）洋（今陝西洋縣）金（今陝西安康縣）商（陝西商縣）鳳（陝西鳳縣）興（今陝西略陽縣）利（今四川廣元縣）閬（今四川閬中縣）果（今四川南充縣）開（四川開縣）合（今四川合川縣）渝（今四川巴縣）涪

道

今四川涪陵縣
渠 四川渠縣
蓬 今四川儀隴縣
壁 今四川通江縣
巴 四川巴中縣
通 今四川達縣
集 今四川南江縣

隴右道

秦 今甘肅天水縣
渭 今甘肅隴西縣
成 甘肅成縣
武 今甘肅武都縣
蘭 今甘肅皋蘭縣
河 今甘肅臨夏縣
洮 今甘肅臨潭縣
岷 甘肅岷縣
疊 同上
宕 今甘肅岷縣南
鄯 今青海樂都縣
廓 今青海西寧縣東南
涼 今甘肅武威縣
甘 今甘肅張掖縣
肅 今甘肅酒泉縣
瓜 今甘肅安西縣西
沙 今甘肅敦煌縣
伊 今新疆哈密縣
西 今新疆吐魯番縣
庭 今新疆迪化縣

淮南道

揚 今江蘇江都縣
楚 今江蘇淮安縣
和 安徽和縣
滁 今江蘇南通縣
濠 今安徽鳳陽縣
壽 今安徽壽縣
廬 今安徽合肥縣
舒 今安徽潛山縣
蘄 今湖北蘄春縣
黃 今湖北黃岡縣
沔 今湖北漢陽縣
安 今湖北安陸縣
申 今河南信陽縣
光，河南光山縣

江南道

潤 今江蘇鎮江縣
常 今江蘇武進縣
蘇 今江蘇吳縣
湖 今浙江吳興縣
杭 浙江杭縣
睦 今浙江建德縣
歙 安徽歙縣
婺 今浙江金華縣
越 今浙江紹興縣
台 今浙江臨海縣
括 今浙江麗水縣
福 今福建閩侯縣
建 今福建建甌縣
宣 今安徽宣城縣
饒 今江西鄱陽縣
撫 今江西臨川縣
虔 今江西贛縣
洪 今江西南昌縣
吉 今江西吉安縣
袁 今江西宜春縣
郴 湖南郴縣
江 今江西九江縣
鄂 今湖北武昌縣
岳 今湖南岳陽縣
潭 今湖南長沙縣
衡 今湖南衡陽縣
永 今湖南零陵縣
道 湖南道縣
邵 今湖南邵陽縣
朗 今湖南常德縣
澧 湖南澧縣
辰 今湖南沅陵縣
巫 今湖南黔陽縣
施 今湖北恩施縣
思 今貴州婺川縣
南 今四川南川縣
黔 今四川彭水縣
費 今貴州思南縣東北
夷 今貴州綏陽縣
溱 今貴州桐梓縣北
播 今貴州遵義縣
珍 今貴州桐梓縣東

劍南道

益 今四川成都縣
緜 今四川綿陽縣
梓 今四川三台縣
始 今四川劍閣縣
遂 今四川遂寧縣
資 今四川資中縣
普 今四川安岳縣
簡 今四川簡陽縣
陵 今四川仁壽縣
邛 今四川邛崍縣
雅 今四川雅安縣
眉 今四川眉山縣
嘉 今四川樂山縣
榮、四川榮縣
瀘 四川瀘縣
戎 今四川宜賓縣
茂 四川茂縣
維 今四川理番縣
嶲 今四川越嶲縣
姚 今雲南姚安縣
龍 今四川平武縣
文 甘肅文縣
扶 文縣西徼外
松 今四川松潘縣
翼 松潘縣南
當 松潘縣境

嶺南道

廣（今廣西省治）　韶（今廣東曲江縣地）　循（今廣東惠陽縣東北）　潮（今廣東潮安縣）　連（今廣東連縣）　端（今廣東高要縣）　康（今廣東德慶縣）　岡（今廣東新會縣）　恩（今廣東陽江縣）　春（今廣東陽春縣）　勤（今陽春縣西北）　新（今廣東新興縣）

封（今廣東封川縣）　瀧（今廣東茂名縣）　高（茂名縣東北）　辯（今廣東化縣）　崖（廣東瓊山縣東南）　羅（今廣東茂名縣）　竇（今廣東信宜縣）　瀧（今廣東羅定縣）　雷（今廣東海康縣）　廉（今廣東合浦縣）　欽（今廣東欽縣東北）　陸（欽縣西南）

瓊（今廣東瓊山縣）　振（今廣東崖縣）　儋（今廣東儋縣）　桂（今廣西桂林縣）　昭（今廣西平樂縣）　富（今廣西昭平縣）　賀（今廣西賀縣）　蒙（今廣西蒙山縣南）　梧（今廣西蒼梧縣）　藤（今廣西藤縣）　義（今廣西岑溪縣）　鬱林（今廣西興業縣）

平琴（今廣西鬱林縣）　容（今廣西容縣）　白（今廣西博白縣）　山（博白縣南）　牢（今廣西鬱林縣）　黨（鬱林縣北）　禺（今廣西北流縣）　襲（今廣西平南縣）　潯（今廣西桂平縣）　貴（今廣西貴縣）　繡（貴縣東南）　橫（今廣西橫縣）　邕（今廣西邕寧縣）

賓（今廣西賓陽縣）　澄（今廣西上林縣）　象（今廣西象縣東北）　柳（今廣西馬平縣）　融（今廣西融縣）　粵（今廣西宜山縣）　芝（今廣西忻城縣）　籠（今廣西扶南縣）　環（今廣西思恩縣）　瀼（今廣西上思縣）　巖（今廣西橫貴二縣地）　古（今安南諒山北）

東交境　安南　武峨（同上）　愛（同上）　長（同上）　驩（同上）　峯（同上）　湯（同上）

右爲貞觀初制也。景雲二年，議者以山南所部閒遠，乃分爲東南道，又分隴西爲河西道，未幾復罷。開元二十一年，分關內道曰京畿，（治西京）分河南道曰都畿，（治東都）分山南道曰山南東、（治襄州）山南西，（治梁州）江南道曰江南東、（治蘇州）江南西。又分江南西道曰黔中，（治黔中）合關內、（多以京官遙領）河南、（治汴州）河東、（治河中府即蒲州）河北、（治魏州）淮南、（治揚州）隴右、（治鄯州）劍南、（治益州）嶺南，（治廣州）爲十五道云。

唐初六都護府治地表

大都護
- 安北都護府（屬關內道）　治金山（阿爾泰山境）　領磧北諸府州
- 單于都護府（同上）　治雲中（今綏遠歸綏縣城南）　領磧南諸府州
- 安西都護府（屬隴右道）　治龜茲（今新疆庫車縣）　領西域諸府州

中都護
- 北庭都護府（同上）　治庭州（今新疆迪化縣）領天山以北府州
- 安東都護府（屬河北道）　治平壤（朝鮮境）領高麗諸府州
- 安南都護府（屬嶺南道）　治交州（安南境）領交趾府州及海南諸國

案貞觀中平高昌王，又降西突厥，遂於交河城置安西都護，此都護之早設者也。至永徽初，回紇內附，北荒悉隸封內，因置燕然都護府；龍朔六年，徙回紇更名瀚海，旋移置雲中，又名雲中都護府；至麟德初，又改單于都護府。總章初平高麗，置安東都護府於平壤。長安二年，復於瀚海之庭州，分置北庭都護府。調露初，改交州都督為安南都護府。此邊外六大都護府之設立，皆唐初極盛時之規制也。自中葉以後，東胡則有奚契丹，西北則有回紇吐蕃諸部，時患寇擾，以故都護治所內徙不恆，亦多受治於方鎮者。

第六章　唐世藩鎮及五季割據

節度建置之顛末

自高宗季葉，內亂相繼，國威漸微，大食吐蕃回紇乘之，屢極邊境。玄宗迺於邊陲要地置十節度使，委以兵馬大權，使經略四方，於是唐之國威復張塞外。

(一)平盧節度使，鎮今之熱河朝陽縣，以撫室韋、靺鞨諸部。

(二)范陽節度使，鎮今之北平，以制奚、契丹諸族。

(三)河東節度使，鎭今之山西太原，以塞回紇。

(四)朔方節度使，鎭今之寧夏靈武，以禦回紇。

(五)河西節度使，鎭今之甘肅武威，以備吐蕃及回紇。

(六)隴右節度使，鎭今之青海樂都，以捍吐蕃。

(七)安西節度使，鎭今之新疆庫車，以統西域諸國。

(八)北庭節度使，鎭今之新疆廸化，專抑突厥餘衆。

(九)劍南節度使，鎭今之四川成都，以防吐蕃及苗蠻。

(十)嶺南節度使，鎭今之廣東廣州，以拒南海諸國。

藩鎭分建名號及其所治地

自玄宗時，邊要之地，皆置節度使，及安史亂後，內地久不安，河南山南江淮諸道，亦皆增置鎭府，藩鎭之列，徧於內外。內地節度使大者連州十餘，小者猶兼三四州，吏盡爲其屬，率兼按察、採訪、安撫、度支等使，以故兵政兩大權，統歸掌握，姑息既甚，藩鎭益驕，其尤橫恣爲朝廷患者，河北三鎭也。其後有地一州，有衆數部，皆效河北以抗中朝矣。安史之亂，中原宿兵，盡分十道諸州爲方鎭，置節度使觀察使以統之，邊衞置節度，腹地簡僻置觀察。今綜四十七鎭，以唐乾符六年方鎭表爲定。（次年爲廣明元年，黃巢入長安，紀綱大壞，方鎭割裂紛歧，不可爲據。）在關內道者七鎭：日鳳翔，（鳳翔尹充鳳翔隴右節度觀察等使）邠寧，（邠州刺史充邠寧慶節度觀察等使）鄜坊，（鄜州刺史充涇原等州節度觀察等使）涇原，（涇州刺史充涇原等州節度觀察等使）夏綏，（夏州

（刺史充夏綏等州節度觀察等使）振武，（單于大都護充振武節度單于鎭北麟勝等府州節度觀察等使　新地理志單于府隸關內）朔方。在河南道者九鎭：曰宣武，（汴州刺史充宣武節度汴宋州觀察等使）義成，（滑州刺史充義成節度鄭滑觀察等使）忠武，（許州刺史充忠武節度陳許蔡州觀察等使）感化，（徐州刺史充感化節度徐濠觀察等使）泰寧，（兗州刺史充泰寧節度兗海沂密州觀察等使）天平，（鄆州刺史充天平節度鄆濮州觀察等使）平盧，（青州刺史充平盧節度淄青觀察等使）河陽，（孟州刺史充河陽節度孟懷澤觀察等使　舊志孟州隸河南道）陝虢。（陝州大都督府長史充陝虢觀察等使）在河東道者四鎭：曰河東，（太原尹充河東節度觀察等使）河中，（河中尹充河中晉絳觀察等使）昭義，（潞州大都督府長史充昭義節度潞邢觀察等使）大同。（雲州刺史充大同節度雲蔚朔觀察等使）在河北道者五鎭：曰義武，（定州刺史充義武節度易定觀察等使）盧龍，（幽州大都督府長史充盧龍節度幽薊觀察等使）成德，（鎭州大都督府長史充成德節度鎭冀觀察等使）魏博。（魏州大都督府長史充魏博節度觀察等使）在山南道者三鎭：曰山南東，（襄州刺史充山南東道節度觀察等使）山南西，（興元尹充山南西道節度觀察等使）荊南。（江陵尹充荊南節度觀察等使）在隴右道者三鎭：曰天雄，（秦州刺史充天雄節度秦成階州觀察等使）河西，（涼州刺史充河西節度觀察等使）歸義。（沙州刺史充歸義節度沙甘觀察等使）在淮南道者一鎭：曰淮南。（揚州大都督府長史充淮南節度觀察等使）在江南道者八鎭：曰鎭海，（潤州刺史充鎭海節度浙西觀察等使）浙東，（越州刺史充浙東觀察等使唐制節度治兵觀察治民專爲觀察而又兼都團練以治兵）宣歙，（宣州刺史充宣歙池州觀察等使）江西，（洪州刺史充江西觀察等使）福建，（福州刺史充福建觀察等使）鄂岳，（鄂州刺史充鄂岳觀察等使）湖南，（潭州刺史充湖南觀察等使）黔中。（黔州刺史充黔中觀察等使）在劍南道者二鎭：曰西川；（成都尹充劍南西川成都等府州節度觀察等使）東川。（梓州刺史充劍南東川節度觀察等使）在嶺南道者五鎭：曰嶺南東，（廣州刺史充嶺南東道節度觀察等使）嶺南西，（邕州刺史充嶺南西道節度觀察等使）容管，（容州刺史充容管觀察等使）桂管，（桂州刺史充桂管觀察等使）靜海。（安南都護充靜海節度安南等府州觀察等使）至外如東畿防禦使，華州鎭國軍使，同州長春宮使，權勢較方鎭爲殺，茲不具書。

五代疆域之得失

自黃巢肆虐，中原益擾，豪主四起，互相吞噬：北有燕王劉仁恭，晉王李克用；西有岐王李茂貞，蜀王王建；

南有吳王楊行密，吳越王錢鏐，東南至海，與王審知閩境接；楚王馬殷，北距江與高季興荊南境接，南踰嶺與劉隱廣州境接；擅命四方，莫能相制。而朱溫盜據大梁，北制河北，西收河中，（河中帥王珂向附晉，溫急攻之，晉不能救，河中遂沒於溫）遂規關隴，始與梁爲勁敵者，唯岐與晉，至是皆伏不敢出。而朱溫乃劫天子，篡唐祚，僭號曰梁，有州七十八，東濱海，北據河，西至涇渭，南踰江漢。未幾爲晉所滅，國號曰唐。唐又西幷鳳翔，南收巴蜀，同光之變，兩川復失。是時東際於海，南至淮漢，西踰秦隴，北盡燕代，皆爲唐境，有州百二十三。

都邑考：朱溫起於汴州，因改汴州爲開封府，謂之東都，而以故東都爲西都，（即洛陽。開平二年始遷洛陽，朱友貞自立於汴，仍都開封）廢故西都，以京兆府爲大安府。（仍置佑國軍治焉。開平三年又改永平軍）

都邑考：莊宗初即位，因以魏州爲興唐府，建東京；又於太原府建西京；以鎮州爲眞定府，建北都；滅梁後，遷都洛，（時以洛陽爲洛京）復以京兆爲西都，太原爲北京，而汴州仍曰宣武軍，北都復曰成德軍。同光三年，詔以洛都爲興唐，興唐府爲鄴都。天成四年，鄴都還爲魏州。

五代南北諸國之分併

自石晉入立，以山外十六州餌契丹，（幽薊瀛莫涿檀順新媯儒武雲寰應朔蔚）而得蜀之金州，（又增置威州今甘肅環縣）有州一百九。卒也契丹南牧，大梁不守，劉智遠從郭威言，舉兵晉陝而東，河南遂定；會契丹內變，晉之舊壤悉歸於漢。唯秦鳳等州爲蜀所陷，有一百六州。郭威代漢，稱周，其初河東十州，（并汾嵐石遼沁忻代麟憲）沒於劉旻，世宗西克階成，（王景等伐蜀克秦鳳階成）四州，南收江北，（伐唐得淮南十四州）北奠三關，（征契丹取瀛莫二州，關南始爲周有，瓦橋關南也。時以瓦橋（河北雄縣）益津（霸縣）高陽（高陽縣）爲三關）有州一百十八，餘盡爲各國所據。當梁末唐初之際，燕岐爲李氏所并，蜀滅又歸於孟氏，遂有七國。石晉時，閩爲南唐吳越所并。及漢之亡，劉崇又自立於晉陽，不受周命，於是仍有七國。至於周末，自江以南二十一州，爲南唐；（楊行密據有淮南建號曰吳後爲徐知誥所篡改號曰唐）自劍以南及山南西道四十六州，爲蜀；（後蜀孟氏）自湖南北十州，爲楚；（馬殷據湖南傳五世至希萼爲南唐所侵其地皆降於唐惟朗澧二州爲楚將劉延所據而嶺南之地悉沒於南漢其後王逵又克復潭岳二州唐將在湖南者皆遁去等襲朗州因劉言而代其位）自浙東西十三州，爲吳越；自嶺南北四十七州，爲南漢，自太原以北十州，爲北漢；而荊歸峽三州，爲南平；（即荊）合中原所有，通爲二百六十八州，而軍不在焉。宋撫有中土，先取荊湖，西滅蜀，南平漢，遂并江南。宋建隆初，吳越入朝，閩海（閩朱文進之亂泉州將留從効據漳泉二州旋降南唐以爲節度使其後從効入貢稱藩於宋從効卒其將陳洪進以州來降）內附，又平北漢，於是天下復一。蓋五代戰國之爭，凡五十年，宋興又十年，然後掃蕩羣雄，建設統一政府，而燕雲十六州之地，遂永淪異域矣。

都邑考：晉自洛陽徙汴，尋升汴州爲東京開封府，以洛陽爲西京，改西都爲晉昌軍。（時又改興唐府爲廣晉府天福二年復建鄴都開運二年又廢鄴都復爲天雄軍）

都邑考：漢都開封，如晉都之制。（乾祐初又改晉昌軍爲永興軍廣晉府爲大名府）

都邑考：周因漢舊制，仍都開封。（顯德初又廢鄴都止稱大名府）

第七章　宋之分路及遼金夏建國之形勢

宋初之疆域

宋之有天下也，其初（淳化四年）法唐制，分為十道：曰河南，河東，河北，關西，劍南，淮南，峽西，江南東西，浙東西，廣南。至道三年，始分天下州軍為十五路，各置轉運、經略、安撫等使統之，如京東、京西、河北、河東、陝西、淮南、江南、兩浙、湖南、湖北、福建、西川、峽西、廣東、廣西是也。凡府州軍監三百二十有一，縣一千一百六十二。（羈縻州縣不在此列）東西皆至海，西盡巴僰，（今四川雷波縣北）北極三關，東西六千四百八十五里，南北一萬一千六百二十里。然契丹未靖，夏逆方張，東北常以關南、（高陽關之南）瀛州、（即河北河間縣）常山、（今河北正定縣）棣州、（山東武定縣）雁門（山西代縣）為重鎮，西北常以鄜、（陝西鄜縣）延、（陝西膚施縣）環、（甘肅環縣）慶、（甘肅慶陽縣）原、（甘肅固原縣）渭（甘肅平涼縣）為重鎮。

都邑考：宋建隆初，因周舊制，以大梁為東京開封府，洛陽為西京河南府，眞宗建宋州為南京，（景德三年以宋州為太祖舊藩升州為應天府大中祥符七年遂建為南京其後高宗即位於此）仁宗又建大名府為北京，（慶曆二年以大名府為眞宗駐蹕之所建為北京）時謂之四京。（又皇祐四年以曹陳許鄭滑為輔郡崇甯四年以右司諫姚佑言於是以潁昌府為南輔升襄邑為拱州為東輔鄭州為西輔滑州為北輔各置軍防其後廢置不一）高宗南渡，以臨安府為行都，後遂定都焉。（建炎元年幸揚州三年幸杭州進幸江寧府改為建康府四年幸溫州復幸越州紹興二年以杭州為臨安府旋幸臨安三年營建康行宮四年幸平江府五年還臨安六年又幸平江七年幸建康八年復還臨安自是定都焉三十一年幸建康明年復還臨安）

熙寧以後之開拓

其各路分合，時靡有恆，神宗元豐中，遂定制為二十三路。（詳後）蓋自王安石柄用，喜言邊功，种諤取綏州，（今陝西綏德縣）韓絳取銀州，（今陝西米脂縣）王韶取熙、（今甘肅臨洮縣）河，（今甘肅臨夏縣）章惇取懿、（今湖南芷江縣）洽，（芷江縣東南）謝景溫取徽、（今湖南綏寧縣）誠，（今湖南靖縣）熊本取南平，（今四川巴縣）郭逵取廣源，（今安南境）李憲取蘭州，（今甘肅皋蘭縣）沈括取葭蘆（今陝西葭縣）米脂、（陝西米脂縣）浮圖（今陝西綏縣西六十里安疆（今甘肅慶陽縣東北）四寨，繼以王贍取邈州、（即湟州今青海樂都縣治）青唐、（即鄯州今青海樂都縣治）寧塞、（即廓州今青海化隆縣東黃河北岸賓宇肥北至鄯州一百八十里）龍支，（東之宗哥城今青海省西寧縣）王厚復湟鄯。（哲宗元符三年王贍所置湟鄯諸州尋為吐蕃所據又命王厚復之）數十年中，建州、軍、關、城、鎮、堡，不可勝紀，及遼亡，與金分割燕雲諸州，遂建燕山雲中兩路，而禍變旋作矣。

宋初十五路所領府州軍監表

路	疆界	府州軍監
京東路	東至海 西抵汴 南極淮泗 北薄於河	開封府（今河南開封縣） 宋州（今河南商丘縣） 兗州（今河南滋陽縣） 徐州（今江蘇銅山縣） 曹州（今山東菏澤縣） 青州（今山東益都縣） 鄆州（今山東東平縣） 密州（今山東諸城縣） 齊州（今山東歷城縣） 濟州（今山東鉅野縣） 沂州（今山東臨沂縣） 登州（今山東蓬萊縣） 萊州（今山東掖縣） 淄州（今山東淄川縣） 濮州（山東濮縣） 單州（山東單縣） 濰州（今山東濰縣） 廣濟軍（今山東定陶縣） 清平軍（今山東章邱縣） 淮陽軍（今江蘇邳縣） 宣化軍（今山東高苑縣） 萊蕪軍（山東萊蕪縣） 利國監（今江蘇沛縣）
京西路	東暨汝潁 西距崤函 南踰漢沔 北抵河津	河南府（今河南洛陽縣） 滑州（河南滑縣） 鄭州（河南鄭縣） 汝州（今河南臨汝縣） 陳州（今河南淮陽縣） 許州（今河南許昌縣） 蔡州（今河南汝南縣） 潁州（今安徽阜陽縣） 孟州（今河南孟縣） 唐州（今河南泌源縣）、 鄧州（今河南鄧縣） 襄州（今湖北襄陽縣） 均州（今湖北均縣） 房州（湖北房縣） 金州（今陝西安康縣） 隨州（湖北隨縣） 郢州（今湖北鍾祥縣） 信陽軍（河南信陽縣） 光化軍（湖北光化縣）
河	東濱海 西薄太行	大名府（河北大名縣） 鎮州（今河北正定縣） 瀛州（今河北河間縣） 貝州（今河北永年縣） 博州（今山東聊城縣） 德州（今山東陵縣） 滄州（河北滄縣） 棣州（今山東惠民縣） 深州（河北深縣） 洺州（今河北永年縣） 邢州（今河北邢臺縣） 冀州（河北冀縣） 趙州（河北趙縣） 定州（河北定縣） 莫州（今河北任邱縣） 相州（今河南安陽縣） 懷州（今河南沁陽縣） 衞州（今河南汲縣） 澶州

北路	南臨河 北據三關	今河北濮陽縣 磁州河北磁縣 祁州河北安國縣 濱州山東濱縣 雄州河北雄縣 霸州今河北文安縣 保州今河北清苑縣 德清軍今河北清豐縣 保順軍今山東無棣縣 定遠軍今河北東光縣 破虜軍今河北霸縣東 平戎軍今河北清苑縣 靜戎軍今河北徐水縣 威虜軍徐水縣西 乾寧軍今河北青縣 順安軍今河北高陽縣 寧邊軍今河北蠡縣 天威軍今河北井陘縣 承天軍正定縣北 靜安軍今河北深縣東南 通利軍今河南濬縣
河東路	東際常山 西逾河 南距底柱 北塞雁門	幷州今山西太原縣 代州山西代縣 忻州山西忻縣 汾州今山西汾陽縣 遼州山西遼縣 澤州今山西晉城縣 潞州今山西長治縣 晉州今山西安邑縣 絳州今山西新絳縣 慈州今山西吉縣 隰州山西隰縣 石州今山西離石縣 嵐州今山西岢嵐縣 憲州今山西靜樂縣 豐州今綏遠鄂爾多斯旗地 麟州今綏遠鄂爾多斯左翼地 府州今陝西榆林等縣 平定軍榆林縣北境 火山軍今山西河曲縣 定羌軍今山西保德縣 寧化軍今山西靜樂縣北 岢嵐軍山西岢嵐縣 威勝軍今山西沁縣 永利監今山西太原縣東北 大通監今山西交城縣
陝西路	東盡崤函 西包汧隴 南連商洛 北控蕭關	京兆府今陝西長安縣 河中府今山西永濟縣 鳳翔府陝西鳳翔縣 華州陝西華縣 同州今陝西大荔縣 解州山西解縣 虢州今河南靈寶縣 陝州河南陝縣 商州陝西商縣 乾州陝西乾縣 耀州陝西耀縣 丹州今陝西延川縣 延州今陝西膚施縣 鄜州陝西鄜縣 坊州今陝西中部縣 邠州陝西邠縣 寧州甘肅寧縣 涇州今甘肅涇川縣 原州今甘肅固原縣 慶州今甘肅慶陽縣 環州甘肅環縣 渭州今甘肅平涼縣 儀州今甘肅華亭縣 鳳州陝西鳳縣 階州今甘肅武都縣 成州甘肅成縣 秦州今甘肅天水縣 保安軍陝西保安縣 鎮戎軍今甘肅鎮原縣 開寶監今甘肅兩當縣 沙苑監今陝西朝邑縣
淮南	東至海 西距漢 南瀕江	揚州今江蘇江都縣 楚州今江蘇淮安縣 濠州今安徽鳳陽縣 壽州安徽壽縣 光州今河南潢川縣 黃州今湖北黃岡縣 蘄州今湖北蘄春縣 舒州今安徽懷寧縣 廬州今安徽合肥縣 和州安徽和縣 滁州安徽滁縣 海州今江蘇東海縣 泗州安徽泗縣 亳州安徽亳縣 宿州安徽宿縣 泰州江蘇泰縣 通州今江蘇南通縣 建安軍今江蘇儀徵縣 漣水軍江蘇

路	北據淮	漣水縣　高郵軍今江蘇高郵縣　無為軍今安徽無為縣　利豐監今江蘇南通縣南　海陵監今江蘇泰縣東北
江南路	東限閩海　西界夏口　南抵大庾　北際大江	昇州今江蘇江寧縣　太平州今江蘇揚中縣　宣州今安徽宣城縣　歙州今安徽歙縣　池州今安徽貴池縣　饒州今江西鄱陽縣　信州今江西上饒縣　撫州今江西臨川縣　江州今江西九江縣　洪州今江西南昌縣　袁州今江西宜春縣　筠州今江西高安縣　吉州今江西吉安縣　虔州今江西贛縣　廣德軍今安徽廣德縣治　南康軍今江西星子縣　興國軍今湖北陽新縣　臨江軍今江西清江縣　南安軍今江西大庾縣　建昌軍今江西南城縣
湖南路	東據衡岳　西接蠻獠　南阻五嶺　北界洞庭	潭州今湖南長沙縣　衡州今湖南衡陽縣　道州湖南道縣　永州今湖南零陵縣　邵州今湖南邵陽縣　郴州湖南郴縣　全州廣西全縣　桂陽監湖南桂陽縣
湖北路	東盡鄂渚　西控巴峽　南抵洞庭　北限荊山	江陵府湖北江陵縣　鄂州今湖北武昌縣　岳州今湖南岳陽縣　復州今湖北沔陽縣　安州今湖北鍾祥縣　朗州今湖南常德縣　澧州湖南澧縣　峽州今湖北宜昌縣　歸州今湖北秭歸縣　辰州今湖南沅陵縣　漢陽軍湖北漢陽縣　荊門軍湖北荊門縣
兩浙	東至海　南接嶺島　西控震澤	杭州浙江杭縣　睦州今浙江建德縣　湖州今浙江吳興縣　秀州今浙江嘉興縣　蘇州今江蘇吳縣　常州今江蘇武進縣　潤州今江蘇鎮江縣　越州今浙江紹興縣　婺州今浙江金華縣　衢州浙江衢縣　處州浙江麗水縣　溫州今浙江永嘉縣

路	北枕大江	台州今浙江臨海縣　明州今浙江鄞縣　江陰軍江蘇江陰縣　順化軍今浙江臨安縣
福建路	東南際海　西北據嶺	福州今福建閩侯縣　建州今福建建甌縣　泉州今福建晉江縣　漳州今福建龍溪縣　汀州今福建長汀縣　南劍州今福建南平縣　興化軍今福建莆田縣　邵武軍福建邵武縣
西川路	東距峽江　西控生番　南環瀘水　北阻岷山	成都府四川成都縣　蜀州今四川崇慶縣　彭州四川彭縣　漢州今四川廣漢縣　綿州今四川綿陽縣　梓州今四川三台縣　遂州今四川遂寧縣　榮州四川榮縣　簡州四川簡陽縣　資州今四川資中縣　陵州今四川仁壽縣　普州今四川安岳縣　果州今四川南充縣　合州今四川合川縣　渠州四川渠縣　昌州四川大足縣　瀘州四川瀘縣　戎州今四川宜賓縣　眉州今四川眉山縣　嘉州今四川樂山縣　邛州今四川邛崍縣　雅州今四川雅安縣　黎州今四川漢源縣　茂州四川茂縣　維州今四川理番縣　永康軍今四川灌縣　懷安軍今四川金堂縣　廣安軍四川廣安縣　富順監今四川富順縣
峽西路	東接三峽　西抵陰平　南扼羣獠　北連大散	興元府今陝西南鄭縣　洋州陝西洋縣　興州今陝西略陽縣　利州今四川廣元縣　閬州今四川閬中縣　劍州今四川劍閣縣　文州甘肅文縣　龍州今四川平武縣　巴州今四川巴中縣　集州今四川南江縣　蓬州今四川儀隴縣　壁州今四川通江縣　渝州今四川巴縣　夔州今四川奉節縣　忠州四川忠縣　萬州四川萬縣　開州四川開縣　達州四川達縣　涪州今四川涪陵縣　施州今湖北恩施縣　黔州今四川彭水縣　雲安軍今四川雲陽縣　梁山軍四川梁山縣　大寧監今四川巫溪縣
廣東路	東南據大海　西北距五嶺	廣州今廣州市　連州廣東連縣　韶州今廣東曲江縣　南雄州廣東南雄縣　英州今廣東英德縣　惠州今廣東惠陽縣　循州今廣東龍川縣　梅州廣東梅縣　潮州今廣東潮安縣　端州今廣東高要縣　康州今廣東德慶縣　新州今廣東新興縣　春州今廣東陽春縣　恩州今廣東陽江縣　封州今廣東封川縣　賀州廣西賀縣

廣西路
桂州今廣西桂林縣 昭州今廣西平樂縣 梧州今廣西蒼梧縣 龔州今廣西平南縣 藤州廣西藤縣 白州今廣西博白縣 容州廣西容縣 鬱林州廣西鬱林縣 潯州今廣西桂平縣
賀州廣西賀縣 橫州廣西橫縣 邕州今廣西邕寧縣 賓州今廣西賓陽縣 象州廣西象縣 柳州今廣西馬平縣 融州廣西融縣 宜州今廣西宜山縣 高州今廣東茂名縣 化州廣東化縣
雷州今廣東海康縣 廉州今廣東合浦縣 欽州廣東欽縣 瓊州今廣東瓊山縣 儋州廣東儋縣 萬安州今廣東萬寧縣 崖州今廣東瓊山縣東南

南宋之疆域

熙寧以後，分合不常，至元豐六年，定制爲二十三路：曰京東西路，治鄆州，徙治宋州 曰京東東路，治青州 曰京西北路，治河南府 曰京西南路，治襄州 曰河北東路，治大名府 曰河北西路，治眞定府 曰河東路，治太原府 曰陝西永興路，治京兆府 曰陝西秦鳳路，治秦州 曰淮南東路，治揚州 曰淮南西路，治廬州 曰江南東路，治昇州 曰江南西路，治洪州 曰兩浙路，治杭州 曰荆湖南路，治潭州 曰荆湖北路，治江陵府 曰西川成都路，治成都 曰西川梓州路，治梓州 曰峽西利州路，治興元府 曰峽西夔州路，治夔州 曰福建路，治福州 曰廣南東路，治廣州 曰廣南西路。治桂州 京府四，府十，州二百四十二，軍二十七，監四，縣千一百三十五。地域則東南皆海，西盡巴僰，北際中山，蓋宋代東北西三面，扼於遼夏，今之所謂河北山西甘肅諸省，止得其半，其幅員較之唐代，猶爲狹也。

高宗南渡，駕幸揚州，金又分中原之地以帝劉豫，處小朝廷求活，有前規一尺，無退生一寸，韓岳諸將，僇力恢復。乃秦檜甘爲金人奸細，和議未脫於口，而金已分道入犯，出師建康，據我北岸。賴虞允文成功於采石，金亮見弑於虜中，而江左無恙；不然，無駐蹕所矣。紹興十一年，與金畫疆，京西以淮水中流爲界，其西割唐鄧二州，陝西割商秦之半，以大散關（今陝西寶雞縣西南）為界。是時疆域登於職方者，東盡明越，西抵岷（今四川茂縣西北）嶓（今陝西沔縣西北）南斥瓊崖，北至淮漢，截長補短，分路十六：曰浙西，浙東，江東，江西，淮東，淮西，湖南，湖北，京西，（京西南路原有府一州七後所存止襄陽府及隨房均郢四州棗陽光化二軍）成都，潼川，利州，夔州，福建，廣東，廣西是也。府州軍監一百九十，縣七百三，而武都（階州亦曰武都郡）河池（鳳州亦曰河池郡）興元襄陽鄂州廬州楚州揚州，並為重鎮。及蒙古崛興，與宋約夾攻金，滅金後，僅得唐鄧二州地，然孟珙收復襄陽，呂文煥繼之，其形勢亦復不惡。故蒙古之侵宋，誓必破此，而後南下；至攻之五年，不克而去，亦以必破此南下，而後無內顧憂。即劉整之策，亦曰攻宋方略，宜先從事襄陽，自是果破鄂破郢，無不應手碎虀，至此而宋亦遂亡矣。

遼金夏之疆域

北宋時，東遼西夏，並與宋鄰。金興遼滅，宋軌亦南，其時南宋國界專屬於金矣。溯遼之先曰契丹，本東胡種，（九國志曰匈奴種）世居遼澤，潢水南岸，唐貞觀末內屬，厥後叛服靡恆。咸通以後，阿保機遂以臨潢（在熱河巴林旗東北）之衆，稱雄東陲，建皇都，西兼突厥，東併渤海，（在高麗北）城邑日增，又南侵燕，得營（熱河境）平（盧龍縣）二州；太宗援晉，又得燕雲十六州。宋初，一再用師，卒不能有，且又失一易州，於是與宋以白溝河（即拒馬河亦曰界河）為界。東至海，西至金山，南包中國本部之北，北至臚朐河。（亦曰飲馬河即今蒙古車臣汗部喀魯倫河源出喀爾喀部肯特山南直綏遠南部二千里）國中建五京：臨潢為上京，遼陽為東京，大定（今熱河省東部喀喇沁右翼南部）為中京，幽州為南京，後又以山西大同為西京。有府六，曰定理（今瀋陽以東境）曰率賓曰鐵利（皆今吉林寧安縣境）曰安定曰長嶺（皆遼寧新賓縣之東）曰鎮海（今新賓縣東南）州軍城百五十六，縣二百九，部族五十二。先後所得中國之地，有十七州，其納貢稱臣者，高麗吐蕃吐谷渾黠戛斯以下，凡六十國。

遼之東邊，有女眞族，（漢魏曰挹婁，後魏曰弗吉，隋唐曰靺鞨）唐初有粟末黑水二部。後粟末強，建渤海國，既滅黑水，族崛興。太祖叛遼自立，攻克黃龍府，（今遼寧昌圖縣柳條邊外赫爾蘇河北岸）進陷遼陽，（今遼寧遼陽縣）克臨潢，拔中京，又西得雲中，遂入居庸，幷幽冀。太宗時，盡得遼故地，於是遣將分徇河南州縣，虜宋二帝，關陝山東以次俱下，乃立劉豫於河南；既又取之，而長淮以北，悉爲版宇。其壤地：東極吉林密雅呼達喝境，（今吉林寧安縣東鄙）北自扶餘路（吉林扶餘縣）之北三千餘里和洛和搏穆昆池爲邊右，旋入泰州（遼泰州在今黑龍江南郭爾羅斯旗境，金徙州於長春〈吉林長春縣〉）博勒郭所浚界濠，而西經臨潢金山，（此指今熱河巴林之山，非阿爾泰山）跨慶（巴林東北）桓（獨石口東北西至桓州七百里桓州今遼寧桓仁輯安等縣）撫（張家口北）昌（撫州北）淨州之北，（綏遠歸綏縣東北）出天山外，（即陰山烏喇忒旂北縣亙而東數千里）包東勝，（故城在歸綏縣西黃河東岸，今縣亦曰東勝）接西夏，（即西夏地）踰黃河。復西歷葭州，（陝西葭縣）及米脂寨，（今陝西綏德縣）出臨洮府會州，（今甘肅靖遠縣）積石之外，（今陝西臨夏縣小積石山）與生羌地相錯。復自積石諸山之南，左折而東，踰洮州，（今甘肅臨潭縣）越鹽川堡，（今甘肅隴西縣治西南）循渭水，至大散關，並終南山入京兆，（今長安縣）絡商州，（陝西商縣）南及唐鄧，西南皆四十里，以淮之中流爲界，而與宋爲表裏。襲遼制，建五京：會寧爲上京，（寧安縣西南）臨潢爲北京，遼陽爲南京，大定爲中京，大同爲西京。置總管府十四，（河北東路河北西路河東南路河東北路山東東路山東西路京兆路鄜延路涇原路熙秦路汴京路大名路咸平路，又分熙秦爲鳳翔臨洮二路，咸平在今遼寧鐵嶺縣境）是爲十九路。閑散府九，節鎭三十六，防禦郡二十二，刺史郡七十三，軍十有六，縣六百三十二。東極大海，西踰河湟，北跨陰山，南濱淮漢，視遼之規模宏遠矣。

夏自元昊強盛，修明號令，擊回紇；據夏（今陝西橫山縣）綏（今陝西綏德縣）宥（陝西榆林縣）靜（陝西米脂縣北）靈（今寧夏靈武縣）鹽（靈武縣東南）會（今甘肅靖遠縣）勝（榆林縣東北）甘（今甘肅張掖縣）涼（今甘肅武威縣）諸州，又取瓜（今甘肅安西縣西）沙（今甘肅敦煌縣）肅（今甘肅酒泉縣）州，依賀蘭山（今寧夏省寧朔縣西）以爲固，遂稱帝，都興慶。（今寧夏縣）復率兵十萬入寇，關右大震，破麟（今陝西神木縣北）豐（今陝西榆林縣西北）等州，又破延州。（今陝西膚施縣）其壤地：東據河西，西至玉門，（今甘肅敦煌縣西）南臨蕭關，（今甘肅固原縣南）北控大漠，延袤萬里，分置一軍屯河北，備契丹；河南置鹽州路，備原慶環渭；左廂曰宥州路，備鄜延麟府；右廂曰甘州路，備吐蕃回紇。宋自熙寧以後，西北邊兵力稍振，而夏繇是衰。然歷遼金之興亡，而夏依然無恙，蓋與宋爲終始，而並亡於元者也。

第八章　元初分省及西北拓地之次第

元之十二中書省

自鐵木眞爲蒙古大汗，始與金合兵征服鄰近諸族，又降西夏，平西域百餘國。太宗窩闊台，破高麗，滅女眞，撫有中夏，又入阿羅思，北向屠野烈贊，（蘇聯利森省鄂嘴河右岸）陷莫斯科，（蘇聯舊都利森西北）更南下取幾富，以逼歐洲內地。一軍自馬札兒（今匈牙利）渡禿納河，（今多瑙河）一軍自孛烈兒（今波蘭境）侵細勒西亞，（今普魯士東部之一）歐洲北部諸王，皆爲所挫。憲宗蒙哥，自蜀入滇，伐大理，定吐蕃，平交阯，又發使者招致南洋諸國。世祖忽必烈既有天下，改號曰元，恢張先業，凡滿洲、內外蒙古、中國本部、青海、西藏及中亞細亞，皆其領土，實握蒙古帝國之全權。其地北臨漠北，西入歐洲，東盡遼左，南極海表，東南所至，不下漢唐，而西北則過之。自太祖至世祖，傳四世，凡七十年，而帝國實統馭歐亞：其在亞洲東部，建省十二，中書省一，行中書省十一。中書省統河北、山東、山西地，謂之腹裏，（領大都等路二十九曹州等州八又屬府三屬州九十一（大都路今北平市）行中書省分鎭藩服：曰嶺北，領和寧路漢北諸屯戍皆屬之和寧郎和林在蒙古杭愛山之東曰遼陽，領遼陽等路七咸平府一屬州十二遼東西城鎭及高麗之平壤皆屬之咸平今遼寧省鐵嶺縣曰河南，亦曰河南江北等處行中書省領汴梁等路十二南陽等府七荊門州一屬州三十四自河南至淮東西又湖北之境亦屬之曰陝西，領奉元等路四鳳翔等府五邠州等州二十七屬州十二自陝西以至漢中又甘肅南境四川北境皆屬之奉元今長安縣曰四川，領成都等路九潼川等三府又屬府二州三十六軍一四川及湖廣貴州諸蠻境皆屬之曰甘肅，領甘州等路七山丹等二州又屬州五曰雲南，領中慶等路三十七仁德等府二又屬府三屬州五十四自雲南接四川西南又東接貴州西境諸蠻皆屬之中慶即今昆明縣曰浙江，領杭州等路三十松江府一州二屬州二十一自兩浙以至江西之湖東又福建境內皆屬之曰江西，領龍興等路十八南豐等州九又屬州十三江西至廣東之境皆屬之龍興即南昌縣曰湖廣，領武昌等路三十歸州等州十三漢陽等府二安撫司十五軍三屬州十七自湖廣至廣西貴州及四川南境皆屬之曰征東，與高麗國同治領府二瀋陽等路高麗軍民總管府耽羅軍民總管府又慶尚等道勸課司使五高麗國境皆屬之而邊境番夷，皆立官分職以馭之，路百八十五，府三十一，州三百五十九，軍四，安撫司十五，縣一千一百二十七云。

都邑考：太祖鐵木眞十五年，定河北諸郡，建都和林。自是五傳皆都此世祖中統初，建開平府，營闕庭於其中，而分立省部於燕京，先是鐵木眞克金中都改曰燕京路而大興府仍舊五年，號開平爲上都。至元初，又稱燕京爲中都，四年，改營中都城，遂定都焉。九年，改中都曰大都，至元五年改開平府曰上都路二十一年改大興府曰大都路自是大都歲營巡幸。

西北四大汗國之地

自太祖以來，經略外國，西北諸部皆定。至世祖，一意用兵，東南以定，疆域之廣，伊古莫匹。今就其屬地拓充之次第，識以左表：

時代	所征服之土地
太祖鐵木眞	內外蒙古 滿洲 中國西北部 天山南北兩路 中亞細亞 阿富汗 波斯東半部及高加索附近
太宗窩闊臺	中國中央部 朝鮮 西伯利亞西南部 歐洲東北部
憲宗蒙哥	中國西南部 西藏 交趾 西亞細亞一帶 印度西北小部
世祖忽必烈	中國南半部

世祖初年，蒙古屬土，撫有北亞北部，南亞南部，又橫貫亞陸，遠跨歐洲。而蒙古諸王族，於此帝國內，又各有所領之地，左四部其尤大者也。

一、伊兒汗國　旭烈兀之子孫，君臨於此，阿母河外西亞一帶，皆其所有，以媽拉固阿（今波斯西北境）為國都。

二、欽察汗國　在伊兒汗之北，東自吉利吉思荒原，西至歐洲匈牙利國境，舉禿納下流地及高加索以北地，皆列其版圖，拔都之子孫，君臨於此，或名之金黨汗國，以亦的勒（今蘇聯境入裏海西北之窩瓦河）下流之薩來（今之撒柳也在蘇聯之阿斯達拉干境內窩瓦河之左岸）為國都。

三、察合臺汗國　察合臺之子孫，君臨於此，據錫爾河外天山附近一帶之西遼故土，其國都為阿力麻里。

四、窩闊臺汗國　窩闊臺之子孫，君臨於此，據阿爾泰山附近之乃滿故土，以也迷里（今塔爾巴哈台之額米里河岸）附近爲根據地。

世祖旣經略東南，而其西北忽大變起，卽海都之叛是也。海都與窩闊臺察合臺常不服，以故搆衅四十年，兩汗國因之疲敝，而元亂相繼，國勢亦遂日傾，羣盜四起，朱元璋卽起而墟其社。順帝北走，猶得傳世享國於沙漠以外。今之蘇聯、土耳其東部，及印度北境，皆其威令所至之地也，故其遺族，猶振於西方云。

第九章　明之分司及九邊之建置

明代之疆域

明祖奮起淮甸，首定金陵，命將四出，平西漢，（陳友諒）克東吳，（張士誠）取汴洛，除秦、（李思齊張思道）晉，（擴廓帖木兒）閩廣隴蜀，次第芟夷，禹跡所掩，盡入版圖。於是建京師一，（南京應天府）布政司十三，（浙江江西福建湖廣山東山西北平河南陝西廣東廣西四川雲南）又於邊圉疆索，置行都指揮使司七，（遼東大寧萬全甘肅大同建昌貴州）以安內攘外。東起朝鮮，西接吐蕃，南至安南，北距大磧，東西一萬一千七百五十里，南北一萬九百里。成祖起承大統，北逐亡元，南一交趾，西藩哈密，東靖女眞，聲敎之訖，幾於漢唐矣。然而不久卽棄大寧，移東勝，宣宗復廢交趾，失開平，尋棄東勝。英宗而後，九邊殘缺，疆圉日蹙。世宗則棄哈密，并棄河套，西陲益多事矣。所恃內外三關，形勢之險，已不免脣亡齒寒之懼。內外三關者，偏頭、（今山西偏關縣）鴈門、（今山西代縣北）寧武（山西寧武縣）爲外；居庸、（河北昌平縣西）紫荊、（河北易縣西北）倒馬（河北定縣西北）爲內是也。此邊境形勢之大概也。

都邑考：太祖初入金陵，改曰應天府。洪武元年，詔以開封府爲北京，應天府爲南京。（尋罷北京而應天爲京師）二年，以臨濠府爲中都。尋改臨濠府爲中立府，七年改曰鳳陽府。太宗永樂元年，建北京於北平府，七年始改北京爲順天時仍以南京爲京師而巡幸則駐於北京。正統以後，遂以北京爲京師，而南京爲陪都。

兩京十三布政司之制

是時版圖，爲直隸二，承宣布政使司十三，與初制稍異矣。

京師亦曰北直隸領順天保定河間眞定順德廣平大名永平八府延慶保安二州東至遼海，與山東界南至東明，與河南山東界西至阜平，與山西界北至宣府，外爲邊地以昌平通州易州爲三輔，與薊州宣府互爲形援，以厚京師藩衛。

南京亦曰南直隸領應天鳳陽安慶廬州淮安揚州蘇州松江常州鎭江徽州寧國池州太平十四府廣德和州滁州徐州四州東至海，南至婺源，與浙江江西界西至英山，與河南湖廣界北至豐沛。與山東河南界淮安爲漕運通渠，鳳陽爲陵寢重地，安慶爲陪京上游，蘇松爲邊海襟要，皆特置重臣，申嚴封守。

山東領濟南兗州東昌青州登州萊州六府、東至海，南至郯城，與南直界西至定陶，與北直河南界北至無棣。與北直界置濟南、轄濟南府東兗、轄東昌兗州二府海右轄青登萊三州三道。又有遼海東寧道，分轄遼東衛所，其臨淸濟寧東平諸州爲漕運咽喉，登萊爲遼東應援，皆重地也。

山西領太原平陽大同潞安汾州五府遼沁澤三州東至正定，與北直界西南皆至河，與陝西河南界北至大同。外爲邊界置冀寧轄太原府河東轄平陽府冀北轄大同府冀南轄潞州汾州府及遼沁澤州四道。太原控扼關塞，大同限隔漠南，並爲重鎭。

陝西領西安鳳翔漢中平涼鞏昌臨洮慶陽延安八府東至華陰，與河南界南至紫陽，與四川湖廣界西至肅州，外爲邊地北至河套。置關內轄西安府關西

（轄平涼、鳳翔二府）關南（轄漢中府）河西（轄慶陽延安二府及寧夏衛）隴右（轄鞏昌臨洮二府及河洮岷靖四州）五道；又有西寧道，分轄甘肅西寧諸衛所。自西安鳳翔漢中而外，皆逼近邊陲，環設重兵，以壯形勢。

河南（領開封歸德彰德衛輝懷慶河南南陽汝寧八府汝州一）東至永城，（與山東南直界）南至信陽，（與江南湖廣界）西至陝州，（與山西陝西界）北至武安。（與北直山西界）置大梁（轄開封歸德二府）河南（轄河南府及汝州）汝南（轄南陽汝寧二府）河北（轄彰德衛輝懷慶三府）四道，居中控外，形勢鞏固。

江西（領南昌饒州廣信南康九江建昌撫州臨江吉安瑞州袁州贛州南安十三府）東至玉山，（與浙江界）南至安遠，（與福建廣東界）西至永寧，（與湖廣界）北至九江。（與江南湖廣界）置南昌、（轄南昌瑞州二府）湖東、（轄廣信建昌撫州三府）湖西、（轄吉安臨江袁州三府）九江、（轄饒州南康九江三府）嶺北（轄贛州南安二府）五道。南贛接連楚粵閩海，山川深險，特設重臣鎭之。（兼督南贛雄韶惠潮郴桂諸州郡）而九江控帶大江，遙對安慶，亦爲中流重鎭。

湖廣（領武昌承天漢陽黃州德安襄陽鄖陽荊州岳州長沙常德衡州永州寶慶辰州十五府郴靖二州）東至蘄州，（與江南江西界）南至九疑，（與廣東廣西界）西至施州，（與四川貴州界）北至均州。（與河南陝西界）置武昌、（轄武昌漢陽黃州三府）荊西、（轄安陸德安二府）上荊南、（轄荊州岳州二府及施南諸衛）下荊南、（轄襄陽鄖陽二府）湖北、（轄常德辰州二府及靖州又永順保靖宣慰司）上湖南、（轄衡永二府及郴州）下湖南（轄長沙寶慶二府）七道。鄖陽山川糾結，連接秦豫，辰州密邇川貴，蠻獠紛錯，皆設重臣鎭之。

四川（領成都保寧順慶重慶夔州敍州龍安馬湖八府潼川嘉定眉州雅州邛州瀘州六州及烏蒙軍民等府）東至巫山，（與湖廣界）南至烏撒東川，（與雲南界）西至威茂，（與西番界）北至廣元。（與陝西界）置川西、（轄成都龍安二府及松潘疊溪二衛）川北、（轄保寧順慶二府及潼川州）川東、（轄重慶夔州二府）川南、（轄敍州馬湖二府鎭雄東川遵義軍民府及嘉定眉瀘邛四州永甯等州）上川南（轄雅州及建昌行都司黎州天全等司）五道。松茂控扼土番，建昌限制番族，皆爲西偏襟要。

浙江（領杭州嘉興湖州寧波紹興台州溫州金華衢州嚴州處州十一府）東至海，南至平陽，（與福建界）西至開化，（與江西界）北至太湖。（與江西界）置杭嚴、（轄杭嚴二府）

嘉湖、（轄嘉湖二府）寧紹、（轄寧紹二府）金衢、（轄金衢二府）溫處（轄溫處二府）五道。其濱海諸郡，南連閩廣，控禦島夷，防維並重。

福建（領福州興化泉州延平建寧邵武汀州漳州八府福寧州一）東至海，南至詔安，（與廣東界）西至汀州，（與江西界）北至嶺。（與浙江界）置福寧、（轄福州興化泉州三府及福寧州）武平、（轄邵武延平二府）建寧、（轄建寧府）漳南（轄汀州漳州二府）四道。

廣東（領廣州肇慶韶州南雄惠州潮州高州雷州廉州瓊州十府羅定州一）東至潮州，（與福建界）南至瓊海，西至欽州，（與廣西界）北至五嶺。（與江西界）置嶺南、（轄廣州南雄韶州三府）嶺東、（轄惠州潮州二府）嶺西、（轄肇慶高州二府）海北、（轄廉州雷州二府）海南（轄瓊州府）五道。

廣西（領桂林平樂梧州潯州南寧柳州慶遠七府及羈縻諸府）東至梧州，（與廣東界）南至博白，（與廣東界）西至太平，（與雲南界）北至懷遠。（與湖廣貴州界）置桂平、（轄桂林平樂二府）蒼梧、（轄梧州府）左江、（轄南寧潯州二府及太平羈縻府）右江（轄柳州慶遠二府思明鎮安二羈縻府及思恩羈縻州一）四道。南寧鎮撫南蠻，龍州控扼交阯，為守禦要地。

雲南（領雲南大理臨安澂江楚雄五府及軍民羈縻等府）東至順州，（與廣西界）南至木邦，（與交阯界）西至干崖，（與西番界）北至永寧。（與四川界）置安普、（轄雲南府及曲靖軍民府尋甸羈縻府）臨元、（轄澂江臨安二府及廣南廣西二羈縻府元江羈縻軍民府）洱海、（轄楚雄府及姚安武定二軍民府景東鎮沅二羈縻府）金滄（轄大理府及永昌鶴慶麗江三軍民府順慶永寧蒙化三羈縻府又瀾滄衛等）四道。臨安南出交阯，永昌鎮攝羣蠻，皆為要地。

貴州（領貴陽鎮遠黎平都勻思州思南銅仁石阡八府及羈縻軍民等府州）東至黎平，（與湖廣廣西界）南至鎮寧，（與廣西雲南界）西至普安，（與雲南四川界）北至銅仁。（與四川湖廣界）置貴寧、（轄貴陽府及貴州宣慰司）威清、（轄安順軍民府鎮寧永寧普安三羈縻州及威清諸衛）都清、（轄鎮遠黎平都勻三府又平越軍民府）思石（轄思州思南銅仁石阡四府）四道。鎮遠扼辰沅上游，安順當滇蜀衝劇，為南疆通道。

九邊之形勢

綜兩京十三司分統之府百有四十，州百九十三，縣千一百三十八，羈縻府十九，州四十七，縣六。其分隸於兩京都督府者，則有都指揮使司十六，（萬全遼東大寧凡三，又十三布政司各設都司一，按大寧衛徙保定）行都司五，（山西大同陝西甘肅四川建昌湖廣鄖陽福建建寧）留守司二，（中都留守司駐鳳陽，興都留守司駐承天）所屬衛四百九十三，其夷官爲宣慰宣撫長官等司者又百數十焉。

其邊陲要地稱重鎮者凡九，皆分統衛所關堡，環列兵戎，所謂九邊是也。皆起於中葉以後，試述形勢於左：

遼東　明初置定遼衛，尋改遼東都司。永樂七年，遼陽（奉天府屬州）開元（奉天府屬縣）設安樂自在二所，以處內附夷人。其外附者，東北則建毛憐女眞，（今吉林黑龍江）西北則朵顏泰寧福餘也。（見前）地爲燕京左臂，山海關限隔內外，以寧遠一綫，（遼東巡撫駐此，今遼寧錦縣）通遼之咽喉，而開元當東北絕塞，遼陽扼海陸衝途，並爲重地。

薊州　當大寧未徹，外山連綿，與遼東宣府並爲外邊時，又於古北口至山海關增修邊陲爲內邊。自永樂棄大寧而朵顏日盛，始以薊州爲重鎮，止守內邊。然宣遼聲援既絕，內地之藩垣薄矣。

宣府　初開平，（見前）興和（今察哈爾萬全縣東北野狐嶺外）爲宣府外障，自大寧陷而興和廢，開平遂失援難守。宣德中，置衛獨石，（今獨石口）蓋棄地三百餘里，而宣府獨重矣。內固三關，（見前）外倚獨石，山川糾紛，地險而狹，號稱易守。

大同　川原平衍，初嘗設大同府以封代王，地分東中西三路，北設二邊，拱衞鎮城，而平虜（城名，今山西平魯縣）西連老營堡，與偏關近，套寇纔出，即涉其境，尤稱重地。

太原　外倚大同爲藩蔽，內倚三關爲屏翰，自棄東勝，又棄河套，故偏頭寧武雁門三關，特稱重鎮，亦稱外三關。寧武居二關中，當東西要路，外接八角堡，(山西神池縣北) 內固岢嵐州，設重臣調度之。

榆林　舊治在綏德，(今陝西綏德縣) 棄米脂(今陝西米脂縣) 魚河(堡名陝西榆林縣南) 於外，蓋三百里，故外警時聞。成化中，尤都御史余子俊議修築邊牆，徙鎮榆林，咽喉既據，內地遂安。其地逼近河套，雖有邊牆，綿長難守。

寧夏　初設府，旋改衛，賀蘭山環其西北，黃河衿其東南，內有漢唐二渠，引水灌田，足稱富庶，而靈州北臨套寇，西控大河，又寧夏之咽喉，固原之門戶。

固原　成化前，套寇未熾，但以陝西巡撫總兵提鎮此邊，宏治中，火篩入掠之後，遂爲衝要。蘭州、靖虜(今甘肅靖遠縣) 二衛，實爲固原要害地，瀕河，冰合則寇至，故有冬防。

甘肅　自河外一綫之路，直抵嘉峪，爲西域門戶，有涼州、甘州、肅州諸衛。建嘉峪關於肅州，(城西六十里) 以爲藩屏，關外羈縻六鎮，即哈密、(新疆哈密縣) 赤金、(今甘肅玉門縣) 安定、(甘肅敦煌縣南) 罕東、(敦煌縣東南) 曲先、(甘肅安定縣西) 沙州(今甘肅安西縣) 等衛是也。後皆爲吐蕃所陷，西境形勢益弱矣。

第十章　清代一統之制

清初盛時之疆域

自清收朝鮮，遼東緣海，無牽掣之虞；自清收內蒙古，長城以北，無中梗之患；於是得以全力攻明。世祖入關，奠鼎燕京，在位十八年，與兵事相終始。是時聲教所暨，北起漠南，南越嶺表，東盡海東，西達西藏。康熙初元，遂有十八行省，分建內地。自升遼瀋為陪都，以黑龍江吉林為左右夾輔，於是乎有東三省，合本部十八省，為二十一行省。直隸山陝邊外，則內蒙首先歸附，其後準部之亂，外蒙喀爾喀亦已內屬。又開臺灣，列郡縣。乾隆中，準地蕩平，回藏次第受命，新疆布置，規模略具；苗疆既闢，金川授首，分西南之限，亦越後印度交趾而過之。茲舉全盛時代之幅員，以見梗概：東瀕黃海，南盡瓊崖，北走外興安嶺，西循葱嶺，下青海藏衛，南北長五千四百里，東西廣八千八百里。至同治末，新疆始改流，為二十二行省。北限長城以內，西並天山，東濱東海，南與安南暹羅毗境，長約四千四百里，廣約四千六百里；外此藩屬地，曰內外蒙古，曰西藏，曰青海；又外此朝貢被保護國，曰朝鮮，曰緬甸，曰安南，曰暹羅。綜攬全局地勢：昆侖東走，為南北兩幹，其谷則江河流域也；天山北走東折，為阿爾泰山外興安嶺，中亙沙漠，綿長至七千五百餘里。海陸相抱，重門疊戶，山脈水源，悉歸掌握，亞洲險要，中國實盡有之，誠所謂金甌無缺者也。

道咸以來之疆域

道咸而後，西力東漸，英據印度緬甸，法據安南，凡西藏滇粵邊荒諸地，亦時有侵損；而日又占朝鮮，從前屬國，喪失殆盡。其北徼與俄毗連，所失尤多：康熙間，會議界址，一循大興安嶺以至於海，山南流入黑龍江之溪河，盡屬中國，山北屬俄；一循額爾古納河為界，南岸盡屬中國，北岸屬俄。以雅克薩尼布楚二城歸我，立石黑龍江畔。於是東北數千里不毛之地，悉隸版圖。而額爾古納河訛為黑龍江，亦失地不下數百里。咸豐八年，復棄黑龍江以外之地；十年，又割烏蘇里江以東與之。自是南起琿春，（屬吉林省）順烏蘇里江，逕松花江，溯黑龍江而上，至額爾古納河口，爲今中蘇交界所在，蓋棄地又二千餘里。其西北一路，初包有齋桑泊及特穆爾圖泊諸境，同光間，一再割讓，至光緒八年伊犂界約定，以霍爾果斯河爲界，西境日蹙矣。又瀕海要隘，香港畀英，臺灣畀日，青島威海旅順相繼淪棄，蓋前後五十年間，而疆宇所失如此，國勢遂一蹶而不復振矣。

幽燕僻處東陲，自漢以後，亦第以偏方視之。遼金南牧，始置行都，已而金主亮遂定居焉。自元至清，因而仍之，以河北一隅之地，而中原受控御者垂七百餘年。金元與清，本起塞外，明之成祖，亦以燕藩受命，其所憑藉然也。且以元明兩代之經營，會運河一綫，聯貫南北，成袤長七千餘里之大運河，而資其輓輸，此尤世界所驚歎者也。夫燕都之地，以遼左雲中爲夾輔，以漠南爲外障，而後俯瞰中原，有鞭策萬里之勢。明人切切焉爲北顧之慮，知其所重而不知其所守，捐大寧，棄開平，委東勝於榛蕪，視遼左如秦越，師旅奔命，內外相傾，遂乃勢成孤注，亡不旋踵，可謂失計！夫明之往事已如此，則夫爲根本計者當何如哉！乃淸卒以漢陽一役遜位。民國至十七年遷都南京。夫江寧逼近海陬，當亦環衛控制之地也夫。

二十二行省分隸府廳州表舊制二十二省，光緒十年以福建省屬之臺灣府改建行省，不數年卒棄於日，今不著。

	府	
京師	順天	
直隸	保定	天津
山東	濟南	泰安
山西	太原	平陽
河南	開封	河南
江蘇	江寧	蘇州
安徽	安慶	徽州
江西	南昌	饒州
浙江	杭州	嘉興
福建	福州	興化
湖北	武昌	漢陽
湖南	長沙	岳州
陝西	西安	同州
甘肅	蘭州	平涼
新疆	迪化	伊犂
四川	成都	寧遠
廣東	廣州	韶州
廣西	桂林	平樂
雲南	雲南	大理
貴州	貴陽	思州
奉天	奉天	錦州
吉林	吉林	新城
黑龍江	龍江	嫩江

名　　直隸

	1	2	3	4	5	6	7	8	9	10	11	12	13	14	15	16	17	18	19	20	21	22
	河間	武定	淅州	南陽	鎮江	寧國	廣信	湖州	泉州	安陸	寶慶	鳳翔	鞏昌	焉耆	保寧	惠州	梧州	楚雄	思南	新民	五常	海倫
	正定	東昌	潞安	汝寧	常州	池州	南康	寧波	漳州	德安	衡州	漢中	慶陽	溫宿	順慶	潮州	潯州	臨安	鎮遠	昌圖	延吉	綏化
	順德	兗州	澤州	陳州	松江	太平	九江	紹興	汀州	黃州	永州	興安	寧夏	疏勒	敘州	肇慶	柳州	澂江	銅仁	洮南	寧安	呼蘭
	廣平	沂州	汾州	歸德	揚州	廬州	建昌	台州	邵武	襄陽	沅州	延安	西寧	莎車	重慶	高州	慶遠	廣南	石阡	興京	長春	佛山
	大名	曹州	寧武	彰德	淮安	鳳陽	撫州	金華	延平	鄖陽	辰州	榆林	涼州		夔州	廉州	思恩	開化	都勻	海龍	雙城	滿珠
	永平	登州	大同	衛輝	徐州	潁州	臨江	衢州	建寧	荊州	常德		甘州		綏定	雷州	南寧	曲靖	黎平	長白	賓州	黑河
	承德	萊州	朔平	懷慶			瑞州	嚴州	福寧	宜昌	永順				龍安	瓊州	太平	東川	興義		依蘭	臚濱
	朝陽	青州					袁州	溫州		施南					潼川		鎮安	昭通	安順		臨江	
	宣化						吉安	處州							嘉定		泗城	麗江	大定		密山	
							贛州								雅州			順寧	遵義			
							南安											普洱				
																		永昌				
東路				淅川	海門			定海		鶴峯	晃州		化平	哈密	敘永	連山	上思	蒙化	松桃	營口	榆樹	訥河
南路											鳳凰			鎮西	石柱	陽江	百色	景東	仁懷	鳳凰		布西
西路											乾州			吐魯番	松潘	佛岡		鎮沅	普安			甘南
北路											永綏			庫爾喀喇烏蘇	打箭爐	赤溪		鎮邊				武興

廳名					直隸州名								
					遵化	易	定	深	冀	趙			
					濟寧	臨清	膠						
					霍	隰	絳	遼	沁	平定	代	忻	保德
					鄭	陝	汝	許	光				
					太倉	通	海						
					滁	和	泗	六安	廣德				
					寧都								
					永春	龍巖							
					荊門								
南州					澧	靖	郴	桂陽					
					商	乾	邠	鄜	綏德				
					固原	涇	秦	階	肅	安西			
塔城	精河	烏什	英吉沙爾		庫車								
					資	綿	茂	眉	邛	瀘	忠	酉陽	
南澳					連	南雄	嘉應	羅定	欽	崖州			
					鬱林	歸順							
永北	武定				武定	元江	廣西						
					平越								
					伊通								
臚北	漠河 烏雲	車陸 春源	室韋 舒都	瑷琿 呼瑪									

右表一京尹,二十二省,有府二百二,直隸廳四十七,直隸州七十,此外則散廳五十二,散州百四十九,縣

一千二百九十二，此其大略也。

蒙古西蕃分部表

其舊藩蒙古自奉天西境，南包直隸山陝之邊，至河套止，凡六盟二十五部，附以察哈爾，統曰內蒙古。後於察哈爾建口北三廳；歸化城土默特及烏喇忒部則建歸綏道十廳；而直隸之承德朝陽奉天之新民昌圖洮南，吉林之吉林等府，皆錯入東四盟各部者也。自瀚海以北喀爾喀四部，附以烏梁海，統曰外蒙古。其散在甘肅西北兩邊及科布多伊犂等處者，是為額魯特蒙古。自河套以西，凡二部，金山左右凡七部，伊犂青海各五部，凡新疆之伊犂府、庫爾喀喇烏蘇廳、精河廳、塔城廳及焉耆府西北境，皆伊犂額魯特五旗游牧之地也。故合西北藩，蒙古實為三大總部，附以西藏四部，都為七類，列表左方：

- 東四盟
  - 哲里木盟
    - 科爾沁六旂
    - 札賚特一旂
    - 杜爾伯一旂
    - 郭爾多斯二旂
  - 卓索圖盟
    - 喀喇沁三旂
    - 土默特三旂
  - 昭烏達盟
    - 敖漢一旂
    - 奈曼一旂
    - 巴林二旂
    - 札魯特二旂
    - 阿魯科爾沁一旂
    - 翁牛特二旂
    - 克什克騰一旂
    - 喀爾喀左翼一旂

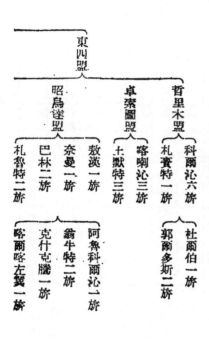

- (甲)內蒙古
  - 錫林郭勒盟
    - 烏珠穆沁二旗
    - 浩齊特二旗
    - 蘇尼特二旗
    - 阿巴噶二旗
    - 阿巴哈納爾二旗
  - 西二盟
    - 烏蘭察布盟
      - 四子一旗
      - 茂明安一旗
      - 烏喇特三旗
      - 喀爾喀右翼一旗
    - 伊克昭盟——鄂爾多斯七旗
- (乙)外蒙古
  - 察哈爾八旗
  - 歸化城土默特二旗
  - 喀魯倫巴爾和屯盟——車臣汗二十三旗
  - 汗阿林盟——土謝圖汗二十旗
  - 齊齊爾里克盟——賽音諾顏二十四旗
  - 札克必剌色欽畢都哩雅諾爾盟——札薩克圖汗十九旗
  - 唐努山烏梁海
  - 阿爾泰烏梁海
- (丙)河西額魯特
  - 阿拉善一旗
  - 額濟納一旗
  - 賽音濟雅哈圖盟——杜爾伯特十四旗——輝特二旗

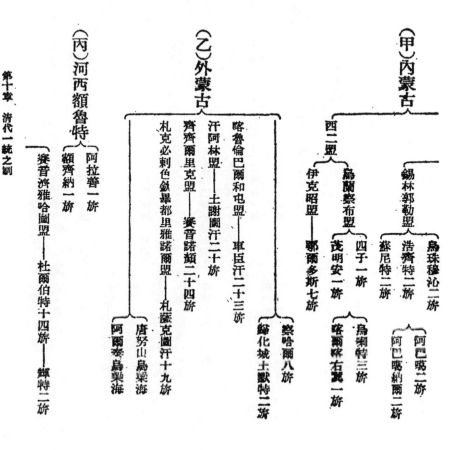

(丁)金山額魯特
- 青色特啓勒圖盟——新土爾扈特二旂
- 新和碩特一旂
- 明阿特一旂
- 札哈沁一旂
- 額魯特一旂

(戊)伊犂額魯特
- 烏訥恩素珠克圖盟
  - 南路舊土爾扈特四旂
  - 北路舊土爾扈特三旂
  - 東路舊土爾扈特二旂
  - 西路舊土爾扈特一旂
- 巴啓色特啓勒圖盟——中路和碩特三旂

(己)青海額魯特
- 和碩特二十一旂
- 喀爾喀一旂
- 綽羅斯二旂
- 輝特一旂
- 土爾扈特四旂

(庚)西藏
- 康(亦曰喀木)
- 衛(卽前藏)
- 藏(卽後藏亦曰喀齊)
- 阿里

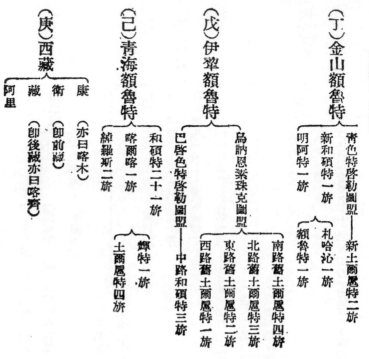

中國通史 卷三

食貨編

敍言

財者，一國命脈之所關也。上而政治之安和，邦基之鞏固；下而物貨之充足，民族之交通，皆於是乎賴。不能取我之所有而議損議益也；亦不能取天下之所無而議節議生也。其道在於濬其性而樂其所親，故君民共裕之藏，由本計端而後末務約，國家無事之福，由民生厚而後邦教興。其間領挈人官，化裁物曲，節宣天地，消息陰陽，雖資於天下人所共任之羣力，而亦在乎司命者不自私之一心，故猶是天下耳。而能日見其不足，卽常有餘；苟唯日用其有餘，卽常不足；此財用盈絀之數，國勢存亡所繫也。古者取民，祇此粟米、布縷、力役數端，自鹽鐵行於齊，酒酤行於漢，茶榷行於唐，而盛於宋。此外操計虛實以益國用者，則又有所謂平準均輸之法。自宋以降，取民無制，名目繁多，蠲租之令下，有鼠穴者焉；勸農之使出，有侵漁者焉；常平之制設，有撲滿者焉。其得失利弊，可得而詳矣。故綜述「國用」。人者，力之所出，穀者，人之司命，地者，穀之所生。辨地則民食足，有穀則國計裕，察人則徭役均。吾國以農立國，其賦役之制，黎民之數，與夫水利之興廢，糴糶之損益，亦昭然可見矣。故次紀「農政」。錢者泉也，如水之行地，非唯上下之相通，抑亦盈虧之相乘也。其權衡輕重，子母相生合於道所自然之符者，用銀用鈔，因時制宜，亦與時為變，故又次紀「錢幣」。建都所在，萬方輻湊，倉儲既稟，仰食外方，而江淮河海交通之利，往往以啓，故終紀「漕運」。綜是四者，述其梗概，亦古今財政得失之林也。輯「食貨編」。

國用一

第一章　田野山澤之利

自來有貧國，決無貧天地；有匱財，決無匱政事。蓋古聖王之治國，必先利民；欲用民，必先養民；務使無曠土，無游民；夫而後上下相安，國乃無不治。況中國土地饒沃，其自然生殖之利，凡百穀之豐殖，五金之寶藏，取不禁而用不竭者乎？故夫操上之所重以令民，而使民咸恃我以為命，不若即視民之所重，藏之一國，而我與民交相倚為命。其所以然者何也？一但汲其流，一能濬其源也。茲剌取史中所紀九州物產水土之宜，揚榷而陳之，亦言國用者之所注意乎。

吾國所產之物品，上古初無專書，尚書禹貢、爾雅釋地、周官職方與夫史記貨殖傳，皆分紀生產之所宜，第詳略有不同耳。茲述其大凡如左。

禹貢誌物產

堯遭洪水，天下分絕，使禹平水土，別九州。冀州厥土白壤，（壤土也）厥賦惟上上、錯，（上上第一，錯雜出第二等）厥田惟中中；

田之高下肥瘠於九州中居第五賦所以高田四等者因冀州物產豐饒故也 兗州桑土既蠶，厥土黑墳，土脈墳起 厥田中下，第六 厥賦貞，貞正也居第九不言下下而曰貞言君天下者當以薄賦爲正也 厥貢漆絲，厥篚織文；篚竹器織文綾羅之屬 青州厥土白墳，厥田上下，第三 厥賦中上，第四 厥貢鹽絺，細葛 海物惟錯，岱畎谷也 絲枲，枲麻也 鉛松怪石，厥篚檿絲；檿山桑 徐州厥土赤埴墳，埴賦也 厥田上中，第二 厥賦中中，第五 厥貢惟土五色，羽畎夏翟，雉也 嶧陽孤桐，泗濱浮磬，石露水濱若浮而可以爲磬者 淮夷蠙珠蠙蚌也蚌出珠 暨魚，鮑乾之魚 厥篚玄纖縞；玄黑繒織黑經白緯之縞 揚州厥土塗泥，厥田下下，第九 厥賦下上上錯，第七雜出第六 厥貢惟金三品，金銀銅 瑤、玉之次者 琨、石之美者 篠、箭竹 簜、大竹 齒、革、羽、毛惟木，厥篚織貝，錦名 厥包橘柚，小橘大柚 錫貢；必待錫命而後貢也 荊州厥土塗泥，厥田下中，第八 厥賦上下，第三 厥貢羽、毛、齒、革，惟金三品，杶榦、杶木似樗可爲弓幹 栝、柏葉松身 柏、礪、砥、皆磨石砥細於礪 砮、中矢鏃之用 丹，丹砂 惟箘簵，竹之堅勁者 楛，中矢榦之用 包匭，匣也 菁茅，有刺而三脊 厥篚玄纁，玄染黑六入者纁染絳三入者 璣、珠類 組，綬類 九江納錫大龜；長尺二寸 豫州厥土惟壤，不晉色者其色雜也 下土墳壚，疏散者 厥田中上，第四 厥賦錯上中，第二雜出第一者 厥貢漆、枲、絺、紵，紵麻屬織成布謂之紵布 錫貢磬錯；治磬之錯 梁州厥土青黎，厥田下上，第七 厥賦下中三錯，第八雜出第七第九 厥貢璆、玉磬 鐵、柔鐵 銀、鏤、剛鐵 砮、磬，熊、羆、狐、狸、織皮；雍州厥土黃壤，厥田上上，第一 厥賦中下，第六 厥貢惟球琳、美玉 琅玕。石似珠者 而終之曰：「庶土交正；底愼財賦，咸則三壤，成賦中邦。」此任土作貢之意也。

爾雅誌物產

爾雅釋地，備列十藪、八陵、五方、四極，唯九府分紀所產之物：「東方之美者，有醫無閭之珣玗琪焉；醫無閭山名在遼東珣玗琪玉屬 東南之美者，有會稽之竹箭焉；會稽山名山陰縣南竹箭篠也 南方之美者，有梁山之犀象焉；犀牛皮角象牙骨 西南之美者，有華山之金石焉；黃金礝石之屬 西方之美者，有霍山之多珠玉焉；霍山在山西霍縣東南三十里高七千二百尺盤踞二百里珠如今雜珠而精好者 西北之美者，有崑崙虛之璆琳琅玕焉；（璆琳美玉名琅玕狀似珠也山海經曰崑崙山有琅玕樹）北方之美者，有幽都之筋角焉；（幽都山名謂多野牛筋角）東北之美者，有斥山之文皮焉；（虎豹之屬皮有縟綵者）中有岱岳，與其五穀魚鹽生焉。」（言泰山有魚鹽之饒）此其大較也，所載雖不甚詳，而虞夏以來，耳目欲極聲色之好，口欲窮芻豢之味，俗漸民久，亦見貨殖之不能已焉。

周禮誌物產

周禮太宰九職之法，一曰三農，生九穀，二曰園圃，毓草木，三曰虞衡，作山澤之材。如遂人經田野，遂師巡稼穡，即所以生九穀也；大司徒辨十有二壤之物，（管子地員一篇說九州之土上土中土下土各三十物各別其土之形狀與種所宜文與此實相表裏）草人土化騂剛赤緹之等，為阜物，（柞栗之屬）為膏物，（楊柳之屬理致且白如膏鄭謂膏當為櫜字之誤）為覈物，（李梅之屬）為莢物，（薺莢王棘之屬）為叢物，（萑葦之屬）皆因其宜以遂其性，即所以毓草木也。至地官之屬，則有山虞令萬民以時斬材，澤虞頒其餘於萬民，曰獵者得以受迹人之令，取金石玉錫者得以受丱人之圖。羽翮齒角之物，皆山澤之農所得；取絺綌草貢之材，皆山澤之農所得為；以至染草灰炭疏材互疊之物，皆山澤之民所得有也。此所謂與民共財也。既而太宰又以九賦斂財賄，自以地征為正供，而八曰山澤之賦，則是民不得擅也。至地官之屬，山虞則掌山林而為守禁，林衡則掌巡林麓之禁令，以時計林麓而賞罰之；澤虞則掌國澤而為厲禁，川衡則掌巡川澤之禁令，以時執犯禁者而誅罰之；迹人則掌邦田之地，為厲禁而守之；丱人則掌金石之地，為厲禁而守之；齒角羽翮以當邦賦，則角人羽人斂之；絺紵草材以當邦賦，則掌葛斂之；以至掌炭掌染草掌荼掌蜃之屬，無不以時而徵其物也；此之謂禁民趨利。蓋古者鄉遂之民皆為農，農皆受田，田皆出賦，獨為山澤之民，不專資田畝之業以為生，往往資山澤之利以爲業，利多而民必競，末重而農必輕，故先王旣許之以共財，而必禁之，使不至於趨利以逐末，此所以無曠土無游民歟！

貨殖傳誌地利

太史公之傳貨殖也，覽社會風土之情狀，詳其利害，明其得失，蓋深知人事進化之原，有賴於此。茲備述其要而錄之：夫山西（華山以西）饒材竹穀（木名可爲紙）纑（紵屬）旄（牛屬）玉石，山東（華山以東）多魚鹽漆絲聲色，江南出薑桂枏梓金錫連（鉛之未鍊者）丹砂犀瑇瑁珠璣齒革，龍門（山西河津縣）碣石（河北盧龍縣）北多馬牛羊旃裘筋角，銅鐵則往往山出棊置，此其大較也。是故關中自汧雍（陝西鳳翔縣境）以東至河華（黃河華山），膏壤沃野千里，其民好稼穡殖五穀。南則巴蜀亦沃野，地饒巵（紫赤色也）薑丹砂石銅鐵（邛都出銅臨邛出鐵）竹木之器，南御滇僰，僰僮，西近邛笮，笮馬旄牛，然四塞，棧道千里，無所不通。惟褒斜（褒斜道陝西南鄭縣）綰轂其口，以所多易所鮮，天水隴西（甘肅隴西臨洮等縣境）北地上郡（陝西膚施甘肅慶陽及寧夏諸縣及共北境），西有羌中之利，北有戎翟之富，畜牧爲天下饒。然地亦窮險，唯京師（指長安）要其道，關中之地，於天下三分之一，而人衆不過什三，然量其富，什居其六。三河（河東河內河南）在天下之中，若鼎足，王者所更居也，（陶唐氏都河東殷都河內周都河南）土地狹小，民人衆，都國諸侯所聚會，故其俗纖儉習事。洛陽南有潁川（河南禹縣）南陽，（河南南陽縣）夏人之所居也。西通關中，東南與楚接，俗雜好事，業多賈。代北地邊胡，數被寇，不事農商，然迫近北夷，師旅亟往，中國委輸，時有奇羨。燕勃碣間一都會也，有魚鹽棗栗之饒，北鄰烏桓夫餘，東綰穢貉朝鮮眞番之利，其南則齊地，帶山海，膏壤千里，宜桑麻，人民多文綵布帛魚鹽。夫自鴻溝（河南滎陽縣）以東，芒（河南永城縣）碭（江蘇碭山縣）以北，屬巨野，（山東鉅野縣）此梁宋也，民勤稼穡，雖無山川之饒，能惡衣食，致其畜藏。自淮北沛（江蘇沛縣）陳（河南淮陽縣）汝南（河南汝南縣）南郡，（湖北江陵縣）此西楚也，地薄，寡於積聚。江陵故郢都，西通巫巴，東有雲夢之饒。陳在楚夏之交，通魚鹽之貨，其民多賈。彭城（江蘇銅山縣）以東，東海（江蘇東海縣）吳（江蘇吳縣）廣陵，（江蘇江都縣）此東楚也，吳乃為大都，東有海鹽之饒，章山之銅，三江五湖之利。衡山、（湖北黃岡縣）九江、（安徽壽縣）豫章、長沙，此南楚也，而合肥（安徽合肥縣）受南北潮，皮革鮑木輸會也，江南卑溼，多竹木，豫章出黃金，長沙出連錫。五嶺以南番禺，（廣東番禺縣）亦一都會也，珠璣犀瑇瑁果布之湊。

夫楚越地廣人希，飯稻羹魚，或火耕而水耨，果蓏蠃蛤，不待賈而足。地勢饒食，無飢饉之患，以是皆窳（弱也）偸生，無積聚而多貧。是故江淮以南，無凍餓之人，亦無千金之家，沂泗水以北，宜五穀桑麻六畜，地小人衆，數被水旱之害，民好畜藏，故秦夏梁魯好農而重民。三河宛陳亦然，加以商賈。齊趙設智巧，仰機利。燕代田畜而事蠶。故曰，陸地牧馬二百蹄，（五十匹）水居千石魚陂，（魚以斤兩為計）山居千章之材，安邑千樹棗，燕秦千樹栗，蜀漢江陵千樹橘，淮北常山以南河濟之間千樹萩，（梓木可為轅）陳夏千樹漆，齊魯千畝桑麻，渭川千畝竹，及名國萬家之城，帶郭千畝，畝鍾（六斛四斗）之田，若千畝巵茜，（音倩其花染繒赤黃色）千畦薑韭，此其人皆與千戶侯等，素封自殖，衣食之欲，恣所好美矣。

南北生計之消長

以上紀夏商周漢之財賦、地產、人工、區域之比較，可從而知也。季漢嗣統，魏丕吳權四十餘年，農政漸廢，後改為晉，黃河大江兩流域，其局一變。荆揚塗泥，至今稱神州奧區焉。貨殖一傳，總論江淮沂泗之間民俗風氣，即具有沃土之民不材，瘠土之民莫不向義，却有經濟原理寓於其間。班氏斥其崇勢利，羞貧賤，是拘墟之見也。抑知貨殖者亦勞民勸相之一端哉！

物產之種類區域

我國地大物博，膏腴之壤，數千萬里，洋洋乎！金以銑之，木以幹之，土以敦之，火烜風撓水襄以蒸化之。脈脈門門，所至皆贏，名目不能詳列，而其大利之所在，除農桑外而爲人生宜注意者有四焉：曰鹽，曰茶，曰木棉，曰坑冶。試述其種類與其出產之區域於左。

鹽產略

洪範：初一曰五行，一曰水，水曰潤下作鹹。水周流於天地之間，潤下之性，無所不在，其味作鹹，亦無所不在，故種類名目甚多：有刮於地而得者，其味苦，謂之苦鹽；有熬其波而出者，其鹽散，謂之散鹽；有風其水而成者，其味甘，謂之飴鹽；有積鹵而結者，其形似虎，謂之形鹽。此鹽之名不同也。至產鹽之區域，中國緣邊海以南，訖於閩廣，是曰海鹽；黃河自靑海至甘肅，繞邊外以入內地，一曲一產鹽，而其最著者，爲花馬（今寧夏省鹽池縣）解池（山西安邑縣），是曰池鹽；蜀滇山谷之民，相地鑿泉，深可數十丈，機抽綆汲，是曰井鹽；太行以東，黃河以北，唐宋之際，有所謂鹵地者，往往隨地出鹽；而永康軍（四川灌縣）之鹽，獨出於巖，則山實產之。今形飴兩種不盡可考，大要散鹽多出於煎，苦鹽多出於晒，井鹽待煎而成者也（四川井鹽亦有散顆二種，散曰花鹽，顆曰巴鹽）。海則有煎有晒，惟池鹽則以種列地治畦，決池水灌其間，得南風水化而鹽熟，歲多霖雨風不南則敗。此周官所謂鹽，唯解州有之。此鹽產之大略也。

茶產略

三代上無茶字。升庵云：茶卽荼也。吳志：韋曜不能飲，侍孫皓，飲以茶荈代酒。茶一名荈，蜀人名之苦荼，晏子春秋：三弋五卵，茗茶而已。顧亭林謂自秦人取蜀，而後始有茗飲之字。今呼早采者爲茶，晚取者爲茗。王褒僮約曰：陽武買茶，此爲茶見經傳之始。（近人謂荼字減一畫爲茶，實始於唐誤也）唐書陸羽傳：羽嗜茶，著經三篇，言茶之原法甚備；至常伯熊復廣著茶之功，繇是嗜茶成爲風尙。唐之榷茶，卽起於此。趙贊始之，張滂行之，逮王播則增稅，逮王涯有榷法。迄宋，於江陵淮南官爲場置吏以榷之，國家因以爲財賦之源焉。宋史食貨志言茶有二類，曰片，曰散。片茶蒸造，實捲模中串之，唯劍建（南劍建州並屬福建）則既蒸而研，編竹爲格，置焙室中，最爲精潔，他處不能造。有龍鳳、石乳、白乳之類十二等，以充歲貢及邦國之用。其出虔、袁、饒、池、光、歙、岳、辰、澧州、江陵府、興國、臨江軍，有仙芝、玉津、先春、綠芽之類二十六等。兩浙及宣江鼎州，又以上中下或第一至第五爲號。散茶出淮南、歸州、江南、荊湖，有龍溪、雨前、雨後之類十一等，江浙又有以上中下或第一至第五爲號者。明茶建寧所貢，且有探春、先春、次春、紫筍及薦新等號，此茶產之大略也。

木棉產略

禹貢：揚州之貢，厥篚織貝。傳云：木棉之精好者，謂之吉貝。孟康漢書注曰：閩人以棉花爲吉貝。通雅云：吉貝、木棉樹也。是則夏之織貝，卽今草花布。南史林邑傳：吉貝花如鵝毳，抽其緒，紡之作布，與紵布不殊，亦染成五色，織爲班布。左思蜀都賦：市有橦華。注曰：樹花垂毳，可績爲布。木棉布亦名南布，又名桂布，又名白疊布，蓋其種甚繁，其名各異也。邱文莊謂元時始入中國，蓋唐宋時惟交廣有其種織諸法，中土人俱未諳。謝枋得詩云：嘉樹種木棉，天何厚八閩。陶九成輟耕錄謂松江本無木棉，覓種於閩廣，初無紡車竹弓之制，有岩州黃道婆教之，遂大獲其利。松江有木棉，實元始也。王楨木棉圖譜，以爲產自海南，至南北混一之後，商販於此服被漸廣。合觀諸說，先傳於粵，繼傳於閩，後至江南，而江南又始於松江耳。元至元間置浙東江東江西湖廣福建木棉提舉司，令民歲輸木棉布十萬疋。明史食貨志：太祖立國初，卽下令民間，有曰五畝至十畝者，栽桑麻木棉各半畝，稅粮準以木棉折米，蓋重之也。

坑冶略

按周官丱人，丱卽古礦字，此職專治礦掌金玉錫石之地。曰金錫，則賅乎三品五金；曰玉石，則凡寶石及石炭之煤亦賅乎其中。此古今礦政之權輿也。其礦所出之地，又咸有圖，則九州之內，凡有出金玉錫石者，無不載於圖中。民之取之者，卽按圖以授之，而又有厲禁以防其弊。成周之初，礦政已極其精詳矣。管子又言出銅之山四百六十七，出鐵之山三千六百九。漢書地理志：郡縣置銅官鐵官者數十處，神州礦產饒富，自昔嘗以資國用矣。自漢武任桑宏羊孔僅之徒，綰榦鹽鐵，置鹽鐵官，凡四十郡，懸厲禁，民私鑄鐵者，鈦左趾。博士使郡國矯詔，令民鑄農器者，罪至死。昭帝立，賢良文學爭之，卒罷鐵官，於是後之論者，咸歸罪於桑孔之罔利。唐宋亦有坑冶，皆古礦官之職。逮至明季，奄宦用事，礦稅之極，流毒海內，於是後世遂以開礦爲弊政，此因噎廢食之論也。中國五金及煤礦之富，甲於全球，徒以封禁錮閉，坐棄地寶，而鑄錢製礮，轉仰給洋鐵洋鋼，不亦傎乎？從前西國礦師，考察所得，如四川西藏之金礦銅礦，江西河南之銅礦金礦煤礦，雲南廣西之五金各礦，奉天（今遼寧）吉林及新疆和闐之金礦，山東山西河南貴州之煤鐵礦，皆極豐富，而山西之煤礦產品最佳。此外廣東及福建古田之鐵礦，質尤優美。而通國煤產之富，尤著稱於世。其礦利之顯著者，如漠河之金，大冶之鐵，開平萍鄉之煤，既已用之不竭；餘如平泉銅礦，奉天東邊之銀鉛礦，以及各省礦產之發現者，殆不可勝數，蘊蓄如此其雄且厚也。乃天與不取，日亟羅掘之窮，適以啓彼族之覬覦，動索開礦之權，此不可不深思而長慮也。居今鑒古，歷史所紀礦產之地域，是亦足資佐證焉。

漢凡鐵官四十郡：

京兆（鄭）　潁川（陽城）　千乘（邛）　漢中（沔陽）　膠東（郁秩）　左馮翊（夏陽）　汝南（西平）　齊（臨淄）　犍爲（武陵南安）　魯　右扶風（雍漆）　南陽（宛）　東萊（東牟）　蜀（臨邛）

楚（彭城）　宏農（宜陽澠池）　廬江（皖）　東海（下邳朐）　琅琊　廣陵　太原（大陵）　山陽　濟南（東平陵歷城）　漁陽（漁陽）　中山（北平）　河東（安邑絳縣皮氏平陽）　沛（沛）

泰山（嬴）　右北平　東平　河內（隆慮）　魏（武安）　臨淮（鹽瀆堂邑）　遼東（平郭）　城陽（莒）　河南　常山（都鄉）　桂陽　隴西　涿

唐凡銀銅鐵錫之冶百六十八，可考者如下：

陝宣潤饒衢信等州（銀冶五十八銅冶九十六鐵山五錫山二鉛山四）　汾州（礬山七）

宋凡金銀銅鐵鉛錫之冶二百七十一：

金產：登萊商饒汀南恩等州（冶十一）

銀產：登虢秦鳳商隴越衢饒信處郴衡漳汀泉福建南劍英韶連春等州南安建昌邵武等軍桂陽監（冶八十四）

銅產：饒信處建漳汀泉南劍韶英梓等州邵武軍（冶四十六）

鐵產：登萊徐兗鳳翔陝儀虢邢磁虔吉袁信澧汀泉建南劍英韶渠合資等州興國邵武等軍（冶七十七）

鉛產：越衢信汀南劍英韶連春等州邵武軍（冶三十）

錫產：商虢虔道潮賀循等州（冶十六）

丹砂產：商宜等州（冶二）

水銀產：秦鳳商階等州（冶五）

元五金礦產區域：

金產：益都檀景遼陽省（大寧開元）江浙省（徽饒池信）江西省（龍興撫州）湖廣省（岳澧沅靖辰潭武岡寶慶）河南省（江陵襄陽）四川省（成都嘉定）雲南（威楚麗江大理臨安元江會川德昌烏撒烏蒙金齒曲靖羅羅建昌柏興東川）

銀產：大都眞定保定雲州般陽晉寧懷孟濟南寧海遼陽省（大寧）江浙省（處州建寧延平）江西省（撫瑞韶）湖廣省（興國郴州）河南省（汴梁安豐汝寧）陝西省（商州）雲南省（威楚金齒元江大理臨安）

銅產：益都遼陽省（大寧）雲南省（大理澂江）

鐵產：河東順德檀景濟南江浙省（饒徽寧國信慶元台衢建寧邵武興化漳福泉）江西省（龍興吉安撫袁瑞贛臨江桂陽）湖廣省（沅潭衡武岡寶慶永全常寧道州）陝西省（興元）雲南省（中慶和曲會州）

鉛錫產：江浙省（鉛山台處建寧延平邵武）江西省（韶州桂陽）湖廣省（潭州）

明金銀銅鐵礦產區域：

金產：湖廣（武陵）貴州（太平溪）交趾（宜光鎮）

銀產：浙江（溫州處州）福建（尤溪浦城）雲南（大理）交趾（萬溪）

銅產：江西（德興鉛山）四川（梁山）山西（五臺）陝西（寧羌略陽）雲南

鐵產：江西（進賢分宜新喻）湖廣（興國黃梅茶陵）山東（萊蕪）廣東（陽山歸善）陝西（鞏陽）山西（吉州太原交城澤潞）福建（建寧延平）

第二章　戶口之消長

人類消長之原理

古者國必有版圖，以稽戶口土地之數，故周立司民，爲掌民版之專官；小司徒總其比較之法，而鄉遂之吏與閭師縣師等，分掌稽者而登之。每歲孟冬，司寇獻其書，王親拜受而藏之天府，良以戶口之息耗，與政之治亂相關，而興役定賦（田賦外又有口泉）諸大端咸寄於其中，宜其分職之周詳也。漢制筭民，則年七歲以至十四歲，歲出口錢二十有三；年十五以上至五十六，出賦錢人百二十。唐則有庸錢。宋以後有丁稅。明曰丁賦。清則丁賦納入民糧，雖有孳生，永不加徵，古所未有也。雖然，人類消長，有物競天擇之理存焉，觀歷史所紀版章名數，可以知其故已。禹平水土，周致刑措，兩朝人口，不相上下；至驪山烽火以後，乃減至二百萬。西漢平帝，東漢桓帝，兩朝戶口足相頡頏，上視商周幾於一五之比例。自王莽亂後，訖光武中興，垂三十年，戶數僅當平帝時四分之一，口數則六分之二，戰爭之禍烈矣！東漢歷百四十年，不爲不久，至桓帝時，始漸恢復，戶增於前，口猶不及；消長之故，毋亦兩漢土地廣狹之爲歟？三國魏景元四年，蜀亡，逾十七年，吳亡時，正晉武太康初元也，合吳蜀所得戶口而以此十七年中晉室所孳生，蓋又增倍，然較之漢光武時大衰之數，且猶不及也。江左立國，劉裕拓地最廣，重以文帝元嘉之政，家給人足，戶口宜盛於前，史紀孝武大明人數雖視孫吳爲倍，然適當佛狸飲馬江水之餘，亦已衰耗矣。北魏建都洛陽，有戶五百餘萬，口三千餘萬，會南朝梁武亦休養生息，雖人數無可稽，而準以劉宋大明戶口，意必過之。合南北計口數，當已幾四千萬。周齊兼併，頻年不解兵，隋代周，有戶三百六十萬，平陳所得，又五十萬，於是大減。乃二十餘年，而大業之數，幾比東漢，何其驟乎？唐承隋亂，戶數存三之一。自貞觀至天寶百三十餘年，纔如隋數。經安史之亂，民戶大損，自茲以後，惟文宗一朝，乃有天寶之半，蓋藩鎭宦官之禍，靡有寧歲，規復之難，自意中事。考古今民戶繁多，莫如宋徽宗朝，而口數且不及漢唐之盛者，何也？夫寧宗嘉定十六年，與金泰和之世，後期不及二十年，以當時南北幷計，較北宋徽宗統一之局，戶不加增而民數乃有七千餘萬，則宋之漏略者多矣。綜金之數，戶有六丁，而兩宋合計，多不過戶二丁，斯豈足爲據哉！明祖當兵燹之後，戶口極盛，靖難兵起，長淮以北，鞠爲茂草，厥數亦增，洎休養逾二百年，無大變故，而民數反不如前，王忻謂有司之造冊，與戶科戶部之稽查，等於兒戲，理或然歟？清康熙朝，民數爲二千四百餘萬，僅及明季之半，蓋一傷於流寇之糜爛，一傷於強藩之戰禍也。顧康熙五十年，去戡定三藩已越卅載，而區區此戲，猶經累歲安養而始得之。至乾隆朝，增至十一倍有餘。至道光朝，視乾隆又倍之，其增進之率，至不可思議。且歷代皆有口稅，清自雍正以後，丁稅田賦合而為一，民戶無誅求之累，何所庸其隱匿；又交通滋啓，長養亦繁，雖經洪軍之擾，迄季葉又視前數而過之。然則物競亦甚可憂也！乃綜歷朝戶口之大綱，列表於後，可以覩覽焉。

歷代戶口盛衰比較表

朝代		戶數	口數	盛衰
夏	禹	未詳	一三五五、三九二三	盛時
周	成王	同上	一三七〇、四九二三	同上
	平王三十餘年	同上	一一九四、一九二三	稍衰
兩漢	平帝元始二年	一二二三、三〇六二	五九五九、四九七八	極盛
	光武中元二年	〇四二七、九六三四	二一〇〇、七八二〇	大衰
	桓帝永壽二年	一六〇七、〇九〇六	五〇〇六、六八五六	極盛
三國	魏元帝景元四年	〇〇六六、三四二三	〇四四三、二八八一	大衰
	蜀後主末年	〇〇二八、〇〇〇〇	〇〇九四、〇〇〇〇	同上
	吳主皓末年	〇〇五五、〇〇〇〇	〇〇二三、〇〇〇〇	同上

晉	武帝太康元年	○二四五、九八○四	一六一六、三八六三	盛時
南北朝	宋孝武大明八年	○○九○、六八七○	○四六八、五五○一	盛時
	魏明帝正光以前	倍晉太康之數	同上	同上
隋	文帝開皇初年	○四一○、○○○○	一二○○、○○○○	衰時
	煬帝大業二年	○八九○、七五三六	四六○一、九九五六	大盛
唐	太宗貞觀中	不滿三百萬	未詳	衰時
	玄宗天寶十四年	○八九一、九三○九	五二九一、九三○九	極盛
	肅宗乾元三年	○一九三、三一三四	一六九九、○三八六	大衰
	文宗開成四年	○四九九、六七五二	未詳	盛時
宋	太祖乾德九年	○三○九、○五○四	未詳	衰時
	徽宗崇寧元年	二○○一、九九○五	四三八二、○七六九	極盛
	高宗紹興三十年	一一三七、五七三三	一九二二、九○○○	大衰
	寧宗嘉定十六年	一二六七、○八○一	二八三二、○○八五	中盛
遼		○○五五、○○○○	○一一○、七三○○	
金	章宗泰和五年	○七六八、四四三八	四五八一、六○七九	極盛
元	世祖至元二十七年	一三一九、六二○六	五八八三、四七一一	大盛

明	太祖洪武十四年	一〇六五、四三六二	五九八七、三三〇五	同上
	成祖永樂元年	一一四一、五八二九	六六五九、八三三七	極盛
	英宗天順元年	〇九四六、六二八八	五四三三、八四七六	中衰
	憲宗成化二年	〇九二〇、一七一八	六〇六五、三七二四	復盛
	武宗正德九年	〇九一五、一七七三	四六八〇、二〇五〇	中衰
	世宗嘉靖元年	〇九七二、一六五三	六〇八六、一二七三	復盛
	熹宗天啓元年	〇九八二、五四二六	五一六五、五四五九	中衰
清	康熙五十年	未詳	二四六二、一三三四	
	乾隆四十五年	同上	二七七五、四四三一	
	道光二十八年	同上	四、二六七三、〇〇〇〇	

據右表，知人數愈演而愈進。三皇之世，每州之民約不盈萬，且爲强悍所害，惡獸所傷，生殖雖繁，猶未爲盛也。至唐虞焚山澤，天子則曰兆民，諸侯則曰萬民，其數較皇古約增七倍。至夏禹時，執玉帛者萬國，迎王師者萬姓，數更十倍於唐虞矣。厥後生息日多，自春秋以及戰國，民且百倍於夏禹之世。自分封而成一統，民更千倍於戰國之時。元季明初，故老流傳，謂舉一邑一村一堡計之，往往三家十家百家者易時而至其地，三家者或增至七八十家，十家者或增至百數十家，百家者或竟增至幾千餘家，民數繁殖，不誠盛哉！清之新疆吉

林，向屬空闊之區，而招墾以後，民且幾於轂擊肩摩，則又十倍於元明矣。匪直此也，自咸同之世，交通日啓，民之入日本英美法等國屬地而爲華僑者，以百萬計，而我國之民並不見少，視唐宋恐又不止千萬倍矣。要之國所與立，唯民是依，民數不多，固難致富，民數過多，又易際窮，是所望於有斯民之責者。

第三章　賦稅之制度

賦稅制度，歷代不同，而綜括其要，不外以下數種：一曰田賦與戶口稅，二曰商稅與專賣品稅，三曰雜征之稅。茲述其沿革於左：

田賦與戶口稅之沿革

三代之制，人授以田，治人卽以地著爲本。夏時一夫受田五十畝，每夫計其五畝之入，所謂五十而貢也；商則以六百三十畝之地，畫爲九區，區七十畝，其外八家，各授一區，但借其力以助耕公田，不復稅其私田，所謂七十而助也。周制方里而井，井九百畝，中公外私，公田以爲稅，私田以出賦，所謂百畝而徹也。周禮太宰以九賦斂財賄。注，財、泉穀也。賦、口率出泉也。今之筭泉，人或謂之賦。周時田賦之外，又有口泉，其數注疏無文。管子海王篇云，萬乘之國，正人百萬也，月人三十泉之籍，爲錢三千萬。其重如是，或齊桓權宜之法，周制殆未必然乎？總之周賦甚輕，田賦不過十分而取一，自魯宣用稅畝，哀公變田賦，而周之良法始壞。三代之制，皆十而取一，蓋因地而稅也。秦則不然，舍地而稅人，以故貧者避賦役而逃逸，富者務兼幷而自若，重之以內興工作，外攘夷狄，收大半之賦，發閭左之戍，竭天下之資財，猶未足以贍其欲也。二世承之，不變其失，反更益之，海內愁怨，遂用潰畔。漢興，賦法最輕，分爲三等：田賦，即粟米之征；更賦，即力役之征；口賦，則仍秦舊。其初田賦，猶十五稅一，至孝景則三十而稅一。光武中興，循而不改。桓帝於常賦外，別取斂錢，然亦止於畝十錢耳。口賦，民自年三歲出口錢二十，至年十四止，自年十五歲出筭錢百二十爲一筭，至五十六歲止。更賦者，正卒之更以月代，邊戍之更以三日代，不得行者，月爲錢二千，日爲錢百。中葉以來，桑孔之徒出，患錢幣之輕也，而有白鹿皮幣之迹；患啄稅之輕也，而化平準之法，於是筭舟車，稅斂錢，榷酒酤，取於民者，無所不至，而漢初之良法壞矣。魏武初定鄴都，令收田租畝粟四升，戶絹二疋，綿二斤，餘皆不得擅興。晉平吳後，置戶調式，丁男之戶，歲輸絹三疋，綿三斤；女及次丁男爲戶者半輸；其諸邊郡，或三分之二，遠者，三分之一。然出賦稅者，皆有田之人，非鑿空而稅之，則田與戶分而仍合，而戶口之賦益重。成帝始度田定稅，取十分之一，率畝稅米三升，蠲戶調之式，合田戶於一，至此則田自田，戶自戶，與曹魏大同矣。江左立國，並無土著，取民亦無恆法。歷宋齊梁陳，皆因而不改。宋孝武急於徵斂，始有臺使之遣，齊雖停遣，而法制未備。唯北魏承晉制，男夫受田六十畝，婦人二十畝，戶調帛二疋，絮二斤，粟二石，又人帛一疋，疋丈爲調外費。（文帝時，戶增帛三疋，粟二石，九年，復增調外帛二疋。）齊周損益不同，大要皆以人戶貧富及有室無室爲斷。故隋因之，丁男一牀，（有室者爲一牀）租粟三石，桑土調以絹絁，（絹絁以疋，加綿三兩）麻土調以布，（布以端，加麻三斤）單丁及僕隸各半之。又民年成丁，歲爲三十日役。蓋自西晉創戶調式，屢變不一，變於是遂爲唐代租、庸、調法之本。唐制：丁男受田百畝，歲輸粟二斛，稻三斛，曰租；丁隨鄉出，歲輸絹二疋，綾絁二丈，布加五之一，棉三兩，麻三斤，曰調；用人之力歲二十日，（閏加二日）不役者日爲絹三尺，曰庸。水旱霜蝗，耗十之四者，免租；桑麻盡者，免調；田耗十之六者，免租調；耗十之七者，三者皆免。蓋有田則有租，有戶則有調，有身則有庸，此其大較也。代宗時，青苗十五，地頭二十，則以錢輸稅而不以穀帛，以資財定稅而不問人丁，創制之初意已失。德宗朝，楊炎深疾其弊，作兩稅法以二其制，準田起科，戶無主客，見居爲簿，人無中丁，貧富爲差，夏稅盡六月，秋稅盡十一月，商貨稅三十之一，與居者均役，田稅視大歷十四年墾田之數爲定，而均收之，民稱便焉。五代賦稅，迭爲輕重。宋初，盡除無名之斂，制歲賦，厥類有五：曰公田之賦，曰民田之賦，曰城郭之賦，曰丁口之賦，曰雜變之賦。又設支移法，折變條寬期以紓民力，誠仁厚矣。然熙寧後，安石變法，青苗免役之錢，坑冶榷貨之利，紛然雜出。南渡後，稍復舊制，而版章日蹙，兵費倍增，勢不得不取之於民。至公田之設，與民爭力，又不特非時追索而已也。元之取民，在內郡者曰地稅，上田畝三升，中田半之，下田二升，水利田五升。曰丁稅，每丁粟一石。曰戶稅，其名有二：(一)絲料，每二戶出絲一斤以輸於官，每五戶出絲一斤以輸於本位；（供諸王貴族湯沐之需）(二)包銀，戶賦銀六兩，後乃減徵四兩，謂之包垛銀，此仿唐之租、庸、調也。取於江南者，曰秋稅，止命輸租，曰夏稅，則輸棉布絲絹等物，此仿唐之兩稅法。惟兩稅有租調而無庸，於是助役糧出焉，其法命江南人戶，有田一頃以上者除常賦外，每頃量出助役之田，歲收其入以供役費，此泰定初之所行者。明興，仍唐兩稅之法，曰夏稅，毋過八月；曰秋糧，毋過明年二月，然稅有定額，隨田寬狹以爲多寡，而絹布之調，不役之絹，皆不取焉。第法久弊生，欺匿影射飛灑之習成於下，借徵帶徵之事嚴於上，於是條例煩而民受其困。嘉靖後，因國用不足，屢行加派，後乃行一條鞭法：綜括一州縣之賦役，量地計丁，丁粮畢輸於官，舉銀差力差及一切諸費，幷爲一條，計畝徵銀，折辦於官，法簡而均，民以不擾。清因之，凡錢粮則例，俱依萬歷間，凡天啓崇禎時加增，悉以豁免。康熙五十二年，詔以後滋生人丁，永不加賦。雍正初元，更以丁銀攤入地畝，民自是不以自身爲累矣。此歷代戶口稅沿革之大略也。

商稅及專賣品稅之沿革

先王授民以井田，爲足食計也；制商以市廛，爲通貨計也；食足貨通，而後敎化可成。昔神農氏作日中爲市，而必先之以聚人曰財，理財正辭、禁民爲非曰義，蓋先王之市政，總歸於義也。周官司關，司貨賄之出入，國凶札則無征，廛人有市紋布、總布、質布、罰布、廛布之斂，泉府曰掌市之征布，司門曰譏，出入不物者，征其貨賄，是市廛門關有征矣。不知先王之制，旣稅其物，則必不征其廛，旣征其廛，則必不稅其物，卽孟子所謂市廛而不征，法而不廛也。廛布者，貨賄諸物邸舍之稅，故屬於關者曰征，屬於市者曰廛，而但收其什一之利，取給官用而已。自齊管仲官山府海，專以功利相其君，於是著海王篇，興鹽筴之利，且按男婦而計鐵刀耒耜之用，倍取其稅，而鹽鐵之利大興，與一切商稅殊別矣。漢興，接秦之弊，民失所業，而大飢饉，重以戰國之後，商業發達，其時貪商漸出，登壟斷，罔市利，類多以鹽鐵畜牧商賈起家，亡農夫之苦，有仟伯之得，因其富厚，交通王侯，高祖與民休息，務欲一切人事，返之於農，乃令賈人不得衣絲乘車，重租稅以困辱之。武帝又稅商賈車船，令出算緡錢之稅，亦屬焉。方是時，兵連不解，縣官大空，於是東郭咸陽孔僅言，山海天地之藏，宜皆屬少府，因置鹽鐵官，因官器作鬻（古煮字）鹽，敢私鬻鹽者，釱右趾，沒其器物。鐵則否，其大法重稅之而已。漢迺盡以入官，爲專賣品，然官作鹽鐵，苦惡賈貴，郡國多不便，其後時有廢置。且武帝之世，復有酒酤榷，官自酤賣，故謂之榷。昭帝時，與鐵官同罷，而令民得以律占租賣酒升四錢。王莽篡漢，置六斡，鹽、酒、鐵同爲官鬻，顧兩漢以酒醪糜穀，往往爲禁，自東京以來，蓋猶未以爲歲計大宗也。後魏明帝時，人入市者稅一錢，北齊有關市邸舍之稅，其餘商稅不盡詳。大要鹽酒二者，隋承周制，官自爲政，開皇三年，尋罷禁，與民共之。肅宗時，富商貲畜，十收其二，謂之率貸。德宗時，始於諸道關津置吏，以歛稅矣。關於鹽之專賣者二，唐之鹽法，官吏督課而已。自代宗朝第五琦爲鹽鐵使，盡榷天下鹽，斗鹽加時價十倍而出之，（初每斗十錢，至是錢百一十）於是一變。德宗朝劉晏繼之，但於出鹽之鄉，因舊鹽爲置吏，置停戶收鹽，轉鬻於商，任其所之。其去鹽鄉遠者，轉官鹽於所在貯之，商絕鹽貴，則減價以鬻，曰常平鹽，官獲其利而民不知貴，於是再變。關於酒之專賣者又二，代宗量定酒戶爲三等，隨月納稅，其制限在商。德宗禁民酤酒，官自置店酤，（每斗爲錢三百，榷百五十錢）收以輔助軍費，其操握在官。關於茶稅之取盈者又二，自建中始稅茶，其法日增，至季世益斂，稅重則商人巧爲規避，一斤至五十兩，於是增稅錢五，謂之剩茶錢，諸道置邸舍積茶者有稅，謂之搨地錢，蓋皆出於正稅之外者也。至五金采鑄之權，亦多自官操之，蓋牟利之途日擴矣。

五季征算尤繁。宋興，雖州縣關鎖，而商稅皆置務，榜商稅則例於務門，行者齎貨曰過稅，每千錢算二十；居者市鬻曰往稅，每千錢算三十；有官須者，十取其一，曰抽稅。政和間，始於原定則例外，增收一分稅錢。南渡以後，增至三分或五分，而民乃益苦矣。其鹽酒茶礦，同爲官鬻，而增損靡恆，凡鹽聽商民入錢若粟帛於京師及所在州軍，計直予劵，使自往場地受鹽賣之。凡酒麴由官造，聽民納直，諸州城內，並置務釀之，縣鎭鄉閭，雖許民醲，而歲定其課，其有遺利，則請官酤。凡茶課租於園戶，官一切市之，而以鬻於商，出境則給券，或中估使商與園戶自相交易，而官收其息，若歲課不盡，官市之如舊。凡礦冶官置場監，或民承買，以分數中賣於官。其大略如此。元初商稅，三十而取一，後乃增至二十。若鹽茶則以引計，鹽一引爲四百斤，茶一長引爲百二十斤，一短引九十斤，隨地定引，按引計課，其酒麴亦官鬻，五金礦冶，亦有聽民承采，官取其稅者，皆因宋之舊而爲之制。明初，凡天下稅課司局，商賈貨三十而取一，市賦輕矣。厥後增置漸多，行齎居鬻，所過所止各有稅。宣宗時，始行鈔關；鈔關稅者以鈔法不通，由商居貨不稅，與市肆鬻販者阻撓所致，乃於京省商賈湊集地市鎮店肆門攤稅課，增舊凡五倍，塌房（官作舍以貯商貨按三十分而取一）庫房店舍居商貨者，騾驢車受僱載者，悉令納鈔，舟船則計所載料多寡路遠近以爲納鈔，鈔關之設自此始。若茶若酒，不爲官鬻，獨川陝設引行茶，禁私販，所以然者，資茶以收外國之馬也。鹽利主領於官，而其法屢變。太祖初年，行省邊境，募商納米，中鹽實邊儲，故有鹽糧無鹽課。成祖時，乃計口授鹽，按天下人戶，大口月一斤，小口半之，輸米若鈔有差，重爲民困；其後遂廢，即歲課所入，亦不以米計，而改以錢計。然財政之擾，無過於神宗之朝，貂璫四出，主計關鈔、鹽引、礦冶，橫征暴斂，不可勝窮，而礦稅之害爲尤大，說者謂明社之屋，蓋源於此。清代關稅，倣明鈔關而損益之。海禁大通，沿江海通商口岸，增立洋關，於是別舊關則曰常關，洋關即曰新關。常關之稅，有正額，有盈餘。新關則其類有四：(一)進出口正稅，凡洋貨進口、土貨出口，均按值百抽五徵之。（惟進口洋藥每百斤征正稅銀三十兩子口稅銀八十兩）(二)子口半稅，洋商運洋貨入內地，及自內地購土貨，皆值百抽二五，如此內地釐稅不復重征。(三)復進口半稅，土貨出口，已納正半兩稅，而欲重運別口者，再按值百抽二五。此則專以土貨言之者也。(四)船鈔，凡火輪夾板等船，百五十噸以上者，噸納銀四錢；百五十噸以下者，噸納銀一錢，每四月納船鈔一次。庚子和約，改定稅則爲值百切實抽五。越三年八月，重訂商約，乃議洋貨進稅於正稅外，增一倍半之數以抵裁撤釐金子口稅，其土貨出口稅，仍如舊則。釐金者，始於咸豐軍興之際，初雷公以誠餉軍於淮揚，浙人錢江佐軍幕，擬議於行商坐賈中，視其買賣之數，按百文捐取一文，小本經紀者免，不期月得餉數十萬，軍用以濟。於是各省倣行之，卒成戡定功。其後專事婪索，民始不堪命矣。銷場稅者，即落地釐金之變稱也。釐稅既裁，土貨之不出洋者，勢不能無所征取，於是銷場稅生焉，則以其銷售之場地收之也。租界以內不與焉。若鹽藉灶與商於官，令出鹽行鹽，皆視其產之多寡與運之遠近，以配引而各行於口岸，其課則別以灶課、引課、雜課、稅課、包課而権之。凡茶百觔爲引，引有課，觔有稅。凡酒同於尋常商稅，唯北省燒鍋有制限。凡礦有官開，有商采，或官給工本，招商承辦，其中數大抵稅十之三，此舊制也。然鑒於明季礦禍，海通以前，封禁者衆，光緒二十四年，始定礦章。厥後凡又三改之。凡稟請辦礦者，分別給探礦開礦執照，照有費。礦既出井，各按其品之貴賤定納稅多寡；(少自值百抽五，多至值百抽二十)其出口者，別征出口關稅焉。此商稅專賣品稅制度沿革之略也。

雜稅之沿革

雜征者，名無常式，取無定額，凡一切征之於民者皆是也。周官委人掌斂野之賦，斂薪芻，凡疏材木材，及畜聚之物。又載師漆林之征，二十而五，此皆不列於經常之賦。後世言利者，遂取假之以巧立名目，搜括敲剝，以盡吸民脂民膏而後已，此聚歛者所以稱盜臣也。漢世緡錢算，起於武帝，時桑宏羊用事言利，事析秋毫，迺令諸賈人末作各以其物自占，（言各隱度其財物多少而為名簿送之於官也）率緡錢二千而一算，諸作有租及鑄，（以手力所作而賣之者）率緡錢四千算一，船車算者，非吏比者三老北邊騎士軺車一算，（比例也身非為吏之例非為三老非為北邊騎士有軺車皆令出一算）商賈人軺車二算，船五丈以上一算，匿不自占占不悉，戍邊一歲，沒入緡錢，有能告者，以其半畀之。緡錢之法，初僅及於商賈，其後楊可告緡徧天下，於是不為商賈而有蓄積者皆被害。夫西北饒畜牧，東南富魚蛤，此大利所在也。故武帝計口出息而賦之馬，謂之馬息。宣帝增賦於海者三倍，謂之海租。王莽法武帝緡錢之令，諸取衆物鳥獸蟲魚於山林水澤及畜牧者，嬪婦桑蠶紡績縫紝，工匠醫巫卜祝及他方技，商販賈人坐肆列里區謁舍，（居處所在為區謁舍客舍也）皆各自占所為，除本計利，十一分之，而以其一為貢，所謂變而加厲者也。至東漢靈帝頗喜私蓄，額外之征，厥名有二焉：自天下農田，畝稅十錢，自刺史二千石及茂材孝廉遷除，皆計等輸錢，曰修宮錢；自郡國貢獻，別有所輸於中府，曰導行錢；其餘又有不入於公府者矣。自晉至梁陳，凡貨賣奴婢牛馬田宅，皆有文券，率錢一萬，輸估四百，賣三買一，名曰散估，是為契稅之始。至唐德宗，迺稅間架、算除陌，而闤市始大困。間架法者，屋二架為間，上屋錢二千，中稅千，下稅五百，敢匿一間者，杖六十；告者賞錢五萬。除陌法者，公私給與及買賣，每緡官留五十錢，物兩相易者，約直為率，隱錢百者，罰二千，杖六十；告者賞十千，賞錢皆出坐者。此二法行，民乃愁怨。逮涇原兵反，長安市中大譁曰：不奪爾商賈僦質，不稅爾間架除陌矣。怨毒之於人甚矣哉！兩宋額外之征，甚於漢唐，有所謂頭子錢者，此五季舊法也，蓋外假加耗之名，而取盈焉。宋初自兩稅所納錢帛，每貫收七文，每疋收十文，綿一兩，茶一斤，稈草一束，各一文。其後總度支出納皆有頭子錢，其數漸增至五十六文。然異於緡錢除陌之紛紜者，何也？彼出納無定，易開善盜之門；此輸納有常，絕無騷擾之患也。牙契者，亦東晉以後舊法也，至是遂爲收入之大宗。人戶有典賣，必向官購契紙，券既立，官爲加印，每貫輸錢四十，後且增至百錢矣。至言其經制、經總制、月樁、板帳錢，乃度支之竄名，所以責辦於州縣者，故又當分別言之。徽宗朝，東南用兵，財政日絀，陳遘乃量添酒錢，及增收一分稅錢，商稅頭子、賣契等錢，斂之於細，而積之甚衆，別自收繫，謂之經制錢。欽宗時罷，高宗又復之。紹興初，孟庾提領措置財用，又因經制之額，增析而爲總制錢，總括之謂之經總制錢。而在湖江者曰月樁，在浙閩者曰板帳，皆月取資於州縣，而以其一定之額課之。而州縣所藉以辦此錢者，酒坊、牙契、頭子錢數或不足，則非取盈不可，於是煩苛起而民益累矣。又其初本爲相當之酬償，其久遂視爲固有者，曰和買折帛錢，起眞宗咸平中，方春預假錢與民，至夏秋乃令民納絹；南渡後，官不給錢而收絹如故，尋復不收絹而折錢，於是以兩縑折一縑之直，取民無藝，至南宋爲尤烈。元之雜稅，列於額外課，季世定船戶科，差船一千料以上者，歲納鈔六錠，以下遞減。然船料稅又在於額外課之外。明則山場河泊有抽分場局，有河泊所，場局山場以竹木稅爲大，河泊以魚課爲宗。顧明之亡也，賦役征榷之重，無甚異於前代，而雜稅名色，獨闃然者，其加派多在於田賦鹽課，取之於其所必需，而不量爲輕重緩急之計，此其失策，殆又宋之不若。清承明制，屬於江海河泊者，曰蘆課、魚課，屬於貿易經紀者，曰牙帖、契稅，此其大端也。咸同間，雖財用艱窘，而特釐金、洋稅爲大宗挹注，故雜派無聞。光緒中東之役起，雲涌波翻，累歲幾無寧日，財用之困因之，於是有平餘，有房捐燈捐，有丁漕盈餘官吏陋規之提，而增賦於其所固有者猶無論，毋亦世變爲之歟？此又雜征沿革之略也。

第四章　平準均輸之法

天下之財，聚於上則爲壅積，於下則爲偏枯，救其失而消息之通變之，斟酌而權宜之，此即所謂平準均輸也。此其法自周官之泉府啓之，而自周訖宋，得五人焉：曰管仲，曰桑宏羊，曰王莽，曰劉晏，曰王安石。管仲行於齊而霸，劉晏行於唐而富，宏羊擬仲而近虐，莽與安石則皆行之而敗矣。試分舉如左：

管仲之智計

春秋之管仲，天下才也。讀輕重諸篇，論者謂其以通財爲強國之本，不知其實以善學周禮爲通財之本，山權海蓄之說，即九賦九式之旨也；權度三幣疾徐高下之說，即泉府外府之制也；王國持流齊力功地及山國軌之說，即遂人小司徒之職也。至於粟重物輕，幣輕物重，民重君輕，君輕民重，與夫穀上幣下之策，准穀准幣之條，無不與太宰司徒所職相表裏。蓋周禮純乎經，管仲則本乎經而濟之以權也。且其言曰：視物之貴賤而御之以準，故貴賤可調，而君得其利，故以富一國則有餘，以之富天下則不足也。此其所以近乎霸也。

桑宏羊之智計

漢武窮兵黷武，國用空虛，桑宏羊爲治粟都尉，領大農，代僅筦天下鹽鐵，以諸官各自市相與爭物，故騰躍，而天下賦輸，或不償其僦費，乃請置大農部丞數十人，分部主郡國，各往往縣置均輸鹽鐵官，令遠方各以其物貴時商賈所轉販者爲賦，而相灌輸。置平準於京師，都受天下委輸，召工官治車諸器，皆仰給大農，大農之諸官，盡籠天下之貨物，貴卽賣之，賤則買之，如此富商大賈無所牟大利，則反本，而萬物不得騰躍，故抑天下之物，名曰平準，天子許之。民不益賦，而國用饒，此效之可觀者。第管子之法，猶有平國用以濟民急之意，此則盡籠天下貨物，賤買貴賣，近於掊克聚歛，此其所以烹也。

王莽之失敗

王莽篡漢，法制繁變，有所興造，必依古經文。乃下詔曰：周禮有賒貸，樂語有五均，樂語河間獻王所傳道五均事言天子諸侯之土以立五均則市無二價四民常均傳記各有斡焉。今開賒貸，張五均，設諸斡者，所以齊衆庶，抑兼幷也。遂於長安及五都洛陽邯鄲臨淄宛成都立五均官，更名長安東西市令，五都市長，皆爲五均司市，東市稱京，西市稱畿，洛陽稱中，餘四郡各東西南北爲稱，皆置交易丞五人，錢府丞一人。諸司市常以四時仲月，定上中下之物價，而用爲市平。物有周於民用而不售者，均官以其本價取之，無令折錢。萬物貴過平司市所平之價一錢，則以平價賣與民，其低賤減平者，聽民自相與市。民欲祭祀喪紀而無用者，錢府但賒之，但空也空賒與之不取息祭祀毋過旬日，喪紀毋過三月。民或乏絕，欲貸以治產業者，歲息毋過什一。蓋五均者，平準之法，其泉府賒貸，則宏羊之所未嘗措意也。然奸吏豪民，因緣交侵，重以它端橫歛，民不聊生，而莽以亡。

劉晏之智計

唐安史之亂，劉晏卽踵桑宏羊之法以佐軍興，方其時瘡痍之餘，戶口什耗八九，所在宿重兵，費恆不貲。自晏綰度支一切皆倚以辦。嘗募駛足，置驛相望，四方貨殖低昂及他利害，雖甚遠，不數日卽知，故因平準法，斡山海，排商賈，權萬貨重輕以制其平，而取贏焉。軍興數十年，斂不及民而用度足，唐中僨而振，晏有勞矣。歷史所紀善理財者，必曰桑劉，其實桑不及劉多矣。晏之言曰：戶口滋多，賦稅自廣，其理財常以養民爲先，則晏尤知本者也。故曰民託命於君，君託命於賢，賢復託命於民。

王安石之失敗

宋之王安石，假周禮以事收括，其弊與莽無甚異。熙寧變法，以諸路上供，歲有常數，年豐可多致而不能贏餘；年歉難供億而不敢不足。遠方有倍蓰之輸，中都有半價之鬻。議以發運使總六路賦入，宜假以錢貨，資其用度，凡糴買稅斂上供之物，皆得徙貴就賤，用近易遠，豫知在京倉庫所當辦者，得便宜蓄買，而制其有無，以便轉輸，省勞費，是曰均輸。神宗乃出內帑錢五百萬緡，上供米三百萬石，使以薛向董其事。未幾，又用草澤魏繼宗議，以內庫錢帛置市易務於京師，凡貨之可市及滯於民而不售者，平其價市之；願以易官物者聽。若欲市於官者，則度其田宅或金帛爲抵當而貸之錢，責期使償，半歲輸息十一，及歲倍之，是曰市易。以呂嘉問爲提舉，仍出內帑錢百萬緡，京東市錢八十七萬緡爲市易本錢。二者蓋兼桑宏羊王莽之成法而行之者也，安石實主之。其後均輸竟無成，而市易司頗分置於各路，大抵商旅所有者盡收，市肆所無者，必索苛細抑勒，民用怨謗，而宋因之而益弱。同是法也，而效之或成或敗者，何也？曰：管劉之法雖厚君，而尚不忘乎民；若此三人者，是專益上而損下者也。列而舉之，是亦財政得失之林也。

第五章　家財輸助之例

聞之西儒曰：國債愈多，則民心愈固。國債者，即吾國所謂斥私財以濟公急也。是以各國莫不有千百十兆鎊之債，其下議院爲富民總匯，猝有亟需，計日可集，以上下之浹洽於平日者有素也。比觀吾國，其歷史中所載輸財之例，固有類於國債者，亦有非債而政府有相當之報酬者，此亦國計之一端也。今分述之。

國債之貸用

債者，向人借貸之謂也。吾國歲入七千數百萬，無事出僅供歲入，一遘變故，募兵籌餉，便有澌矛炊劍之嘆。政府寧願加賦加稅，必不肯向民借貸，即使借貸，而吾民之信朝廷，恆不如其信商號，非敢於不信朝廷，特不信官與吏耳。此歷史之所以罕見也。考君主有債，自東周赧王始。赧王負債於民，無以得歸，乃上臺避之。自茲以往，止一見之於六朝，再見之於唐。宋文帝之開衅於北魏也，軍旅方興，國庫匱乏，上自王公妃主朝士牧守，各獻金帛以濟國用，下逮富室小人，亦有獻私財數十萬者，揚南徐兗江四州富有之家，貲滿五十萬，僧尼滿二十萬者，並四分借一，過此率計，事息即還。唐德宗朝，以兩河用兵，月費百餘萬緡，府庫纔足數月支，乃議借富商錢，約罷兵爲償之。時趙贊代杜佑判度支，搜督甚峻，長安囂然，家若被盜，民至有自經者。綜京師豪人田宅奴婢之估，亦僅得八十萬緡。宋唐兩朝，一曰事息即還，一曰罷兵爲償，書缺有間，莫知所竟，大約終於無償還也。

貲選之賤濫

輸助之例，出於借貸，而民不信任，出於貲選，而民頗樂從，此無他，貿於相求，而隱於相報，是以官為市也。以官為市，則輦金朝至，仕版夕登，有力者子弟為卿，爭居壟斷；無力者乞貸易集，轉瞬取贏，人誰不樂為之？蓋非是則亦無以為輸助矣。自秦商鞅定有賜民爵，於是鼂錯建議於漢文之朝，從而為鬻爵；漢武則令入貲補吏，又置武功爵，凡十一級，級十七萬，凡直三十餘萬金，諸買武功爵至千夫者，得除為吏，吏道雜而多端。時卜式亦以輸財助邊，超拜郎中，賜爵左庶長，天子尊顯之以風百姓焉。然西漢鬻爵，爵虛名也，其後令得入粟補官為郎，亦僅止於六百石，而太史公作平準書，一則曰郎選衰矣，一則曰吏道益雜，不選而多賈人矣；一篇之中，猶三致意焉。至東京靈帝，廣事貯蓄，開西邸賣官，自公卿以下，入錢各有差，名器之濫，至斯而極。晉武以賣官錢入私門，劉毅謂為桓靈不如，以桓靈猶入其錢於官庫也。若北魏更推其例於沙門，而唐之空名告身，宋之空名誥敕，以訖於元，大抵皆以一紙書待官選用，唯選官猶不至七品以上，其散秩崇階，雖貴而無用。洎明則并此七品以下之職，亦祇以散官授之，此其大較也。清代嘉慶道光咸豐御極之初，即首停捐例，嗣以海宇多故，旋閉旋開，光緒四年，奉詔永停捐納實官。九年，中法啟釁，沿海戒嚴，而海防之例開，逮至辛丑，捐賑之例愈繁，濫成賤鬻，趨之者幾如蚍赴壑，如丸走阪。厥後稍稍制限，雖然以官為商品，流弊無窮，始緣度支之不足，而開捐例，繼反緣開捐例，而度支益形不足。明朘民膏，暗虧國計，利之所得，未足償實之所虧，是何異以十倍之報酬，爲捐輸者之息哉！夫計利稱息，而至於十倍，其尙堪設想也哉！

第六章　歷代理財得失概略

從來財用者，國家之命脈也，欲其培之，不欲其朘之，此自然之理也。故古無足國用之名；有之，則自厚生始。蓋厚則生，不厚直不能生，厚財則開善盜之門，厚生則收發身之效，此其故在措置之得失，而國家之治亂因之，吾固言之矣。操上之所重以令民，而使民咸恃我以爲命，不若卽國民之所重，藏之於國，而我與民處相倚爲命之爲得也。觀歷史之所紀載，亦可得其大凡矣。

成周以式法制財

三代財政之經畫，唯周爲詳，亦唯周爲善。周禮一書，王安石謂理財居其半。今觀周官貨賄之入，不過太宰九職九賦九貢之目爾。民職所貢有常額，地職所斂有常制，侯貢所致有常法，理似無待於理者。不知周官理財之道，不見於理財頒財之日，而見於出納會計之時，考之太府九賦以待膳服，九事九貢以待吊用，五事九職之貢以充府庫，式貢之餘以共玩好。太宰所以定爲取財之法，取此財也；太府所以分其頒財之府，頒此財也；內府所受，受此財也；司會所計，計此財也；司書所敍，敍此財也。別其爲金玉則曰貨，別其爲器幣則曰賄，而綜括之則曰財。何以言其出納之精也：掌財者，統之於太府，而分之於玉府、內府、外府者也。玉府掌王金玉玩好兵器，凡良貨賄之藏，皆式貢之餘財所入焉，此王之內帑也。內府掌受九貢九賦九功之貨賄，良兵良器以待邦之大用，與四方所獻之物與婦功所頒之物，入焉。外府則專掌邦布入出，以共百物，以待邦之用，凡邦之小用皆受焉，此皆王之公帑也。以太府爲府官之長，而司貨賄出入之權，則利權不分，而三府不得以行其私。太府雖綜其財，而制之以太宰，則太府亦不得以行其私，此成周掌財之官然也。何以言其會計之當也？凡財之出入，必有會計，則有司會而下五官以主之。司會爲計官之長，日有日要，日考之也；月有月成，月考之也；歲有歲會，歲考之也。司書爲司會之貳，民財器械之數，田野六畜夫家之數，山林藪澤之數，無不知焉；以逆徵令，以受稅法，以入要貳，以考邦治，無不掌焉。歲終則以貨賄之入出會之，於是有職內會其入，職歲會其出，職幣會其餘。不特此也，司裘無與於會計，而歲終且會其裘事；掌皮無與於財用，而歲終亦會其財齎；則其細事皆會可知矣。此成周會財之官然也。讀周禮者，知太府之可以統諸府，司會之可以臨太府，太宰之可以制司會，如此用者不敢妄用，供者亦不敢妄供，此周制之所以爲善也。

漢代國用君用之別

漢之興也，大司農掌軍國之用，少府水衡以供天子私費，故山川園池市肆租稅之入，自天子以至封君湯沐邑，皆各爲私奉養，不領於天下之經費，國用與君用，固有別也。高祖以張蒼爲計相，後雖罷弗置，而郡國猶以四時上計，則猶周禮司會遺制也。文景時專以淸靜寧一爲治，天下富實，至太倉之米紅腐，都內之錢貫朽矣。武帝既好遠略，外事四夷，又信方士言，大治宮觀，以巡游封禪爲事。國用不給，司農憂貧，乃以孔僅、桑宏羊長於理財，擢用之，行新法如下：（一）使人民得納錢買官爵及贖死罪；（二）禁民間鑄鐵器、煮鹽、釀酒，皆收爲官業；(三)賈人末作，各以其物自占，率緡錢二千而一算；及民有船車者皆算；(四)設均輸法，使州郡各輸其土地所饒，平其所在時價，官自轉遷於所無之地賣之；又置平準於京師，都受天下委輸，賤買貴賣，以奪商賈之利；(五)以白鹿皮爲幣，令直四十萬錢。時賦斂煩重，所在盜起，天下始受其困。孝昭稍一休息，民氣復蘇。及莽篡漢，每有興造，動欲慕古，幣制且託周禮，重以賦斂重數，吏緣爲姦，又與諸蠻夷搆難，郡縣遞相賕賂，白黑紛然，民搖手觸禁，不得耕桑，天下謷謷愁苦矣。然省中黃金存六十餘萬斤，御府積財帛稱是。東京靈帝效之，且造萬金堂於西園，引司農金錢繒帛充仞其中，聚爲私藏。故兩漢之末，民窮財盡，無他，公私失其制限也。

隋初國計斂散之宜

隋文帝既一天下，更定官制，輕減賦稅，愛養百姓，故戶口繁殖，稱富庶焉。開皇十二年，有司上言，庫藏皆滿，乃更開左藏之院，搆屋以受之。然文帝初未聞別有富國之術也。周之時，酒有榷，鹽池鹽井有禁，入市有稅，至開皇三年，詔罷之。夫酒榷鹽鐵市征，自漢以來，有國者卽以爲歲入大宗，而文帝一無所取；所取者僅恃此財賦而已。然其時調絹一疋者減爲二丈，役丁十二番者減爲三十日，則從蘇威之言也。繼而開皇九年，以江表初平，給復十年，自餘諸州，並免當年租稅。明年，以宇內無事，益寬徭賦，百姓年五十者，輸庸停放。十二年，詔河北河東今年田租三分減一，兵減半，功調全免。其於賦稅闊略如此。然文帝受禪之初，卽營徙新都，繼而平陳，又繼而討越州高智慧，蘇州沈元懀，番禺王仲宣，十餘年間，鍛甲砥劍，彍箭控弦，營繕征伐者無寧歲，且賞賜有功，並無所愛，平陳凱旋之役，慶賞行禮，頒給布帛，所費三百餘萬段。夫以所取於民者非苛，可頒於士者非吝，而倘用之不竭者如此，豈眞躬行節儉之所致邪？或曰，開皇之初，戶止四百餘萬，口止千餘萬，其季年戶增倍而口三倍之。蓋帝之爲治，綜核名實，下者無所容隱，戶口明而租調廣，此其所以綽然有餘裕也。煬帝嗣統，戶口益繁，府庫盈溢，廣苑廣豢，禽遊獸閒，宮樹富翦綵之春，馬上奏清夜之曲。使其抑鋒止銳，以享豐亨，則悠悠六合，皆吾故物也。奈何聽裴矩之言，耀武窮荒，民心軍心，魚潰鳥散，而富強之業，幾同葉上之露也，不亦大可哀乎！然洛口貯蓄倉米，東都布帛山積，李密王世充資之以聚大衆，亦所謂齎盜糧耳。

唐天寶後貪吝之召亂

唐故事：轉運使掌外，度支使掌內，天下財賦歸左藏，太府以時上其數，尚書比部覆其出入焉。玄宗時，海內富足，歲入之物，租錢二百餘萬緡，粟二千萬斛，庸調絹七百四十萬疋，綿百八十餘萬屯，布千三十五萬餘端，天子侈樂，用不知節，錢穀之臣，始事朘削矣。王鉷爲戶口色役使，歲進錢百億萬緡，非租庸正額者，積百寶大盈庫，供天子燕私，亦不過假其名以爲取盈之地耳。祿山之反也，楊國忠且謂正庫不可給士，而遣使至太原度僧尼道士，旬日得錢萬緡，以供軍。迨第五琦綰度支，以京師豪將假取左藏財不能禁，請一切歸大盈，而以中官主之。自是天下之財，悉爲人君私藏，有司不得程其多少；是君用與國用，唐代已不釐其界矣。至楊炎相德宗，請財賦仍歸左藏，度宮中歲費量數，移奉以入大盈，公私庶有別乎。乃稅間架、除陌錢、增商稅、括富商，增稅錢，猶不足以塡慾壑，而敲肌剝髓，崇聚私貨，以豐瓊林大盈之積，李兼則有月進，韋臯則有日進，仙客因之而得宰相，嚴綬因之而遷員外，裴肅因之而遷觀察，李錡因之而錄用，陽履因之而免罪；當帝之世，唯錢而已，刑以賄成，蓄怨滋厚，故范祖禹論德宗弊政有三事，好聚斂其一也。歷肅代德三朝，日唯徵斂之是謀，其間粗能補救者，止劉晏一人而已。自晏主江淮鹽利，歲裁四十餘萬緡，至大歷末至六百餘萬緡，居天下賦稅之半，國用仰給焉。自其死，諸言利者皆莫能及，至裴延齡寵擢，虛張名數，置羨餘，至謂簡閱左藏，於糞土中得銀十三萬兩，雜貨百萬有餘，請入雜庫，供別支，其欺誕不可究詰矣！夫天生民而立之君，使司牧之，亦唯以天下之財，治天下之事。自後世謀蓄其私藏，凡以供聲色宴遊之費者，唯內官宦寺得司其出入，雖宰執未能過問焉。私蓄不已，雖正庫猶吝，其弊蓋至唐而已極矣。

宋財政權分合之得失

宋以三司使綜國計，目為計相，其財賦自上供京師外，餘以留州，雖留州必係省，故州縣不敢私用。有唐中葉，強藩跋扈，自其上供之外，主計者莫能窺其底蘊。李吉甫始為元和簿，謂比量天寶供稅之戶，纔四分有一，則可以知當時財政之不相統一也。宋初削州郡之權，出納自上，三司使得以時考核而通計之，於是丁謂等相繼為景德祥符皇祐治平熙寧諸會計錄，以網羅一時出納之計，然其初財賦所入，大抵歸左藏，而歲撥款以入內藏。迨遼夏議和，復歲輸巨幣，以此二端，公私困竭，養兵奮武，不可不先聚財，而環顧朝臣，皆習故守舊，莫有能任其事者，遂召翰林學士王安石執政。安石謂冢宰當制國用，因與三司分權，凡稅賦常貢，歸之三司，而山海征榷之利，悉歸朝廷。故蘇轍作元祐會計錄，所紀收支、民賦、課入、儲運、經費五端，而謂內藏右曹之積，州縣封樁之實，以非三司所領，不入會計。夫以三司綜國計者，以其有考核之權者也。此宋制之所以稱善也。宰相既與三司分權，名曰制國用，而實未嘗行其職，財政有不自此殽亂乎？徽宗之世，蔡京用事，遂敢倡豐亨豫大，惟王不會之說，厚歛以奉人主之私蓄，而大肆其侵漁焉。雖然，此第言綜核之得失耳。若其前後軍事、歲幣、封禪、土木所費者衆，南北兩朝，靡歲不憂貧。其初歲入千六百餘萬緡，太宗以爲極盛，兩倍唐室，至熙寧間，合苗役市易等錢，乃至五千餘萬。渡江時，東南歲入不滿千萬，上供才二百萬緡，呂頤浩掇收經制錢六百六十餘萬緡，孟庾復增總制錢七百八十餘萬緡，朱勝非當國，又增月樁錢四百餘萬緡，高宗末，合茶鹽酒筭坑冶榷貨糴本和買之入，凡六千餘萬緡。兩朝土地廣狹，財賦多少，相視迴殊，南渡之民，蓋又不堪命矣。

元世祖之罔利

元當用兵之初，其蒙民雖在行間，仍有納稅之責，必令其妻守家以供稅額，故頻年用兵，貲財不匱。太祖太宗，未遑內治。世祖酌定官制，以戶部掌財賦，而受成於中書省，其太府院所掌，別爲內藏。其時歲入都計三百萬錠上下，（至元鈔二百文爲一貫，十貫爲一錠）其後日增月益，訖文宗時，歲入至九百餘萬錠，稅粮科差之數不與焉。而朝廷猶未有一日蓄也。雖其御極之餘，罷榷酤而蠲重歛，而無如拓地東南，用兵西北，連年事戰爭，以是國用恆不給，則不得不用聚歛之臣，搜括民財以足之。回紇人阿哈瑪特（舊作阿合馬）以言利，卽擢爲諸路轉運使，專理財賦，寵倖宰相，括諸路戶口稅課，掊歛作姦，爲千戶王著所殺。自其死，廷臣諱言利，莫以副上意，而盧世榮繼之，遂以富國策被盼遇，且喜大言，謂天下歲課鈔九十餘萬，今不取諸民，能令課程增三百萬錠，然其所設規措，所迫脅諸官司虛增其數，鈔愈虛，物愈貴，民大擾，卒以罪伏誅。又有西域僧格者，(舊作桑哥)能通諸國語言，素主世榮者也，而世祖復信仗之。行至元鈔，置徵理司，鉤考諸路錢穀，求益急，民自殺者相屬，而諛者且爲之請立碑刊績，凡四年。世祖謂朕過聽僧格，致天下不安，遂籍其家誅之。自中統以來，掊克聚斂，更合阿盧僧當國，餘三十年，怙勢賣官，其黨皆公取賄賂，民益不堪。約蘇穆爾(舊作要束木)者，僧格妻黨也，爲湖廣平章政事，責民輸銀，拷掠死者載道，逮至京，沒其貲，黃金至四千兩，槃還湖廣，棄市。謂世祖不罔利，得乎？當時所云歲入三百萬錠者，猶是至元二十九年之數，僧格已先死一年，其收入之增不問可知矣。厥後西僧勢盛，江南釋敎總統，至擾財物，攷民田，寺觀田畝皆免租稅，平民入寺，籍爲佃戶者，亦不輸公賦，上虧公額，以故歲入漸減。又鈔法屢變，順帝時，物價騰涌，至逾十倍，國用繇是大乏，而帝日事淫樂，厚歛於民，日朘月削，以趣於亡。此耗國損民之大略也。

明季加賦之害

明自正統以前，天下歲徵入數共二百四十三萬兩，出數二百萬兩，(按此疑僅指京庫而言)夏秋稅糧，都凡二千六百七十萬石，以供中外俸餉，此其歲計之梗概也。故其初京庫餘積至八百萬兩，直省府庫，亦各有儲積。自武宗游宴奢侈，而儲蓄一罄；自世宗土木禱祀，重以宣大寇擾，東南倭亂，而邊供益繁，歲之所入，不能充所出之半。繇是度支爲一切之法，題增派括贓贖筭稅契折民壯提編均徭，而推廣事例出焉。初猶賴以濟匱，久之，諸所灌輸益少，用既不支，而又不知節。至神宗以諸皇子婚，詔取太倉銀二千四百萬兩，司農告匱，命嚴覈天下積貯，自古費用之濫，未有如是之甚者。繇是諸璫四出，毒遍天下，先後進奉銀三百餘萬兩，金珠寶玩貂皮名馬稱是，帝以爲能。沈鯉上害民狀，且言鑛實破壞名山大川，不得已始命稅務歸有司，歲輸所入之半於內府，半入戶工二部。然中使仍不撤，吏民之苦益甚。神宗季葉，東北困於兵役，更議加增田賦，凡爲銀五百二十萬。崇禎初年，復增百四十萬，綜名遼餉。後又增剿餉、練餉，先後通增千六百七十萬。民亡所食，羣起爲盜，蓋自中葉之蠹耗，元氣已傷，及其末流，兵荒相仍，赤地萬里，雖竭天下之力，其能有濟於存亡邪？

清前後歲計盈虛之概

自康雍兩朝軍輸寖緩，乃專務休養生息，故其時物力既紓，國計益裕。蠲江浙逋賦，詔永不加丁，惠民之政，史不絕書。然正用不匱者，事簡俗儉，足以供給而有餘也。而尤莫盛於乾隆一朝，其間普免天下地丁者三，普蠲各省漕糧者再，益以河工海塘災賑軍費，積年所需，何啻萬萬。而四十六年以後，據阿桂疏，部庫儲積，乃有七千餘萬兩；又據會典所載，歲入賦額，乃有銀三千二百八十餘萬兩，糧四百三十餘萬石。雖其後權賄稍張，而恐慌之象尚未大見，職是故耳。唯任用和珅一事，爲民所苦，當時聚斂自豐，疆吏畏傾陷，爭輦金事之；嘉慶時抄沒，都計家產一百有七號，已估值者二十六號，已合銀二百二十三兆兩有奇；其未估者又三倍於此。舉民間數百兆母財吸而收之，置諸不生產之地，於是民始患貧。又初制綠營兵數六十六萬餘，額多不足，向以八人領十人之餉，謂之虛糧。迨四十七年後，以庫儲饒裕，令虛糧均作正開支，別募兵以補額，繇是額支之款，歲增三百萬，及其季年，已費至四千有餘萬，而帑藏遂告絀，此又一因也。洪楊軍起，疆事不支，財用大竭，疆臣多自擅財賦佐軍興，戶部復不拘以文法，事雖平定，而互市之局大開，始議經畫防海，國用寖廣，歲入亦倍曩昔。光緒中葉，約計每年八千餘萬兩，較乾隆時加倍有奇，而其所增益者，半出於洋稅釐金，都凡三千萬兩，出入猶足相抵也。至乙未辛丑兩次和約，賠款至七百兆，合新舊洋款，豫計分年攤償，自光緒二十八年起，再越三十二年，每年輸出總在四千餘萬，已居中國歲入之半。而此後練軍興學，在在事多於昔，乃益務爲一切收括，使吾民敲骨吸髓，以至於此者，賠款爲之也。非利用厚生，整頓實業，其能挽此頹波乎？

農政二

第一章　井田均田之沿革

井田之原始

上古狉獉未化，雎雎盱盱，無所系屬，勢不能無所爭，爭則有勝不勝者分焉，勝者爲之長，不勝者卽爲之役，處於其所占之地者，卽歸其統攝而莫或違戾，此遊牧時代所以有酋長也。酋長卽地主人，牧者必貸畜於主人，以供其羸，進而爲耕稼時代，則亦貸主人之田，以輸其租。凡地之所有，皆主人有也，其羣曾不得以自私焉。蓋世界民族必經過之階級，西哲所謂以鄉社爲奴耕者，（社會通詮）亦卽吾國井田之所繇來也。故井田必根於封建時之所至，雖去之而不能，及其既去，欲復之而亦不可。準以天演物競之例，知後世主張封建井田者，其說皆芻狗也。

井田之制度

考黃帝立邱井之法，因以制兵。故井分四道，八家處之，其形九字開方九焉，此爲起源。夏時民多，家得五十畝而貢；殷時民稍稀，家得七十畝而助；周時民至稀，家得百畝而徹。農民戶人已受田，其家衆男爲餘夫，亦以口受田如比。（比例也）士工商家田五口，當農夫一人，此謂平土，可以爲法。至言其制度，則經野不殊乎九夫，（一井九夫）度地不離乎三等，（大司徒不易之地家百晦，一易之地家二百晦，再易之地家三百晦；遂人上地夫一廛：田百晦，萊地五十晦；中地夫一廛，田百晦，萊百晦；下地夫一廛，田百晦，萊二百晦）受田不過乎百畝。周官遂人曰：以強予任甿，謂餘夫強有力者，則予之田，而任其力是也。孟子所謂餘夫二十五畝也。考之載師，又有宅田、士田、賈田，任近郊之地；官田、牛田、賞田、牧田，任遠郊之地。蓋鄉遂止有十五萬家，自十五萬夫及餘夫受田之外，其餘則爲七等之田。是以致仕者，其家所受田，曰宅田；仕有祿者，受田如圭田，曰士田；賈人在市，其家所受田，曰賈田；庶人在官者，其家所受田，曰官田；官田賦所出以飼牛者，曰牛田；牛田賦所出以飼馬者，曰牧田；公卿大夫有功受賞者，曰賞田。此載師七等受田之制然也。孟子曰：請野九一而助，國中什一使自賦，國中言鄉，野言遂也。分而言之，是鄉用貢法，遂用助法矣。蓋六鄉於王畿爲近，而皆君子，故使之什一自賦，其粟則藏於倉人；六遂於王畿爲遠，而皆野人，故使之九一而助，其粟則聚於旅師。貢與助法通行，故曰百畝而徹。逮至春秋魯宣公初稅畝，而公田之法壞矣。宣公既取公田之稅，又取私畝而稅之，則是什而二之也。迄哀公二猶不足，是自宣公以來，周之徹法已不復行，況戰國暴君汙吏，必慢其經界乎？故孟子謂貢法未可盡廢，而助法不可不行，請野九一而助，所以寬野人，國中什一使自賦，所以待國中之君子，此孟子救時之論，亦周公受田之制也。

阡陌之利用

秦孝公任商鞅，以三晉地狹人貧，秦地廣人寡，故草不盡墾，地利不盡出，於是誘三晉之人，利其田宅，務本於內，而使秦人應敵於外，故廢井田，開阡陌。阡陌者，卽井田之涂畛溝洫也。凡治野夫間有遂，遂上有徑，十夫有溝，溝上有畛；百夫有洫，洫上有涂，此其水陸占地不得爲田者頗多。世衰法壞，漸以紛紜。於是豪强者侵敓兼幷，而井地不均，貪暴者多取自利，而穀祿不平。商鞅因其弊，一切剗除之，任民買賣，自由得以專地開墾荒廢，毋尺寸遺，得以盡地利，民得以田爲永業，不復歸授，以省煩擾，使地皆爲田，田皆出稅，以杜隱據。故秦紀鞅傳皆云：爲田開阡陌封疆而賦稅平；蔡澤傳亦曰：決裂阡陌，以靜生民之業而一其俗。蓋社會進化生產之數，亦不能限以常度，優者自以競爭而占勝，劣者自以失敗而淘汰，事勢所趨，無可平均。其潰者，其遏之者，皆也。然使順其所流而不爲之所，則小不相齊，漸至大不相齊，大不相齊，卽足致天下亂者。

限田之害

自井田既廢，有志復古者，目擊富者田連阡陌，坐擅私產之利，嘗欲有所設施，以圖補救，而有限田均田之議，持之有故，言之未嘗不成理也。限田者，所以制限民田，使不得過若干畝，其意似同於均田，但均田之制，人占田畝，法有還授，此不同耳。限田之法，一見之於王莽時，更名天下田曰王田，奴婢曰私屬，皆不得買賣，其男口不盈八而田過一井者，分餘田予九族鄉黨，故無田，今當受田者如制度，犯令投之四裔。後莽知民愁怨，迺令民食王田皆得賣之。再見之於兩宋，仁宗詔限田，公卿以下，毋過三十頃，牙前將吏應復役者，毋過十五頃，蓋但限於在官之屬也。南宋末，賈似道以用度不足，計富戶踰限之田，抽三分之一，回買以充公田；官給價又不實，江浙之民大擾，此則假名均富，實不啻斂富人用以入官，其於貧民生計奚補焉！此又王莽之不若矣。

均田之存廢

均田者，井田之變相也，但與井田不同者，其田有永業，有還受耳。晉武帝時，制男子一人占田七十畝，女子三十畝，其丁男課田五十畝，丁女二十畝，次丁男半之，女則不課，爲均田所自始。而還受之法，史無明文。五胡雲擾，南北分裂，至元魏孝文時，民多蔭附。蔭附者，無官役而豪強徵斂，倍於公賦。迺從給事中李安世之議，遂以實行，詔諸男夫十五以上受露田（不栽樹之地）四十畝，婦人二十畝，人年及課，則受田，老免，及身沒則還田。諸桑田不在還受之列。其制爲二十畝，又凡盈者無受無還，不足者受種如法，盈者得賣其盈，不足者得買所不足，不得賣其分，亦不得買過所足。諸宰民之官，各隨給公田有差，更代相付，賣者坐如律。齊周隋因之，得失無甚差異。至唐，遂爲口分世業之制。黃、小、中、丁男子（始生爲黃，四歲爲小，十六爲中，二十一爲丁，六十爲老）給田一頃，老男篤疾廢疾減什之六，寡妻妾減七，皆以什之二爲世業，（二十畝）八爲口分，（八十畝）其口分則有還受者也。若狹鄉所受者，減寬鄉口分之半，其地有厚薄，歲一易者，倍授之，寬鄉三易者不倍，工商所受者亦減寬鄉口分之半，狹鄉不給。凡庶人徙鄉及貧無以葬者，得賣世業田，自狹鄉徙寬鄉者，幷得賣口分田，已賣者不復授，死者收之，以授無田者，此其前後定制之略也。

自元魏推行均田，其時中原統一已久，民安其業，故但變通其法，然以彼與此，已啓爭端，受田還官，徒滋紛擾。此無他，勢有所不通也。唐初，承兵燹之後，戶口不滿三百萬，流離轉徙，地失其主，故得以因人制田，普行均配。第至永徽而後，已兼幷如故，計均田之行，唯自魏至此二百年間，其餘無聞焉。其粗能久存者，亦以前後兵事終始，曠土間田所在而有。承平既久，戶口歲增，則其分給殆難言之勢處於必敝之地。而持均富主義者，樂道其善不衰，均之不能強，設法以限之，冀以除貧富之階級，其亦謬於進化之理者矣！

第二章　代田區田之發明

易田之變例

自后稷教民稼穡，農政以成，而禹平土，更酌物土之宜，於是九等之田分焉。至周以穡事開國，而高原宜黍，下隰宜稻，農事之修，俱有專官，於是十二壤之物辨焉，土之肥瘠既顯，則有不易一易再易定是三品，因自然之地力不足者，歲更休之以爲養，周而復始，其方迺均。雖然，一易再易每歲不耕之地，其棄者多矣。迨歷時滋久，生齒既繁，又授田之制漸壞，一夫所占，非盡以上田百畝爲衡，則種植之方，遂不必更休爲限，歲而爲之，以暨於無窮者，又其勢之所必變也。遵是道也，則人之心思材力，自此又進得一術焉，迺不別於上中下三則，以普耕之習慣，而行分休之方法，此代田區田之所繇起也。李悝盡地力，商鞅制轅田，（即易田）萌芽於戰國，而大發達於漢以後。

代田之法

代田者，始於漢武征和四年，其春以趙過爲搜粟都尉，過教民爲代田，一晦（漢制二百四十步爲畝）三甽（同畎），歲代處，（代易也凌易其處胡三省曰即周禮一易再易之類）古法也。后稷始甽田，以二耜爲耦，（併兩耜而耕）廣尺深尺曰甽，（周禮注田中高處曰壟中曰畎畎上曰代）長終晦，一晦三甽，一夫三百甽，而播種於三甽中，苗生葉以上稍耨，（鉏也）隴草因隤（謂下之也）其土以附苗根，故其詩曰：或芸或芓；黍稷儗儗。（儗儗盛貌）芸、除草也，芓、附根也，言苗稍壯，每耨輒附根，（每耨草輒以土附著苗根）比盛暑，根深能（讀曰耐）風旱，故儗儗而盛也。其耕耘田器，皆有便巧。率十二夫爲田，一井一屋，故畝五頃，（九夫爲井三夫爲屋夫百畝於古爲十二頃古百步爲畝漢每畝二百四十步古千二百畝則得今五頃也）用耦犂二牛三人，一歲之收，嘗過縵田晦一斛以上，（縵田不爲甽者）善者倍之。（善爲甽者又過縵田二斛以上）過使教田太常三輔，（太常主諸陵有民故亦課田種）大農置工巧奴，與從事爲作田器，二千石遣令長三老力田及里父老善田者，受田器，學耕稼，養田狀。民或苦少牛亡以趨澤，（趨及也澤雨澤也）故平都令光（光名也史佚其姓）教過以人輓犂，過奏光爲丞，教民相與庸（庸功也）輓犂，率多人者田日三十晦，少者十三晦，以故田多墾闢。過試以離宮卒田其宮壖地，（宮壖田謂外垣之內內垣之外守離宮卒閒而無事因令壖地爲田也）課得穀皆多。其旁曰晦，一斛以上令命家田三輔公田，（韋昭曰命家謂受爵命一爵爲公士以上令得田公田優之也）又教邊郡及居延城，（居延張掖縣時有田卒也）是後邊城、河東、宏農、三輔、太常民，皆便代田，用力少而得穀多。蓋易田爲分，廣於百畝，代田歲處，限於畝畎，等有遺地，而畸零之與整數，爲方不同，其效殊矣。清高宗云，代田分甽，歲易其處，以用力少得穀多也。然此田用之土曠人稀時尙可，否則以二甽之地代種，即使一甽有二甽之獲，地與穀僅足相當，又何便巧之有哉？

區田之法

區田者，元王楨農書共二十二卷農桑通訣六卷穀譜四卷農器圖譜十二卷農事極詳推本氾勝之其書舊列農家漢志十八篇隋唐志並二卷今無傳本之說，謂湯有七年之旱，伊尹始作區田。漢人託始於伊尹者其法每田一畝，廣一十五步，每步五尺，計七十五尺。每行占地一尺五寸，計分五十行，其長一十六步，每步五尺，計八十尺。每行占地一尺五寸，計分五十三行，長廣相乘，得二千六百五十區。空一行，種一行，隔一區，種一區，除隔空可種六百六十二區，區深一尺，用熟糞二升與區土相和，布種勻覆，以手按實，令土與種相著。苗出時，每一寸留一株，每行十株，每區十行，留百株。別製廣一寸長柄小鉏，鉏多則糠薄，若鉏至八遍，每穀一斗，得米八升，如雨澤時降，則可坐享其成，旱則澆灌不過五六次，即可收成。結實時，鉏四旁土深壅其根，其爲區無論平地山莊，歲可常熟，近家瀕水爲上，其種不必牛犂，唯用鍬钁墾劚，更便貧家。大率區田一畝，足食五口，其說若此。自古以來，大率有其說而未見諸行。金章宗五年，雖下其法於民間，而亦旋罷。唯淸康熙朝，桂林朱龍耀爲山西蒲令，邑處萬山中，高陵陡坡，非雨不能有秋，爰取區田法試之，後爲太原司馬，在平定亦然，收每區四五升，畝可三十石，乃爲圖說刊布之，爲農民勸。雍正二年，直隸巡撫李維鈞試種於保定，賃地二畝，因補種灌溉，尚未如法，一畝之收，得穀十六石。經世正編區田說此近事之可徵者也。然而區田以糞氣爲美，見齊民要術明徐光啓謂有糞壅法，即今常種稻田，亦可得穀畝二十許斛。又古今斗斛不同，所謂六十六石者，又未可以今斛爲衡，見農政全書則區田倍收，全在人力灌溉。今化學發明，農殖大進，謂雖瘠土可變沃地，今吾國代區二法，較之周官易田，不能謂無進步，但一資人力，一資田器，其於地力之蕃息，所關猶淺也。有志農殖者，顧安得變通而盡利乎？

第三章　南北之水利

自神禹導河，盡力溝洫，周官治遂，兼用匠人，於是水田之利興焉。自是管夷吾作隄防，孫叔敖決水灌野，渠陂並作，隨所設施，自古訖今，不遑縷述，今但舉其大端：北方則西舉關中，東數河北；南方則三吳，皆修治水利之最著者也。綜是三區，凡古今人事進退之故，亦可得其大凡矣。

關中渠堰之利

自古雍州爲王畿，自秦孝公作爲咸陽，築冀闕徙都之，謂之秦川，亦曰關中，（潘岳關中記東自函關西至隴關二關之中謂之關中）周秦漢唐之所建都也。渭水（出甘肅渭源縣西南谷山下流自陝西華陰縣入河）貫其中，其南終南山，號稱陸海，其北地故爲鹵。涇水（出甘肅平涼縣西南四十里下流自陝西高陵縣入渭）在其旁，關中溉田之利，莫如涇水。秦始皇初，韓聞秦好興事，欲罷（讀疲）之，毋令東伐，乃使水工鄭國間說秦，令鑿涇水，自中山（陝西涇陽縣西北七十里）西抵瓠口（即谷口陝西醴泉縣東北七十里）爲渠，並北山，（九嵕嶭諸山）東注洛（古漆沮出甘肅慶陽縣合水縣北下流自陝西朝邑縣入渭）三百餘里，欲以溉田。中作而覺。秦欲殺鄭國，國曰：「始臣爲間，然渠成亦秦之利也。」秦以爲然，卒使就渠。渠就，用注塡閼（閼與淤同塡淤謂壅泥也）之水，溉舄鹵之地四萬餘頃，收皆畝一鍾。（六斛四斗）於是關中爲沃野，無凶年，秦以富強，卒併諸侯，因命曰鄭國渠。自此至西漢武帝朝，又有龍首六輔白渠之役。龍首渠者，倡議於嚴熊，熊謂臨晉（陝西朝邑縣）民願穿洛以溉重泉（陝西蒲城縣東南五十里）以東萬餘頃故鹵地，（秦簡公塹洛城重泉即此）誠得水，可令畝十石。於是穿渠，自徵（陝西澄城縣）引洛水至商顏，（即商原原有泉水味鹹苦羊飲之肥而肉美諺曰苦泉羊洛水漿通典商原謂之商顏）下岸善崩，乃鑿井，深者四十餘丈，往往爲井，井下相通，行水隤（下流曰隤）以絕商顏，東至山嶺十餘里間，井渠之生由此始。穿得渠龍骨，故名龍首渠，作之十餘歲，渠頗通，猶未得其饒。至元鼎六年，兒寬爲左內史，請穿六輔渠以益溉鄭國旁高卬（同仰）之田。（素不得鄭渠之溉灌者，仰謂上向也）太始二年，趙中大夫白公復奏渠，引涇水，首起谷口，尾入櫟陽（陝西臨潼縣），注渭，中袤二百里，溉田四千五百餘頃，因名曰白渠；（師古曰六輔渠在鄭渠上流之南，白渠在鄭渠下流之南）民得其饒，歌之曰「田於何所？池陽谷口。鄭國在前，白渠起後；舉臿（鍫也）爲雲，決渠爲雨。涇水一石，其泥數斗，且溉且糞，長我禾黍，衣食京師，億萬之口。」言此兩渠饒也。故關中之富起於秦，盛於漢，泰半在渠利，而鄭白尤著。後漢都雒，諸渠漸廢，後周復開龍首渠以廣灌溉。迄唐時，涇渭之間，頻遭寇亂，而勢豪之家又多引涇水，營私利，民田益困。及永徽中，鄭白二渠灌溉不過萬頃，大歷中復減至六千頃，兩渠之利益微。宋至道初，度支判官梁鼎陳堯叟等以鄭渠久廢，請修三白渠舊迹，然其所溉者，涇陽櫟陽高陵雲陽三原富平六縣，田三千八百五十餘頃而已。熙寧中，修白渠故蹟，自仲山（即中山）旁更穿豐利渠，溉田二萬五千頃。元至正三年，以新渠堰壞，導流益艱，乃復治舊渠口。堰成，凡溉田四萬五千餘頃，其數與漢埒，而未仍廢，何哉？則以年久涇河益深，渠身益高，水不能入口故也。（禹貢錐指論治河）古稱雍田爲上上，而至今等於瘠土；雖曰地力衰息，亦人事不修所致哉！」

河北水田之議

燕冀之水，大者如白河、（亦曰潞河，出獨石口外，下流爲北運河）桑乾、（源出山西馬邑（今朔縣東北四十里）下流曰渾河，曰無定河，清康熙時更名永定）滹沱、（出山西繁峙縣，下流曰子牙河）衛河（出河南輝縣亦曰御河，下流爲南運河）四水爲之經，東淀西淀、（東淀曰三角淀，在天津西；西淀曰白陽淀，在清苑縣東、）南泊北泊（南泊曰大陸澤，在邢臺縣

（東北泊曰寧晉泊，在趙縣冀縣間）爲之緯，皆綜匯於天津以入海。其不由天津入海者，獨京（今北平）東諸水耳。其間河灤淀遺不可悉數，與江南並稱澤國。然水性湍悍，盈縣而淤速，冬春水涸，名川大澤，多可徙涉，伏秋水漲，奔溢爲患，故北人未諳水利，常遭水害。自唐以前，視爲偏方，未甚厝意。宋遼相持，關繫始重。宋臣何承矩於雄（河北雄縣）鄚（河北任邱縣）霸州（河北霸縣）興堰六百里，置斗門引淀水灌田，民利賴之。自元訖清，王都所在，經世者爲根本之圖，建議者無慮數十家，其行之而有效者：元之郭守敬專精水利，世祖信任之，提舉諸路河渠，北方水田益闢。（初見世祖陳水利六事，其一中都漕河東至通州引玉泉水通舟，歲可省僱車錢六萬緡；其二順德達泉引入城中分爲三渠灌城東北；其三順德灃河東至古任城失其故道，沒民田千三百餘頃，此水開修成河，其田即可耕種；其四磁州東北滏漳二水合流處引水由滏陽邯鄲洛州永年下經雞澤合入灃河，可灌田三千餘頃；其五懷孟沁河雖澆灌猶有漏堰餘水，東與丹河餘水相合，引東流至武陟縣北合入御河，可灌田二千餘頃；其六黃河自孟州西開引少分一渠，經由新舊孟州中間順河古岸下至溫縣南復入大河，其間亦可灌田二千餘頃。世祖善之，尋命修治西夏水利，其古渠大小數十，溉田九萬餘頃，兵亂淤廢，守敬更立牐堰，皆復其舊，）至明徐貞明之議，則欲於上流疏渠濬溝，引之灌田，以殺水勢；下流多開支河，以泄橫流，其淀之最下者，留以儲水，稍高者如南人築圩之制，以爲利興而害可除也。又著潞水客談，論水利當興者十四事，其言甚切。至萬歷中，以爲領墾田使。貞明經始永平，募南人爲倡，未期年，墾田幾四萬畝。又周覽水泉分合，將大疏濬，而閹人勛戚占田者爭言不便，尼之，不果行。其後天津巡撫汪應蛟於葛沽白塘試種水稻，畝收四五石；疏於朝，請以防海官軍萬人，分田屯墾，其法頗有推廣焉。清雍正三年，直隸患水菑，詔允祥朱軾周履三輔，大興營田，規畫至爲詳備，大要本於前賢之遺則。繼又分設營田四局，（京東京西京南天津）五年之間，成水田六千頃有奇，歲久廢弛，往時之利不可知，而憂旱憂潦如故矣。夫其明效大驗，既已若此，乃或言之而不行，或行之而不終，自元以來，但歲仰東南之粟以實燕京而不能自殖其利焉抑亦可惜矣」

吳中湖江之利

三吳古爲揚州之域，揚州厥田惟下下，而三吳財賦甲於天下，若此者何也？以興水利故也。蓋其利在流而不盈，盈則爲害；今之水畜衍溢民不聊生者，職是之繇；要在治之者得其道耳。禹貢云：「三江既入，震澤底定。」三江者，婁江淞江東江也；震澤者，太湖也。太湖東西二百餘里，南北百二十里，周五百里，中有七十二峯，爲三吳之巨浸，蓋震澤之西北，有建康常湖數郡之水，自百瀆注之；西南則有宣歙臨安苕霅諸水，自七十二漊注之。(舊道已湮) 其旁近州邑之水，類皆以太湖爲壑，源多流盛，唯賴三江導之入海而已。迨捍海塘築，而東江之故道遂失，後人於常熟之北，開二十四浦，(許浦白茆福山及黃泗奚浦西成東成水門塘崔浦耿涇魚碑鄔溝瓦浦塘浦高浦金涇石撞陸河北浦千步涇司馬涇野兒錢涇黃蕩瀆是也) 疏而導之；江復於崑山之北，開一十二浦，(掘浦下張七鴉西涇楊林六鵝顧涇川沙五獄茭浦琅滧參浦是也) 分而注之海；(時嘉定太倉未置崑山之地東至於海) 猶恐淞婁二江，不勝其翕受，故廣闢支流，以救東江湮塞之弊也。宋慶歷間築吳江挽運路，自長橋建而太湖之流不暢，(即垂虹橋) 瀰潮倒灌，泥沙積久成淤，於是乎吳中始有水患。元泰定中，蘇人周文英議棄吳淞塗漲之地，專事劉家河白茅浦以放水入海，自此吳淞劉河白茅，遂相沿爲今日之三江矣。明永樂二年，嘉興蘇松水患特甚，詔戶部尙書夏原吉治之。原吉卽祖文英說，以吳淞自吳江長橋至下界浦，(崑山縣夏駕浦) 約百二十餘里，雖稍通流，多有淺窄，又自下界浦抵上海南蹌浦約百三十餘里，潮沙壅障，已成平陸，未易施工，而獨注重於白茅劉家二港，使直注江海，數世猶利賴之。至明宏治七年，工部侍郎徐貫治吳淞江，又開濬帆歸浦至分莊嘴七十餘里，（帆歸浦昆山南四十餘里分莊嘴青浦縣北三十里）是歲，水利僉事伍性，濬吳淞中段四十餘里，并濬顧會趙屯諸浦。八年，撫臣朱瑄復議濬三江下流。正德四年，吳中大水，科臣吳巖請疏濬下流，及修築圍岸。嘉靖初元，從撫臣李充嗣言，濬吳淞江，自夏駕浦龍王廟至嘉定縣舊江口，凡六千餘丈。隆慶三年，撫臣海瑞濬吳淞江，自黃渡（在嘉定）至宋家橋，（上海縣）凡七十里。萬歷六年，御史林應訓復疏黃渡，以西至崑山千浦，以闢吳淞上流。故歷來所疏導，多在分入江海之流，唯荊溪以上之水，自宋人備五堰，明初改作東壩，其流甚微矣。顧宛溪有言：「三江之通塞，係太湖之利病，太湖之利病，係浙西之豐歉，浙江之豐歉，係國計之盈絀。」言水利者，其加意焉！

其他水利治蹟

由上所言，關中河北之水利，以建都而起。東南爲賦稅所出，都北方者倚重焉，其修治不廢者以此。然關中稍陵夷衰微矣。地利之關係，豈不以人事哉！外此者，於蜀則秦昭王時，蜀守李冰壅江水作堋，穿郫江成都，中通舟楫，有餘則用溉，民享其利。至漢文翁爲太守，穿湔口，灌溉繁田千七百頃，而蜀以饒。於鄴則魏襄王時使超浚漳水以富魏之河內，民歌之曰：「鄴有賢令兮史公，決漳水兮灌鄴旁，終古舄鹵兮生稻粱。」於南陽則前漢召信臣自穰縣南六十里，造鉗盧陂，（澤有鉗盧玉池故名）傍開六石門以節水勢，用廣灌溉，歲增三萬餘頃。後漢杜詩修復其業，時歌之曰：「前有召父，後有杜母。」於廬江安豐，則後漢王景因楚孫叔敖所起芍陂，修治蕪廢，灌田萬頃，境內豐給。若東南稱水利者，漢以前唯會稽守馬臻開鑑河而已。此皆一時之計畫，著稱於史籍者；今所附述，舉其一斑，蓋亦不足以盡也。

第四章　屯田之制度

軍屯民屯之分

三代而上，量人之力而授之田，量地之產而取以給公上，量其入而出之，以爲用度之數，法至裕也。後世井田廢，邊儲空，漢晁錯始議募兵耕塞下，而屯政以興，後卽師其法以佐軍國，至今爲可舉也。約而計之，其制有二：曰軍屯，曰民屯。軍屯者長期征戍，以兵爲耕者也，其法便而易行。凡兵之道，有以疾戰勝者，計日而破人之國都，轉戰千里，如楚漢京索之間，袁曹官渡之役，梁晉夾河之事是也；有以持久勝者，逍遙於數年而成功於一日，始若無意於敵，而後卒不可勝，如羊祜之守襄鄧，充國之戰河西，孔明之鎭斜谷是也。故凡興兵數萬，用之數年，而足以成功者，必無累於內，則莫若軍屯；春夏之間營耕耨，秋冬之際爲版築，外衞可以固，內賦可以減，此因人因地，所謂便而易行者也。民屯者，募民耕之，而分里築室，以居其人者也；略倣塞下之制，故以營名。如東晉用流人以墾曠土，後魏籍州郡戶十之一以爲屯，唐韓重華營田於振武，王起營田於靈武，商侑以流民營田於春昌是也；而蘇軾亦欲徙士夫於唐鄧汝潁之間，事之重大，法之變更，得善謀者，而國卒恃以無恐。實西北之邊防，省東南之輸運，以緩民力，防不測，此本富之策，所謂難行而甚急者也。兩者方略同而性質異，此不可不知也。約而計之，歷代屯政，漢之屯以兵，唐之屯以民，宋之屯或民或兵，率皆因時制宜，有足取者。

屯政利弊之分

天下事有一利必有一弊，利之所在，弊即隨之；然則遂因弊而不言利乎？是因噎而廢食也！天下既無無弊之利，要當覩其輕重而爲之衡。弊七而利三，寧因弊而舍利；弊三而利七，當因利而防弊。敢以一言蔽之曰：非其人不可得而行。屯政亦然，如第以利言，則農月營耕，暇月講武，力有所試，可節邪心，利一；畝籍既成，士安其居，數年之後，盡爲土著，利二；塞下粟多，士有宿飽，百貨必聚，師無貴買，利三；溝塍相錯，樹以楡柳，險如營壘，敵寇不得蹂躪，利四；亭障修明，斥堠謹開，諜嚴邏伺，以衞屯而士有固志，利五；農隙講武，步伐止齊，農師田備，相爲師卒，上下相習，臨敵如父子親戚，利六；而且實內即實外之助，分力即協力之擒，廣耕即廣餉之地，財力既足，國富兵强，利七；虛心而講求之，安知世無太子家令後將軍其人也。夫果有利而無弊，詎不甚善。乃膏腴占爲莊田，肥墝沒於債帥，則有兼併之弊焉；夷虜出沒不常，傭卒耕耘無據，則有如紛擾之弊焉；主屯者優遊城市，課卒者憑信簿書，則有如叢脞之弊焉；課之太急，催之太苛，邊民凋瘵，畔漢入胡，則有如催科之弊焉；經界模糊，飛詭百出，其源至不可裕，則有如册籍增割之弊焉；正軍充伍，餘丁撥屯，令甲至不可復，則有如貼役假佃之弊焉；又況士大夫之管國計者，往往蘧廬一官，秦越一世，屯政詎可問乎？雖然，充國屯田，魏相主之；重華屯田，李絳主之；此內得人以贊者也。婁師德屯田豐州，身衣皮袴，以帥先士卒；郭子儀屯田河中，自耕百畝，將校以是爲差；此外得人以督其事者也。顧安得謀國若理家者其人乎？

邊地內地之分

北方緣長城以西，至於秦隴，其外爲蒙古，爲新疆青海，爲漢時匈奴西羌往來地。初，漢文從晁錯之議，自燕代上郡北地隴西要害之處，通川之道，調立城邑，備室屋，具田器，募民免罪拜爵，復其家，俾實塞下。人自戰守，以禦匈奴；特有定之卒，制無定之寇，計甚得也。及武帝通西域，拓地益廣，酒泉（甘肅酒泉縣）亭障接於玉門，（甘肅敦煌縣西）而西田輪臺渠犂，（並在新疆焉耆縣境）置營田校尉領護，然猶止數百人耳。宣帝時，西羌畔，趙充國擊之湟中，（青海西寧縣）思以計破之，乃請罷兵留田，上便宜十二事，卒振旅而還；雖議其利，迄未實行，然西北制勝之策，自此啓矣。今復析而言之：新疆哈密，古伊吾盧地，厥稱沃壤，東漢以置宜禾都尉，其西柳中（吐魯番縣魯克沁地）置戊己校尉，更互屯墾，而哈密實當東道之衝，漢世伊吾屯田興廢，即於西域之通塞如此。（清乾隆時準噶爾平，軍屯民屯棋布天山南北，而哈密縣鎮西縣伊寧縣三處尤饒）循此以東，安肅甘涼，漢武所開河西四郡（敦煌酒泉張掖武威）者是也。孝昭初元，發習戰射士，屯田張掖，蓋張掖亦西門鎖鑰也。跨河而南，洮水左右，羌戎攸宅，自充國議以屯田制寇，下逮東漢，羌患爲亟，湟中之地，有上官鴻（開置歸義建威屯田七十二部）侯霸（復開置東西邯屯田）之徒，先後開墾，列屯夾河矣。黃河自蘭州趨寧夏，出爲河套，其南爲漢朔方西河上郡，方是時，羌禍蔓延，三郡破碎。虞詡建議，以三郡沃野千里，激河濬渠爲屯耕，省內郡費歲一億計。而靈夏又趙元昊之所擁據。宋時用兵西陲，秦隴一路，募漢蕃漢弓箭手置營田焉。河套以東，爲大同歸化，唐之振武軍在焉。（清今綏遠歸綏縣）憲宗時，振武飢嗛，以韓重華（後改名約）爲營田使，起代北，墾田三百頃，出贓罪吏九百餘人，假耕具糧種，使償所貸粟，一歲大熟；因募人爲十五屯，屯百三十人，人耕百畝，就高爲堡，東起振武，極於中受降城，（唐張仁愿築三受降城，並在今河套北岸）凡六百餘里，墾田三千八百餘頃，歲收粟二十萬石，以省度支錢。會有沮之者，故猶以未能推廣爲憾。又東迤，東跨長城，下燕山，遼宋之世，阻扼三關，（瓦橋高陽益津在河北新縣安新縣及雄縣）宋常於河北引兵屯墾，疏治河淀，限戎馬，何承矩之所以奏功也。自其北宣府熱河，有明之萬全太寧衛所屯田在焉。（明制外設九邊內建兩京十三布政司皆有衛所屯田）蓋袤邊萬里，歷代措置之成蹟如此。清代東起遼水，西止河套，凡內蒙一帶之地，以次放荒，齊督之人趨焉，雖異於屯制，而募民實塞，卽為今日改建行省之基礎矣。此西北邊設屯之大略也。

內地之有屯，肇於南北之分裂，因地勢形便而為之設守者也。漢迄中平，天下亂離，民棄農業，諸軍並起，糧穀無終歲之計。袁紹在河北，軍人仰食桑椹，袁術在江淮，軍中取給蒲蠃。曹操以羽林監棗祗為屯田都尉，以騎都尉任峻為典農中郎將，募百姓屯田許下，（河南許昌）得穀百萬斛，郡國列置田官，所在積粟，故操征伐四方，無運糧之勞，軍國之饒，起於祗而成於峻。武侯治蜀，務農積穀，後將北伐，率大衆自斜谷出，分兵屯田，為久駐計，耕者雜於渭濱，而百姓安堵，軍無私焉。吳黃武五年，陸遜以所在少穀，表合諸將增廣農畝，報曰：今孤父子親自授田，車中八牛，以為四耦，欲與衆等均勞逸焉。晉羊祜鎮守襄陽，與吳修好，減戍，以其暇墾田八百餘頃，其始軍無百日之糧，其季年有十年之積，遂以成幷吳之計。然此雖內郡，猶國際地理所為關係也。唐以下，窮屯田之利，不必起於戰時，而平時亦為之；不必起於戰地，而軍府皆有之。唐開軍府以扞要衝，因隙地置營田，天下屯綜九百九十二，司農寺每屯三頃，州鎮諸屯每屯五十頃，故內地以屯軍為經久之計者，自唐始。宋太宗加意營田，而陳恕奏寢其事。雖淳化中何承矩稍一舉行，而又為衆口所沮。及金人奄有河南，慮中原士民懷貳，創屯田軍，徙北部人民，雜居內地，凡屯所自燕南至淮隴之北俱有之，置明安（百夫長）穆昆（千夫長）為之統。元亦因而利用其策，每征伐過堅城大敵，必屯田為守。海內旣一，於是內而各衛，外而各省，星分棋布，遂為永制；

統以萬戶之府，編以蕃漢之民，蓋軍屯民屯，猶相間也。明初分軍立屯，以十分爲率，邊方三分，守城七分屯種；內地二分守城，八分屯種。遇有警急，朝發夕至，故兵徧天下，而國家無養兵之費。及其歲久，田以典賣占冒，衞所之制日弛，則別募民以鎮守，於是營軍與屯軍又分爲二，屯軍唯有漕運之職，其無漕運者，復有番上營造之役，軍政廢而屯戶亦病。至清裁汰歸併，湖廣江浙唯有漕卒而已；河運既廢，并此亦復絕矣。此又內地設屯之大略也。

第五章　常平社倉之法

賈生有言：積貯者，天下之大命也。權輕重而斂散之，其法始於齊管仲，而成於魏李悝。管仲之意，專爲富國；李悝之意，兼爲濟民。蓋以農人服田力穡之贏餘，使不以甚貴甚賤爲患，乃仁者之用心，繇是後之常平倉起焉；以常平之功用，繇是後之社倉又起焉；其事皆相緣而至，其法亦百變不窮，繇是後之入中和糴諸法又起焉。此亦積貯之大計也。

李悝之平糴

平糴者，戰國時李悝相魏文侯，以糴貴傷民，（兼士工商）甚賤傷農，民傷則離散，農傷則國貧，其傷一也。善爲國者，必使民無傷而農益勸。今一夫挾五口，治田百畝，歲收畝一石半，爲粟百五十石，除十一之稅十五石，餘百三十五石，食人月一石半，五人終歲爲粟九十石，餘有四十五石，石三十，爲錢千三百五十，除社閭嘗新春秋之祠，用錢三百，餘千五十，衣人率用錢三百，五人終歲用千五百，不足四百五十，不幸疾病死喪之費，及上賦斂又未與此，此農夫所以常困，有不勸耕之心，而令糴至於甚貴也。故善平糴者，必謹觀歲有上中下孰，（孰同熟）上孰其收自四，餘四百石；（平歲百畝收百五十石，今大孰四倍，收六百石，計民食終歲餘四百石）中孰自三，（收四百五十石）餘三百石；下孰自倍，餘百石。（收三百石）小饑則收百石，（平歲百畝之收百五十石，今小饑僅收百石）中饑七十石，大饑三十石。故大孰則上糴三而舍一，（糴三百石）中孰則糴二，（糴二百石）下孰則糴一，（糴五十石）使民適足，賈（同價）平則止。小饑則發小孰之所斂，中饑發中孰之所斂，大饑發大孰之所斂而糶之，雖遇饑饉水旱，糴不貴而民不散，取有餘以補不足也。文侯從之行之，魏國以富強。

耿壽昌之常平倉

糶糴之利，魏後數百年間，未聞有行之者。至漢宣帝朝，大司農中丞耿壽昌始踵其法，而常平倉以立焉。漢興，天下初定，蓄聚寡少，文帝從賈誼言，令民入粟於邊，得賜爵。至武帝時，居官者以姓號，則倉氏庾氏是也。宣帝纘業，歲數豐穰，穀至石五錢，農人少利。壽昌疏言：故事，歲漕關東粟四百萬斛，以給京師，用卒六萬人；宜糴三輔宏農河東上黨太原郡穀，足供京師，可省關東漕卒過半。又令邊郡皆築倉，以穀賤時增其賈而糴，以利農，穀貴時減賈而糶，名曰常平倉，民便之。唯壽昌僅議置於邊郡，東漢以後，徧及諸郡，歷代因之，以爲成法。

長孫平之義倉

隋開皇三年，朝廷以京師倉廩尚虛，議爲水旱之備，允工部尚書長孫平奏，令諸州百姓及軍人勸課於當縣之社，共立義倉。收穫之日，隨其所得，勸課出粟及麥，貯之倉窖，委社司執帳簡校，每年收積，勿使損敗。時或不熟，當社有飢饉者，卽以此穀賑給，自是諸州儲跱委積。十六年，又詔社倉准上中下三等稅，上戶不過一石，中戶不過七斗，下戶不過四斗。其後山東水蓄，遣使開倉，前後賑穀五百餘萬石。義倉之法，取之於民不厚，置倉當社，飢民得食，其庶幾乎！且常平以豐歉爲歛散，義倉則專以爲賑給，而又徧於縣社，卹民備至。以視後世義倉置於州郡，文移反覆，給散艱阻，監臨胥吏相與侵蝕，其受惠者大抵近郭力能自達之人耳，其利便爲何如耶？自隋以迄唐宋，常平義倉二者之方，輒相兼置。

朱子之社倉

宋承五季之亂，義倉寖廢，淳化三年，復常平倉；慶曆初，又置廣惠倉；自神宗用王安石，乃變常平廣惠而爲靑苗之法，民不以爲便。元豐間，復舊。乾道四年，江南民艱食，朱熹變通其法，用爲借貸，歲收其息，累積爲旱潦備，更命曰社倉。其法凡借貸者十家爲甲，甲推一人爲首，五十甲則推一人通曉者爲社首，其逃軍及無行之人，與有稅糧衣食不闕者，並不得入甲。其應入者，仍問願否，願者開具一家大小口若干，大口一石，小口減半，五歲以下者不與置籍，以貸之。其以溼惡不實還者有罰。乃請於府，得常平米六百石賑貸，夏受之於倉，冬則加二取息，計米以償。自後隨年歛散，遇歉蠲其息之半，大饑則盡蠲之。凡十有四年，得息米若干，除以原數償府外，見米三千一百石，以爲社倉，不復收息，每石止收耗米三升；以故一鄉四五十里，雖遇凶年，民不乏食，其後孝宗下其法於諸路。然朱子此法，與安石靑苗錢，無甚差異，安石發常平錢穀，聽民貸借，使出息二分，春散秋歛，而其弊則曰徵錢，曰取息，曰抑配，利害懸天淵焉。蓋其所以異者，同是取息，一以爲社積，一以爲牟利耳且徵錢抑配，爲在不爲民病？惟青苗固爲世所詬病，而社倉末流之失，亦不免焉；此亦視乎其行之者也。

以常平推行和糴之法

宋初立和糴之法，以廣軍儲，實京邑，而河北河東陝西三路，又自糴買，以息邊民飛輓之勞。建隆初，河北大稔，命使置場增價市糴，自是率以爲常。初，河東既下，減其租賦，有司言其地沃民勤，頗多積穀，請每和市，隨常賦輸，而京東陝西河北缺兵食，則州縣括民家所積糧市之，謂之推置；取上戶版籍，酌所輸租而均糴之，謂之對糴；又募商人輸芻粟於邊，受鹽於兩池，謂之入中。陝西糴穀，又歲豫給青苗錢，天聖以來，罷不復給，然發內藏金帛以助糴者，前後不可勝數。寶元中，出內庫珠付三司，售之，取其直以助邊費。熙寧五年，遂易和糴之名，爲助軍糧草，自是和糴入中之外，名目繁多：（一）坐倉、熙寧二年，令諸軍餘糧願糴入官者，計價支錢，復儲其米於倉也；（二）博糴、熙寧七年，以常平及省倉歲用餘糧，減直聽民以絲綿綾絹增價博買，俟秋成博糴也；（三）結糴、熙寧八年，劉佐體量川茶，因便結糴，熙河路軍儲得六十萬石也；（四）俵糴、熙寧八年，詔歲以鹽鈔粳米，付市易司貿易，度民田入多寡，豫給錢物，秋成於緣邊諸郡，入米麥封樁者也；（五）兌糴、元祐二年，嘗以麥熟下諸路廣糴，詔後價若與本相當，即許變轉兌糴者也；（六）寄糴、以商人入中，歲小不登，必邀厚價，乃設內郡寄糴之法，以權輕重者也；（七）括糴、元符元年，涇原經略使章楶請並邊糴買，豫榜諭民，毋與公家爭糴，即官儲有乏，括索贏糧之家，量存所用，盡糴入官者也；（八）均糴、童貫宣撫陝西奏行之，按人戶家業田土頃畝分等均敷。然其弊則至於糴不償直，或不度州縣力，敷數過多，有一戶糴數百石者，蓋至括糴均糴，民不勝病矣！然其法不可久行。

以常平推行入中之法

入中者，召商輸米入邊，官給鹽茶引券，就所產處執券取支，以抵其直者也。蓋亦宋代西北用兵，糧儲匱乏而然。其始官省轉運之勞，邊軍得所仰給，而商人往來委輸，尤樂其利。然其後姦商黠賈，輒爲高價入粟，官受其虧，故宋獨以和糴爲重。明乃因而利用之，專以鹽課供邊餉，洪武永樂間，內地大賈爭赴九邊墾田積粮，以便開中鹽法，邊計相輔而行，邊方菽粟，無虞其貴，亦一時良策也。夫常平輕重斂散之法，與入中和糴，其法迴殊，然其相因而至，要以倉儲爲之歸。蓋此固公府之貯積，相緩急以利民，與務蓄積以實邊惠農之舉，轉而贍軍，其制雖變，其趨勢固有如此者矣。要之古今無不弊之法，天下有可任之人，自在奉法者善耳！

錢幣三

第一章　錢法之變

伏羲氏聚天下之銅，以爲棘幣，外圓內方，以蓋輕重，以通有無，而錢幣自此始。太昊氏高陽氏謂之金，有熊氏高辛氏謂之貨。神農氏列廛於國，以聚貨帛。黃帝氏作立貨幣以制國用，並制金刀，立五幣，設九棘之利，而爲輕重之法。而陶唐氏則謂之泉，夏禹鑄歷山之金，以捄火災。商湯鑄莊山之金，以捄旱災。此皆因民之所利，爲貿遷有無之藉。自周太公立九府圜法，以爲貨寶於金，利於刀，流於泉，布於市，束於帛，而國之經用資焉矣。其時錢尙不專於銅，自漢訖今，則固以銅爲本位者也。故錢法之立，常在於銅，今先列表明之。

錢法一覽表

時代	錢別	形制	行廢
周	寶貨	外圜函方	周初行
	大錢	亦曰寶貨徑寸二分重十分十二銖肉好皆有周郭	景王鑄
秦	半兩 重如其文		一統以後所行
西漢	楡莢 亦曰五分		漢初患秦錢重難用改爲楡莢高后二年又行八銖六年又行五分錢文帝更鑄四銖武帝壞之行三銖四銖慮奸者盜磨三銖錢輕亦易生姦詐乃更令郡國鑄五銖既又令京師鑄赤仄行之二年錢賤民巧法用之不便竟廢於是專令上林三官鑄錢天下非三官錢不得行諸郡國前所鑄悉廢銷之而民之鑄錢益少計其費不能相當唯眞工大姦乃盜爲之
	八銖 卽秦半兩		
	四銖 亦曰半兩	文重半兩實爲四銖	
	三銖	重如其文	
	五銖	周郭其下	
	赤仄 亦曰子紺錢	赤銅爲郭一當五賦	
	三官 卽五銖		
新	契刀	長二寸直五百	莽初造大錢直五十及錯契刀與舊五銖錢四品並行及卽眞以書劉字有金刀罷刀錢與五銖改行六品既而專以小錢直一與大錢直五十者二品並用最後又廢大小錢改爲貨布貨泉二品行之每一易錢民用破業而大陷刑
	錯刀	以黃金錯字直五十	
	小錢	重一銖直一	

莽		么錢	重三銖直十	
		幼錢	重五銖直二十	
		中錢	重七銖直三十	
		壯錢	重九銖直四十	
		大錢	重十二銖直五十	
		貨布	長二寸五分重二十五銖直貨泉二十五	
		貨泉	徑一寸重五銖枚直一	
東漢		五銖		光武依故事鑄之天下稱便
		四出		靈帝鑄
		小錢	錢皆四道	董卓壞五銖錢鑄之錢無倫理文章不便民用
三國	魏	五銖		文帝廢錢用穀帛明帝更鑄行之
	蜀	直百		昭烈初入蜀時鑄
	吳	大錢	直五十直千錢	孫權鑄
晉		五銖		因魏之舊
		沈郎		渡江以後吳興沈充鑄行
南	宋	四銖	重如其文輪廓形製與古五銖同	文帝孝武帝兩朝鑄四銖廢帝景和中鑄二銖自二銖出民間倣模效之泰始中沈慶之又鑄私錢錢貨益亂有耒子荇葉鵝眼綖環諸劣錢參用焉
		二銖	文曰景和形式轉細	

朝	梁	五銖 公式女錢 鐵錢	肉好周郭文曰五銖重四銖三絫二黍除其肉郭徑一寸文曰五銖	武帝昕鑄二種立爲官品百姓或私以古錢交易者有直百五銖五銖女錢太平百錢定平一百五錢稚錢五銖對文等號天子頻下詔禁止勿能絕也普通中罷銅錢鑄鐵錢私錢益多
	陳	五銖		文帝鑄初鐵錢既不行雜用梁之兩柱鵝眼至是以五銖一當鵝眼十
		六銖	一當五銖錢十	宣帝鑄後還當一人皆不便廢之
北朝	魏	泰和五銖 永安五銖		遷洛以後先後行之
	齊	常平五銖	重如其文	文宣以永安五銖改鑄時私鑄充斥錢式不一敝甚於梁爲
	周	布泉	一當五	周初與五銖並行
		五行大布	一當十	與布泉並行
		永通萬國	一當千	宣帝時與五行大布及五銖錢三品並用
隋		五銖	重如其文背面肉皆有周郭	文帝禁舊錢行新錢大嚴其制錢貨始壹
唐		開元通寶	徑八分重二銖四絫輕重大小最爲折中	唐初廢五銖錢行之
		乾封泉寶	徑一寸重二銖六分一當舊錢之十	高宗鑄逾年舊錢多廢商賈不通復行開通錢
		乾元重寶	徑一寸緡重十斤以一當十	肅宗時第五琦鑄法既屢易物價騰踊盜鑄益衆其後減重輪錢一當三十代宗朝乾元重寶及重輪至以一當一而民間銷爲器不復出矣
		重輪乾元	緡重十二斤一當五十	
五	晉	天福元寶	重二銖四絫	高祖天福中鑄
	南唐	唐國通寶		

代	其他開元錢及鐵錢		五代相承用唐錢多又多以鐵錢權銅錢而行
宋	宋元通寶	輕重悉准唐開元錢	宋初鑄
	元寶每改元必更鑄		太宗鑄太平通寶又鑄淳化元寶自此皆以諸帝年號爲文
	銅折二		起於陝西用兵其初大銅錢一當十既而減爲折二盜鑄始息
	鐵折二		與銅折二並行
	崇寧當十	其重三錢	徽宗鑄
	嘉定當五		南渡後寧宗鑄
遼	各以通寶帝號名之		遼初因石晉之歲獻大得中國錢以資用至穆宗景宗以後始自鑄錢
金	正隆通寶		金初用遼宋舊錢至海陵始鑄之與舊錢通用
	大定通寶		世宗時鑄
	泰和通寶	一直十	章宗鑄
	貞祐通寶		宣宗鑄
元	至大二等錢	當五以蒙古字書小錢以楷書	元止行鈔法武宗至大中嘗一鑄之迨順帝又鑄至正錢値世亂弊亦罷鑄
	至正通寶		
明	大中通寶 洪武通寶	各分當一當二當三當五當十其重自一錢至一兩	明初鑄
	天啓大錢	當十當百當千凡三等	熹宗鑄

	其他諸帝號之通寶	自洪武至正德十年僅四鑄其後每帝一鑄以萬歷之制爲精
清	諸年號通寶	
	咸豐當十	盜鑄者多後廢
	光緒當十銅圓	始於廣東

以上所列，其遷變之梗概，大略已具矣。茲括計之，當考證者，又有三端焉：

單位之成立

古刀異布，半圜春秋戰國時物，陸友仁謂先秦貨布，皆紀地名，其明證也。由秦迄漢武，凡所行銅幣，自五分以至半兩，其間亦經幾變。自元狩五年鑄五銖錢，罷半兩，而錢之單位立焉。盜鑄者雖衆，元帝時，貢禹思寢其事而不得。至光武踵行之，而百姓稱便。魏晉南北朝，猶承斯制。隋初，患錢輕重不一，更鑄五銖，而錢幣始一。南齊孔顗所謂歷代鑄法，唯五銖不變者，以輕重行貨之宜也。而北魏宗室元澄至稱爲不刊之式，其推重五銖如此。至唐武德四年，廢五銖，鑄開元通寶，而單位之制復在開元。開元徑八分，重二銖，十錢重一兩，得輕重大小之中，此於古五銖無稍損也。古秤視今秤爲三之一，權量至隋文而一變，而銖之輕重，隋尚如古，至唐則幷改之。(日知錄卷十沈氏注)故以唐開元視隋五銖，則唐錢爲古秤之七銖以上矣。終唐之世，盛鑄開通。五季及宋，輕重悉準於此，即以後亦不能有大差異。是以制錢之公式，一定於漢五銖，再定於唐開元，此亦經屢變而後能成者也。

複位之得失

自古以金銀銅爲三品，銅幣以個數立於單位，而欲權輕重，濟匱乏，則兼品宜行焉。周單穆公言於景王曰「民患輕，則爲作重幣以行之，於是乎有母權子而行，民皆得焉。若不堪重，則多作輕而行之，亦不廢重，於是乎有子權母而行，大小利之。」此複位之說也。然複位之制，歷代少自直二多至直千，無慮十數變，而卒不能持久者何也？曰，分配之不均也。大錢之視小錢，其實質多不過倍蓰，而作價乃至於數十百倍，如王莽錢質六品，其直一者重一銖，而重十二銖者直乃五十。唐開通錢一當一，緡重六斤四，而乾元緡重十斤，乃一當十，重輪緡重十二斤，乃一當五十，況更有至於直百直千者乎？此虛實之不敵一也。複位之行，淩雜無序，往往距離過甚，如王莽貨布泉布二品，其比例爲一與二十五；唐開通乾元重輪三品，其比例爲一與十及十與五十；尤甚者，北周五銖大布永通三品，其比例爲一與十及十之與千；明天啓大錢三品，其比例爲十與百百與千而吳蜀尤獨以直百直五百直千孤立於上。夫銅之爲質相若也，而單位之於複位，少數之於多數，其懸絕若此，爲能行之而無礙乎？此品位之不齊二也。就中惟王莽錢貨六品，及明之大中通寶洪武通寶，節級而上，自具首尾。然莽之錢自六品外，其他金銀龜貝爲品尚夥，失之太繁，而其實數又不相敵，故古今銅幣複位之善者，必推明初。蓋大中、洪武兩種，其估數自一文至十文，其重量自一錢至一兩，遞至於十而止，則同質之物不相陵，分配錢兩以定直，則虛估之弊可以息。自來銅幣以個數爲本位，而轉求同質虛估之高價品用爲輔助，可謂逆施倒行之甚，故屢變而屢敝，明初則庶幾免此者矣。

短陌之流弊

錢之用數，其通例，百曰陌，千曰貫，曰緡，而自六朝以下，並爲短陌，蓋錢不足百，以百稱之，此亦錢法淆亂之一端。抱朴子曰「取人長錢，還人短陌。」其弊蓋自晉始。及梁大同後，自破（或庾字之訛）嶺以東，八十爲百，名曰東錢；江郢以上，七十爲百，名曰西錢；京城以九十爲百，名曰長錢。中大同元年，乃詔通用足陌，而民不從，錢陌益少，至於末年，遂以三十爲百，其在梁如此。唐憲宗元和中，京師用錢，每貫頭除二十文，穆宗長慶元年，以所在用錢，墊陌不一，敕內外公私給用錢，宜每貫除墊八十，以九百二十文成貫，至昭宗末，京師以八百五十爲貫，每陌纔八十五，河南府以八十爲陌，其在唐如此。後唐同光二年，度支請榜示府州縣鎮軍民商旅，凡有買賣，並須使八十陌錢。漢隱帝時，王章爲三司使，聚斂刻急，舊制錢出入，皆以八十爲陌，章始令入者八十，出者七十七，謂之省陌，其在五季如此。宋初，凡輸官者，亦用八十或八十五爲百，諸州私用，則各隨其俗，至有以四十八爲百者。太平興國中，詔所在以七十七爲百，其在宋又如此。金大定中，民間以八十爲陌，謂之短錢，官用足陌，謂之長錢，大名男子斡魯補者上言，官司所用錢，皆當以八十爲陌，遂爲定制，其在金又如此。明及清初，京師錢至以三十或三十三爲百。凡此皆見於顧氏日知錄者，亦以見古今虛估之失，而法令之不齊也。清至末葉，京外錢陌，猶各自爲風氣，籌國計者，可不注意於名實之間乎！

第二章　鈔法之變

鈔法之緣起

鄭司農釋詩「抱布貿絲」云：周人以布廣二寸長二尺，還官司印書其上，以爲民間貿易之幣，此即行鈔所自始。漢武帝造白鹿幣，唐憲宗用飛錢。飛錢者，合券取錢，即交子之權輿。宋仁宗初元，張詠知益州，患蜀人鐵錢重，不便貿易，一交一緡，以三年爲一界而換之，六十五年爲二十二界，謂之交子，此猶今日匯票之制也。按商賈憚於重齎，交子之設，正以便民，其法執券引以取錢，非以券引爲錢也。

宋之交會

其時交子之事，使富民主之，迨富民貲稍衰，爭訟不息，轉運使薛田張若谷請置交子務，以權其出入，禁私造者。仁宗從其議，乃立務於益州，界以百二十五萬六千三百四十緡爲額，則交子之用，隱操於富戶矣。神宗朝，交子二十二界，將易而後界給用已多，詔更造二十五界者百二十五萬，以償前二十二界之數，交子有兩界自此始。已而用兵河湟，藉其法以助軍費，較仁宗時一界踰二十倍而價愈損，每一易界，新交子一當舊者之四。徽宗時，改交子爲錢引，不蓄本錢，而增造無藝，至引一緡，當錢十數，其錢引自川陝河東以至京東西淮南京師諸路皆行之，獨閩浙湖廣不與。既宋南渡，創行會子，亦曰見錢關子，初自婺州召客入中，執關赴榷貨務請錢，有願得茶鹽香貨鈔引者聽。推行既廣，孝宗時更造五百文會，乃至二百三百文會，於是始定三年立爲一界，界以一千萬貫爲額，逐界造新換舊。寧宗初，增至三千萬爲額，故在北宋爲交子，在南宋爲會子，名異而實同。而南宋自會子外，又有「川引」「淮交」「湖會」諸目，皆起於軍興之初，因地措置。唯南宋發行雖濫，有時亦出官錢收換舊券，然後更發新券，而藉與維持之，此所以未如北宋之敝也。

金之交鈔

北方自金收有河南，效中國楮幣，置局汴京，造關會，謂之交鈔，鈔法極備。且命善書者書先正格言其上，富以寓教惜尙未知裝潢精工，使不至易壞也。其制自一貫二貫三貫五貫十貫凡五等曰大鈔；自一百二百三百五百七百凡五等，曰小鈔。初以七年爲限，納舊易新，嗣廢限年，令但歲久文字磨滅者得於所在官庫換之，或聽便支錢，而諸路又設回易務。及其敝也，國虛民匱，鈔止行於民，而官不收斂，於是鈔價益輕，患其輕而思有以重之，乃更作二十貫以至百錢，又自二百貫以至千錢，愈更愈滯，蓋自宣宗南遷而後，二十年間，其法屢變，初改交鈔爲貞祐（宣宗年號）寶券，行之未久，千錢之券止直數錢；改造貞祐通寶，自百至三千等之爲十，而以一貫當寶券千貫，通寶行之未久，弊亦如之；復造興定（宣宗年號）寶泉，而以一貫當通寶四百貫；寶泉行之未久，織綾印紗，名曰元光（宣宗年號）珍寶；珍寶行之未久，復造天興（哀宗年號）寶會；迄無定制，而金祚亦隨以亡。夫宣宗禁用見錢，欲以行鈔，使鈔錢與銀貨並流，然其敝如此者，官不蓄錢而濫發鈔，欲以是愚民，終不可得也已。

元代之鈔

元用鈔之初，頗見其便，迨行之久，而其弊漸生，於是議更造而弊愈生，其故有繇也。世祖中統元年，始造交鈔，以絲爲本，每銀五十兩易絲鈔一千兩，諸物之直，並從絲例。是歲十月，又造中統元寶鈔，其文以十計者四，曰一十文、二十文、三十文、五十文；以百計者三，曰一百文、二百文、五百文；以貫計者二，曰一貫文、二貫文，每一貫同交鈔一兩，兩貫同白銀一兩。又以文綾織爲中統銀貨，其等有五，蓋未及行也。至元十二年，添造釐鈔，自二文、三文、五文凡三等，蕁以不便於民，詔罷之。其時通行者惟交鈔、元寶二者而已。而各路設平準庫，主平物價使相依準，不至低昂焉。無如行之既久，物重鈔輕，於是世祖乃改造至元鈔，起五文至二貫，凡十有一等，與中統鈔並行。每一貫視中統鈔五貫，依中統之初平準鈔法，每銀一兩入庫，其價至元鈔二貫，出庫二貫五分，赤金一兩入庫二十貫，出庫二十貫五百文，是方尺之紙直鈔五十文也。迄武宗至大二年，上溯至元，歷歲又二十有三矣，物重鈔輕如故。於是武宗乃改造至大銀鈔，自二兩至一釐，定爲十三等，元之鈔法，至此已三變矣。每一兩準至元鈔五貫，是方尺之紙直錢五萬文也。蓋至元鈔五倍於中統，至大鈔又五倍於至元。未及朞年，仁宗嗣統，以倍數太多，輕重失宜，遂有罷銀鈔之詔。唯中統至元二鈔，終元世常行之。逮順帝，又別立至正交鈔，料既窳惡易敗，難以倒換，遂澀滯不行。及海內大亂，國用支絀，多印鈔以賞兵，鈔賤物貴，漸至視若敝楮，而其法遂廢。雖曰更法之弊，毋亦立法之始未能斟酌至精歟？

明代之鈔

明承元制，洪武八年，詔中書省造大明寶鈔，其制自百文以至一貫，凡六等，每鈔一貫，準錢千文，銀一兩；四貫準金一兩，禁民間不得以金銀物貨交易。其後更造小鈔，自十文至五十文，以民重錢輕鈔，多行折使，（初以鈔一貫折錢五十後折百六十）并禁行錢，然禁錢行鈔，而勢有不通，於是用收爲縱，多方以謀疏利：（一）永樂行計口食鹽之法，配鹽於民，而令納鈔；（二）又詔令笞杖，定等贖罪，而令納鈔；（三）仁宗時，增市肆門攤課稅，而令納鈔，至宣德，增課五倍(四)宣德設立鈔關，凡車船受僱裝載者，計所載料多寡路遠近，而令納鈔，下至園圃店舍，無不及焉。雖暫行於一時，而不久如故。蓋其爲用，止及於匪頒及俸折而已。初太祖時，鈔千貫爲銀千兩，金二百五十兩，永樂時千貫猶作銀十二兩，金止二兩五錢；及宏治時，鈔三千貫，銀不過四兩餘，鈔愈難行。繇是賦稅之收，始一變而錢鈔中半，再變而全令折銀，無復以鈔爲事。行之既窮，不得已而亦廢也。原宋金元三朝，當其盛時，鈔亦以資一時之利，其分界立庫，各以金銀見錢相挹注，故能虛實相生；明則專增賦入，欲以貴鈔，上下皆出於虛，尙何效之可言哉！

淸無鈔法，直至末年，始有鈔票之發行。

第三章　金銀之使用

金之盛衰

夏書禹貢：「惟金三品。」三品者何？金銀銅也。周興，以珠玉爲上幣，黃金爲中幣，刀布爲下幣；上幣太貴，下幣太賤，乃高下其中幣以制上下之用。故曰，黃金者，用之量也。蓋天下之財幣，惟貴能制賤，惟重能制輕，非三品兼權，不足濟人生之日用。黃帝以下，莫盛成周，而文武當日理財，實以黃金爲準。逮以車書一軌，九譯來庭。秦制二幣，黃金鎰二十四兩爲上幣，錢爲下幣。至漢賜臣工，動曰黃金數十斤，復周之舊，以斤名金，斤數累至千萬，其大者如文帝賜周勃五千斤；宣帝賜霍光七千斤；而武帝以公主妻欒大，齎金萬斤；衛青出塞，斬捕首虜之士受賜黃金二十餘萬斤，梁孝王薨，藏府餘黃金四十萬斤；館陶公主近幸董偃，令中府曰，董君所發一日金滿百斤；王莽敗時省中黃金萬斤者爲一匱，尙有六十匱，黃門鉤盾尙方處處各有數匱；董卓死，塢中有金二三萬斤，銀八九萬斤。（日知錄）其他自數百斤以至一二千斤，著錄於漢史者尙夥，可見漢時黃金之多，而用金之風，亦於斯爲盛也。顧說者謂自佛法入中國而佞佛者用赤金以飾佛像，又繕寫金字藏經，天下因此爭造金爲箔，故金耗而價昂，始不能以斤計，而以兩計。至金元而權銅以爲用者，遂在銀矣。

銀之用廢

漢書謂外域以銀爲錢，錢如其王面，維時吾國銅山甚富，外域銀產初開，故各尙有土宜以一國家之圜法。至以銀爲用，亦兩見於漢世，然皆不久卽廢。(一)漢武造白金三品，其一曰白撰，重八兩，圜之，其文龍，直三千；次曰以重差小方之，其文馬，直五百；又次曰復小，橢之，其文龜，直三百。而吏民盜鑄者不可勝數，歲餘，終廢不行。(二)王莽之銀貨二品，朱提（縣名屬犍爲出善銀）銀重八兩，爲一流，直千五百八十；他銀一流，直千。時莽造錢貨六品，布貨十品，（市亦錢也）龜寶四品，貝貨五品，及黃金重一斤，直萬，與銀二品並行。總金、銀、龜、貝、錢、布爲二十八品，名曰寶貨。唯民間仍私以五銖爲市，而亦未能用焉。若蕭梁時交廣之區，全以金銀交易；後周時西河諸郡，或用西域金銀之錢，然第行之於邊方，而未行之於內地。唐則幷禁用銀矣。宋高宗時，歲幣始有輸銀之名。金章宗造承安通寶，自一兩至十兩，每兩折錢二貫，是爲成銀之幣。宣宗造元光珍寶，是爲代銀之鈔，沿及末年，鈔既不行，民間恒以銀市焉，此今日上下用銀之始也。

銀幣新制之問題

數千年以來，外域銀礦充塞，轉而重金，中國黃金已耗，降而重銀。有明嘉靖之世，西人探獲美國墨西哥銀礦之旺，冠絕寰瀛，逕由粵海通商之區，浸淫內地，以九成之銀圓，易我實足之銀兩，已爲外流一大漏巵。然其時中國之銀二兩，猶易黃金一兩，金不貴而銀亦不賤也。自地丁錢糧折銀上兌，中國之需銀日益多，外域之來銀日益廣，於是金價漲而銀價落。清代專以銀爲幣，而金價益昂。嘉道以前，每金一兩，尙不過值銀十四兩，卽極昂時，亦未越二十兩。嗣後黃金日少，而外域之銀之輸入者，源源不絕，益以墨西哥與日斯巴尼亞之銀圓，與諸國鈔票之流灌，其爲吾國人資本者，何止千萬，無怪金愈貴而銀愈賤，而持以與用金之國通貿易，其嬰害之鉅，尙忍言哉！光宣之際，各省自鑄龍圓，政府復爲畫一幣制之計，而鑄一兩與五錢以下之銀幣。夫整齊幣制，閉關自守可也；不然，亦財政上之大問題矣。

第四章　廢錢與放鑄兩說

嘗聞之，君足而後百姓足，欲足民莫如重農務穡，欲足君莫如操錢幣之權。然而往往有時不能操其權者，何也？則以學說之見解，與政策之設施，或有異於是者也。此研究歷史者所當注意也。試分述於下。

廢錢之弊

語云：錢者泉也，如水之行地，不可以一日止，此非獨上下之相通，而亦盈虧之相乘。而主廢錢者，顧轉求之粟帛。粟帛之代錢，此其說剏之於漢貢禹，以民多棄本逐末，欲使壹意於農桑。而論者以爲布帛非可以尺分寸裂而用之，而其議遂寢。古之人有行之者，曹魏文帝是也。黃初二年，詔罷五銖錢，使百姓以穀帛爲市，人間巧僞滋多，競溼穀以要利，作薄絹以爲市，雖嚴刑不能禁。司馬芝等議，以爲用錢非徒豐國，亦所以省刑，若更鑄五銖錢，則國豐刑省，於事爲便；明帝乃立五銖錢，凡魏氏廢錢用穀者垂十四年。古之人有議之而不行者，東晉安帝是也。其時錢法紊「比輪」「四文」「沈郎」輕重雜行，桓玄輔政，議欲廢錢用穀帛，孔琳之曰：「聖王制無用之貨，以通有用之財，既無毀敗之費，又省運致之苦，此錢所以嗣功龜貝，歷代不廢者也。據今用錢之處不爲貧，用穀之處不爲富，語曰利不百不易業，況錢又便於國邪」朝士多從之，此議不行。此廢錢之說也。

放鑄之弊

幣者通萬貨之用，制幣者爲一人之權，因位致權，因權致用。故曰：錢者，權也，而主放鑄者，顧轉任之人民，古之人有行之者，西漢文帝是也。其時莢錢益多而輕，孝文五年，乃更鑄四銖錢，其文爲半兩，除盜鑄錢令，使民放鑄。賈誼諫曰：「法使天下公得顧租（謂僱傭之直或和其本）鑄銅錫爲錢，敢雜以鉛鐵爲它巧者，其罪黥；然鑄錢之情，非殽雜爲巧不可得贏，而殽之甚微，爲利甚厚。夫事有召禍，法有起姦，今令細民人操造幣之勢，各隱屏而鑄作，因欲禁其厚利微姦，雖黥罪日報，其勢不止。」帝不從。是時吳以諸侯，即山鑄錢，富埒天子，後卒畔亂；鄧通以鑄錢，財過王者，故吳鄧錢半天下，而其後復禁鑄錢焉。再見之劉宋廢帝，鑄二銖錢，文曰景和，民間易於模效，有無輪郭不磨翦鑿者曰菜子，尤輕薄者曰荇葉。泰始中，沈慶之又私鑄錢，不滿三寸，謂之鵝眼；劣於此者，謂之綖環，入水不沈，隨手破碎，市井不復計數，不萬錢不盈一掬，斗米萬錢，商賈不行。踰年，明帝禁民鑄。古之人有議之而不行者，唐張九齡是也。開元二十二年，建議以官鑄費本，宜縱民得公鑄。議下，參軍劉秩陳五不可之弊，請重銅禁，以銅無他用，則銅賤而錢用自給；銅不布下，則盜鑄無因，而公鑄不破，錢自增而利自復，所謂一舉而四美兼，時公卿皆以縱民鑄為不便，於是乃止。西漢劉宋一再而弊，唐乃欲蹈其覆車之轍焉，抑獨何歟？

錢穀雜用之解決

歷史中六朝至唐，錢與穀帛，往往雜用。晉武帝時，河西荒廢，遂不用錢。梁初，交廣用金銀，三吳荊郢江湘梁益及京師用錢，其餘州郡皆雜以穀帛。陳用錢，兼用鐵錫粟帛，嶺南則多用鹽米布交易。北齊冀州之地皆用絹布，不用錢。唐開元二十年，命市井交易，以綾羅絹布雜貨與錢並用。覈衡其故，蓋有二因：一因河西冀北嶺南交通梗阻，流通不便；一因漢魏而後，金多耗蝕，銀復不行，內地祇恃此官錢，歲鑄之數，不敷周轉，故不得不以穀帛濟其窮。迨至金元，則以銀為通用品，二品兼權，足以相資為用，其趨勢遂重在銀矣。讀顧亭林日知錄賦錢篇，黃梨洲待訪錄財計篇，猶主廢金銀而用錢與穀帛之說，蓋亦未規時勢之所趨也哉！

漕運四

第一章　關中之運

三代以前，無所謂漕運也。自秦穆公輸粟於晉，自雍及絳；吳伐齊，開溝於邗，自江達淮以通糧道，而漕運始昉。後代因之，大抵因建都所在而爲之經營。關中爲漢隋唐都會之所在，漕粟之自關東而西者，必經汴（河南開封）、洛，（河南洛陽）又爲東漢晉宋分都之所在也。故其運道之變遷，可先述焉。

漢代漕運

江南爲財賦淵藪，此明清時言耳；漢世猶未發達也。其時漕粟專仰關東，關東之地，自今河南山東二省，南及皖北，有濟河（濟水舊自河南入境，上源曰沇水，漢以後上流枯竭，尋廢，今大小清河其委流也）、汴水（禹貢灉水，漢曰鴻溝，亦曰莨菪渠，隋曰通濟渠，宋南渡後廢）縱橫貫注，而皆北達於河，自河溯渭，自渭接於長安。故河渭實爲運道之衝。惟黃河自龍門華陰而下，東至底柱，（河南陝縣東北十里山西平陸縣東南五十里，大河中河水至此分爲三派，流出其間，故亦謂之三門山）自此至五戶灘，其間百二十里，夾岸巍峯重嶺，千霄蔽日，衝湍激石，埶同三峽，破壞舟船，自古所患。漢武帝時，河東守番係言漕從山東西，歲百餘萬石，更底柱之艱，敗亡甚多而煩費。於是乃建引汾穿渠之議，（汾出山西靜樂縣下流自河津縣入河）以溉皮氏（山西河津縣）汾陰，（山西榮河縣）下引河溉汾陰蒲坂，（山西永濟縣）下度可得田五千頃，卽穀二百萬石以上，穀從渭上，底柱之東可無復漕。乃發卒作渠田，數歲河徙，遂廢此謀。改道而無成者也。於時有上書者，謂褒水通沔，（沔逕陝西沔縣南下流爲漢水）斜水通渭，（褒斜二水並出陝西郿縣衙嶺山）皆可以行船漕，漕從南陽上沔入褒，褒絕水至斜，間百餘里，以車轉從斜下渭，如此漢中穀可致，而山東從沔無限便於底柱之漕，於是張湯寶主之，卒以湯子卬爲漢中守，治褒斜道五百里，道果近便，而水湍石不可漕，此議省漕而亦無成者也。時渭水之道，亦時有難處，而鄭當時引渭穿渠之議起矣。謂關東漕粟從渭上度，六月罷，渭水道九百餘里，頗感不便；引渭穿渠，起長安，修南山下至河三百餘里，徑易漕，度可三月罷，而渠下民田萬餘頃，又可獲溉。於是發卒穿渠，三歲而通，以漕大便利，渠下之民，頗得以溉矣。此避渭水之難而行之有效者也。論者謂求輸將於千里外，不如治畿輔田，尤便足食，故其後耿壽昌因之以糴近郡之粟，而關東漕卒省半焉，是亦有功於漕運者也。

隋代漕運

東漢迄晉，皆以都洛，轉運之途，河汴爲重；至隋則又西都關中矣。是時長江流域，亦漸繁盛，而以西北仰給於東南，所賴以收交通之利者，惟恃此汴水之成蹟也。其河以南，凡運道有三焉：一曰汴渠，北自板渚（河南汜水縣東北）引河，東南至泗水，接於淮者也；一曰邗溝，北通淮安，南連揚州者也；一曰江南運河，北起鎮江，南訖杭州者也。自南運河入邗溝，大江絕焉；自邗溝入汴渠，長淮界焉。循汴達河，溯流西上，其道又有二焉：自洛口（洛源出陝西商縣南，下流自河南鞏縣入河，卽洛口）而南迤東，通穀水，（出澠池縣南山中穀陽谷，繞洛陽縣城下流入洛）則至洛陽；洛爲陪都，漕粟亦仰給焉。自底柱而西，出河上渭。（漢杜篤論都賦：洪渭之流，徑入於河，大船萬石，轉漕相過是也）開皇初元，詔郭衍開漕渠，引渭水經大興城（長安城）北，東至潼關，漕運四百餘里，關中賴之，名富人渠。四年，又以渭水多沙，深淺不常，漕者苦之，詔宇文愷鑿渠引渭，自大興城東至潼關三百餘里，名廣通渠。其河以北衞輝懷慶，河以東太原平陽，漕粟之入關中者，亦於此取道焉。而衞州黎陽倉、洛口回洛倉、陝州常平倉、（均屬河南）華州廣通倉，（屬陝西）皆以轉相灌注，積粟百萬，斯亦可謂盡轉運之利者矣。

唐代漕運

唐都長安，土地所出，不足以給京師，故常轉漕東南之粟。自用李傑爲水陸發運使，漕運始有專官，然歲不過二十萬石而已。初，江淮漕租，僅至東都，輸含嘉倉，多風波之患，以車或馱陸運至陝，（河南陝縣）自此再下渭渠，以達長安，此一變也。水行自江淮來，道遠多覆溺，而陸運止三百里，率兩斛計傭錢千，費甚省。開元時，裴耀卿建議，以爲當尋漢隋漕路舊跡，於河口置武牢倉，鞏縣置洛口倉，使江南之舟不至黃河，黃河之舟不至洛口，而河陽柏崖太原渭南諸倉，節級轉運。又置倉三門東西，漕舟輸東倉，陸運輸西倉，以避三門之險，謂之北運，此再變也。後北運頗艱，韋堅乃絕灞滻並渭而東，鑿潭望春樓下，以聚渭舟，名曰廣運潭。安史之亂，肅宗末年，史朝義分兵出宋州，（今河南商邱縣）扼河淮通運之道，以漕事委劉晏。江淮粟帛，乃改由襄漢越商（陝西商縣）於（河南淅川縣）以輸長安，此三變也。然江漢之道，出於一時權宜之計，其常運總在江汴河渭，又以四川水力不同，緣水置倉，轉相授受，江南之運積揚州，汴河之運積河陰，河船之運積渭口，渭船之運入太倉，此又廣耀卿之法而推行之者也。而三門道艱，其後李泌更施疏鑿，終唐之世，大要籌通渡於三門者，以東西置倉，陸運爲便焉。

宋代漕運

宋都大梁，有四河以通漕運：曰汴河，江淮兩浙荆湖之粟所由達也，此因漢唐故道也；曰黃河，陝西諸路之粟所由入也，亦漢唐故道。其後黃河路斷，止漕三河，而尤以汴爲重，則以江淮固財富區也；曰蔡陳之粟，則自惠民河而至，蓋汴河分流爲蔡水，一名閔河，亦曰沙水；（沙孔氏說爲蔡）曰東京之粟，則自廣濟河而通，蓋由濟水通五丈河；（即古菏澤自汴城北歷陳留曹濟及鄆廣五丈）此二路，皆周世宗時所濬，而開寶中，改閔河曰惠民河，改五丈河曰廣濟河者也。宋人於此，又立轉般之法，其初眞（江蘇儀徵縣）揚（今江蘇江都縣）楚（江蘇淮安縣）泗，（安徽泗縣）緣水置倉，江淮漕船，詣倉輸納，載鹽以歸，更由汴船詣轉般之倉，載運京師，江汴各自爲運。蓋唐世成迹，而諸倉亦有數年之積，不幸州郡告歉，亦得以錢折米，但發倉窖以供京師，於運固無缺也。徽宗末，儲倉漸罄，蔡京欲求羨餘，於是廢轉般爲直達，雖湖南北之遠，亦直抵京師，漕者大困；然此就末流一路之弊言之也。若夫大梁爲四衝之地，觀有宋一代，運渠輻湊，則其轉輸之利，視漢隋唐之在關中，固已遠矣。

第二章　燕都之運

元開北運之道

有元建都燕京，去江南極遠，運道至此又變矣。蓋河運爲一道，海運爲一道，歷元而明而清，其變遷均不能外此。今先言河運、元初運道，自江入淮，由黃河至封邱縣中二旱站，即所深口灣之運。陸運至汲縣漢門一百八十里，入御河以達京師分疏之。自淮南以至浙西，即隋時所開邗溝及江南運河之道，唐宋由此通汴者也。其淮以北，則自金章宗明昌五年，河決陽武，河南陽武縣南徙入淮，淮黃幷匯於淸口，江蘇淮陰縣西北三十里淸江浦故自淸口而上，卽泝黃河逆行達中灤旱站，與曩時由汴入河之道迥異，其由洪門下御河，又隋永濟渠之故道也。初，蒙古於堽城在汶陰作斗門以遏汶，南流益泗漕，既而濬濟州泗河至新開河，由大淸利津諸河入海。未幾，以海口沙壅，復從東阿陸輓至臨淸入御河，時又開膠萊新河以通海道，勞費少成效。至元中，伯顏始㪍海運，與濟州河並行。尋用韓仲暉等言，自安山在山東東平縣西南卽汶濟二水合流處開河，北抵臨淸，今山東聊城縣引汶源出山東萊蕪縣入南旺湖分注南北絕濟，今大淸河直屬漳御，西漳河至館陶縣合於御河名會通河。元臣宋文瓚言世祖開會通河千有餘里，歲運漕粟至京者五百萬石。然河渠初開，岸狹水淺，舟不能負重，其後漸減至數十萬石，於是終元之世，海運爲多焉。

明代運道

凡三變而成今日之運河。明初都金陵，仍元海運，自永樂北遷，則又河海兼運，而終明之世，河運之道凡三變：(一)自淮安今江蘇淮安縣治運糧入淮河沙河，潁水合蔡河沙河下流自安徽阜陽縣入淮至陳州今河南淮陽縣潁歧口跌坡下，改用淺船，載百石以上者，運至跌坡上，別以大船載入黃河，至陽武，河南陽武縣陸運百七十里，下衛河，此永樂元年所通行也。(二)濬會通河之淤，復元時舊道，濬舊道自濟寧北至臨淸，凡三百八十五里，南至江南沛縣，凡三百里，而南旺湖地勢特高，謂之水脊，於是相地置牐，以時啓閉，自分水北至臨淸，地降九十尺，爲牐十有七，而達漳衛；南至沽頭，江蘇沛縣地降百有十六尺，爲牐二十有一，而達河淮，歲漕四百餘萬石，皆取道焉。誠咽喉重地矣！此永樂九年所疏治也。至是南北運道暢行，而海陸並罷。(三)隆慶中，河臣翁大立議開泇河，有二泇東泇出山東臨沂縣箕山西

（泇出嶧縣東北抱犢山東南流至三合村合於東泇河又南流入泗謂之泗口）不果。萬歷三年，巡漕御史劉光國等踵行之，議者謂不便。二十一年，舒應龍始闢泇口。二十五年，劉東星始通泇脈，至三十五年，李化龍復循舊迹而成之，而泇河之利始備。蓋舊時河淮運道，自淸口北出，西北經桃源宿遷邳州諸境，以達徐州，皆借河而行，然後北入泉河。（汶泗之水與諸泉匯流而成故曰泉河）時河既數溢，漕行道險，乃改由直河（江蘇邳縣南）入泇口，抵夏鎭（江蘇沛縣東）凡二百六十里，避黃河呂梁（山名江蘇銅山縣東南六十里有上下二洪巨石齒列風濤洶湧明時屢平鑿）之險，而漕賴以安，此邳宿運河一部之改道者也。至淸代二百數十年間，河運之道，悉仍明舊，其後海運大興，河運始廢矣。

運河水道之概

吾國運河水道建築之功，創自隋而成於元明，綜名運河，實非一水，括總之可分四段，試述如左。

一曰江浙運道　自杭州城北引東苕溪水走下塘河，東北流逕嘉興達蘇州吳江界，與烏程運河水會，是爲浙江運河。自吳江以上，引太湖水北逕常州，會西蠡河，亦曰運河，自鎭江府入江，其水南流，是爲江蘇運河。此兩河，卽隋大業六年所開，所謂自京口至餘杭八百里者也。

二曰徐揚運道　渡江而北，東爲瓜州運河，西爲儀徵運河，並會於揚州，自此上達淮安，西引高郵邵伯寶應汜光諸湖水，是爲淮揚運河，此卽隋大業初元所修邗溝故道也。自淸口越舊黃河，西北流逕宿遷至邳州，山東沂蒙諸水會之，其下流資駱馬湖爲瀦蓄，上流引微山湖爲來源，是爲宿邳運河，此卽明萬歷中借泇水以成運者也。

三曰汶泗運道　濟寧南旺爲水脊，汶泗二水自東注之，安山（山東東平縣西南汶濟合流處）以上，逾濟水至臨清，其水北流，是爲會通河，引汶水北出，此即元時所開新道也。棗林閘以下，至邳州，獨山昭陽諸湖水注之，其水南流，是爲泗水河故道，自會通河成，遏汶合泗，以會流者也；自臨清至邳，綜稱曰運河。

四曰衛白運道　衛漳二水，至山東館陶縣合流，匯於臨清，自此北出，至河北青縣，滹沱老漳二河支流來會，接於天津，其水北流，是爲衛運河。自天津北流，至通州，其水南流，是爲北運河，即白河也。又西至京都四十五里，有通惠河，即元郭守敬所開也。唯南漕泰半輸通州倉，通惠河止容盤運而已，非漕艘直達之地也。

第三章　海上之運

元代海運

金明昌三年，尚書省奏遼東北京路米粟素饒，宜航海以達山東，因按視近海諸處，置倉貯粟，以通漕運。元初，以中灤牛站轉輸之勿便，而謀開新道，當時即有兩說：一開濟州泗河，自淮達泗，（亦曰南清河，出山東泗水縣，經濟寧縣，分南北流，北流入會通河，南流流至今淮陰縣入淮，謂之清口，又曰泗口，曰淮口）入大清河，（古濟水）至利津（大清河下流）入海；一開膠萊河（分南北二流，南流自山東膠縣灣口入海，北流經平度縣至掖縣海倉口入海）遵淮安至天津海道，然皆勞費無成。最後乃自浙西搬行海洋，爲丞伯巴延（蒙古人，舊作伯顏）所建議，而朱清張瑄之徒成之。朱清等故海上亡命也，久爲盜魁，出沒險阻，掠劫商民，備知海道曲折，巴延迺招二人，授以金符千戶，押運糧三萬五千石，仍立海道萬戶府三，以總管羅璧與清瑄等爲之，轄千戶所領虎符金牌素銀牌，船大者不過千石，小者三百石，月餘抵直沽，實爲繁重。至元二十六年時，糧八十萬戶，一歲可兩運，是時船小，人恐懼，明年漕運利便，因加朱爲浙江省參政，張爲浙江鹽運司都運，蓋自二十八年後始重海運矣。

海行新道

夫自古緣海交通之道，其所以能進步者，非有實驗不爲功。吾國海運已肇於唐，杜詩：「雲帆轉遼海，粳稻來東吳；」又曰：「吳門持粟帛，泛海陵蓬萊；」特其時不以海運爲重，故史亦無明文。自元世海運興，春秋兩運，風沙益習，繇是新道漸啓，轉輸漸利矣。初海運之道，自平江劉家港入海，逕通州海門縣，（五代周置後圯於海）開洋，緣山嶼而行，計其水程，自上海至直沽內楊村馬頭，（河北武清縣南五十里）凡萬三千三百五十里，不出月餘可以達，省統不貲，然道險多惡。已而朱清等又開生道，自劉家港開洋，逕萬里長灘，轉放大洋，取道差爲逕直。後殷明略又開生道，自劉家港至崇明之三沙放洋，直東入黑水大洋，取成山折西，至登州沙門島放洋，抵直沽，舟行風信有時，自浙西至京不過旬月而已。十年之間，三變其道，此皆以實驗而得進步者。其最後一道，卽今日輪船之所通行者也。

明清海運之廢興

明洪武三十年，猶循海運舊制，歲運七十萬石，以給遼東。至永樂間，會通河成，始罷海運，主河運。其後言事者，亦嘗擬復海運，使王憲獻膠萊河之說，因其垂成之功，督以畫一之法，俾表裏兼資，以甦漕卒之困，而議輒中梗。迄清道光四年，洪湖盛漲，決高堰，竭運河。明年，大學士英和疏請海運，於是以蘇松常鎮太倉四府一州之漕，自上海招集商艘，全由海運，凡爲粟百六十餘萬石，公私大便。然次年卽罷，蓋其時朝論猶重河運也。同治初元，江南寧謐，東南漕運，盡趨海道矣。十一年，設招商局，擬行海輪，轉運益捷。自是厥後，惟江北州縣十餘萬石，仍由河運，未幾卽全廢矣。津浦鐵軌成，則江浙漕糧之達京，視海輪尤爲迅利矣。

第四章　漕運與黃河之關係

黃河上下游通運之分別

歷代都會，多在黃河流域。古之河道，東北達於海，其由淮入海者，唯汴泗之水耳。然禹時貢賦，會於平陽，以河爲通道，猶疏九河以分其勢，而水患始平。殷之世，河圮矣，猶未徙也。周定王時，河徙矣，猶未決也。漢用河漕，文帝武帝時，始決酸棗瓠子。河決矣，然始趨東南，繼仍歸東北也。成帝時，決淸河信都，且任河之所之，使自成川，皆久不塞治。此黃河不關於運道之故也。至西漢之末，河行汴渠，東南入淮。新莽時浸淫益甚，下游始決，患旋及於上游。明帝朝，修汴築隄，從滎陽至千乘（山東高苑縣）海口，計千餘里，於是河汴分流，復其舊迹，亦曰滎陽漕渠。河復由東北入海，自此至唐無河患。此運道切於黃河之故也。蓋漕道切於上游，而河之患則在於下游也。

元明以來治黃卽以治運

宋代河北決者三，至南渡，大半由淮入海，然北流尚未絕也。自元會通河成，雖爲漕計，仍以海運爲主。奈何明復疏之，爲東南數布政長遠計，而不慮河之日南也！河既南流，清江浦(淮安西)綰黃淮運三水交匯之地，其南北專事堰閘，堰則高家堰，閘則淮南諸湖閘口也。堰閘以時修固，則淮不南分，助河衝刷黃沙，使海口不至壅塞，而漕道暢行。明清兩代皆以全力治淮黃，其治淮黃，卽所以治運也。咸豐五年，銅瓦廂(河南蘭封縣西北)之決，改流北徙，由大清河以入海矣。會通河又當其衝，大清河至利津口爲古漯水道，卽漢之千乘也。河既潰，會通壅塞可虞，漕艘至此不得已而爲借黃濟運之計，愈借而淤積愈高，甫經開挑，旋已阻塞。同光之際，見於諸臣章奏者，其治山東之黃河，又所以爲治運也。蓋運出於黃河下游之道，而黃與運益相爲終始。

黃河關係之利害

黃河爲通運必由之道，其利害常相兼，以漕運之故，而於河不得不注意。河一日不安，漕卽一日不利。明清治河之策，備於前世，而其勤亦有加焉，此利之說也。治河既已顧運，顧運乃至忘河。夫封邱(河南封邱縣)以東，地勢南高北下，河之北行，其性也；徙以北行，則會通河廢。元明以來，北卽塞之，而南行非河本性，東衝西決，迄無寧歲，迨銅瓦改道，而河北則庶幾順其性矣。然借黃濟運，幸其利漕，其弊也，山東之境，仍苦河患。故自其南則掣之以入淮，自其北則挽之以入運，皆逆其性，其原因以會通河，故此害之說也。今河運全廢，治黃者無牽於治運，黃運之關係絕，而其利害始不足言矣。

第五章　歷代歲漕綜數表

漢	漢興運山東粟以給中都官歲止數十萬石武帝元封中桑宏羊請令民入粟補吏贖罪他郡各輸急處山東漕益歲六百萬石昭宣之世歲漕四百萬斛以爲故事
唐	高祖太宗時用物有節而易贍歲漕不過二十萬石玄宗天寶中韋堅爲轉運使儲一歲致粟四百萬石餘歲少或百八十萬石多至二百五十萬石代宗朝劉晏歲運百一十萬石自晏後江淮米至渭橋者寖減至李巽乃復晏舊
宋	太宗太平興國六年汴河歲運江淮米三百萬石菽百萬石黃河粟五十萬石菽三十萬石惠民河粟四十萬石菽二十萬石廣濟河粟十二萬石四河所運凡五百五十萬石眞宗大中祥符初增至七百萬石然眞仁二朝定制其中數總在六百萬石
元	世祖二十八年海運百五十萬石是年罷中灤之運專仰海運及開會通河內地河運歲不過數十萬而海運之數其後累增至三百五十萬石
明	成祖永樂四年平江伯陳瑄督漕運河海兩道每歲百萬石十三年罷海運時會通河既成陳瑄治江淮間諸河工亦相繼蕆事河運大便利歲凡四次可三百餘萬石自後仍以瑄督漕運寖增至五百萬石終有明之世其定制爲四百萬餘石
清	定制四百萬石自改折後今惟江浙兩省之漕分輪船沙船海運至京其數每歲自百四十萬至百六十萬石

中國通史 卷四

職官編

敍言

嘗聞之，至理之代官得人，不理之代人得官。官也者，政治之隆替，邦國之治亂所繫焉。雖然，欲官之得人，道在有以辨其方而正其位，則官制尚焉。而所以維持此官制者，必當有以審愼其始，則凡簿籍之稽，法制之限，所以拔滯而揭奸也；尤當有以維持其終，則凡圭田之頒，代耕之法，是卽黜貪而奬廉也。故論職官之大要有三焉：曰官制，曰銓選，曰祿秩。分言之，則雖不同條，而合之則自爲一貫。官制既定，滂沛萬登，而綱紐尺握。第得人之才者，須有用人之法，在上之資格，卽天下人所共赴之精神，在上之精神，又天下人所不自限之資格也；故銓選可收賢才之用。欲得人之身者，須先贍人之家，俸稍不足以易功業，而俸稍輕，功業不必可冀俸稍，而圖功業者怠矣；故祿秩可安俊傑之心。是二端者，治國之綱要，實亦行政之妙用也。而吾人所當研求者，則尤在官與職、職與權之所由分。古者因事命官，因官分職，有職斯有官，官與職不能析而爲二，而其後則不然：魏晉以來，始有贈官，如自爲尊崇之位，多非人臣之職；至唐代，乃有員外、檢校、試攝、判知之官，然此猶可言曰名稱耳。阤及宋世，臺省、寺監，互爲典領，雖有本官，而不治本司事，居其官且不能知其職，名實大以乖矣；此官與職之棻也。古者三公之制：二伯處外，一相治內，職所守權屬焉。後世則移爲司徒司馬司空，而相有三矣；移爲中書尙書而三公具官矣；移爲同三品平章事，而三省虛設矣；移爲同平章事、參知機務、參預政事，而他官兼攝宰相，且存銜勅尾矣。拱立畫諾，勢同伴食，甚或委權於令史胥徒之手，此職與權之棻也。至古今名秩異同之故，亦可因此而得其大凡矣。輯職官編。

官制一

第一章　歷代建官之概略

郅治之隆，以在乎設官分職之有方而已。建官有方，則足以相使，不必盡中區之智力也，然而必行。建官無方，則不足以相使也，即使廣仕進之塗，然而不必行。執此以論古今，大約其制簡者其責專，責專則政理矣；其制繁者其員冗，員冗則事擾矣。其間官制之變遷，可分爲三時期：陶唐以上，專以天時紀官，是爲第一期；虞夏以後，始以民事紀官，是爲第二期；自秦漢分六官之職，爲三公、九卿，外則列郡縣，置守尉，周官古制，蕩焉無存，是爲第三期。逮至隋唐，定立六部，其制益明，以迄於有清，則猶承其遺制也。職官惟期詳備，但三代以上職官較略，略則當因事而存；秦漢而下職官較繁，繁則當立表以著，彙而錄之，亦以見古今官制沿革之大凡云。

上古至唐虞

易經敍三皇作教化民，左氏紀郯子設官傳述，以爲伏羲龍師名官，春官爲靑龍氏，（亦曰蒼龍）夏官爲赤龍氏，秋官爲白龍氏，冬官爲黑龍氏，中官爲黃龍氏。（爲三墳以共工爲上相，柏皇爲下相，朱襄爲飛龍氏，昊英爲潛龍氏，大庭爲居龍氏，渾沌爲降龍氏，陰康爲土龍氏，栗陸爲水龍氏。命官之名與後十五世帝號多同，茲不取）神農火師名官，春官爲大火，夏官爲鶉火，秋官爲西火，冬官爲北火，中官爲中火。黃帝雲師名官，春官爲青雲，夏官爲縉雲，秋官爲白雲，冬官爲黑雲，中官爲黃雲；立六相暨左右史，並設靈臺，立五官，（天地神民物類之官）作器用，置陶正、木正。少昊鳥師名官，鳳鳥氏爲歷正，玄鳥氏司分，伯趙氏司至，青鳥氏司啓，丹鳥氏司閉，是爲歷正之四屬；祝鳩氏爲司徒，雎鳩氏爲司馬，鳲鳩氏爲司空，爽鳩氏爲司寇，鶻氏爲司事，是爲鳩民之官；（聚也）又立五雉爲五工正，九扈爲九農正。自顓頊以來，始爲民師而命以民事；少昊子重爲木正，曰勾芒，該爲金正，曰蓐收，修熙相代爲水正，曰玄冥，勾龍爲后土，黎爲火正，曰祝融，是爲五官，其事尙已。

書載唐虞之際，命羲和四子（羲仲羲叔和仲和叔）順天文，授民時，咨四岳以舉才，揚側陋十有二牧，柔遠能邇。禹作司空，平水土；棄作后稷，播百穀；契作司徒，敷五教；皋陶作士，正五刑；垂作共工，利器用；益作虞，育草木禽獸；伯夷作秩宗，典三禮；夔典樂，和神人；龍作納言，出入帝命，傳言舜臣。堯舉八愷使主后土，以揆百事，莫不時敍，地平天成；舉八元使布五教於四方，內平外成，謂之十六相。時則有四岳、九官、十二牧、十六相，而內外之制以立。

夏商周三代

三代之制，有師保，有疑丞，設四輔及三公，（通典虞亦有之，箕子太公爲太師，畢公爲太傅，伊尹召公爲太保）有史官。（夏終古爲太史，商高勢爲太史，周則有太史小史內史外史，侯國亦置之）時天子六軍，其將皆命卿。夏書曰大戰於甘，乃召六卿，蓋天子寄軍政於六卿也。又有司勳上士掌六卿賞地之法，餘官皆承虞制。殷周一再變，殷制天子有相。（湯居亳，初置二相，以伊尹仲虺爲之，武丁得傅說，爰立作相，置諸左右，周時召公爲保，周公爲師，相成王爲左右建天官，先六太，曰太宰、太宗、太史、太祝、太士、太卜，典司六典。周以太宗爲宗伯，太史以下屬太士，以神仕者天子之五官，曰司徒、司馬、司空、司士、周以司士屬司馬司寇，典司五衆。衆謂羣臣天子之六府，曰司土、司木、司水、司草、司器、司貨，天子之六工，曰土工、金工、石工、木工、獸工、草工，典制六材。千里之外設方伯，五國以爲屬，屬有長；十國以爲連，連有帥；三十國以爲卒，卒有正；二百一十國以爲州，州有伯；八州，八伯，五十六正，百六十八帥，三百三十六長，八伯各以其屬屬於天子之老謂上公二人，分天下以爲左右，曰二伯。周官曰：唐虞官百，夏商官倍，此之謂歟。

商官制表

- 六太：太宰、太宗、太史、太祝、太士、太卜
- 五官：司徒、司馬、司空、司寇、司士
- 六府：司土、司木、司水、司草、司器、司貨
- 六工：土工、金工、石工、木工、獸工、草工

周立官制，太師、太傅、太保爲三公，論道經邦，燮理陰陽；少師、少傅、少保爲三孤，貳公弘化。天官冢宰掌邦治，其屬六十有三；地官司徒掌邦教，其屬七十有九；春官宗伯掌邦禮，其屬七十有一；夏官司馬掌邦政，其屬七十；秋官司寇掌邦禁，其屬六十有六；冬官司空掌邦土。是爲六卿，通爲三百五十有二，而冬官不預。小宰言

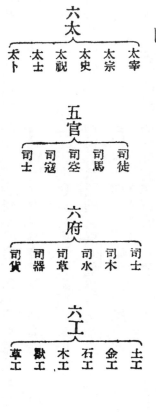

三百六十者，舉大數也，以多少相準，一官不下四百人，合長貳而言，則六卿幾三千人矣，周之官吏，不幾冗邪？然亦安知其不爲兼官也。周書惟周公位冢宰，則公兼冢宰矣；太史司寇蘇公，則公兼司寇矣；太保率西方諸侯，畢公率東方諸侯，又以公兼二伯也。至如召太保奭、芮伯、彤伯、畢公、衞侯、毛公，此六卿之長也，而以三公侯伯領之，大而公卿，必相兼攝，則下而百司庶府，獨不可兼攝邪？且官屬亦有不可以專置者：地官如迹人、角人、羽人、掌炭、掌荼等職，止征一物，秋官如庶氏、冥氏、冗氏、硩蔟氏、赤官氏等官，只攻一事，豈無可兼者乎？田詛則有甸祝詛祝，祭祀軍旅共杖禁器，則有伊耆氏銜枚氏，喪紀則有職喪喪祝夏采，豈無可攝者乎？唯夫相兼相攝也，則官雖倍於古，而其職不冗於古也。

蓋天子之所自治者，王畿千里而已，外則建侯國焉，太宰以六典施邦國，是必綜以九州，而爲之建其牧，如八命作牧是也。爵有五等，而爲之立其監，如啓監是也；設其參，謂三卿也；傅其伍，謂五大夫也；陳其殷，謂衆士也。置其輔，謂府史胥役也。王畿之官民，既治之以六典，侯國之官民，其可舍六典以爲治乎？且自六典而下，則有官府之八法，都鄙之八則，侯國亦有官府都鄙，則亦不能外是法以爲治矣。故周官曰：六卿分職，如率其屬，以倡九牧，阜成兆民，正謂此也。第侯國止設三卿，曰司徒、司馬、司空，而東周以降，厥制已紊，左傳諸國皆有司寇，魯且有夏父勿忌爲宗伯。唯宋爲王者後，舊有太宰，若吳楚之有太宰也，僭也。周衰，官失而百職亂，下逮戰國，益事紛更，此孟子所以言諸侯惡其害己而皆去其籍也。故秦漢代興，官名職守，於是大變。

軍制，唐虞夏商不詳，周制從周禮之所紀，徵發者以一家一人之比，五人爲一伍，五伍爲一兩，四兩爲一卒，凡百人；五卒爲一旅，凡五百人；五旅爲一師，凡二千五百人；五師爲一軍，凡萬二千五百人；此由一鄉所出之兵也。王畿之內，有六鄉六遂，遂與鄉同，各出一軍，於是六鄉所出合七萬五千人；六遂亦然。

從周禮之制，列表如左：

軍	師	旅	卒	兩
軍	師（中大夫）二千五百人	旅（下大夫）五百人	卒（上士）百人	兩（中士）二十五人
	師（中大夫）二千五百人	旅（下大夫）五百人	卒（上士）百人	兩（中士）二十五人
	師（中大夫）二千五百人	旅（下大夫）五百人	卒（上士）百人	兩（中士）二十五人
	師（中大夫）二千五百人	旅（下大夫）五百人	卒（上士）百人	兩（中士）二十五人
	師（中大夫）二千五百人	旅（下大夫）五百人	卒（上士）百人	

復因諸衞王宮，置八次八舍，八次守宮內，八舍護宮外。或云，次者宿衞之所，舍者休沐之地，並選有領土身分者之子弟充之。此外有虎賁旅賁，王出行爲先驅，平時守王門，旅賁執戈盾，常夾王車，左右各八人，並選勇士充之。

秦代職官

秦改封建爲郡縣，統一區宇，置百官，多不師古，改置太尉及御史大夫，貳於相，其官制如左：

相掌佐萬機分左右	御史大夫副丞相
太尉掌武事	主爵主尉掌列侯

內官

- 奉常掌禮儀　郎中令掌宮殿掖門
- 衛尉掌門衛屯兵　宗正掌親屬
- 太僕掌輿馬　廷尉掌刑辟
- 典客掌賓禮　治粟內史掌穀貨
- 少府掌山海地澤稅　中尉掌徼循京師
- 將作少府掌治宮室　詹事掌皇后太子家
- 將行掌皇后卿　五官中郎將掌門戶出充車騎

外官

- 監御史掌監理諸郡　內史掌治京師
- 郡守掌治郡事　都尉掌佐守典武職
- 縣令掌治縣事（萬戶以上爲令）　縣長掌同上（不滿萬戶爲長）
- 嗇夫（鄉官）掌佐縣均賦稅　亭長（鄉官）掌佐縣禁賊盜

兩漢職官

漢初承秦制，丞相、太尉、御史大夫三職，爲糾察文武之官。丞相，高帝十一年更名相國，哀帝時改大司徒；太尉，武帝建元二年省，元狩二年置大司馬；御史大夫，成帝時改大司空。初以丞相、太尉、御史大夫爲三公，至哀帝時以大司馬、大司徒、大司空爲三公。光武中興後，改丞相等爲三司，所謂三司者：太尉、司徒、司空也；而三公之上，又有太師、太傅、太保焉。

太師（平帝置）太傅（高后置後省哀帝復置）太保（平帝置）以善導無常職，位在三公上，稱上公焉。

丞相統馭百官，秦分左右丞相二人，漢高帝始合為一。十一年，更名相國。孝惠時，復秦舊。文帝二年，置一人。哀帝元壽二年，更名大司徒，後削去大字曰司徒，秩萬石，其下設九卿：

一曰太常，秦奉常也。景帝六年改今名，有丞，其屬有太樂、太祝、太宰、太史、太卜、太醫六令丞，均官都水兩長丞，凡諸禮官及博士（秩比六百石）並隸之。

二曰光祿勳，秦郎中令也。武帝太初二年更名，有丞，其屬有太中大夫、大中大夫、諫大夫、議郎、中郎、侍郎、車郎、戶郎、騎郎、期門、僕射（秦官）、羽林並隸之。

三曰衛尉，初承秦制。景帝初名中大夫，嗣復故，有丞，其屬有司馬、衛士、旅賁三令丞及諸屯衛侯司馬二十二官。

四曰太僕，有兩丞，後漢置卿一人，丞一人，其屬有大廐、未央、家馬三令，各五丞一尉。又車府、路鈴、騎馬、駿馬四令丞，龍馬、閑駒、橐泉、騊駼、丞華五監長丞。

五曰廷尉，有正左右監，後漢祇卿一人。廷尉，景帝六年改大理，武帝建元四年復舊，宣帝時置左右平，哀帝時仍稱大理，王莽改曰士，後漢如故。

六曰大鴻臚，秦典客也，有丞，景帝六年改大行令，武帝太初元年，更今名，王莽改曰典樂，後漢如故，其屬有行人、譯官、別火三令丞，及郡邸長丞。

七曰宗正，有丞，平帝元始四年，更名宗伯，王莽併其官於秩宗，後漢如故。置卿丞各一人，其屬有都司空令丞、內史長丞、諸公主家令、門尉。

八曰大司農，秦治粟內史也。有二丞，景帝後元年，更名大農令，武帝太初元年，更今名，王莽改曰羲和，又謂之納言，後漢復曰大司農，置卿一人，其屬有大倉、均輸、平準、都內、籍田五令丞，斡官、鐵市兩長丞。

九曰少府，有六丞，後漢置卿一人，其屬有尚書、符節、太醫、湯官、導官、樂府、若盧、考工、庖人、都水、均官、上林、中十池監、中書謁者、黃門、鉤盾、尙方、御府、永巷、宦者、諸僕射、署長、中黃門。　以上九卿，秩皆中二千石。

太尉，秦官，武帝元狩四年，置大司馬，孝文三年罷，孝景時復舊，二年復省，置大司馬將軍，宣帝時去將軍號，嗣復稱太尉，置公一人，秩萬石。

御史大夫，承秦舊，置兩丞，一曰御史丞，一曰中丞，亦謂中執法。成帝時，更名大司空，哀帝時如故，元封二年，復稱大司空，更御史中丞爲御史長史，後漢削大字曰司空，置公一人，獻帝時如故，秩萬石。

此外猶有諸官：

中尉，承秦舊，武帝太初元年，更名執金吾，其屬有中壘、寺互、武庫、都船四令丞，式道、左右中候、候丞、左右京輔都尉丞。

將作大匠，秦將作少府，景帝時更今名，有二丞，左右中候，其屬有石庫、東園、主左右前後中校七令丞，及主章長丞，厥後頗有併省。

典屬國，秦典客也屬官有九譯令，成帝時省，併大鴻臚，後有安定、天水、上郡、西河、五原典屬國都尉之治。

水衡都尉，掌都水上林苑，武帝元鼎二年置有五丞其屬有上林、均輸、御羞、禁圃、輯濯、鍾官、技巧、六廐、辨銅、九令丞，衡官、水司空、都水、農倉及甘泉、上林、都水七長丞。

太子太傅少傅，掌輔導太子，其屬有太子門大夫、庶子、先馬、（先曰前驅）舍人。

詹事，漢初皇后太子各置詹事，成帝省皇后詹事，併屬大長秋，有丞，皇后詹事統諸宦官，太子詹事其屬有家令丞、率更令丞、僕、左右衞率、中盾。

長信詹事，景帝更名長信少府，平帝改長樂少府。

大長秋，秦將行也，景帝時更名。　以上秩皆中二千石。

軍官：

城門校尉，掌京師城門屯兵，秩二千石。

中壘校尉，掌北軍壘門。

屯騎校尉，掌騎士。

步兵校尉，掌上林苑門屯兵。

越騎校尉，掌越騎事。

長水校尉，掌長水宣曲胡騎。

胡騎校尉，掌池陽胡騎

射聲校尉，掌待詔射聲士。

虎賁校尉，掌輕車。　以上八校尉，皆武帝所置，秩皆二千石。

地方文武官：

司隸校尉，武帝征和四年置，掌捕巫蠱，督姦慝，成帝省，哀帝復置，秩二千石。

部刺史，秦監御史也，武帝元封五年改置，奉詔條察州事，成帝時更名牧，哀帝時復故，尋又稱牧。光武時，置刺史十二人，屬司隸校尉，靈帝時又改爲牧。刺史六百石，牧二千石。

內史，秦官，景帝時分置左右內史，武帝更名京兆尹，治京師，有兩丞，下爲兩令丞及兩長丞。

左馮翊，武帝以左內史更名，治京師，有兩丞，下爲令丞尉及四長丞。

右扶風，武帝以主爵都尉（掌官）改治右內史地，治京師，有兩丞，下爲一令丞四長丞。

郡守，承秦舊，景帝更名太守，治郡事，有丞；邊郡又有長史，掌兵馬。　以上秩皆二千石。

都尉，承秦舊，景帝更名都尉，助守典武職，有丞，秩比二千石。

縣令，承秦舊，萬戶以上爲令，治縣事，有丞尉，大率十里一亭，亭有長，十亭一鄉，鄉有三老掌教化，嗇夫聽訟收賦，游徼察賊盜，秩自千石至六百石。

縣長，承秦舊，不滿萬戶爲長，餘同上，秩自五百石至三百石。

西域官：

西域都護，宣帝地節三年置，使護西域三十六國，有副校尉，有一丞、二司馬、二候、二千人，秩二千石。

戊己校尉，元帝初元元年置，將兵屯西域，有丞、司馬各一人，候五人，秩六百石。

兩漢職官，除以上所列外，其間當知者，又有二：

(一)中朝之官　自丞相以下至吏六百石爲外朝，自大司馬、大將軍以下及侍中左右曹諸吏、中常侍、散騎常侍、給事中爲中朝，卽內朝也。大將軍初領征伐，武帝時無事，亦置以之尊功臣，不預政事。自霍光以大司馬大將軍輔政，而大將軍無不加大司馬者，雖位次丞相，權則過之。至後漢以外戚執政柄者，咸加大將軍名號，其位遂在公上。（如竇憲、鄧隲、耿寶、梁冀）若侍中而下至給事中，本非常職，特爲加官，蓋天子親幸之臣，以備顧問應對，而奉車都尉掌乘輿，駙馬都尉掌駙馬，又爲近臣貴職，後漢則中常侍悉以宦官爲之，非西京舊制矣。

(二)諸侯王之官　漢制，皇子封王，其郡爲國，有太傅輔之，內史治民，中尉典武職，丞相綜衆官，羣卿大夫都官如漢朝。景帝懲吳楚七國之亂，令諸侯王不得復治國，天子爲置吏，改丞相曰相，省御史大夫、廷尉、宗正、博士官、大夫、謁者、郎、諸官長丞，皆損其員。武帝改漢內史、中尉、郎中令之名，而王國如故，損其郎中令，秩千石，改太僕曰僕，秩如之。成帝省內史，更令相治民，如郡守，中尉如郡尉，後漢同之。茲綜其官爲一表如左：

謁者

禮樂長

傳 相 二千石 中尉 比二千石 郎中令 僕 千石 治書 大夫 比六百石 衛士長 醫工長 永巷長 祠祀長 比四百石 郎中——二百石

三國職官

三國職官升降紛更，難求詳備，上則班表劉註，存限制而不及後來；下則晉志宋書志本朝而罕詳前代。而欲彙一時之體制，集三國之異同，亦何所據依乎？茲本洪飴孫所作三國職官表，分爲述之。

列第一品者：

相國，掌佐理萬機，建安十六年，魏置。黃初元年，改司徒。甘露五年，復舊。蜀曰丞相，章武元年置，吳亦曰丞相，黃武初置。其屬有左右長史、左右司馬、從事中郎，(以上二職蜀同，吳無)署諸曹事、主簿、掾屬、舍人。(蜀吳無考)

太傅，以善導無常職，太保訓護人主，導以德義，惟魏置，蜀吳不設專官。其屬有左右長史，署諸曹事，司馬從事中郎、主簿、掾屬、舍人。以上三職，稱上公焉。

大司馬，掌武事，魏黃初二年置，位在三司上。蜀延熙二年置，吳黃武七年置。赤烏九年，分置左右。建興中復舊，其屬有左右長史、左右司馬，(蜀同吳無)軍師、從事中郎、參軍、列曹掾屬、舍人。(蜀吳均無考)

大將軍，掌征伐背叛，建安二十五年，魏初置。蜀建興十三年置，景耀初復分置右大將軍。吳黃龍元年置

上大將軍，又置大將軍，後皆並設。其屬視大司馬，唯主簿外尚有記室，列曹掾外尚有諸都督。蜀吳均無考

太尉，典兵獄，魏延康元年置，與司徒、司空稱三公。蜀蓋置不常設，吳與魏同。其屬有軍師、長史、司馬、從事、中郎、主簿、參軍、列曹掾、諸都督、舍人。蜀吳均無考

司徒，主民事，魏黃初元年改相國置，蜀章武元年置，吳寶鼎三年置。其屬視太尉。

司空，掌水土，建安十八年，魏置御史大夫，黃初元年更名。蜀無專官，吳寶鼎三年置。其屬亦視太尉。以上五職，稱五府焉。

列第二品者：

驃騎將軍、車騎將軍，本漢官，不常設。魏世或持節都督，或散還從文官例，為永制，位次三司。蜀復增置右驃騎將軍焉。吳則秩比三公。其屬有軍師、長史、從事、中郎、正行、參軍、諸都督、主簿、掾史。蜀吳均無考

光祿大夫，掌獻可替否，贊揚德化，無常員，先第三品，掌弔問，魏世轉復優重，不以為使命之官。蜀吳同。以上三職，稱從公焉。

列第三品者

侍中，出入侍從，備顧問，或拾遺補闕，建安十八年，魏初置，二十四年，蜀置，吳可考者，胡綜最初居是官，則在黃龍元年也。

散騎常侍，掌章表詔命手筆之事，魏延康元年置，合散騎中常侍為一官，尋削中字。蜀無考，吳亦曰散騎

中常侍。唯諸葛恪傳無中字

中常侍、備顧問、應對，蜀同，吳無考。其位次於侍中散騎常侍，中常侍者，有給事中，蜀吳不置給事黃門侍郎，散騎侍郎，蜀無吳同（俱第五品）然不為屬官也。

太常掌禮儀祭祀，建安二十一年，魏初置奉常，黃初元年，更名。建安二十四年，蜀先主為漢中王時置。明年，權為吳王置奉常，黃武四年更名。其屬有丞、主簿、協律都尉、蜀吳無博士、祭酒、蜀無吳同太史令、蜀吳同太廟令、蜀曰高廟令吳同太祝令、太樂令、蜀吳俱無園邑令。蜀吳同

光祿勳宿衛宮殿門戶，建安十八年，魏置郎中令，黃初元年更名。建安二十四年，蜀先主為漢中王時置。吳與魏同。其屬有五官中郎將、蜀吳同左右中郎將、南北中郎將、虎賁中郎將、蜀同吳無羽林中郎將、蜀置羽林左右都督吳置羽林督羽林左右監、蜀曰羽林監吳無奉車都尉、駙馬都尉、騎都尉、太中大夫、中散大夫、議郎、蜀吳同黃門令、蜀同吳無謁者僕射、冗從僕射、守宮令、清商令、暴室令、掖庭令、華林園令。蜀吳俱無其虎步監、虎騎監，為蜀所置；繞帳督、帳下左右部督，為吳所置也。

衛尉徼循宮中，建安二十二年，魏置。蜀吳同。其屬有公車司馬令、衛士令、左右都候、宮掖門司馬。蜀吳均無考

太僕掌輿馬，建安十八年，魏置。蜀吳同。其屬有典虞都尉、牧官都尉、考工令、中府令、典牧令、乘黃廄令、驊騮廄令。蜀吳均無考

廷尉掌平讞，建安十八年，魏置大理，黃初元年更名。蜀吳同。其屬有監、蜀無吳同正、平、律博士、主簿、諸獄丞。蜀吳無考

大鴻臚掌侯國及蠻夷歸義，建安二十一年，魏置。蜀吳同。其屬有丞及客館令。蜀吳無考

宗正掌宗室親屬，建安二十一年魏置。蜀吳同。其屬有丞及諸公主家令、家僕家丞。蜀吳無考

大司農掌錢穀金帛貨幣，建安十八年，魏置大農，黃初元年更名。蜀同。吳初亦曰大農，後復改。其屬有典農中郎將、蜀置督農典農校尉、蜀無吳於諸郡有屯田者亦置都尉、蜀無吳同度支中郎將、蜀無吳置節度度支都尉司馬丞及部丞、太倉令、導官令。蜀吳均無考

少府掌尚方服御，建安十八年，魏置。二十四年，先主爲漢中王時置。吳同。其屬有丞、材官校尉、太醫令、太官令、上林苑令、鉤盾令、蜀吳均無考御府令、中藏府令、中左右尚方令、平準令。吳皆同以上九職，稱九卿焉。

執金吾徼循宮外，建安十八年，魏置中尉，黃初元年更名。蜀吳同。其屬有丞、蜀吳無考武庫令。吳同

將作大匠掌宮室宗廟路寢，魏吳置。蜀無考。其屬有丞及右校令。蜀吳無考

太后三卿、衛尉、太僕、少府，皆隨太后爲官號，本在九卿上，魏改列九卿下，黃初元年置，蜀建興元年置，吳元興元年置。其屬有丞。

大長秋，奉宣中官命。魏蜀吳並置。其屬有丞，自執金吾以下，亦號列卿焉。

太子太傅，掌輔導太子，魏蜀吳並置；太子少傅魏吳置，蜀無考；太子詹事，蜀吳皆未設。其屬有中庶子、庶子、吳同家令、率更令、僕、虎賁督、司馬督、食官令、洗馬、衛率、侍講、門大夫、常從、廐長、舍人、摘句郎、文學。蜀吳均無考吳別置太子賓客、翼正三都尉、左輔都尉、右弼都尉、輔正都尉、翼正都尉、輔義都尉、左右部督，是爲東宮之官。

尚書令、綜典綱紀，無所不統，建安十八年，魏初置。二十四年，罷置。吳同。左右僕射主開封掌授廩假錢穀，蜀吳但曰僕射，不分左右。尚書魏分吏部、左民、客曹、五兵、度支凡五曹。蜀同，諸曹無考。吳止有選曹、戶曹、左曹、賊曹四曹。其屬有尚書左右丞、（蜀吳無考）諸部郎中、（蜀有吏部左選右選度支諸曹餘無考吳止有選曹餘無考）諸曹典事、（蜀吳無考）主書令史，（蜀同吳無考）號曰尚書臺。

中書監、典尚書奏事，中書令、平尚書奏事，太祖為魏王時置祕書令，黃初中，改祕書令為中書令，又置監與令各一人，並掌樞密。吳同。蜀不設中書監。其屬有中書侍郎、（蜀吳曰中書郎）中書通事、（蜀吳不設）著作郎、（蜀無吳置左右國史）著作佐郎、主書令史，號曰中書省。

祕書監、典藝文圖籍，武帝初置祕書令，兼領圖書祕記，黃初初更名。蜀置祕書令，或以他官領之。吳不設。其屬有祕書左右丞、（蜀吳無考）祕書郎、（蜀同吳曰祕府郎）校書郎、（蜀吳無考）主書、主圖、主譜令史，（吳同）號曰祕書省。

列第四品者：

御史中丞、外受公卿奏事，舉劾彈章，本御史大夫之丞，御史大夫轉為司空，因別留中為御史臺率。魏黃初初，改為宮正，尋復為臺主，又更今名。蜀吳同。其屬有持書執法、（蜀無吳曰左右執法）督軍糧執法、（蜀吳無）侍御史、（蜀無吳同）督軍糧御史、（蜀無吳有監農御史）殿中侍御史、三臺五都侍御史、禁防御史、蘭臺令史，（蜀吳均無考）號曰御史臺。

都水使者、掌陂池灌溉，保守河渠，魏置，蜀吳俱不設。其屬有前後左右中水衡都尉，河隄謁者，都水參軍令史，號曰都水臺。

列第五品者：

符節令，掌授節、銅虎符、竹使符，建安十八年，魏初置，別為一臺，位次御史中丞。蜀吳同。其屬有符璽郎，（蜀無考，吳同）號曰符節臺。

軍官：

中領軍，第三品，領禁衛諸軍。建安四年，太祖丞相府，自置領軍，延康中改置。蜀亦置中領軍，復有領軍、前領軍、行領軍諸官。吳曰領軍將軍，復置左右領軍。其屬有中護軍、（蜀同吳置中左右護軍）武衛、（蜀無吳同）中壘、（蜀吳俱無）二將軍，步兵、屯騎、越騎、長水、射聲五校尉。（蜀吳並同）

城門校尉，第四品，掌京師城門。蜀無考，吳同。其屬有司馬及門候、門副。

殿中將軍，第六品，掌督守殿內。魏置，蜀曰殿中督。其屬有中郎將、校尉、都尉、司馬、羽林郎。（吳無）

地方文武官：

四征將軍，（復有四鎮）第二品，分東西南北四方，兼統諸州刺史。蜀吳同。其屬有軍師、長史、司馬、從事中郎、正行、參軍、諸督主簿、掾屬。（蜀吳無考）

持節都督，（即領兵刺史）第四品，都督諸州軍事，兼領刺史。太祖為漢丞相時，有督軍，督十軍二十軍者，始號都督。黃初三年，文帝改置，使持節為上，持節次之，假節為下。蜀於緣邊諸郡皆置，吳於瀕江要害皆置領兵屯守。其屬有護軍、監軍。

司隸校尉、第三品，察舉百官及京師近郡犯法者，并領一州，所屬十三州，其一州屬司隸校尉，爲司州。蜀所置同，但如漢制督察京輦，不典益州事。吳無專官。其屬有從事、史假佐、都官從事、功曹從事、諸曹從事、部郡從事、武猛從事、督軍從事、主簿錄事、門下書佐、省事記室書佐、諸曹書佐諸員。（蜀吳無考）

州刺史、（即單車刺史）第五品，循行郡國，錄囚徒，考殿最，或置牧，魏蜀吳皆同。其屬從事、史假佐員職如司隸校尉、部郡從事、（三國同）治中從事、別駕從事、功曹從事、主簿書佐。（魏蜀同）其簿曹從事、兵曹從事、文學從事、武猛從事、門亭長、計吏爲魏所置；議曹從事、勸學從事、典學從事、督軍從事、祭酒從事、前後左右司馬，爲蜀所置；吳州職可考者，猶有師友從事，餘無聞焉。

郡太守、第五品，掌治其郡，魏蜀吳同。其屬有丞及中正、諸曹、掾史、主簿、督郵、書佐、小吏。

郡都尉、（大郡二人）第五品，典兵禁備賊盜，魏蜀吳同。其屬有司馬，餘同上。

縣令、六品至七品，掌治其縣，魏蜀吳同。其屬有丞尉、三老、嗇夫、諸曹、掾史，略如郡。

縣長、第八品，餘同上。

附魏外藩鎮撫官：

戊己校尉、護羌校尉、護東羌校尉，屯兵治高昌；護烏桓校尉，屯兵治廣寧；護鮮卑校尉，屯兵治昌平；俱第四品。西域校尉，西戎校尉，俱第五品，職視護鮮卑校尉。其屬有長史、司馬。

附魏代王國官

- 第五品：相、都尉
- 第六品：傅、保、友
- 第七品：郎中令、中尉、大司農
- 第八品：常侍、侍郎、家令、諸雜署令
- 第九品：謁者大夫、諸署長

漢魏官制比較

曹氏官制，名與漢同，而實變之。統而言之，祿秩改爲九品，三公廣爲五府。內則尙書侍中別爲一臺，不屬少府，中書祕書創爲二省，專典機宜；宮禁不主於光祿勳，更置殿中、諸司；屯衞不歸於南北軍，別設領軍之職；司農管度支，而更領屯田；符節屬九卿，而轉爲臺主；公府之屬，增至百餘；軍師之名，徧列諸署。外則諸州屬於四征，而將軍忽爲藩鎭，都督加於岳牧，而刺史僅號單車；典兵則征鎭安平之號，十倍於兩京，郎將則東西南北之稱，不止於三署。是以紛更升降，與漢大殊。古今名號之改移，兩晉南北朝之建置，實皆權輿於此時者也。而況吳蜀名因漢制，亦有異同。蜀猶略祖東京，吳則大形增省。此又考三國官制者當會而通之耳。（洪氏三國職官表序）

晉宋齊梁陳職官表

晉宋齊梁陳，承曹魏之後，官名職掌，大抵略同，然分爲詳敘，體例未免過繁。茲變其例，綜一表以誌沿革，亦芟繁揭要之法也。

官別	諸公	從公
晉	相國 丞相 不常置非尋常人臣之職 八公：太宰 太傅 太保 大司馬 大將軍 太尉 司徒 司空	驃騎 車騎將軍 衛 撫軍 都護 鎮軍
宋	同上 同上 同上 同上 同上 同上 同上 同上 同上 同上	驃騎 車騎 衛 中軍將軍 鎮軍將軍 撫軍
齊	太傅 太尉 司徒 司空 餘並為贈官	驃騎 車騎 衛 鎮軍將軍開府者 中軍將軍位從公 撫軍
梁	丞相 太宰 太傅 太保 大司馬 大將軍 太尉 司徒 司空	諸將軍 左右光祿大夫 優者加同三公
陳	太尉 司徒 司空 餘並為贈官	同上

公	尚書
中軍、四征、四鎮、龍驤、典軍、上軍、輔國大將軍 左右光祿大夫 光祿大夫 諸開府者皆為位從公	尚書令 左右僕射 吏部 殿中
四征、四鎮、四安、四平 四中郎將 其餘雜號將軍甚多	尚書令 左右僕射 祠部 吏部
四征、四鎮、四安、四平、左右、前後、征虜、冠軍、輔國、寧朔、寧遠、龍驤將軍 四中郎將	尚書令 左右僕射 吏部 度支
	尚書令 左右僕射 吏部 祠部
	同上 同上 同上 同上

省	門下省	中書省	祕書省	御史臺	謁者臺	都水臺
五兵尚書 田曹尚書 度支 左民	侍中 給事黃門侍郎 散騎常侍 通直散騎常侍	中書令 中書監	祕書監	御史中丞	謁者僕射省置無恆	都水使者
左民尚書 度支尚書 五兵 都官	同上 同上 同上 同上	中書令	同上	同上	同上	同上
左民尚書 都官尚書 五兵 起部	(門下省)侍中 給事黃門侍郎 (集書省)散騎常侍 通直散騎常侍	中書監 中書令	同上	同上	同上	同上
度支尚書 左民尚書 都官 五兵	(門下省)同上 同上 (集書省)同上 同上	中書監 中書令	同上	同上	同上	改入列卿
同上 同上 同上 同上	(門下省)同上 同上 (集書省)同上 同上	同上 同上	同上	同上	同上	同上

諸卿	太常	同上	同上	（春卿）太常卿	（春卿）同上
	光祿勳	同上	同上	宗正卿	同上
	衞尉 東晉省	同上	同上	司農卿	同上
	太僕	同上 郊祀權置畢乃省	同上	（夏卿）太府卿	（夏卿）同上
	廷尉	同上	同上	少府卿	同上
	大鴻臚	同上 有事權置畢乃省	同上	太僕卿	同上
	宗正 東晉省	無	無	（秋卿）衞尉卿	（秋卿）同上
	大司農	同上	同上	廷尉卿	同上
	少府	同上	同上	大匠卿	同上
	將作大匠 有事則置	同上 有事則置無則省	同上	（冬卿）光祿卿	（冬卿）同上
	太后三卿	同上	同上	鴻臚卿	同上
	大長秋	同上	同上	大舟卿 都水使者	同上
				大長秋	同上
東宮	太子太師 東晉無師	太子太傅	同上	太子太傅	同上
	太子少師	太子少傅	同上	太子少傅	同上
	太子太傅 梁有二傅	詹事	同上	詹事	同上
	太子少傅				

官	太子太保				
	太子少保				
	詹事				
禁軍官	中領軍	領軍	同上	同上	同上
	護軍　將軍	護軍　將軍	同上	同上	同上
	左衛	同上	同上	同上	同上
	右衛　將軍	同上	同上	同上	同上
	驍騎	同上	同上	同上	同上
	游擊	同上	同上	同上	同上
	是爲六軍但領護爲之統				
	此外復有四軍五校				
地方官	司隸校尉（東晉改揚州刺史）	揚州刺史	同上	同上	同上
	領兵刺史（兼將軍都督之稱者）	同上	同上	同上	同上
	京尹	同上	同上	同上	同上
	單車刺史	同上	同上	同上	同上
	郡太守	同上	同上	同上	同上
	縣令長	同上	同上	同上	同上

外藩鎮撫官						王國官									
護羌	西戎校尉	南蠻	南夷	寧蠻　東晉置	平越中郎將	傅	友	文學（即郡守）	內史	郎中令	中尉	大農	左右常侍　大國有之	上中下三軍　次國二軍　小國一軍	此外尚有典書典祠等官　公侯國遞減
無	同上	同上	無	同上	同上	同上	同上	同上	同上	同上	同上	同上	同上	大小國皆有三軍	同上
護南蠻	護三巴	寧蠻　平蠻校尉	鎮蠻	護西戎	平越中郎將	同上	同上	同上	同上	同上	同上	同上	同上	同上	同上
西戎	平戎校尉	寧蠻	鎮蠻	鎮蠻	安遠護軍	傅相	同上　若王加將軍開府別置府屬友與文學唯王府有之	同上	同上	同上	同上	同上	同上	同上	同上　嗣王蕃下以下遞減
同上	同上	同上	同上	同上	同上	同上	同上	同上	同上	同上	同上	同上	同上	同上	同上

北魏北齊職官表

北朝魏孝文用王肅言，官制悉仿南朝，而北齊官制，又多從後魏，其間小有差異，茲就齊官，附註於下

	官名	品秩	職掌	官屬
諸公	太師	正一品	以善導無常職	有長史司馬諮議參軍從事中郎掾屬主簿諸曹參軍事諸曹行參軍督護等員
	太傅	同上	同上	同上
	太保以上爲三公有勳德者居之	同上	同上	同上
	大司馬	同上	武事	同上
	大將軍以上爲二大	同上	同上	同上
	太尉	同上	同上	同上
	司徒	同上	民事	同上（加左右長史）
	司空以上爲三公	同上	水土	同上
	丞相	同上		同上
	開府儀同三司	從一品		同上（諸曹參軍事員數稍減）
尚書省	尚書令	正二品	彈糾見事	有左右丞都令史六尚書所統二十八曹有郎中掌故主事等
	左右僕射	從二品	執法	
	六尚書	正三品	分吏部殿中祠部五兵都官度支六職	

門下省	侍中	正三品	獻納諫正及司進御之職	有錄事通事令史主事令史統領左右尚食尚藥主衣齋帥殿中六局
	給事黃門侍郎	正四品	同上	
中書省	中書監魏以中書省爲西臺	正三品	管司王言及司	有侍郎及樂部伶官之屬又舍人省之中書舍人主書等
	中書令	正四品	進御之音樂	
祕書省	祕書監	正三品	典司祕籍	有丞郎中校書郎正字又著作省之著作郎佐郎校書郎
集書省	散騎常侍	從三品	諷議左右從容獻納	有諫議大夫散騎侍郎員外散騎常侍通直散騎侍郎給事中員外散騎侍郎奉朝請等又起居省之散騎常侍通直散騎常侍及侍郎
	通直散騎常侍	正四品	同上	
中侍中省	中侍中	從三品	出入禁中	有中給事中又領中尚藥中尚食中謁者諸局
	中常侍	正四品	同上	
御史臺	御史中丞魏以御史臺爲南臺	從三品	察糾彈劾	有治書侍御史侍御史殿中侍御史檢校御史及錄事等又領符節署
都水臺	都水使者	從五品	管諸津橋	有參事兼領都尉合昌坊城諸局
謁者臺	謁者僕射	正六品	導相禮儀	有謁者錄事
卿	太常寺卿 少卿	正三品 正四品	陵廟羣祀禮樂儀制天文術數衣冠之屬	有丞並置功曹主簿錄事其屬博士協律郎八書博士諸陵太廟太樂衣冠鼓吹太祝太史太醫廩犧太宰諸署
	光祿寺卿 少卿 魏爲光祿勳齊改	同上	膳食帳幕器物宮殿門戶等事	同上統守宮太官宮門供府肴藏清漳華林等署
	衛尉寺卿 少卿	同上	禁衛甲兵城守之屬	同上兼統城內校尉又領公車武庫衛士等署
	太僕寺卿 少卿	同上	車輦馬牛畜產之屬	同上統驊騮左右龍左右牝駝牛司羊乘黃車府等署

寺	大理寺卿少卿	魏爲廷尉	同上	法正刑獄	同上有正監評律博士明法掾檻車督掾獄丞掾司直明法
	鴻臚寺卿少卿	魏爲大鴻臚	同上	蕃客朝會吉凶弔祭	同上統典客典寺司儀等署
	司農寺卿少卿	魏爲大司農	同上	倉市薪菜園池果實	同上統平準太倉導官梁州水次倉石濟水次倉藉田諸署
	太府寺卿少卿	魏爲少府	同上	金帛府庫營造器物	同上統左右中三尙方左藏司染諸冶東西道黃藏有藏細作左校甄官等署
	國子寺祭酒		從三品	訓教胄子	同上領博士助教又太學四門學之博士助教
	長秋寺卿中尹		從三品 正四品	掌諸宮閣	同上領中黃門掖庭晉陽宮中山宮園池中宮僕奚官等署
	將作寺大匠		從三品	掌諸營建	同上若有營作則立將副將長史司馬
	昭玄寺大統統			掌諸佛教	有都維那及功曹主簿錄事
東宮官	太師		正二品	訓導輔翊	不領官屬
	太子太傅		同上	同上	
	太保		同上		
	少師		正三品	同上	
	太子少傅		同上	同上	
	少保		同上		
	詹事		同上	東宮內外衆務	有丞及功曹主簿錄事領家令寺率更令寺僕寺左右衛坊門下坊典書坊
禁軍	領軍府將軍		從二品	禁衛宮掖	有中領軍各有長史司馬主簿錄事贊其府事
	左右衛府將軍領軍府領之		正三品	左右廂朱華閣以外	各以武衛將軍二人貳之府屬同上有御仗直盪直突直閣屬官及諸將軍校尉等

官	領左右府將軍（同上）	從三品	同上	有領千牛備身及左右備身正副都督刀劍備身正副都督等
	護軍府將軍	從三品	出則護駕	有中護軍各有長史司馬主簿錄事徵其府事統東西南北四中郎將諸關尉津尉
地方文武官	司州牧	從二品	治司州	有別駕從事史治中從事史主簿書佐記室及諸曹從事員又領西東市署令
	清都尹（魏置河南尹）	正三品	治清都郡	有丞中正功曹主簿督郵門下督錄事主記議及功曹記室諸曹掾
	鄴臨漳成安三縣令	從五品	治其縣	同上鄴又領三尉臨漳成安各二尉
	州刺史（上三等、中三等、下三等）	正三、從三品、正四	剌舉州事	府屬官有長史司馬以下州屬官有別駕治中以下合三百九十三人上中州以次遞減
	郡太守（同上）	從三、從四品、從五	治其郡	屬官佐史合一百十二人上中郡以次遞減
	縣令（同上）	正六、正七品、正八	治其縣	屬官佐史合五十四人上中縣以次遞減
	三等鎮將	正四品	緣邊諸鎮兵	有副將長史錄事參軍以下
	三等戍主	從七品		有副及隊主等員

皇子	師	正三品
	友	正五品
	文學	正六品
	郎中令	正六品
	大農	從六品
	中尉	正七品

王國	師	正三品	其下又有上中大夫防閤典書典祠學官典衛等令齋帥食官廐牧長典醫丞典府丞執書謁者舍人等員
	郎中令	正七品	
	大農	從七品	
	中尉	正八品	
	常侍	從八品	
	將軍（上下）	從九品	

官	
常侍	從七品
將軍(上中下)	從八品

官

北周職官表

依周官之建置

三公	
太師 太傅 太保	正九命

三孤	
少師 少傅 少保	正八命

六卿	
天官府大冢宰 地官府大司徒 春官府大宗伯 夏官府大司馬 秋官府大司寇 冬官府大司空	正七命

六卿之屬	
諸上大夫	正六命
諸中大夫	正五命
諸下大夫	正四命
諸上士	正三命
諸中士	正二命
諸下士	正一命

參用秦漢以下官制 略舉三部

將軍	
柱國大將軍 大將軍	正九命
驃騎 車騎 大將軍 開府儀同 儀同大將軍	九命
前後左右將軍	正七命
冠軍將軍 輔國將軍	七命
正六命諸雜號將軍	
六命諸雜號將軍	

大夫	
左右光祿大夫	正八命
左右金紫光祿大夫	八命
左右銀青光祿大夫	正七命
大中大夫	七命

州郡吏	
雍州牧	
五等州刺史	正八命至正六命
京兆尹	八命
五等郡守	七命至五命

之部		
驃騎將軍	正八命	正五命諸雜號將軍
四征中軍鎮軍撫軍大將軍	八命	五命諸雜號將軍
俱有長史司馬錄列曹參軍諸府屬自正四命以下至於一命尚有諸雜號將軍		

之部
中散大夫七命
諫議大夫正六命 諮

之部	
長安萬年二縣令正五命	五等縣令五命至三命
諸州府屬有長史司馬錄列曹參軍官屬有別駕治中諸郡各有郡丞	

以上晉宋官品，一依曹魏，唯齊制不詳，梁爲十八班，班多者爲貴陳遵之，而亦立爲九品，視晉宋兩朝，同官異品，則稍參差矣。茲復就梁陳補一表於左。

	（梁）	（陳）
自丞相至司空	十八班	一品
諸將軍光祿開府者	十七班	一品
尚書令	十六班	一品
左右僕射	十五班	二品
吏部尚書	十四班	三品
列曹尚書	十三班	同上
侍中	十二班	三品
給事黃門侍郎	十班	四品
散騎常侍	十二班	三品

	（梁）	（陳）
太子太傅	十六班	二品
太子少傅	十五班	同上
太子詹事	十四班	三品
領護將軍	十五班	三品
左右衛將軍	十二班	三品
驍騎游擊將軍	十一班	四品
揚州刺史	未詳	三品
州刺史	未詳	五品
單車刺史加督者進一		

通直散騎常侍	十一班	四品
中書監	十五班	二品
中書令	十三班	三品
祕書監	十一班	四品
御史中丞	十一班	三品
謁者僕射	六班	六品
太常	十四班	三品
宗正	十三班	同上
太府	十三班	同上
衛尉	十二班	同上
司農	十一班	同上
少府	同	同上
廷尉	同	同上
光祿	同	同上
太僕	十班	同上
大匠	同	同上
鴻臚	九班	同上

品加都督者進二品		
丹陽尹	未詳	五品
郡太守	十班	五品至七品
建康令	未詳	
縣令長	七班（皆立府隨府主號鄉重而不爲定）	八九品
寧蠻校尉		五品
西戎校尉		六品
平戎校尉		六品
鎮蠻校尉		六品
鎮蠻護軍		九品
安遠護軍		九品
皇弟皇子師	十一班	四品
皇弟皇子友	八班	六品
皇弟皇子文學	五班	七品
郎中令	五班	八品
大農	四班	八品
中尉	三班	八品

大僕	同	同上
大長秋	同	同上
常侍	二班	九品
將軍	流外第七班	同上

魏齊周職官前後因革

北魏世君元朔，及交南夏，官名位號，略依晉制，然道武帝初年，酋長舊制猶未盡革也。南北直大人對治，二部又置都統及幢將主領宿衛，其受詔外使出入禁中者，亦有外朝大人焉。至皇始元年，始建曹省，備百官，亦屢有增省。孝文遷洛，多所更定，始著爲令，而齊因之。然臺省位號，與江左稍殊，制樞密之任，南朝重在中書，魏齊則歸門下者也。自西魏宇文泰執政，改創章程，命尚書令盧辯遠仿周禮六官法，以魏恭帝三年（明年西魏亡周代）行之。其時雖行周禮，而內外衆職又兼秦漢官，迄周末多有更改。隋興，廢六官之法，仍依漢魏，杜佑謂有周年代短促，人情習於故常，不能革其視聽，理或然歟！

隋代職官

三師、正一品，坐而論道，不主事，煬帝省，無府僚。

三公、正一品，參議國之大事，無其人則闕，初有府僚，尋省，以上稱諸公焉。

尚書令、正二品，綜六部事，其屬有左右丞及郎、都事、主事、令史，六部分司曹務者，初稱侍郎，煬帝以侍郎貳尚書，改諸曹侍郎曰郎。

左右僕射、從二品，職視尚書令，僚屬同。

六曹尚書、正二品，分吏、禮、兵、都官、度支、（後改民部）工二十四司，凡領三十六侍郎，煬帝改置六侍郎以貳之，秩正四品以上，稱尚書省焉。

納言、正三品，隋依後周制，即侍中職，煬帝更名侍內，其屬有錄事、通事令史，又有諫議大夫，（煬帝省）散騎以下侍郎、給事、諸員，統城門、尚食、尚藥、符璽、殿內六局，煬帝省散騎諸職，別以殿內局爲監。

給事黃門侍郎、正四品，隋初無，煬帝移吏部給事郎置，尋復去給事名。

散騎常侍、從三品。

通直散騎常侍、正四品，以上通屬門下省，煬帝時廢散騎二職。

內史令、正三品，即中書令之職，隋初更名，置監令，煬帝改爲內書，尋復故，其屬有侍郎、舍人、通事舍人，（煬帝省）起居舍人，（煬帝增）主書、錄事，稱曰內史省。

祕書監、正三品，煬帝改正爲從，并增少監一人，定從四品，後並改爲令，典司經籍，領著作、太史二曹，其屬有丞及郎、校書郎、正字、錄字，稱曰祕書省。

殿內監、正四品，隋初爲局，置監二人，大業分門下太僕二司，更殿內監名，并置少監一人，秩從四品，掌諸供奉。其屬有奉車都尉，統尚食、尚藥、尚衣、尚舍、（舊隸門下）尚乘、（舊隸太僕）尚輦、及城門（舊隸門下）等局，稱曰殿內省。

御史大夫、從三品，掌糾察彈劾，其屬有治書侍御史、侍御史、殿內侍御史、（煬帝省）監察御史，稱曰御史臺。

謁者大夫正四品，掌受詔宣撫申奏冤枉，煬帝增置，以司朝謁者貳之，秩從五品。其屬有丞、主簿、錄事、及通事、

謁者以下諸員，後有增省，稱曰謁者臺。

司隸大夫正四品，掌諸巡察，煬帝增置。其屬有別駕及統諸巡察京外之刺史，稱曰司隸臺。

太常寺卿正三品，煬帝增置少卿正四品，掌禮儀，有丞主簿錄事。其屬有博士、協律郎、奉禮郎、郊社，太廟，諸陵、

太祝、太樂衣冠清商，鼓吹、太醫、太卜、廩犧等署。

光祿寺卿少卿秩同太常（第自光祿以下八寺少卿，煬帝增置，二人並改卿，秩爲從三品，少卿爲從四品）

掌膳食，丞主簿錄事同。（以下八寺俱同）統大官肴藏、良醞、掌醢四署。

衞尉寺卿少卿掌禁衞，統公車、武庫、守宮三署。

宗正寺卿少卿掌宗室，不統署。

太僕寺卿少卿掌輿馬，又有獸醫博士，統乘黃、龍廄、車府、典牧四署。

大理寺卿少卿掌刑辟，又有正監評、司直律博士、明法、獄掾不統署。

鴻臚寺卿少卿掌外蕃朝會，統典客，（煬帝改典蕃）司儀、崇元三署。

司農寺卿少卿掌上林太倉，統太倉、上林、鉤盾、導官四署。初有典農、華林，（煬帝省）平準、京市，（煬帝改隸

太府）

太府寺卿少卿、掌府庫京市，統京市五署及平左右藏，凡八署。以上通稱九寺焉。

國子祭酒、從三品，掌總知學事，初改寺為學，仁壽間罷國子學，唯立太學一所，省祭酒，置太學博士，煬帝改爲監，依舊置祭酒，并增司業，秩從四品，其屬有丞、主簿、錄事，國子太學均有博士助教，稱曰國子監。

將作大監、正四品，少監正五品，掌營建，煬帝復改爲令、少令，有丞、主簿、錄事，統左右校及甄官（本隸太府）三署，稱曰將作監。

少府監、從三品，少監從四品，掌內府器物，煬帝分太府，置屬同上，統左尚、右尚、內尚、司染、掌冶五署，（本隸太府，煬帝改）稱曰少府監。

都水監、正四品，少監正五品，掌河渠，初廢都水臺，十三年復置，仁壽元年改臺爲監，更名使者，亦爲監，後又改爲使者，其屬有丞及參軍，統舟檝、河渠二署，稱曰都水監。

長秋令、正四品，少令從五品，初曰內侍省，煬帝改置，並用士人，其屬有丞、內承奉、（初名內常侍）內承直、（初名內給事）內謁者，領掖庭、宮闈、奚官三署，稱曰長秋監。

太子太師、太傅、太保、正二品，太子少師、少傅、少保、正三品，掌輔導太子，開皇初置詹事，尋省，其屬有門下坊、左庶子、典書坊、右庶子、及家令、（煬帝改司府令）率更令、僕、三寺，又左右衛、左右宗衛、左右虞候、左右內率、副率、左右監門等諸軍將，各有府屬，稱曰東宮官。

禁軍分六衛，曰翊衛、（本名左右衛，煬帝改）領驍騎衛士，曰驍衛、（本名備身府，煬帝改）領豹騎衛士，曰武衛、領熊渠衛士，曰屯衛、（本名領軍府，煬帝改）領羽林衛士，曰禦衛、（煬帝置）領射聲衛士，曰候衛、（本名武候，煬帝改）領佽飛衛士，俱分左右，左曰大將軍、正三品，右曰將軍、從三品有武賁郎將、武牙郎將以副將軍。其屬有長史、司馬、錄事、參軍等員。

又分二府：曰備身府，本名左右領左右府煬帝改置郎將郎將，分左右，俱正四品，翊衛出入。曰監門府郎將，亦分左右，品秩同上，守衛門禁。備身府有直齋以貳郎將，統千牛左右司射左右及諸郎將；監門府有直閤及門尉、門候等員，其府曹同衛曹，統稱曰禁軍官。

雍州牧、從二品，治其州，其屬有別駕、贊務、州都、郡正、及府曹。

京兆河南尹、正三品，治其郡，其屬有丞正及府曹，煬帝增置內史，位次尹。

大興長安洛陽令、從五品，治其縣，所屬視尹。

州刺史初分九等後改上中下三等上正三品，中從三品，下正四品，治其州。自開皇三年，以州統縣，於是刺史名存而職廢，後雖有刺史，亦理一郡而已。有長史以下府曹之屬，員數以次遞減。

郡太守、同上，上從三品，中正四品，下從四品，治其郡。初承北齊制，至開皇三年，罷天下諸郡，以州統縣，大業三年，復改州為郡，有丞正及諸府曹，煬帝加置通守，位次太守。

都尉正四品，副都尉正五品，專領兵，不與郡事，煬帝增置。

縣令、初分九等後亦分三等上正七品，中從七品，下正八品，治其縣，有丞尉以下諸曹屬。

鎮將、鎮副貳之亦分上中下三等上從四品，中從五品，下正六品，有長史司馬諸曹參軍之屬。

戍主、戍副貳之亦分三等上正七品，中正八品，下正九品。

關令（丞貳之分三等）上中從八品，下正九品。自牧以下，通稱地方官。

文帝煬帝兩朝官制差異，既如上所述矣。此外則文帝時有行臺省，（行臺始於魏晉，如魏末晉文帝討諸葛誕，裴秀等以行臺從是也。北魏北齊亦有之）置總管尚書令僕以下官，如尚書省職，所以重方面之任也。其前世所稱上柱國、大將軍、開府儀同三司、光祿大夫之屬，並爲散官。至煬帝罷諸總管，其散官名號亦有廢置，此亦異同紛糾之端耳。雖然其中之大變革，猶有二事焉。

一曰六部侍郎　侍郎之名，繇來已久，西漢侍郎，執戟宿衛諸殿門以侍之，故曰侍郎，非若後世諸曹之職事也。又歷代尚書亦有侍郎，其數至衆，若後世之郎官耳。自梁陳有郎中、侍郎，始分郎與侍郎爲二。隋初三十六侍郎，猶唐代二十四司郎中之職，煬帝置六部侍郎，以貳尚書，後諸曹侍郎但曰郎，繇是侍郎名位，遂在郎中上，故今之侍郎，其置自隋始。

一曰諸州刺史　漢之刺史，職在察郡，漢季而下，刺史總統諸郡，賦政於外，已非曩時司察之任，然以州領郡，是其職任固崇也。隋文帝開皇三年罷郡，以州統縣，職同郡守，無復刺舉之實，所謂刺史者，皆太守互名耳。有時改郡爲州，則謂之刺史，有時改州爲郡，即謂之太守，其實一也。故刺史之理一郡，其制亦自隋始。

唐代職官

高祖發迹太原，官制多依隋舊，登極之初，未遑改作，隨時署置，務從簡便。自高宗之後，官名品秩，屢有改易。茲錄永泰二年官品，其改易品秩者，注於官品之下，若改官名及職員有增減者，則各附之於本職云。概括唐之官制，爲三師、三公、三省、九寺、一臺、五監及東宮官、南衙十六衛、北衙諸軍、地方文武官，其名稱職掌，分述如左。

太師太傅太保曰三師，天子所師，法無所總，職非其人則闕。太尉司徒司空曰三公，佐天子理陰陽，平邦國，靡所不綜，並皆正一品，不設府僚。

尙書省龍朔二年改曰中臺武后更名文昌臺俄曰文昌都省玄宗復舊

尙書令，正二品，掌典領百官，龍朔二年廢，玄宗復置。

左右僕射，從二品，掌統理六官，爲令之貳，高宗龍朔二年改曰左右匡政，武后更名文昌左右相，開元元年，曰左右丞相，天寶元年復舊。有左右丞，左丞總吏戶禮三部，右丞總兵刑工三部，又有郎中、員外郎、都事、主事諸員。

六部尙書，正三品，分掌六部，龍朔二年，改曰太常伯，咸亨初復舊，武后改置四時之官，神龍元年復舊。部分四司，總六部，凡二十四司，各有郎中、員外郎、主事、令史掌固之屬。

六部侍郎，正四品，分掌六部，龍朔二年，改曰少常伯，咸亨初復舊，屬官同上。

門下省龍朔二年改曰東臺武后更名鸞臺開元元年曰黃門省

侍中，正二品，掌出納帝命，相禮儀，龍朔二年，稱左相，武后改曰納言，開元元年，改稱爲監，天寶元年，仍曰左相。

有左諫議大夫龍朔二年曰正諫大夫貞元四年分左右、給事中、左補闕、左拾遺武后改置補闕拾遺左右各二人、起居郎、典儀、城門郎、符寶郎、宏文館學士、校書郎等員。

門下侍郎、正三品，掌貳侍中之職。

左散騎常侍、正三品，掌規諷得失，侍從顧問，貞觀元年置，顯慶二年分左右，（隸門下與中書省皆金蟬珥貂左散騎與侍中爲左貂右散騎與中書令爲右貂謂之八貂）龍朔二年，曰侍極。

中書省（武德三年改內書省置龍朔元年曰西臺武后改爲鳳閣開元元年更名紫微省）

中書令、正二品，掌佐天子執大政，而總判省事，龍朔元年曰右相，武后改稱內史，天寶元年，仍曰右相，大歷五年復舊。有右諫議大夫、右補闕、右拾遺、（同上）舍人、起居舍人、通事舍人、集賢殿書院學士、（開元五年置乾元院使六年更號麗正修書院使十一年置修書學士十三年更今名）直學士、侍讀學士、修撰官、校書正字、史館修撰等員。

中書侍郎、正三品，掌貳令之職，朝廷大政參議焉。

右散騎常侍、正三品，掌如門下省。

祕書省（龍朔二年更名蘭臺武后曰麟臺太極元年復舊）

祕書監、從三品，掌經籍圖書，龍朔二年，改蘭臺監太史，武后時復舊、有丞（龍朔初曰大夫後復舊）郎、校書郎、正字、典書令史、亭長、掌固等員，領著作局，有著作郎。

少監、從四品，掌貳監之職，龍朔二年改侍郎，武后時復舊。

內侍監、從三品，掌出入宮掖，奉宣制令，有內常侍、內給事、內謁者監、內謁者、內寺伯、寺人，領掖庭、宮闈、奚官、內僕、內府、內坊六局，局各有令丞。

少監，從四品，掌如祕書省，天寶十三年改內侍置。

內侍，從四品，職視少監，少監既由內侍改，因更置四人爲之。

殿中省（武德元年改監爲省，龍朔二年曰中御府，舊有天藏府，開元二十二年省）

內侍省（武德四年改長秋監置，龍朔二年改監爲省，武后曰司宮臺，天寶十三年復舊）

殿中監，從三品，掌乘輿服御，龍朔二年，更名大監，尋復舊。有丞、（龍朔初曰大夫）侍御、尚醫、主事、進馬（天寶八年罷南衙，因省，十二年復置）六局，（乾元後又省大監，十四年復改）等員，領尚食、（龍朔初曰奉膳）尚藥、（龍朔初曰奉醫）尚衣、（龍朔初曰奉冕）尚舍、（龍朔初曰奉扆）尚乘、（龍朔初曰奉駕）尚輦（龍朔初曰奉輿）

局各有奉御直長，其食醫、（隸尚食）侍御醫、司醫、醫佐、（隸尚藥）司廩、司庫、奉乘、（隸尚乘）尚輦（隸尚輦）分隸之。

御史臺（龍朔二年曰憲臺，咸亨元年復舊。門北闢，主陰殺也，故爲風霜之任，官之雄俊，莫與比焉。舊制但聞風彈事，提綱而已，其鞫案禁繫則委之大理，貞觀末乃於臺中置東西二獄，以自繫劾，開元中罷之。武后時改爲肅政臺，置左右二臺，左以察朝廷，右以澄郡縣）

御史大夫、正三品，掌以刑法典章，糾正百官罪惡，龍朔二年，改爲大司憲，咸亨初復舊。其屬有三院：一曰臺院，侍御史隸焉；（貞觀中與給事中中書舍人同受表裏冤訟，謂之三司受事。其職有四：曰推也，彈也，公廨也，雜事也。臺內之事悉主之，謂之臺端，他人稱之曰端公，知雜事者謂之雜端）二曰殿院，殿中侍御史隸焉；三曰察院，監察御史隸焉。有主簿錄事等員。

御史中丞、正四品，爲大夫之貳，龍朔二年，改爲司憲大夫，咸亨初復舊，武后改爲御史大夫，太極初復舊

太常寺（龍朔二年改爲奉常寺，咸亨初復舊，武后光宅元年改爲司禮寺，神龍初復舊）

太常卿、正三品，掌禮樂郊廟社稷之事，少卿貳之，從四品，龍朔改九寺卿，皆加正少卿，皆曰大夫，後各復舊。有丞、主簿、博士、奉禮郎、（初名治禮郎避高宗名改）協律郎、錄事等員，領兩京郊社、太樂、鼓吹、太醫、太卜、廩犧、汾祠七署，（舊有太廟署衣冠署皆先後廢置）署各有令丞，其鼓吹有樂正，太卜有博士，太醫有醫針、按摩、呪禁諸博士及醫針助教、按摩師等員。

光祿寺（龍朔改爲司宰寺咸亨復舊光宅改司膳寺神龍復舊）

光祿卿、從三品，掌邦國酒醴膳羞，少卿貳之，從四品。有丞、主簿、錄事等員，領太官、珍羞、良醞、掌醢四署，署各有令丞。

衛尉寺（龍朔改爲司尉咸亨復舊光宅改爲司衛神龍復舊）

衛尉卿、從三品，掌邦國器械文物，少卿貳之，從四品。有丞、主簿、錄事等員，領兩京武庫、武器、守宮三署，署各有令丞。

宗正寺（龍朔改爲司宗咸亨復舊光宅改爲司屬神龍復舊）

宗正卿、從三品，掌天子族親屬籍以別昭穆，少卿貳之，從四品。武德二年置宗師，後省。有丞、主簿、錄事、知圖譜官、修玉牒官、知宗子表疏官、諸陵臺、（開元二十四年以宗廟所奉不可名以署廢之以少卿知太廟事明年濮陽王徹爲宗正卿恩遇甚厚建議以宗正司屬籍請以陵寢宗廟來隸天寶十二年改隸太常至德二年復來隸永泰元年仍屬太常大歷二年復舊）諸太子廟、諸太子陵各令丞，及所領崇玄署寺丞。

太僕寺（龍朔改爲司馭咸亨復舊光宅改爲司僕神龍復舊）

太僕卿、從三品,掌廐牧輦輿之政,少卿貳之,從四品。有丞、主簿、錄事等員,領乘黃、典廐、典牧、車府四署,署各有令丞。其諸牧監,上牧監、中牧監、下牧監俱各有監、副監、丞、主簿。東宮九牧監丞、錄事並隸之。

大理寺(龍朔改爲詳刑,咸亨復舊。光宅改爲司刑,神龍復舊。)

大理卿、從三品,掌折獄詳刑,少卿貳之,從四品。有正、丞、主簿、錄事、獄丞、司直、評事等員。

鴻臚寺(龍朔改爲同文,咸亨復舊。光宅改爲司賓,神龍復舊。)

鴻臚卿、從三品,掌賓客及凶儀之事,少卿貳之,從四品。有丞、主簿、錄事,領典客、司儀二署,有典客令丞等員。

司農寺(龍朔改爲司稼,咸亨復舊。)

司農卿、從三品,掌倉儲委積,少卿貳之,從四品。有丞、主簿、錄事,領上林、太倉、鉤盾、導官四署,署各有令丞、監事,又有太原、永豐、龍門等倉儲監丞,慶善、石門、溫泉湯等監、諸監丞,司竹監、副監,京都諸宮苑總監、副監丞主簿,京都諸園苑監、副監丞,九成宮總監、副監丞主簿,諸屯監丞。

太府寺(龍朔改爲外府,咸亨復舊。光宅改爲司府,神龍復舊。)

太府卿、從三品,掌財貨廩藏貿易,少卿貳之,從四品。有丞、主簿、錄事,領西京諸市、左藏、右藏、常平四署,署各有令丞監事。

國子監(武德四年改監曰學,隸太常寺,貞觀初如故。龍朔改爲司成館,咸亨復舊。光宅初又改成均監,神龍復舊。)

國子祭酒、從三品,掌邦國儒學訓導,司業貳之,從四品。龍朔二年,祭酒曰大司成,司業曰少司成,咸亨初復舊。

有丞、主簿、錄事、博士、五經、太學、廣文館、四門館、律學、書學、算學諸博士、諸助教。

少府監（武德初廢監以諸署隸太府寺貞觀初復置龍朔改爲內府咸亨復舊光宅改爲尙坊神龍復舊）

少府監、從三品，掌百工技巧，少監貳之，從四品。有丞、主簿、錄事，領中尙、左尙、右尙、織染、掌治五署，署各有令丞監作，並轄諸冶監令丞監牧監作，鑄錢監互市等監監丞。

將作監（龍朔改爲善工咸亨復舊光宅改爲營繕神龍復舊）

將作監、從三品，掌土木工匠，少監貳之，從四品。有丞、主簿、錄事，領左校、右校、中校、甄官等署，署各有令丞監作，並轄百工、就谷、庫谷、斜谷、太陰、伊陽監副監丞監作。

軍械監（武德初置軍器大監貞觀元年改置小監後省以其地隸少府監爲甲弩坊開元初復以其地置軍器使至三年始爲監）

軍械監、正四品，掌繕甲弩，以時輸武庫。有丞、主簿、錄事，領弩坊、甲坊二署，署各有令丞監作。

都水監（武德初廢監爲署貞觀六年仍爲監龍朔二年改曰司津監垂拱元年改曰水衡開元二十五年不隸將作監咸亨初更今名）

都水監使者、正五品，掌川澤津梁陂池渠堰，高宗改爲司津監丞，武后改曰都尉，中宗復舊。有丞、主簿，領舟楫、（後廢）河渠諸津等署，署各有令丞及河隄謁者。（隸河渠）

南衙十六衛（武德五年改左右翊衛曰左右衛府左右驍騎衛曰左右驍騎府左右屯衛曰左右威衛左右禦衛曰左右領軍衛左右備身府曰左右府唯左右武衛府左右監門府左右候衛仍隋不改顯慶五年改左右府曰左右千牛府龍朔二年左右衛府驍騎府武衛府皆省府字改左右威衛曰左右武威衛左右領軍衛曰左右戎衛左右候衛曰左右金吾衛左右監門府曰左右監門衛左右千牛府曰左右奉宸衛後又曰左右千牛衛咸亨元年改左右戎衛曰領軍衛光宅元年改左右驍衛曰左右武威衛左右武衛曰左右鷹揚衛左右威衛曰左右豹韜衛左右領軍衛曰左右玉鈴衛貞元二年初置十六衛）

左右衞上將軍 大將軍 將軍，從二 正 從三品，掌宮禁宿衞，有長史參軍諸府屬，凡五府及外府，皆總制焉。

左右驍衞上將軍 大將軍 將軍，秩同上，掌亦如之，有長史參軍等，又有中郎將郎將諸員。

左右武衞上將軍 大將軍 將軍，均同上。

左右威衞上將軍 大將軍 將軍，均同上。

左右領軍衞上將軍 大將軍 將軍，均同上。

左右金吾衞上將軍 大將軍 將軍，秩同，掌徼循京城，烽候道路，府屬郎將同上，又有左右街使。

左右監門衞上將軍 大將軍 將軍，秩同，掌諸門禁衞及門籍，府屬郎將同上。

左右千牛衞上將軍 大將軍 將軍，秩同，掌侍衞及供御兵仗，府屬同上。

左右羽林軍大將軍 將軍 正 從三品，掌統北衙禁兵，有長史、錄事、參軍及中郎將。

左右龍武軍大將軍 統軍 將軍 正二品 正三 從三品 均同上。

左右神武軍大將軍 統軍 將軍 秩同，掌總衙前射生兵，府屬同上。

左右神策軍大將軍、統軍、將軍秩同，掌衛兵及內外八鎭，肅宗後，恒以中使領之，府屬同上。又有護軍中尉、中軍判官、句覆表奏支計孔目、驅使等員。

東宮官六傅（唐六傅不必備，唯其人。貞觀中撰太子接三師之儀，出殿門迎，太子先拜，三師答拜、每門讓三師，坐，與三師書，前名惶恐，後名惶恐再拜，太子出，乘路備鹵簿以從。）

太子太師、太傅、太保，俱從一品，掌輔導太子。

少師、少傅、少保，俱從二品，掌曉三師德行以諭太子。

太子賓客正三品，掌侍從規諫，贊相禮儀，貞觀十八年，以宰相兼之，開元中，始定員額，其後或置或否。

詹事府詹事、正三品，少詹事正四品，掌統三寺十率府之政，少詹貳之。武德初置，龍朔二年更名端尹，少詹曰少尹，咸亨初復舊，光宅元年改曰宮尹、少尹，神龍初復舊。有主簿、司直、錄事，領家令寺、率更寺、僕寺、左右衛率府、左右司禦率府、左右清道率府、左右監門率府、左右內率府。

左春坊左庶子，正四品，掌侍從規諫，駁正啓奏，中允貳之，正五品。有司議郎、左諭德、左贊善大夫、崇文館學士及司經局、洗馬、文學、校書、典膳、藥藏、內直、典設、宮門等局郎丞。

右春坊右庶子，正四品，掌侍從獻納啓奏，中舍人貳之，正五品。有舍人、通事舍人、右諭德、右贊善大夫，其家令寺令丞有食官、典倉、司藏三署令丞隸之，別設率更寺令丞、僕寺僕丞、廐牧署令丞等員。

地方文武官

節度使、掌總軍旅，顓殺伐，初分天下州縣爲諸道，每道置使，其邊方有寇戎之地，則加以旌節，謂之節度使。自景雲二年，始以賀拔延嗣爲涼州都督，充河西節度使，其後諸道因此號，得以軍事專殺，行則建節府，樹六纛，外任之重莫比焉。開元中，凡八節度使，至德以來，增爲二十餘道。有行軍司馬、判官、掌書記、參謀、隨軍等員。

觀察使、掌督察一道，貞觀初，遣大使十三人，巡省天下諸州，水旱則遣使，有巡察、按撫諸名。神龍三年，遣十道巡察使，察舉州縣，再周而代。景雲三年，置十道按察使，開元二年，改曰十道按察採訪處置使，二十年曰採訪處置使，分十五道，天寶末又兼黜陟使；至道元年，置觀察使，察所部善惡，舉大綱。有判官、支使、推官、巡官、衙推等員。

大都督府都督、從二品，中都督府都督正三品，下都督府都督從三品，掌督諸州兵甲城隍鎭戍。武德初，邊要之地，置總管，七年更名。有長史、司馬、錄事、諸曹、參軍事、市令、文學、醫學博士。（中下都督府有別駕餘員減少下都督府并省士曹參軍）

大都護府大都護從二品，上都護正三品，掌統諸蕃撫慰征討，副大都護從三品，副都護從四品爲之貳。永徽中，始置。有長史、司馬、錄事、參軍事及諸參軍事。

西都、東都、北都牧，俱從二品，三都府尹俱從三品，掌宣德化，歲巡屬縣，少尹貳府州事，從四品。武德初，置雍州牧，親王爲之，然嘗以別駕領州事；永徽中，改尹曰長史。初太宗伐高麗，置京城留守，其後車駕不在京師，則置留守，以右金吾爲副；開元初，改京兆河南府長史復爲尹，通判府務，牧缺則行其事；十一年，太原府亦置尹及少尹，以尹爲留守，少尹爲副留守，謂之三都留守。有錄事、參軍事、司錄參軍事、諸曹參軍事、文學、醫學博士等員。

上州刺史從三品，中州下州刺史俱正四品，職同牧尹。有別駕、長史、司馬、錄事、參軍事、諸司參軍事、市丞、文學、醫學博士等員。

京縣、正五品，畿縣正六品，掌導風化，察寃滯，聽獄訟。有丞、主簿、錄事、尉、諸司佐、博士、助教等員，畿縣稍減。

縣令、分上中下三等，自從六至從七品，員數以次遞減。

鎭將、亦分三等，上正六品，中下正七品，掌捍防守禦，鎭副爲之貳。（上正七品，中下俱從七品）有倉曹、（中下無）兵曹、參軍事、錄事史等員。

三等戍主、上正八品，中從八品，下正九品，職同上，戍副爲之貳，有佐史。

三等關令、從八至從九品，掌禁末游，察奸慝，有錄事、府史、典事。

以上所未暇詳者，尙書、門下、中書三省，而以尙書居其主。尙書省在南，名曰南省；門下、中書在北，名曰北省；而門下居左，中書居右，又有左省右省之名。處理國家事務，自尙書省分配六部，故尙書省有政廳名都堂，區別左右二司，東吏、戶、禮三部，每部屬官各有四司，謂之左司；西兵、刑、工三部，每部屬官亦各四司，謂之右司，此名稱之所宜知者也。而此外當提論，猶有五事焉。

一曰宰相　唐承隋制，侍中、中書令是眞宰相，然品位崇峻，不欲輕以授人，故常以他官參宰相職，而假以他名，但加同中書門下三品及平章事、知政事、參知機務、參與政事及平章軍國重事之名，並爲宰相，亦漢

行丞相事之例也。自其後他官之同平章事者，獨與機務，而中書令、侍中、僕射，遂僅存虛名

二曰翰林院學士　學士之職，本以文學言語備顧問出入侍從，因得參謀議、納諫諍，其禮尤寵，而翰林院者，待詔之所也。唐制乘輿所在，必有文詞經學之士，下至卜醫技術之流，皆直別院，以備宴見，而文書詔令，則中書舍人爲之。自太宗時，名儒學士，時時召以草制，然猶未有名號；乾封以後，始號北門學士。玄宗初年，置翰林待詔，以張說、陸堅、張九齡等爲之，掌表疏批答，應和文章，旣而又以中書務劇，文書多壅滯，乃選文學之士，號翰林供奉，與集賢院學士分掌制詔書敕。開元二十六年，又改爲學士，別置學士院，專掌內命，凡拜免將相，號令征伐，皆用白麻，其後選用益重，而禮遇益親，至號內相，又以爲天子私人焉。憲宗之時，又置學士承旨。唐之學士，弘文、集賢二院，分隸中書、門下，而翰林學士，獨無所屬。

三曰司天臺　武德四年，改太史監爲局，隸祕書省。龍朔初，直改爲祕書閣，以令爲郎中。武后更名渾天監，不隸麟臺，俄又改爲渾儀監；長安二年，仍曰太史局，隸麟臺如故，並改天文博士曰靈臺郎，曆博士曰保章正，自是監局屢有更改。至天寶初，無所隸屬。乾元初，改曰司天臺，監秩正三品，少監副之。其屬有春官、夏官、秋官、冬官、中官正副正，其保章正外，猶有監候、司曆、靈臺郎外，猶有挈壺正、司辰、漏刻博士、藝術人韓穎、劉恆建議置通玄院，以藝學召至京師者居之，則後之天文院、欽天監，悉權輿於此矣。

四曰節度使　唐初邊要之地，置總管以統軍，加號使持節，其後改曰都督，總十州者爲大都督。後前大字高宗永徽以後，都督帶使持節者，謂之節度使，然猶未以爲名也。自睿宗以賀拔延嗣爲涼州都督，充河西節度

使，於是開元天寶間緣邊禦戎之地置八節度，至肅宗以降，天下用兵，中原刺史，亦循其例，受節度之號。其不賜旌節者，爲防禦使，尋改防禦爲團練守捉使，或與團練兼置，則防禦名前使，故都督防禦團練，名雖不同，其實一也。唐制一道兵政屬節度使，民事則屬之觀察使，然節度多兼觀察，軍民之事，無所不領，號曰都府，各道又有度支、營田、招討、經略、諸使，亦多以節度兼之，蓋使名雖多，而節度統有諸使之職也。

五曰宦官　唐制內侍省官有內侍四、內常侍六、內謁者監、內給事各十，謁者十二，典引十八，寺伯、寺人各六。復有掖庭、宮闈、奚官、內僕、內府五局，曰令、曰丞，皆宦者爲之。太宗詔內侍省不立三品官，以內侍爲之長，階第四，不任以事，有防微杜漸之意焉。武后時人數稍增矣。逮中宗，黃衣乃至二千，然衣朱紫者猶少。開元天寶中，衣朱紫者千餘，其稱旨者，輒拜三品將軍，列戟於門，監軍持權，節度反出其下。肅代庸弱，倚爲扞衛，故輔國以尙文顯，元振以援立奮，朝恩以軍容重，然猶未得常主兵也。德宗懲乂朱泚，故以左右神策天威等軍，委宦者主之，置護軍中尉、中護軍，繇是中官執柄，勝氣籠霄，而王室亦漸以潰喪矣。

宋代職官

宋初官名職守，泰半虛寄，三師三公不常置，宰相不專任，三省長官並列於外，別置中書禁中爲政事堂，與樞密對掌大政，而天下財賦，悉隸三司。臺省寺監官無定員，無專職，三省六曹二十四司，類以他官主判，雖有正官，非刺敕不治本司事，故中書令侍中尙書令不預朝政，侍郎給事不領省職，諫議無言責，起居不記注，中書常闕舍人，門下罕除常侍，司諫正言，非特旨供職，亦不任諫諍，至於僕射尙書丞郎員外，居其官不知其職者，十常八九其官人授受之別，則有官以寓祿秩，有職以待文學之選，有差遣以治內外之事，其次又有階有勳有爵故仕人以登臺閣升禁從爲顯宦而不以官之遲速爲榮滯以差遣要劇爲貴途而不以階勳爵邑有無爲輕重時人語曰：寧登瀛，不爲卿，寧抱槧，不爲監。虛名不足以砥礪天下若此。今但舉省臺寺監官，與元豐以後大異者，先立一表，餘從略。

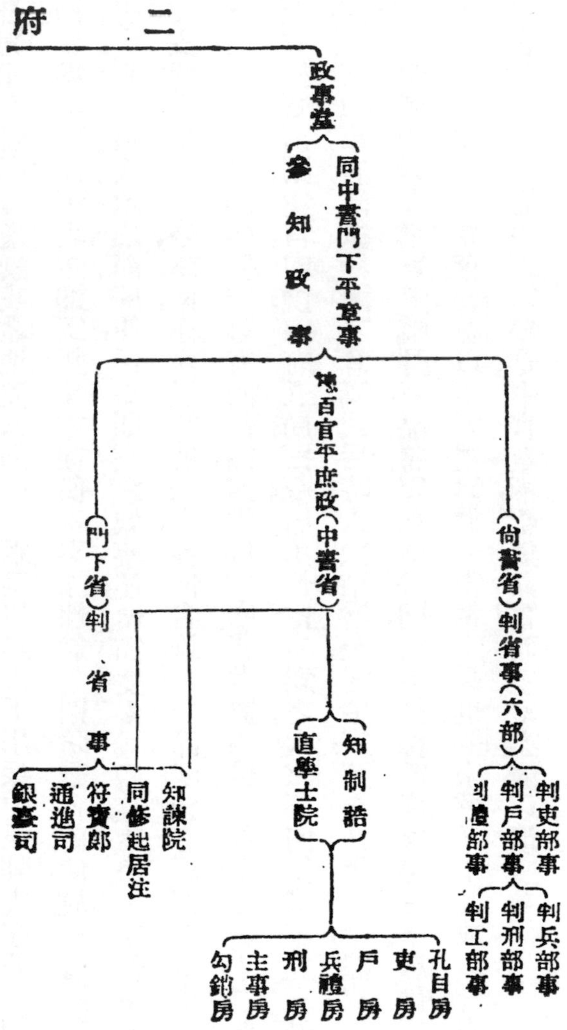

- 樞密院
  - 使或稱知院
  - 副使或稱同知院
  - 總執兵政
    - 都承旨
      - 副都承旨
        - 兵房
        - 吏房
        - 戶房
        - 禮房

計省

- 三司使
  - 初有副
  - 後省
  - 總財用大計
    - 鹽鐵正副使
      - 兵案
      - 胄案
      - 商稅案
      - 都鹽案
      - 茶案
      - 鐵案
      - 設案
    - 度支正副使
      - 賞給案
      - 錢帛案
      - 糧料案
      - 常平案
      - 發運案
      - 騎案
      - 斛斗案
      - 百官案
    - 戶部正副使
      - 戶稅案
      - 上供案
      - 修造案
      - 麴案
      - 衣糧案

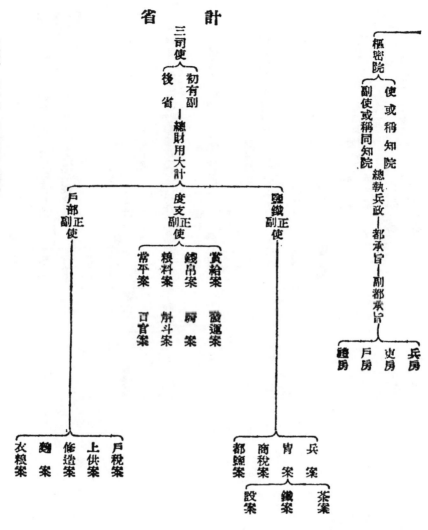

宣徽院

- 宣徽南北院使 — 總領內諸司及三班內侍之籍郊祀朝會宴饗供帳之儀
  - 兵案
  - 騎案
  - 倉案
  - 胄案

- (吏部以外之官)
  - 知審官東院、判流內銓事 — 掌文選
  - 知審官西院、知三班院 — 掌武選
  - 提舉、判 — 官誥院
- (禮部以外之官) — 知、判 — 禮儀院
- (刑部以外之官) — 知審刑院 — 詳議官
- (御史臺) — 權御史中丞 — 侍御史
  - 殿中、監察 — 御史裏行
- (秘書省) — 秘書監
  - 多以他官
  - 兼領兼判
- (殿中省) — 判殿中省事 — 舊有六尚之局皆分入卿寺本省所領唯大祭祀供繖蓋而已

九

- 判太常寺 — 同判寺 — (兼領)禮院
  - 知院
  - 同知院
- 判宗正寺 — 知寺事 — (分置)大宗正司
  - 知事
  - 同知事

寺

判光祿寺
判衛尉寺
判太僕寺
判大理寺　僉少卿事
判鴻臚寺
判司農寺
判太府事　同判事

六監

判國子監
判少府監
判將作監
判軍器監
判都水監
判司天監

按省臺寺監長官，宋初非無尚書侍郎及卿少卿監少監諸名，但不任其職，統以他官互相典領，爲判知之名焉。

元豐以後官制

門下省（初循舊制以中書門下平章事爲宰相職復用兩制官一員判門下省官制行始釐正焉）

侍中、正一品，掌佐天子議大政，審中外出納之事，初以秩高罕除，自建隆至熙寧，眞拜侍中纔五人，雖有用他官兼領，而實不任其事。官制行以左僕射兼門下侍郎，行侍中職，別置侍郎以佐之，南渡後，置左右丞相，省侍中有給事中、起居郎、符寶郎，及左司諫、左正言，別有通進司、進奏院、（隸給事中）登聞檢院、（隸諫議大夫）登聞鼓院，（隸司諫正言）其省吏有吏、戶、禮、兵、刑、工以下，凡九房。

侍郎、正二品，掌貳侍中之職，與知樞密院，同知樞密院中書侍郎、尚書左右丞爲執政官。南渡後，復置參知政事，省侍郎。

左散騎常侍從三品，（未除人）左諫議大夫從四品，掌規諫諷諭，不常置，官制行始正名。

中書省

中書令、正一品，掌佐議大政，受所行命令而宣之，初未嘗眞拜，以他官兼領，不預政事，然止曹佾一人，餘皆贈官。官制行以右僕射中書侍郎行令之職，別置侍郎以佐之。中興後，置左右丞相，省令，有舍人、起居舍人及右司諫、右正言、諸曹吏等，凡八房。

右散騎常侍從三品，（未除人）右諫議大夫從四品，掌如門下省。

尙書省

尙書令、正一品，掌佐議大政，奉所出命令而行之。唐制居眞宰相之任，正二品；入宋其位益尊，班敍在太師上，祇以爲親王及使相兼官，無單拜者。趙韓王、韓魏王始贈眞令，有左右丞、（南渡廢）左右司郎中、員外郎分治省事，左司治吏、戶、禮，右司治兵、刑、工，凡十一房。

左右僕射從一品，貳令之職，與三省長官並爲宰相之任。徽宗改爲太宰少宰，後復舊；南渡加同平章事，以二省侍郎爲參知政事，後復改二僕射曰左右丞相。

樞密院（初制與中書對持文武二柄，號爲二府，院在中書之北，印有東院、西院之文，共爲一院，但行東院印）

樞密使、知院事從一品，掌佐天子執兵柄，同知、副使、簽書正二品爲之貳，初無定制，有使則置副，有知院則置同知院、太平興國四年，以石熙載爲樞密直學士以簽書院事，直學士六人備顧問，簽書之名始此。淳化三年，以張遜知院事，溫仲舒寇準同知院事，同知院之名始此。治平中，以郭逵同簽書院事，同簽書之名始此。熙寧元年，文彥博呂公弼爲使，韓絳邵亢爲副使，時陳升之三至樞府，神宗欲稍異其禮，乃以爲知院，於是知院與副使並置。元豐五年，以樞密聯職，定置知院同知院二人，副使悉罷。元祐初，復置簽書院事，仍以樞密直學士充同簽書院事，有都承旨、副都承旨、檢詳官、計議官、編修官。

翰林學士院

翰林學士、正三品，掌制誥詔令撰述，初有承旨，不常置，以學士久次者爲之，凡他官入院，未除學士，謂之直院學士，俱闕，他官暫行院中文書，謂之權直。自國初至元豐官制行，百司多所釐正，獨學士院承唐制未改，乾道九年，崔敦詩初以祕書省正字兼翰林權直，淳熙五年，敦詩再入院。議者謂翰林爲應奉所，非專掌制誥地，更爲學士院權直，後復稱翰林權直，有翰林侍讀學士、侍講學士、崇政殿說書，謂之經筵。

諸殿閣學士

觀文殿大學士、從二品，學士、資政殿大學士、端明殿學士，俱正三品，殿學士資望極峻，無吏守，無職掌，唯出入侍從備顧問而已。

龍圖、天章、寶文、顯謨、徽猷、敷文閣學士，正三品，直學士，從三品，於庶官外，別加職名，所以厲行義文學之士，高以備顧問，次與論議，典校讎，得之爲榮，選擇尤精，有待制、直閣等官。

東宮官

太子太師、太傅、太保從一品，太子少師、少傅、少保從二品，太子賓客、詹事從三品，左庶子、諭德從五品，右庶子、諭德正六品。初制師傅不常設，仁宗升儲，置三少各一人，參政李昉兼掌賓客，及升首相，遂進少傅，是爲宰相兼宮僚之始。丁謂兼少師，馮拯兼少傅，曹利用兼少保，是時實爲東宮官也。餘多以前宰執爲致仕官，若三太則以待宰相官未至僕射者，及樞密使致仕，亦隨本官高下除授，三少以待前執政，唯少師非經顧命不除，若因遷轉則遞進一官至太師，即遷司空，餘多以他官兼，有侍讀、侍講，及（資善堂）翊善、贊讀、直講、說書、（太子宮）（資善堂）小學教授，又主管左右春坊事、詹事官、三寺令不置，十率府官雖存而無職。

六部

吏部尚書從二品，掌文武四選，侍郎從三品，爲之貳，品秩下同元豐官制，行省審官、東西院、判、流內銓事、三班院、官誥院併入分吏部司勳、司封、考功四司，各有郎中、員外郎，領官誥院。

戶部尚書掌軍國財用，侍郎爲之貳，三司使併入分戶部、度支、金部、倉部四司，各有郎中、員外郎。

禮部尚書掌禮樂、祭祀、朝會、宴饗、學校、貢舉，侍郎爲之貳，禮儀院併入分禮部、祠部、主客、膳部四司，各有郎中、員外郎。

兵部尚書掌兵甲、廐牧、武舉及天下土地之圖，侍郎爲之貳，分兵部、職方、駕部、庫部四司，各有郎中、員外郎。

刑部尚書掌刑法獄訟，侍郎爲之貳，審刑院併入，分刑部、都官、比部、司門四司，各有郎中、員外郎。

工部尚書、掌百工水土之政，侍郎爲之貳，分工部、屯田、虞部、水部四司，各有郎中、員外郎，領軍器所、文思院。

御史臺

御史大夫、從三品，掌糾察官邪，肅正綱紀，領三院：一曰臺院，侍御史隸焉；二曰殿院，殿中侍御史隸焉；三曰察院，監察御史隸焉

祕書省

祕書監、正四品，掌古今圖籍、國史實錄、天文術數，少監從五品爲之貳。初建崇文院、昭文館、史館、集賢院，皆總爲崇文院。淳化元年，詔祕閣次三館，其時監與少監，皆以爲寄祿官。元豐官制行，以崇文院爲祕書省，而官始眞除。有丞、著作郎、著作佐郎、祕書郎、校書郎，領太史局。（舊爲司天監）

殿中省

殿中監、（品未詳）掌天子飲食、服御，少監爲之貳。初制殿中省判省事一人，元豐官制改置，有丞，領尚食、尚藥、尚醞、尚衣、尚舍、尚輦六局，有管幹官。

九寺卿

太常寺卿、正四品，掌禮樂、祭祀，少卿從五品爲之貳。初制以禁林之長主判，而禮院別置判院。祥符中，別建禮儀院，天聖中省，而寺與禮院事舊不相兼。康定元年，置判寺、同判寺，並兼禮儀事。元豐正名，始專其職。元祐三年，詔太常置長貳，餘寺監並置。中興併省寺監，太常獨存。有丞、博士、主簿、協律郎、奉禮郎、太祝及郊社壇

壇、太廟、耤田宮闈諸令，又敎坊太醫局諸祭器庫所，有丞、主簿。

宗正寺卿正四品掌宗派屬籍少卿從五品爲之貳，初置宗正寺判事，大宗正同知寺事各二人，元豐官制行，詔宗正長貳不專用國姓，蓋自有大宗正司以統皇族也。有丞、主簿，領玉牒所。

光祿寺卿從四品下同掌酒醴膳羞，少卿正六品下同爲之貳，初光祿寺爲寄祿官，元豐官制行，始專其職，南渡後，併入禮部，有丞、主簿，領大官令、翰林司、（供果茗湯藥）牛羊司及諸酒物庫。

衞尉寺卿掌儀衞兵甲，少卿爲之貳。初置判事一人，無所掌，卿與少卿皆爲寄祿官，元豐官制行，職始專。南渡後，併入工部，有丞、主簿，領諸軍器庫、儀鸞司、左右金吾街司、仗司、六軍儀仗司。

太僕寺卿掌車輅廐牧，少卿爲之貳。南渡後併入兵部，有丞、主簿，領車輅院、騏驥院、天駟監、鞍轡庫、牧養監、養象所及羣牧司等。

大理寺卿掌折獄詳刑，鞫讞之事，少卿爲之貳。初大理寺以朝官一員或二員判寺事，一員兼少卿事，元豐時，始有專官。有正及推丞、斷丞、司直、評事、主簿。

鴻臚寺卿掌四夷朝貢及國之凶儀，少卿爲之貳。舊置判寺事，元豐時始置。南渡後，併入禮部。有丞、主簿，領往來國信所、都亭驛、西驛、懷遠驛、禮賓院、傳法院、同文館及寺務司、僧錄司。

司農寺卿掌倉儲委積，少卿爲之貳。舊置判寺事一人，元豐時始正職掌。建炎三年省併倉部，紹興四年復置。有丞、主簿，領下卸司、都麴院、水磨務、內柴炭庫、炭場及二十五倉、十二草場、排岸司、園苑各四。

太府寺卿、掌廩藏出納、商稅、平準、貿易之事，少卿爲之貳。舊置判寺事，元豐時始正職掌。南渡後，併入金部，後復置。有丞、主簿，領諸錢物庫、糧料院、審計院、諸市易、榷貨等場務。

五監、

國子祭酒、從四品，掌國子、太學及武學、律學、小學之政，司業正六品爲之貳。舊置判監事，其事皆總之直講，元豐時始選官如制。崇寧立辟雍，置大司成，宣和罷。南渡後，併入禮部，後復置。有丞、主簿及正錄、太學、武學、律學諸博士、道學長諭、學諭、小學職事、教諭、學長、集正等員。

少府監、從四品，掌百工技巧，少監從六品爲之貳。舊置判監事，以朝官充，元豐時，始選官如制。有丞、主簿，領文思院、（兼隸工部）綾錦院、染院、裁造院、文繡院、諸州鑄錢監。

將作監、從四品，掌宮室、城郭、橋梁、舟車、營繕之事，少監從六品爲之貳。舊置判監事，朝官以上充，元豐時始選官如制。南渡後，併入工部，後復置。有丞、主簿，領東西八作司、竹木務、事材場、麥麯場、窰務、丹粉所、作坊物料庫、退材場、簾箔場。

軍器監、正六品，掌繕治兵器什物，少監從六品爲之貳。初，戎器之職，領於三司冑案，官無專職，熙寧六年，廢冑案，乃按唐令置監，擇從官總判，元豐正名，始置有丞、主簿，領東西作坊、物料庫、皮角場。

都水監、正六品，掌河渠、隄堰、疏鑿、浚治。舊置判監寺，員外郎以上充，元豐正名。紹興十年，詔歸工部，不復置。有丞、主簿，領街道司，又有南北外都水丞。（出治河事）

諸南衙軍官

殿前司、都指揮使從二品，副都指揮使正四品，都虞侯從五品，（以下秩同）掌宿衞禁兵，凡殿前諸班直，及捧日、天武、四廂諸指揮，皆隸焉。

馬軍司、都指揮使，副都指揮使，都虞侯，職同上，凡龍衞四廂諸指揮隸焉。

步軍司、都指揮使，副都指揮使，都虞侯，職同上，凡神衞四廂諸指揮隸焉。

皇城司、幹當官以武功大夫及內侍都知押班充，掌宮城出入禁令，凡周廬宿衞之事，宮門啓閉之節，皆隸焉。

橫班諸官

客省、使從五品，掌四方進奉朝覲貢獻之儀，副使正六品爲之貳。

引進司、使從五品，掌臣僚蕃國進奉禮物，副使正六品爲之貳。

四方館、使從五品，掌進章表，副使正六品爲之貳。客省、四方館，建炎初併歸東上閤門，皆知閤總之。

東西上閤門、使從五品，掌朝會宴幸、供奉贊相禮儀之事，副使正六品爲之貳。有宣贊舍人、祗候。初，橫班有內省客使、引進使、四方館使、東西上閤門使，其供職於內者多用國戚世族，號爲華要，禮均侍從。政和官制，橫班使副之名既改爲大夫，而其職任則命內外官知焉。其後所除總名知閤門事，仍兼客省、四方館之職焉。靖康元年，詔閤門並立員額，紹興元年，以朱籛孫、藩邸舊人，稍習儀注，命轉行橫行一官，主管閤門。紹興五年，詔右武大夫以上，並稱知閤門事，兼客省、四方館事，官未至者卽稱同知閤門事，仍兼客省、四方館事，以除授爲序，稱同知者，在知閤門下。

帶御器械，初選三班以上武幹親信者，佩櫜鞬御劍，或以內臣爲之，止名御帶，咸平元年更今名。景祐元年，詔自今無得過六人，慶曆元年詔遇闕員，曾歷邊任有功者補之。中興初，諸將在外，多帶職，蓋假禁近之名，爲軍旅之重焉。

內侍省

入內內侍省都都知、都知、副都知、押班，俱正六品，侍禁中服役褻近者。

內侍省左右班都知、副都知、押班，秩同上，供持殿中備洒掃之職，兩省號爲前後省，而入內省尤爲親近。各有東西頭供奉官及殿頭、高品、高班、黃門之屬，又有內客省、延福宮、景福殿諸使及諸勾當官。徽宗時有更改。

地方文武官（縣爲最下級，其上有州（亦稱郡）府軍又其上爲路，路有監司，州有知州事，府有知府事，軍有知軍事，縣有縣令。初太宗至道三年，以天下爲十五路，仁宗天聖中增爲十八路，時內京府三次府八州二百五十二軍四十六監十三縣千二百六十二，元豐時增爲二十五路，後或爲二十三路，徽宗時又增爲二十六路。路之監司總名也，中分爲四師，有安撫使，漕有轉運使，憲爲提刑，倉爲提舉也。）

權知開封府牧尹，不常置，徽宗時罷權知，置牧尹，牧從二品，尹從三品，掌尹正畿甸，有判官、推官、司錄、參軍及功會、戶、兵、法、士六曹參軍、左右軍巡使判官、左右廂幹當官。

知臨安府，掌畿甸事，通判爲之貳（以下多以他官兼攝，不著品秩）有判官、推官、府曹諸司，置兩總轄、南北左右廂官、五酒務監官及緝捕巡防諸官。

知府、（牧尹不除）知州、知軍、知監，總理郡政，有幕職、簽判、推判等官，六曹參軍之屬，及敎授官。

府、州、軍、監通判，掌刺舉府州，倅貳郡政。

知縣，今不除授總治民政，有戍兵兼兵馬都監，有丞、主簿、尉及鎮砦官。

安撫使，大州要郡之守臣兼之，或曰經略安撫使，掌一路兵民之事，有幹當公事、主管機宜文字、準備將領、準備差使、走馬承受隸焉。

轉運使，掌經度一路財賦，刺舉官吏，副使爲之貳。有判官及主管文字、幹辦官、文臣準備差遣、武臣準備差遣，領諸州、軍、監當官。

提點刑獄公事，掌察所部獄訟，刺舉官吏，有檢法官、幹辦官。

提舉常平司，南渡爲提舉常平茶鹽司，掌常平義倉、免役、市易、坊場、河渡，仍刺舉官吏，有幹辦官及準備差使。

提舉學事司，掌州縣學政，仍刺舉官吏，崇寧二年置，宣和三年罷。

提舉保甲司，掌什伍其民，教之武藝。

馬步軍都督，大府州守臣兼之，掌軍旅屯戍、訓練守禦，武員爲副，有典領要密文書奏達機事。

兵馬鈐轄，要郡守臣兼之，武員爲副，餘同上。

兵馬都監，要郡守臣及知縣兼之，武員爲副，餘同上。

宋承唐制，有十六衛將軍號環衛官，有職員無職務，及節度觀察團練諸使，雖存其名，或有官而無職，或有職而無權；其餘承宣、防禦、制置、宣撫、招討、招撫、撫諭、鈐轄諸使，多不常置，今不悉錄；其提舉官復有茶馬、解鹽、冶坑、市舶、三白渠諸司，大抵因地設施，隨事置官，非統全國而置之者也，故亦從略。

京朝官制，已略述於前矣，至外官則懲五代藩鎭專恣，頗用文臣知州，復設通判以貳之。階官未行之先，州縣守令多帶中朝職事官外補；階官既行之後，或帶或否，謂是爲優劣，此其概也。神宗肇新官制，省臺寺監領空名者，一切罷去，而易之以階。元祐以後，漸更元豐之制：二府不分班奏事，樞密加置簽書，戶部則不令右曹專典常平，而總於其長，起居郎舍人則通記起居，而不分言動，館職則增置校勘黃本。蔡京當國，首更開封守臣爲尹牧，府分六曹，縣分六案，又內侍省職，亦建三衙郎，修六尙局，兩省之長易爲左輔右弼，端揆之稱易爲太宰少宰，員旣冗濫，名亦紊雜，甚者橫行舊職，均易新名，正使爲大夫，副使爲郎，於是有郎居大夫之上，而走馬承受（初隸安撫使歲一入奏徽宗時始不隸帥司後改廉訪使者欽宗初復舊）升擁使華，黃冠道流（徽宗崇道教）亦預朝品矣。南渡略依元豐，唯二府對掌機務，實用宋初故事，蓋自元祐以訖政和，已不能拘元豐之制，中興參稽成憲，二者並行不悖，故凡大而分政任事之臣小，而筦庫監局之官，沿襲不革者，皆先後所同便也。唯宋之制官，其爲一代制度所繫者，亦有三事焉。

一曰公孤正名　宋初亦以太師、太傅、太保爲三師，太尉、司徒、司空爲三公，但爲宰相親王使相加官，其特拜者，不預政事。太尉舊在三師下，自唐至宋益重，遂以太尉居太傅上，凡除授，自司徒遷太保，自太傅遷太尉，若太師則爲異數焉，不常授。徽宗大觀中，詔以太師、太傅、太保，今爲三師，古無此稱，合依三代稱三公爲眞相之任；司徒、司空，周六卿之官，太尉，秦主兵之任，皆非三公，並宜罷之。仍考周制，立三孤，以少師、少傅、少保爲次相之任；於是蔡京始以三公任眞相，（時爲太師）三公自宋初未備官，獨宣和末三公至十有八人，三少不計也，於時除授雖濫，而正秦漢以來沿襲之謬，亦非無見矣。

二曰館閣諸職　按學士待制二官，皆始於唐，藉以處清望儒臣，俾備顧問，其初既無專職，亦無定員，宋因其制，而以三館爲儲才地，故職名猶多。元豐新官制，其職名之原不附麗於三省寺監者，皆從廢棄；然除昭文集賢二學士原麗中書門下省外，獨翰林學士一官在唐已無所繫屬，而最爲清要，至宋則定制資淺者爲直院，暫行者爲權直，於是眞爲翰林學士者職始顯貴，可以比肩臺長，舉武政路矣。而諸學士待制，則以其爲三館清流，故以爲朝臣補外加恩之官，蓋有同於階官而初無職掌者。龍圖閣爲儲祖宗制作之所，故其官視三館。自後列聖相承，代有宸奎之閣，建官亦如之，於是學士、直學士、待制、直閣之官，始不可勝計，第學士、直閣，尊卑不同，難以概稱，（如觀文爲宰相，資政爲執政，端明爲簽書，龍圖以下爲尚書，然皆學士也；直龍圖煥章等閣爲藩閫監司之貼職，直祕閣則卑於諸閣，然皆直閣也）於是舍學士直閣之名，而就以所掌殿閣呼之，遂有丁紫宸、秦天章諸目，則以爲名稱非使，而改以他殿閣，然所謂端明、龍圖、顯謨、敷文、煥章之類，亦俱非人臣之稱，謂流傳既久，曰某端明，曰某龍圖，不覺其非宜耳。

三曰宮觀奉祠　祠祿之官，以佚老而優賢，蓋待臣以禮，雖年及挂冠，不令致仕，處之宮觀諸職，假以祿耳，然猶力請而後授，此宋之特異於前朝者。先時員數尙少，熙寧後乃增置焉。其時朝廷銳意庶政，慮疲老不任事者隳職，特使任宮觀以食其祿；王安石亦欲以處異己者，遂詔宮觀毋限員，以三十月爲任。諸宮觀有京祠、有外祠，其職有使、副、提舉、主管，悉隨官之高下而處，凡年六十以上者，乃聽差毋過兩任；兼用執政恩例者，通不得過三任；非自陳而朝廷特差者，如點降之例焉。蔡京用事，增廣職任，使名益衆。南渡初，士大夫多流離困厄之餘，未有闕以處之，自承務郎（從八品）以上，權差宮觀，藉用調劑，末乃重倖求泛與之弊，於是嚴定制限，稍復舊規。又年及七十，昏耄不堪任事，而不肯自陳宮觀者，著爲令以律之。夫不當請而請，則冗濫者竊祿；當請而不請，則知進而不知退，識者羞之。其待庶僚，於優厚之中，寓閑制之意焉。

遼國職官

遼國官制，分北南院，北面治宮帳部族屬國之政，南面治漢人州縣租賦車馬之事，因俗而治，甚得其宜。茲先立南面官表：

朝官	三師府　太常寺 不常置　崇祿寺 三公府　衛尉寺 不常置　宗正寺 樞密院　太僕寺 中書省　大理寺 門下省　鴻臚寺
宮官	漢兒行宮都部署院 十二宮南面行宮都部署司
京官	東中南宰相府 諸京客省司 上京鹽鐵使司 東京戶部使司 中京戶部使司 中京度支使司 西京計司
方州官	節度使司 觀察使司 團練使司 防禦使司 州刺史 縣令
分司官	分決諸道滯獄使 按察諸道刑獄使 採訪使 分司官不常置有詔則選才德者爲之
財賦官	諸州錢帛司 諸州轉運使
軍官	點檢司 諸指揮使司 諸軍都團練使司 諸軍兵馬都總管府
邊防官	招安使司 兵馬司 招撫司 都總管府 都管司 制置使司 處置使司

尚書省　司農寺
六部　祕書監
御史臺　國子監
殿中司　太府監
屬御史臺　少府監
翰林院　將作監
宣政殿　司天監
觀書殿　十六衛
昭文館
崇文館　東宮三師府
乾文閣　賓客院
宣徽院　詹事院
客省　左春坊
右春坊
太子諸率府
王傅府
親王內史府

南京三司使司
南京轉運使司
南京宣徽院
南京侍衞親軍馬步軍都指揮使司
南京栗園司諸京尚有院司各官名目多寡互異茲從略
三京留守司
五京都總管府
五京都虞候司
五京警巡院
五京處置使司
五京學

案遼俗東嚮而尚左，故御帳東嚮，謂之橫帳；御帳北爲北面官，主番事；御帳南爲南面官，主漢事。然北面又自有北南二院，自宰相、樞密、宣徽、林牙下至郎君、（樞密宣徽二院屬官）護衛，皆分北南，其實所治皆北面事也。合北南諸官，名目猥多，右表不悉載，舉其大綱而已。其一代設制之要，復有可言者。

（一）北南面官權勢之輕重　遼太祖受任要尼，用其舊俗職守名稱，與古迥異；而史稱其官制樸實者，蓋百官擇人，必先宗姓，屬國既滅，猶存部族，迹其用意厚矣。而又懼皇族之專也，任五帳以貳之；尊要尼之後也，列二院以制之；仁厚之中，智略寓焉。而史謂其不以名亂之者，蓋揆其所繇，大端可以相比附也。北樞密視兵部，南樞密視吏部，北南二王視戶部，多囉倫穆騰（史作敵烈麻都）視禮部，伊勒希巴（史作夷離畢）視刑部，宣徽視工部，而以北南宰相府總之。又特哩袞（惕隱）比宗正，林牙比翰林，裕悅（于越）坐而論議，以象公師，官生於職，職沿於事，而名加之，固有名不相沿，而職可相例者，此所以興也。世宗兼有燕代，始增置官班，漸仿唐制，內設南面三省、六部、臺院、寺監、諸衛、東宮之屬，外設節度、觀察、防禦、團練之任，始未嘗不欲潤飾鴻業，而位號張皇，掌寄紛雜，或暫置於一時，或偏設於一地，史家不得其詳，往往一官而僅舉一曾任其事者以實之，蓋北面體制已備，而南面第襲其名，職簡權輕，不能與北面比矣。

（二）北面官職掌之闕載　考北樞密院、南樞密院所屬官皆各隸南北，獨點檢中丞司事則兩院並稱北南，或是互相司事之官，而史志未詳其所掌者，一也。又南京諸司，有南京兵馬都總管府、南京馬步軍都指揮使司、侍衛控鶴都指揮使司，史稱其屬於南面，而其所以列於北面者不詳其故，豈遼設南京在得燕代諸州之後，多漢兒軍民，故不得不兼南面以撫治之歟？若遼陽路之金吾營，亦皆屬於南面，其互相控制之義，而史志未詳其所掌者二也。又史志稱遼得燕代，用唐制，設南面官，然考太祖本紀，於時已有左僕射、禮部尚書，則是建國之初，固參用唐制矣。特至太宗入汴，世宗建政事省之後，所設南面官乃日益多耳。至其除授之法，雖南北區分爲二，而又未嘗不互相遷轉，若耶律碩老以同平章事爲特哩袞，耶律洪以上京留守爲北院大王，是由南面官而遷北面者也；休哥以裕悅爲南京留守，蒲奴寧以北院大王爲山後五州都督，吳留以伊錫帳郎君爲御史大夫，是由北面官而遷南面者也。而史志未詳其官司之所掌者三也。語遼官制者，不可不辨。

(三)北面官屬職名之同異　北面朝官之有宰相府及樞密宣徽、大王院也，本以蕃漢制相雜，故有左右宰相及院使、副使、知院、同知院，其樞密復有簽書院事，院屬有都副承旨，大抵依宋制而名之者。然如北南院林牙、給事，北南院知聖旨頭子事及敞史、郎君之屬，亦並列焉。林牙者，掌文翰；知聖旨頭子事者，掌制誥奏事；敞史與郎君，猶前代之掌故令史，蓋皆樞密院官屬，而其名特異者也。伊勒希院屬官，有名還底者，爲主獄之官，故附著焉。唯遼官制，尤有一大殊絕之制，則太師、太保、司徒、司空，此四官者，在南面爲三公崇秩，而在北面則僅爲各司職掌之官。若大王院、文班司、侍衞司、護衞府、橫帳、詳袞司、王子院、要尼九帳、大國舅司、十二宮、各部族、五冶、羣牧使司、東西都省、各屬國皆有之，或置太師、司徒，或祇置太保，或稱都太師，皆各領所司之事，甚者爲屬官，蓋南北不相倫如此。是又官名位號之變，不可不知者矣。

金國職官

金自景祖始建官屬，統諸郡以專征伐，其官長皆稱曰勃極烈，故太祖以都勃極烈嗣位；太宗以諳版勃極烈居守;諳版,尊大之稱也。其次曰國論忽魯勃極烈,國論言貴,忽魯猶總帥也;又有國論勃極烈,或左右置,所謂國相也。其次諸勃極烈之上,則有國論、乙室、忽魯、移賚、阿買、阿舍、昊迭之號,以爲陞拜宗室功臣之序焉。其部長曰孛董,統數部者曰忽魯,凡此至熙宗定官制皆廢;其後唯鎮撫邊民之官曰禿里,烏魯國之下有掃穩脫朵,詳穩之下有麼忽、習尼昆,此則具於官制而不廢,皆踵遼官名也。熙宗官制,大率皆循遼宋之舊。海陵庶人正隆元年,罷中書門下省,止置尚書省,自省而下,官司之別,曰院、曰臺、曰府、曰司、曰寺、曰監、曰局、曰署、曰所,其在外者,曰總管府、曰府、曰節鎮、曰防禦州、曰刺史州、曰縣,各統其屬以修其職,職有定位,員有常數,紀綱明,庶務舉,是以終金之世守而不敢變焉。茲立一表如左:

金職官表

官	名	品秩	職掌	官屬
三師	太師 太傅 太保	正一品	師範一人 儀型四海	
三公	太尉 司徒 司空	同上	論道經邦 燮理陰陽	
尙 宰)	尙書令	正一品	總領紀綱 儀型端揆	有左右司郎中員外郎都事及祇候郎君管勾官架閣庫管勾官提點歲賜所堂食公使酒庫使直省局局長

官署	職官	品級	職掌	備考
書省（相 （執政）	左丞相 右丞相	從一品	丞天子平章萬機	
	平章政事	同上		
	左丞 右丞	正二品	佐治省事	
	參知政事	從二品		
六部	吏部尚書 吏部侍郎	正三品 正四品	文武選授勳封考課	有郎中員外郎主事又架閣庫管勾官官誥院提舉
	戶部尚書 戶部侍郎	同上	戶婚田宅財用出入	同上架閣庫管勾官外有檢法官勾當官其権貨務平準務及交鈔庫等隸焉
	禮部尚書 禮部侍郎	同上	禮樂制度學校貢舉	同上又左三部檢法司外有惠民司隸焉
	兵部尚書 兵部侍郎	同上	兵甲廐牧郡邑險阻遠方歸化之事	同上又四方館法物庫隸焉
	刑部尚書 刑部侍郎	同上	刑獄審勘關律議察	同上又架閣庫管勾官外其屬有萬甯宮慶甯宮提舉
	工部尚書 工部侍郎	同上	修造工作山澤河渠	同上又有覈實司管勾其屬修內司都城所祇應司甄官署上林署
樞密院	樞密使 副使	從一品 二品	武備機密之事	有簽書院事同簽書院事及都事經歷架閣庫管勾知法等員
三司	三司使 副使 獻宗增置	從二品 正三品	勸農鹽鐵度支	有簽事同簽事判官參議規措推計官及知事勾當管勾知法等員
御史臺	御史大夫 中丞	從二品 三品	糾察彈劾	有侍御史治書侍御史殿中侍御史監察御史典事管勾檢法獄丞
翰林學士院	翰林學士承旨 翰林學士	正三品	制撰詞命應奉文字	有侍讀侍講直學士待制修撰應奉翰林文字
審官院	知審官院 同知	從三品 四品	奏駁除授失當之事	有掌書
諫院	左諫議大夫 右	正四品	規諫諷諭	有左右司諫左右補闕左右拾遺
登聞鼓院	知登聞鼓院 同知	從五品 正六品	受告御史臺檢院理斷不當事	有知法

登聞檢院	知登聞檢院 同知 隸御史臺	同上	受告尚書省御史臺理斷不當事	同上
記注院	修起居注	以他官兼	掌記言動	
國史院	監修國史 修國史			有判院事同修國史編修官檢閱官
宏文院	知宏文院 同知	從五 六品	校譯經史	有校理
集賢院	知集賢院 同知	從四 五品		有司議官諮議官
益政院	益政院 置內庭以博學宏論者兼之		備顧問誦對	
宣徽院	左右宣徽使 同知院(正四)簽書院(正五)爲之貳	正三品	朝會燕饗殿庭禮儀監知御膳	有判官領拱衛司客省閤門及尚衣尚食尚藥儀鸞宮闈諸局醫院御藥院教坊與衛宮苑侍儀諸司尚醞典客二署內侍局
殿前都點檢司	殿前都點檢 左右副都點檢	正三品 從三品	行從宿衛關防門禁 宮掖及行從	有判官知事領左右衛將軍符寶郎宿直將軍左右振肅宮籍監近侍局器物局尚廐局尚輦局鷹坊武庫署
司農司	大司農 卿少卿爲之貳 以勸農司改置	正二品 卿正四品 少卿正五品	勸課農事巡察官吏臧否	
大宗正府	判宗正事 同判宗正事 同簽 後改睦親府	從一二三品	敦睦糾率宗屬	有丞及檢法
太常司	太常寺卿 少卿	從三 正五品	禮樂郊廟社稷祠祀	有博士檢閱檢討太祝奉禮郎協律郎領太廟廩犧郊社諸陵大樂等署
大理司	大理寺卿 少卿	正四 從五品	審斷奏案詳讞疑獄	有正丞司直評事知法明法
武衛軍都指揮使司	武衛軍都指揮使 副使 隸兵部	從三 四品	防衛都城警捕盜賊	有副判官領鈐轄司

衛尉司	中衛尉　副將	從三品　從四品	中宮事務	有左右常侍領給事局掖庭局
六監	祕書監　少監	從三品　正五品	經籍圖書	有丞及祕書校書郎領著作局筆硯局書畫局司天臺
	國子監　祭酒　司業	正四品　正五品	學校	有丞領國子學太學
	太府監　少監	正四品　從五品	出納邦國財川錢穀	有丞領左右藏支應所太倉酒坊典給署市買司
	少府監　少監	同上	百工營造	有丞領尚方圖畫裁造文繡織染文思諸署
	軍器監　少監	從五六品	修治戎器	有丞及直長領軍器庫甲坊署利器署
	都水監　少監	正四六品	川澤津梁舟楫河渠	有丞及勾當官領街道司諸巡河官
宮師府	太子太師　太傅　太保	正二品	保護東宮導以德義	領左右衛率府僕正副僕正僕丞家令家丞以下諸宮屬
	太子少師　少傅　少保	正三品	同上	
	詹事院詹事　少詹事	從三四品	總統東宮內外庶務	
	左右諭德　贊善	正五六品	贊諭道德侍從文章	
地	六府尹（兼都總管事總出則置留守）	正三品	宣風導俗肅清所部	同知府尹（總管留守）少尹（副總管副留守）為之貳有推官判官都孔目官知法教授醫官外有警巡院
	諸京留守（帶本府尹兼都總管）	同上	同上	同上又有司獄官
	諸總管府都總管（謂府尹兼領者）	同上	城守兵甲餘同府尹	同上外有兵馬司
	諸府尹（謂非兼總管府事者）	同上	同大興府尹	同知府尹少尹為之貳有府判推官教授知法外有司候司
	諸節鎮州節度使（兼本州觀察使）	從三品	鎮撫諸軍防刺餘同府尹	同知節度使（觀察使）副使為之貳有判官知法教授司獄外有司候司
	諸防禦州防禦使	從四品	防禦盜賊餘同府尹	同知防禦使為之貳有判官知法教授司軍軍轄巡捕使

方官			
諸刺史州刺史	正五品	掌同府尹	有判官司軍軍轄兼巡捕使
按察司使 本名提刑司兼安撫勸農採訪事	正三品	錄囚刑勸農桑糾察官吏	副使簽事爲之貳有判官知事知法
都轉運司使 後多以按察使兼	正三品	稅賦錢穀倉廩及權量之制	同知副使爲之貳有都勾戶籍度支鹽鐵諸判官都孔目官知法
鹽使司使 山東寶坻滄解遼東西京北京凡七司	正五品	幹鹽利主國用	副使爲之貳有判官管勾都監知法
赤縣令 謂大興宛平	從六品	總治其縣	有丞主簿尉
諸縣令	正從七品		同上下縣則不置尉以主簿兼之
諸猛安謀克 治金族之在中原者	從四品五品	修理軍務撫輯軍戶	
諸部族節度使	從三品	統制各部鎮撫諸軍	副使爲之貳有判官知法
諸糺詳穩	從五品	守戍邊堡	
諸額爾奇木司	從八品	部族村寨事	
諸禿里禿里	從七品	部落詞訟訪察違背	
諸羣牧所提控諸烏魯國		檢校羣牧畜養蕃息	使副使爲之貳有判官知法

元代職官

元起朔漠，部落野處，與遼金初期頗相似，故唯以萬戶統軍旅，以斷事官治政刑，其時任用者止一二親貴重臣而已。及太宗取中原，始立十路宣課司，選儒術用之，金人來歸者，因其故官，若行省，若元帥，則以行省元帥授之，蓋亦頗承金制。世祖嗣統，命劉秉忠許衡酌古今之宜，定內外之官，其綜政務者曰中書省，秉兵柄者曰樞密院，司黜陟者曰御史臺。其次在內者，則有寺、有監、有衞、有府；在外者則有行省、有行臺、有宣慰司、有廉訪司。其牧民者則曰路、曰府、曰州、曰縣，其長則蒙古人爲之，漢人南人貳焉。其設官殆數倍於金，唯金之總政務者爲尙書省，而元則併其事於中書。（元初亦有尙書省但屢置屢罷）餘亦多所增改，以視金制，則有殊矣。今就元代官制詳述之。

中書省

宰相，元之相職，較前代獨多，曰中書令，曰左右丞相，曰平章政事，曰左右丞，曰參政，雖分長貳，皆佐天子出令。

中書令，以相臣或皇太子兼掌典領百官，會決庶務，有參議省事、左右司郎中、員外郎、都事，其省屬有咨省使、斷事官、檢校、照磨、管勾、架閣庫管勾。

右左丞相，正一品，掌統六官，率百司，令闕則總省事，太宗時始置。世祖至元二年，增置七人；二十四年，再立尙書省，其中書省丞相二人如故；二十九年，以尙書再罷，專任一相。武宗至大二年，復置尙書中書省各二人；四年，尙書省仍歸中書，丞相凡二人，爲永制。文宗至順初，專任右相，其一或置或不置。

平章政事，從一品，掌機務，貳丞相，凡軍國重事，無不由之。世祖中統初置，後設尙書省，兩省各二人；至元二十九年，罷尙書省，增中書平章爲五人，而一人爲商議省事。成宗元貞初，改爲平章軍國重事，至順初，定四人，後因之。

右左丞，正二品，副宰相裁成庶務，號左右轄。中統二年置；至元二十四年，再立尙書省，而中書省員闕，尋罷尙書省，增右丞二人，而一人爲商議省事。成宗元貞初，復以昭文大學士與省事；至順初，定置左右各一人，係是不復增損。

參政、從二品，副宰相參大政，職亞右左丞。中統初置，自後增損不一。至順初，始定二人爲永制。

吏部尙書、正三品，此後仿掌官吏選授之政；侍郎正四品，此後仿貳之。中統初，以吏、戶、禮爲左三部；至元初，別置戶部，以吏禮自爲一部；三年，復爲左三部；五年，仍合爲吏禮部尙書；七年，始列六部。有郎中、員外郎、主事及司績之屬。

戶部尙書、掌戶口、錢穀、田土之政，侍郎貳之。有郎中、員外郎、主事及司計官，領庫藏、鈔法、坑冶，稅課諸提舉、京畿漕運使、大都、河間、山東、河東、陝西運鹽使。

禮部尙書、掌禮樂、祭享、朝會、貢舉之政，侍郎貳之。有郎中、員外郎、主事，領左三部照磨所、侍儀司、拱衞直都指揮使司、儀鳳司、教坊司、會同館、鑄印局、白紙坊、掌薪司。

兵部尙書、掌郵傳、屯牧之政，侍郎貳之。中統初，以兵、刑、工爲右三部；至元初，別置工部，以兵刑自爲一部；三年，復爲右三部；五年，仍合爲兵刑部尙書；七年，始列六部。有郎中、員外郎、主事，領大都陸運提舉司及打捕鷹房民匠總管府。

刑部尙書、掌刑名法律之政，侍郎貳之。有郎中、員外郎、主事，領司獄司、司籍所。

工部尙書、掌營造百工之政，侍郎貳之。有郎中、員外郎、主事及司程官，領右三部照磨所，凡關於營繕、製造之司、局、場、所、提舉悉隸焉。

樞密院

知院，從一品，掌兵甲機密之務。至元二十八年始置，有僉院、同僉院、判、參議、經歷、都事、承發兼照磨、架閣庫管勾，領客省使、斷事官、右左中前後衞（宿衞軍）、左衞率府（東宮衞軍）、右衞率府及諸屯營軍衞、

同知，正二品，至元七年置。

樞副，從三品，大德十年始置。　有大征伐，則置行院，爲一方一事而設，則稱某處行樞密院，事竟則罷。

御史臺

大夫，從一品，糾察百官善惡、政治得失。至元五年，始立臺建官，大夫從二品；二十一年，陞品。有經歷、都事、照磨、承發、管勾兼獄丞、架閣庫管勾兼承發，領殿中司、察院兩屬御史。

中丞，正二品，初置從三品；二十一年改正三；二十七年，大夫以下品從各陞一等。大德十一年，陞秩如上。

侍御史、治書侍御史，俱從二品，初置侍御史從五品，治書從六品；二十一年，陞侍御史爲正五，治書爲正六；二十七年，各陞一等。大德十一年，侍御史爲從二品，治書爲正三品。至治二年，始定品秩如上。

大宗正府札魯古齊、（四十二人）從一品，掌上都大都蒙古色目人與漢人相犯者；有郎中、員外郎、都事、承發、架閣庫管勾。

大司農，從一品，掌農桑水利學校饑荒之事，卿正二品，少卿從二品貳之。至元七年，始置官，旋以按察司兼領

勸農事；十八年，改立農政院，置官六人；二十年，復改立務農司，秩從三品；是歲又改司農寺；二十三年，曰大司農，秩如故。皇慶二年，始定品秩如上，並增置丞二人，從三品。有經歷、都事、架閣庫管勾、照磨，領籍田署、供膳司、永平屯田總管府。

翰林國史院承旨，從一品；學士，正二品；侍讀、侍講學士並從二品，直學士從三品，掌制誥文字，纂修國史。中統初，以王鶚爲翰林學士，未立官署；至元初始置，秩正三品；八年，陞從二品。大德九年，陞正二品。延祐五年，定品秩如上。有侍讀、侍講、直學士、待制、修撰、應奉翰林文字、編修、檢閱、典籍、都事。又蒙古翰林院，掌譯寫文字，設官與翰林國史院略同。又內八府宰相，掌朝覲、儐介事，遇有詔令，則與蒙古翰林院同譯寫而潤色之。謂之宰相云者，貴似侍中，近似門下，故特以是名寵之，然雖有是名，而無授受宣命品秩，則視二品焉。故附見於此。

起居注、給事中，正四品，掌紀錄奏聞之事。初，中書省臣言前代朝廷必有起居注，故善政嘉謨，不致遺失，即以和爾果斯圖古勒充翰林待制，兼起居注；至元六年，始置左右補闕，如古左右史，十五年，改陞給事中，更左右補闕爲左右侍儀奉御。

集賢院大學士，從一品；學士，正二品；侍讀、侍講學士並從二品，直學士，從三品，掌提調學校、徵求隱逸、召集賢良。初與翰林國史院同一官署，至元二十二年，始分置；二十四年，置院使，正二品，大學士、學士俱從二品，侍讀、侍講學士，從三品，直學士從四品。大德十一年，院使陞從一品，至大四年，省院使。皇慶間，定品秩如上。有經歷、都事、待制、修撰、兼管勾、承發、架閣庫，國子監、興文署隸焉。

奎章閣大學士正二品，侍書學士從二品，承制學士正三品，掌進經史之書，考帝王之治。初立興聖殿西，秩正三品，尋陞爲學士院，定品秩如上。有供奉學士及參書、典籤、照磨，領羣玉內司。

藝文監大監從三品，少監從四品，掌以國語敷譯儒書，有丞、主簿、照磨、監書博士、藝林庫、廣成局。

宣政院院使從一品，同知正二品，副使亦如之。掌釋教僧徒及吐蕃之境而隸治之。至元初立總制院，領以國師；二十五年，因唐制，吐蕃來朝見於宣政殿，更今名。有僉院、同僉院、院判、參議、經歷、都事、照磨、管勾，領規運所及西邊宣慰、安撫、元帥之屬。

宣徽院院使、同知、副使，秩視宣政院，院僚亦同。領光祿寺及諸供御酒膳物料之司局場所。

大禧宗禋院院使從一品，掌神御殿禋享禮典，副使秩不詳。天歷元年，罷會福、殊祥二院，改置是院，以總制之。明年，始置官如前。有參議，凡諸僧寺、營繕司、總管府悉隸焉。

太常禮儀院院使正二品，同知正三品，掌大禮樂祭享之事。中統初，設太常寺；至元二年，以翰林兼攝；九年復爲寺，置卿、少卿等官。武宗至大初，改陞院；四年，復爲寺。仁宗延祐初，又改陞院，以大司徒領之。文宗天歷二年，定置官如前。有丞、博士、奉禮郎、協律郎、太祝、檢討、管勾等，領太廟、廩犧、郊祀、社稷、大樂諸署。

典瑞院院使正二品，同知正三品，掌寶璽、金銀符牌。中統初，置符寶郎；至元十六年，立符寶局，給六品印；踰歲，陞正五品；十八年，改爲監，陞正三品；二十年，降卿爲四品；二十九年，復正三品。大德十一年，陞院，置院使，秩如上。有僉院、同僉、院判、經歷、都事、照磨、兼管勾、承發架閣庫。

太史院院使、同知，秩同典瑞院，掌天文曆數。至元十五年始立院，置太史令；至大初，陞從二品；延祐三年，陞正二品，尋改令爲使。有僉院、同僉、院判、經歷、都事、管勾，領五官正、保章正、副、掌曆、腹裏印曆管勾、各省司曆、印曆管勾、靈臺郎、監候、副監候、星曆生、挈壺正、司辰郎、燈漏直長、教授、學正、校書郎。

太醫院院使、同知，秩視太史院，掌醫事及製奉御藥物。中統初置宣差提點太醫院事；二十年，改監，秩正四品；越二年，復爲院，置提點、院使、副使等官。大德五年，陞正二品；至治二年，定置院使各官品秩如上。屬僚同諸院，領廣惠司、大都、上都回回藥物院、御藥院、行御藥局、御香局、大都、上都惠民司、醫學提舉司。

將作院院使、同知，秩視各院，掌成造器皿、服飾，僚屬同，領諸路金玉人匠總管府、異樣局總管府、大都等路民匠總管府。

通政院院使從二品，同知正三品，掌置驛以給使傳。至元七年，立諸站都統領使司以總之；十三年，改通政院；明年，分置大都、上都兩院；二十九年，復置江南分院；大德七年罷；至大初陞正二品；四年罷，以其事歸兵部；是歲，兩都仍置，止管達達站赤；延祐七年，定品秩如上，仍兼領漢人站赤；僚屬同，領廩給司。

詳定使司使正三品，副使正四品，掌四方獻言，擇善以聞。順帝時增置，有掌書記。

侍正府侍正二品，同知正三品，掌內庭近侍之事，有參府、侍判、經歷、都事、照磨，領拱衛直都指揮使司及拳御諸員。

中政院院使、正二品，同知正三品，掌中宮財賦、營造、供給。元貞二年，初置中御府，秩正三品；大德四年，陞中政院，置官如上。至大三年，陞從一品；四年省入典內院；皇慶二年，復爲院，設官如舊。有僉院、同僉院、院判，其幕職有司議、長史、照磨兼管勾承發架閣庫等員。

儲政院院使、同知品秩視中政，掌輔翼太子。至元十九年，立詹事院，置左右詹事、副詹事，以後省置不一。天歷二年，更今名；僚屬同上。領家令司及諸司監，又皇太子位下諸總管府。

大都留守、正二品，同知正三品，副留守正四品，掌守衛宮闕、供億、門禁諸政。至元十九年，罷宮殿府行工部，置大都留守司兼本路都總管知少府監事；二十一年，別置大都路都總管府，治民事，併少府監歸留守司。仁宗皇慶初，別置少府監；延祐七年罷，復以留守兼監事。有判官、經歷、都事、管勾、照磨，領修內司、祗應司、器物局、犀象牙局、器備庫、甸皮局、窰术場、大都城門尉。

武備寺卿、正三品，同判從三品，少卿從四品，掌繕治戎器，兼典受給。至元五年，始立軍器監，秩四品；十九年，定秩如上；二十年，立衛尉院，更名武備監隸之，降四品；明年，改爲寺，與衛尉並立，秩如舊；大德十一年，陞爲院；至大四年，復爲寺。有丞、經歷、知事、照磨、管勾（下諸寺同）。領壽武庫、利器庫、廣勝庫、諸路軍匠提舉。

太僕寺卿、正三品（下同），少卿從四品（下同），掌受給馬疋、造作鞍轡。中統四年，設羣牧所；至元十六年，改尚牧監；十九年，又改太僕院；明年，更衛尉院；二十四年，罷，仍立太僕寺，又別置尚乘寺，管鞍轡，而本寺止管阿塔思馬疋；明年，隸中書，置提調官。大德十一年，復改院；至大四年，仍爲寺，寺僚同上。

尙乘寺卿、少卿，掌上御鞍轡輿輦、遠方馬匹，寺僚同，領資乘庫。

長信寺卿、少卿，掌大鄂爾多、齊哩克口諸事。大德五年置；至大初陞院；四年，仍爲寺，寺僚同上，領齊哩克口諸色人匠提舉司、大都上都鐵局。

長秋寺卿、少卿，掌武宗五鄂爾多戶口、錢糧諸事，寺僚及所領同上。

承徽寺卿、少卿，掌達爾瑪錫里皇后位下事，餘均同上。

長寧寺卿、少卿，掌英宗蘇克巴拉皇后位下事，餘均同上。

長慶寺卿、少卿，掌成宗鄂爾多之事，餘均同上。

寧徽寺卿、少卿，隸必巴什皇后位下，餘均同上。

太府監太卿、正三品，太監從三品，少監從四品，掌錢帛出納之數。中統四年置；至元四年，爲宣徽太府監；八年，陞正二品。大德九年，改院，秩從二品，院判參用宦者。至大四年，復爲監，定置如上。有丞、經歷、知事、照磨，領內藏、右左藏庫。

度支監太監，秩視太府，掌給馬駝芻粟。初置孛可孫。至元八年，以重臣領之；十三年，省孛可孫，以宣徽兼其任。至大二年，改立度支院；四年，改監，監僚同上，領。

利用監卿、太監、少監，秩視太府，掌出納皮貨衣物。監僚同，領資用庫、齊哩克口皮局人匠提舉司、雜造雙線、熟皮、軟皮、斜皮、貂鼠、染諸局。

中尙監卿、太監、少監同上，掌大鄂爾多位下諸務。至元十五年置尙用監，二十年罷；二十四年改置監，僚同，領資成庫氈作。

章佩監卿、太監、少監同上，掌御服寶帶，監僚同，領御帶庫、異珍庫。

經正監太卿、太監、少監，掌營盤納鉢及標撥投下草地，監僚同。

都水監，從三品，少監正五品，掌河隄渠防，監僚同上，領河道、河防提舉司。

祕書監卿，正三品，太監從三品，少監從四品，掌歷代圖籍陰陽禁書，有丞、典簿，領著作郎、佐郎、祕書郎、校書郎、辨驗書畫直長。

司天監提點、監俱正四品，少監正五品，掌曆象之事。初，世祖在潛邸時，有旨徵回回爲星學者，扎瑪里鼎等以其藝進，未有官署；至元八年始置司天臺，十七年置行監；皇慶初改監；延祐初置司天監，有丞、知事，領提學、教授、學正、天文曆算三式管勾、測驗管勾、漏刻管勾、陰陽管勾、押宿司辰、天文生諸員。外有回回司天監，官略同。

地方官

上都留守，正二品，同知正三品，副留守正四品，掌如大都留守，兼治民事。有判官、經歷、都事、管勾、照磨，領修內司、器物局、儀鸞局、兵馬司、警巡院、諸倉庫、稅課。

大都路都總管府，正三品，達嚕噶齊、都總管、副達嚕噶齊、同知，佚未詳統治一路之政，有治中、判官、推官、經歷、知事，領兵馬都指揮司、警巡院、司獄、提舉學校所。

宣慰使從二品，同知從二品，副使正四品，掌軍民之務，分道以治郡縣，有經歷、都事、照磨、管勾。

肅政廉訪司使正三品，副使正四品，掌糾察彈劾。初立提刑按察司四道，至元六年，兼勸農事，自是各道增損不一。至大德間遂定為二十二道：內道八隸御史臺；江南十道，隸江南行臺；陝西四道，隸陝西行臺。有僉事、經歷、知事、照磨、管勾。

儒學提舉司使從五品，副使從七品，統路、府、州、縣學校祭祀，有吏目、司吏。

都轉運鹽使正三品，同知正四品，副使正五品，專掌鹽課，有運判、經歷、知事、照磨，領各屬鹽場批驗所。

萬戶府達嚕噶齊、萬戶，上中正三品，下從三品，其官世襲，專管軍戶，有副萬戶、經歷、知事，領鎮撫司、千戶、百戶。

上下路總管府達嚕噶齊、總管，上正三品，下從三品，統治一路之政，有同知以下諸府屬，領錄事司、司獄、諸學教授、織染雜造稅務府倉諸官。

散府達嚕噶齊，府尹有同知、判官、推官、知事。

上中下諸州達嚕噶齊，州尹，上從四品，中正五品，下從五品，邊方之地有軍，各統屬縣，有同知、判官，其參佐官依等而設。

上中下諸縣達嚕噶齊、縣尹，上從六品，中正七品，下從七品，有丞、簿、尉、典史、巡檢。

茲就官制所未盡者，再述於下。

（一）行省與臺院之分立　元制中書省以綜政務，樞密院以執兵柄，御史臺以司黜陟，此三大部實總司全國之政，故外郡亦並建焉。各道行中書省凡十，掌國庶務，統郡縣，鎮邊鄙，與都省爲表裏。中統至元間，因事設官，官不必備，皆以省官出領其事，其丞相皆以宰執行某處省事繫銜。其後嫌於外重，改爲某處行中書省，凡錢糧、兵甲、屯種、漕運、軍國重事，無不領之。有時內立尚書省，則改行尚書省，路、府、州、縣有直隸中書省者，謂之腹裏，有隸行中書省者，此今日行省所由名也。其行御史臺有江南陝西諸道，設官品秩同內臺，以監臨東南諸省，統制各道憲司，（肅政廉訪使）而總諸內臺。至於行樞密院，因事而設，與省臺稍異，然自順帝至正之世，腹裏諸郡，皆不獲安，內省難以遙制，於是有中書分省、樞密分院、僑治地以相控馭，則又季世權宜之計，非一代常法也。

（二）人戶總管府之繁設　元承金制，諸路既設總管府治民矣。其外有所謂管領人戶總管府者，名目尤多，大多屬於后妃宗王位下，故有打捕鷹房臙粉人戶總管府，打捕鷹房納錦人戶總管府，稻田打捕鷹房民匠等戶總管府，齊哩克（兵丁也元史作怯憐口）諸色民匠總管府，江淮等處財賦總管府，更僕難數；而太祖四大鄂爾多（元史作斡耳朶亭也太祖諸后妃分四大鄂爾多屬之）有都總管府一，總管府四，以經理其人戶，蓋其時諸王后妃公主皆有食采分地，其路府州縣得薦其人以爲監，然不得私徵，皆輸諸有司之府，視所當得之數而給與之。其稻田則承佃之戶也，打捕鷹房遊獵之戶也，諸色人匠製作之戶也，分配各位，爲其應享之利焉。此諸人戶總管之所由繁歟！

明代職官

明沿唐宋遼金元之制，參酌而損益之，其文職之主部，存於部府諸司；武職之主部，存於五軍都督府二十二衛。至正官則以轄官方者，唯都察院當之；其餘泰半襲前代之舊而已。宗人府一府，爲初設，雖與古之宗正無甚別，而其職較唐以後各代爲獨重，故明會典載於各署之前，茲詳述於左。

宗人府

宗人令、左右宗正、左右宗人，俱正一品，掌皇九族之屬籍。洪武三年置太宗正院，二十二年更今名。英宗正統三年，北京始建府治，有經歷、典出納文移；南京宗人府不置官，唯經歷一人。

公孤

太師、太傅、太保正一品，爲三公；少師、少傅、少保從一品，爲三孤；佐天子理陰陽，經邦宏化。明制無定員，無專授，或爲加銜，或爲贈官。

東宮大臣

太子少師、少傅、少保正二品，掌奉三公之道德而教諭焉。太子賓客正三品，贊相禮儀，規誨過失。明制東宮三少無定員，賓客秩稍亞，亦爲尚書侍郎加官，間以祭酒、都給事中兼之。

內閣

中極、建極殿大學士、文華、武英殿大學士、文淵、東閣大學士，並正五品，掌獻替、規誨、票擬、批答。初，太祖依前制，置中書省，洪武十三年罷，越二年，倣宋制置華蓋殿、武英殿、文淵閣、東閣諸大學士，尋復加文華殿大學士，以輔導太子。

建文中，改爲學士。自簡用解縉等七人入內閣，名直文淵閣，預機務，閣臣參吏務自此始。仁宗以後，閣制漸崇；景泰以還，閣權遂重。嘉靖壬戌，新建三殿成；詔改華蓋、謹身爲中極、建極，於是朝廷班次，遂在六部上。入閣曰辦事，蓋避丞相名也。有誥册房、制敕房、直文華殿東房、直武英殿西房諸中書舍人。

六部

吏部尚書，正二品，（各部同）掌官吏選授封勳考課。侍郎正三品，（各部同）貳之。明置吏部，即古選部也。自唐宋來，皆爲尚書省屬官，至洪武十三年，革中書省，罷丞相，使政歸六部，而吏部尤愼其選，其勳勞茂者，往往加以三孤，贈以三公。有司務廳及文選、驗封、稽勳、考功四清吏司，郎中、員外郎、主事。（各部同）

戶部尚書，掌戶口田賦，侍郎貳之。嘉靖時，以戶部侍郎綜理西苑農事；後省。萬歷後，增設督理錢法侍郎，及督餉侍郎至三四人，蓋出一時權宜，非永制。初設屬部四，曰民部、度支部、金部、倉部，後改浙江諸省十三清吏司。

禮部尚書，掌禮儀祭祀宴享貢舉，侍郎貳之。唐宋禮部止掌祠祀，若音樂唱導，分隸太常鴻臚，元已併入禮部，祭祀分掌大禧宗禋院，番貢專隸宣政院，明則合典樂、典教、宗藩、諸番，靡所不綜，故所領儀制、祠祭、主客、精膳四清吏司外，又有敎習、駙馬、主事、鑄印局大使、副使、敎坊司奉鑾、左右韶舞、左右司樂，其職較前代獨重。成化後，登公孤任宰輔者，多由宗伯，蓋冠於諸部焉。

兵部尚書，掌武衛官軍選授簡練，侍郎貳之。宋遼金元兵部止稽尺籍、儲軍器，明則無所不掌，權重職專，南京

兵部且加參贊機務，衙較五部為重。領武選、職方、車駕、武庫四淸吏司，並轄會同館、大通關、

刑部尚書、掌刑名及徒隸勾覆關禁。侍郎貳之。初設刑部四科，曰總部、比部、都官部、司門部，設尚書侍郎各一人；洪武十三年，刪併其數如各部制，有十三省淸吏司，領照磨所、司獄司。

工部尚書、掌百工山澤，侍郎貳之。唐以後，各代皆置衛尉、太府、少府、將作、軍器、都水各監，分掌營繕、工作、水利，明則省併諸監，悉歸工部，此明制之特殊也。初設總部、虞部、水部、屯田四科，置尚書侍郎各一人；洪武二十九年，始省併如各部數，後改營繕、虞衡、都水、屯田四淸吏司，領營繕所、文思院、皮作、鞍轡、顏料、織染、寶源、軍器諸局。

都察院

左右都御史、正二品，左右副都御史、左右僉都御史、正三四品，掌專劾百司，辨明冤枉，為天子耳目風紀之司。初吳元年，置御史臺，設官如前代制；十三年罷；十五年更置都察院，設監察御史八人，浙江以下十二道，或五人或三四人不等；十六年始置官如上制。至宣德十三年，增為十三道，有經歷司、司務廳、照磨所、司獄司，領監察御史（正七品）百十人。

通政使司

通政使、正三品，左右通政、騰黃右通政並正四品，掌受內外章疏、敷奏封駁之事。初洪武三年，置察言司，設司令二人，受章奏；十年，更置通政司。建文中改為寺，置通政卿；成祖時設官如上制。有左右參議及經歷司。

詹事府

詹事、正三品，少詹事正四品，掌統府坊局之事，輔導太子。初沿元制，稱詹事院；洪武三年改府，置坊局諸官，然多以尙書、侍郎、都御史攝職。成化以後，以禮部尙書、侍郎兼掌之；嘉靖以府、坊局僅爲翰林遷轉之階，不置兼管之官焉。有丞及主簿廳，領左春坊、右春坊、司經局。

翰林院

學士、正五品，侍讀學士、侍講學士並從五品，掌制誥史册文翰之事。初沿舊制，置弘文館祕書監，後省併翰林院，又置學士承旨、直學士諸員，後裁。永樂初，以講讀編檢預機務，平駁諸司章奏，謂之內閣，則內閣卽翰林職也。後直閣者皆由尙書、侍郎加以宮保，不復以翰林官閱章奏，而翰林專爲文學侍從之臣矣。有侍讀、侍講、博士、典籍、侍書、待詔、孔目、史官修撰、編修、檢討、庶吉士。

五寺

大理寺卿、正三品，左右少卿正四品，掌審讞平反刑獄。初置磨勘司及審刑司，猶沿宋制也。永樂初，始定制置寺，有左右寺丞、寺正、寺副、評事及司務廳。

太常寺卿、正三品，少卿正四品，掌祭祀禮樂。初置太常司，洪武初設各祠祭署令丞，後改爲奉祀祀丞，三十年始改太常寺。有丞、典簿、博士、協律郎、贊禮郎，領壇廟、陵寢官、犧牲所。又永樂五年，以外邦朝貢，特設蒙古女眞、西番、西天、回回、百夷、高昌、緬甸八館，置譯字生、通事。正德中，置八百館；萬歷中，增暹羅館，通名四夷館，初隸翰林院，弘治中，始來隸。

光祿寺卿、從三品，少卿正五品，掌祭享、宴勞、酒醴、膳羞。初吳元年，置宣徽院，設院使、院判等官，洪武初，始改光祿寺。八年，改寺爲司；三十年復舊。有丞、典簿廳、領大官、珍羞、良醞、掌醢四署，司牲司、司牧局、銀庫。

太僕寺卿、從三品，少卿正四品，掌牧馬之政。洪武四年，沿舊制置羣牧監；六年，置監滁州，更今名。三十年，置行太僕寺於北平；永樂以後，以行太僕寺爲太僕寺；其在滁州者，爲南京太僕寺。有丞、主簿廳、常盈庫，領各牧監、各羣長。

鴻臚寺卿、正四品，少卿從五品，掌朝會、賓客、吉凶、儀禮。初沿元制，置侍儀使、引進使、通事、舍人諸員；洪武三十年，更今名。省前代閤門諸使，蓋明制不置三省，故專掌於鴻臚也。有丞、主簿廳，領司儀、司賓二署。

三監

國子監祭酒、從四品，司業正六品，掌訓導國學諸生。明初置國子學，設博士、助教諸員。吳元年，始定官制，設祭酒、司業。洪武八年，置中都國子學；十五年，改監；二十六年，廢中都國子監。永樂元年，置監北京，有繩愆廳、博士廳、典簿廳、典籍廳、掌饌廳。

欽天監監正、正五品，監副正六品，掌天文曆數。自唐以後，各代皆以司天監隸祕書監，至元始特置專官。明初置太史監，尋改院，後復故。洪武三年，更今名；又沿元制，置回回司天監，三十一年罷，以算法來隸。有主簿廳、五官正、靈臺郎、保章正、挈壺正、監候、司曆、司晨、漏刻博士。

上林苑監左右監正正五品，監副正六品，掌苑囿牧畜樹種。唐以後，各代上林署多屬司農署，或工部，或大都留守司，唯明特設專官，無所隸屬，此異於前代也。有主簿廳，領良牧、蕃育、林衡、嘉蔬四署。

諸司院科

尙寶司卿、正五品，少卿從五品，掌寶璽、符牌、印章。初設符璽郎，吳元年更今名。初無定員，其後多以勳衞大臣恩蔭添注，亦以其職掌之簡也。有丞。

太醫院使、正五品，院判正六品，掌醫療之法。初置醫學提舉司，設提舉、副提舉諸員，後更爲監，設少監、監丞；吳元年改稱院，有御醫、吏目，領生藥庫、惠民藥局。

行人司司正、正七品，左右司副從七品，掌捧節奉使之事。洪武十三年，置設行人，後改司正。建文中省，隸鴻臚寺。成祖時復舊制，有行人。南京止左司副一人。

六科都給事中、正七品，掌侍從規諫、稽察六部百司。初統設給事中，洪武六年，始分爲六科，各設給事，二十四年，增都給事中。唐宋給事中屬門下省，明則無所隸屬，此異乎前代也。分吏、戶、禮、兵、刑、工各科都給事中下有左右給事中、給事中。

中書科中書舍人、從七品，掌書寫制誥、銀册、鐵劵。初置承勅監、司文監、考功監，又有承天門待詔、閣門使、觀察使，未幾裁革，唯存兩房中書舍人，爲宰相屬官，職在書寫，不得升列九卿，其由進士者，得遷科道部屬，亦有監生、生員、布衣能書者，俱可爲之；又有恩蔭添注之員，員無定額，選用輕而職掌簡，此元明之異於前代也。

在京軍府

五軍都督府中左右前後左右都督正一品，都督同知從一品，掌軍旅之事，各鎮其都司衛所，其掌印官必於親任公侯伯推舉，蓋重職也。洪熙以後，始變祖制，以內臣同守備，有都督、僉事，其屬有經歷、都事。

總督京營戎政、協理京營戎政，掌統五軍、神機、神樞三大營。永樂三年，置三大營：曰五軍，曰神機，曰三千；景泰元年，選三營精銳，立十團營；成化間，增爲十二團；嘉靖二十年，省團營，併入三大營，改三千曰神樞。每營各有副參、游佐、坐營、號頭、千把總等官。

京衛，明置上直親軍指揮使司二十有六，不隸五軍都督府，又非親軍而亦不隸都督府者，其隸都督府者三十三指揮使與同知俱正三品，僉事從四品，掌番上宿衛以護宮禁。有鎮撫司、經歷司，領千戶所，多寡不等。

錦衣衛，二十六衛之一，宣德八年，又加親軍四衛，凡二十八衛正三品，兼掌緝捕刑獄，恆以勳戚都督領之，恩蔭寄祿，無定員，浸至末季，附勢驕橫矣。

內侍省

司禮監、掌儀刑，內官監掌工作，御用監掌御前遺辦，司設監掌鹵簿帷幙，御馬監掌騰驤四衛，神宮監掌神廟洒掃，尚膳監掌食用筵宴，尚寶監掌寶璽勅符，印綬監掌鐵券誥敕，直殿監掌各殿掃除，尚衣監掌御用冠服，都知監掌前導警蹕，俱正四品；外有惜薪、鐘鼓、寶鈔、混堂四司；兵仗、銀作、浣衣、巾帽、鍼工、內織染、酒醋麵、司苑八局，此洪武舊制也。後頗有所改。明代設官之多，幾於寺監職掌無所不有，而司禮位尊權重，職批紅者，倖倖宰輔，以致竊弄威福，太阿倒持，中葉而還，甚且恩蔭弟姪，列爵公侯，紊亂官常，褻瀆名器，神熹之間，糧稅礦關之使四出，無一方不罹厥害，卒至大憝濟惡，宗社淪亡，與漢唐禍蹤相尋矣。

地方文武官

順天府尹，正三品，掌京府政令，有丞、治中、通判、推官、儒學教授訓導、經歷司、照磨所，轄大興、宛平諸縣。

五城兵馬司指揮，正六品，掌巡捕盜賊、疏理街渠，有副指揮及吏目。

總督巡撫，掌節制軍務，管理糧餉河道，撫綏地方，自永樂十九年，遣尙書蹇義諸人巡行天下，安撫軍民，名曰巡撫，事畢停遣，後定爲都御史出使之職。兼軍務者加提督，有總兵者加贊理，事重者加總督；又有經略、總理、整飭、撫治、巡治諸銜，蓋仿秦監郡御史、唐巡按州縣御史之制，而其秩較尊，大略與元之行御史臺同，故明史職官志附載於都察院之後焉。

左右布政使，從二品，掌一省之政，有經歷司、照磨所、理問所、司獄司、庫倉局諸使，初沿元制，置行中書省，有平章政事、左右丞、參知政事；洪武九年，罷行省平章諸職，改置布政使、參政、參議諸職；故初置藩司與六部均重，或布政使即爲尙書副都御史，每出爲布政使，其時未置巡撫，故職重而秩崇也。

按察使，正三品，掌一省刑名按劾，初仿金制，置即宋之提點刑獄、元之肅政廉訪使也。有經歷司、照磨所、司獄司。

布政司參政、參議，分司諸道，從三、四品，掌督糧督册分守，永樂間置。

按察司（副使 僉事）分司諸道，正四五品，掌督學、清軍、驛傳、分巡、兵備。兵道始自洪熙間遣參政副使沈固劉紹等往各總兵處整理文書商榷機密；弘治中兵部尚書馬文升慮武職不修，議增副僉各一員敕之，繇是兵備之員盈直省矣。

都轉運使從三品，鹽課提舉司從五品，掌鹽之事，有同知副使及經歷庫大使，領各鹽場、各鹽倉、各批驗所、遞運所。

知府正四品，（初分上中下三等上從三品中正四品下從四品後改）掌一府政令，有同知、通判、推官、儒學教授、訓導及經歷、知事、照磨、檢校、司獄等員。

知州正五品，掌一州政令，分二等：直隸州視府，屬州視縣，而秩則同，有同知、通判、儒學學正、訓導及吏目。

知縣正七品，（初分上中下三等上從六品中正七品下從七品後改）掌一縣政令，有縣丞、主簿、儒學教諭、訓導及典史。又巡檢、驛丞、稅課司、倉庫局、金銀局、鐵冶所、河泊所，各府州縣有無多寡不同，故附載於此。

明自洪武十三年罷丞相，析中書省之政歸六部，以尚書任天下之事，而殿閣大學士祇備顧問，帝方自操威柄，學士鮮所參決，其糾劾則責之都察院，章奏則達之通政司，平反則參之大理寺，是亦漢九卿之遺意也。分大都督府為五，而征調隸於兵部，外設都、布、按三司，分隸兵刑錢穀，其考核則聽於府部。是時吏、戶、兵之權為重。迨仁宣朝，大學士以太子經師恩累加至三孤，望益尊，而宣宗內柄無大小悉下大學士楊士奇等參可否，自是內閣權日重，即有一二吏兵之長與執持是非，輒以敗；至世宗中葉，夏言嚴嵩迭用事，遂赫然為眞宰相，歷制六卿矣。然內閣之擬票，不得不決於內監之批紅，而相權遂歸之寺人，此明季宦官之禍所由滋也。

清代職官

太祖肇基東土，置八旗總管大臣、佐管大臣，董帥軍旅，置議政五大臣，理事十大臣，釐治政刑，任用者止親貴數臣。太宗設三館，置八承政，世祖入關，知滿洲法典不足以宏政術，仍沿明制而稍損益之，藩部創建，名並七卿，外臺督撫，杜其紛更，提鎮以下，悉易差遣為官。世宗罷倘寶、行人、僉都諸目，高宗損參政、參議、副使、僉事諸銜，內外羣僚，滿漢參用，蒙古漢軍，次第分布，亦一代之故實也。茲分為述之。

宗人府

宗令一人，左右宗正宗人各一人，（宗室王公為之）掌皇族屬籍。丞，漢一人，正三品，掌校漢文冊籍。順治九年置，並設啓心郎，與丞同為正官。康熙十二年省啓心郎。有理事官、副理事官、（郎中員外郎改）主事、堂主事及經歷筆帖式。

內閣

保和、文華、武英諸殿大學士，體仁、文淵、東閣諸閣大學士，俱正一品，掌贊理機務，表率百僚。協辦大學士從一品，同釐閣務。學士（兼禮部侍郎銜）滿六人，漢四人，從二品，敷奏本章，傳宣綸綍。順治元年置滿漢大學士，不備官；十年，置三院滿漢大學士各二人；十五年，更名內閣，以大學士分兼殿閣。雍正九年置協辦；乾隆十三年，始定員限，省中和殿，增體仁閣，以三殿三閣為定制，唯保和不常置。宣統三年改組內閣，以大學士序次翰林院。有侍讀、侍讀學士、典籍、中書、中書科中書舍人，（凡滿蒙漢軍漢人各定員限，以後各官略同。）領稽查欽奉上諭事件處。

軍機處大臣，（由王大臣內閣簡用）綜司軍國，贊理機務。雍正十年，用兵西北，慮儤直者洩機密，始設軍機房，後改爲處，而滿洲大學士尙有兼議政銜者。（尋罷）高宗涖政，更名總理處，尋復如初有章京，分滿漢頭二班，轄內繙書房、方略館。

六部

吏部、管理部務一人，（王大臣充，下同）尙書滿漢各一人，從一品，（各部同）左右侍郞滿漢各二人，正二品，（各部同）掌文職遷敍黜陟。天聰五年，建六部，以貝勒一人領之，置承政、參政、啓心郞等官；（崇德間置理事官、副理事官、額哲庫）順治元年，改承政爲尙書，參政爲侍郞，（理事官等改爲郞中、員外郞、主事）漢右侍郞兼翰林院學士銜；（非翰林出身者不兼，尋罷）五年，定滿漢尙書各一人；十五年，省啓心郞，定滿漢侍郞各二人。初制，滿洲、蒙古、漢軍司官，六部統爲員額，不置專曹，後始分司定秩，如漢人，有堂主事、司務廳、郞中、員外郞、主事、小京官、筆帖式。吏部班次，向居六部上，領文選、考功、稽勳、驗封四淸吏司，郞官非科甲出身者不得注授。（宗人府、禮部起居注主事同）自外務部設，班次稍爽，浸至納貲者、考職者、裁缺者，紛投雜進，以今況往，郞選衰矣！光緒末葉，官制釐革，班位且殿終焉。宣統末，改組內閣，附設銓敍、制誥等局，吏部併入之，吏部廢，官統替已！

戶部、管理部務一人，尙書滿漢各一人，左右侍郞滿漢各二人，掌土田、戶口、錢穀。順治初，置定右侍郞兼管錢法堂事。光緒三十二年，更名度支部。初制，按省分職，十三淸吏司外，增設江南一司，凡銅關、鹽漕及續設行省別以司之事簡者領之，並轄寶泉局內倉各關稅口監督。

附見

管理三庫大臣二人，（大臣內簡用）掌銀庫、段匹庫、顏料庫，有堂主事，各庫有郎中、員外郎、司庫及庫大使，光緒二十八年省。

總督倉場侍郎，（兼戶部侍郎銜）掌總稽歲漕，有坐糧廳及大通橋監督、京通各倉監督。

禮部、管理部務一人，尚書滿漢各一人，左右侍郎各二人，掌禮儀學校貢舉，順治初置。雍正十三年，省行人司併入；光緒二十四年，省光祿、鴻臚兩寺，併入，尋復故；三十一年，停科舉，各省學政歸學務大臣考覈，自是釐正士風之責，不屬禮部矣。明年，仍以光祿、鴻臚、太常三寺併入。先是春官長貳，任重秩清，妙選館職，各司郎官，亦非儒臣不得與；光宣之際，流品渾殽，後更爲替職，權益替。領儀制、祠祭、主客、精膳四清吏司，並轄會同、四譯館、鑄印局。

附見

管理樂部大臣，無定員，（以尚書充）掌考五音六律，領神樂署署正、署丞、協律郎，和聲署署正、署丞，供奉、供用。

兵部、管理部務一人，尚書滿漢各一人，侍郎滿漢各二人，掌武職銓選，簡覈軍實，順治初置。十一年，增置督捕，滿左侍郎、漢右侍郎各一人，時八旗武職選授處分俱隸銓曹，康熙三年始來屬，三十八年，省督捕以下各官，光緒三十二年，更名陸軍部，領武選、車駕、職方、武庫四清吏司，馬館監督，本部差官，駐京提塘。

刑部尙書、滿漢各一人，左右侍郎滿漢各二人，掌法律刑名，順治初置。光緒三十二年，更名法部。領十七省淸吏司、贓罰庫、提牢廳。

工部尙書、滿漢各一人，左右侍郎滿漢各二人，掌工虞器用，順治初置。光緒三十二年，更名農工商部。領營繕、虞衡、都水、屯田四淸吏司，並轄節愼庫、製造庫、寶源局、窰廠、木倉、陵寢等官。

理藩院

管理院務大臣一人，（特簡滿大學士爲之）左右侍郎俱各一人，（以滿洲蒙古人補授）額外侍郎一人，（以蒙古貝勒貝子之賢能者任之）掌蒙古回部及諸番部。崇德初設蒙古衙門，置承政、參政各官；三年，更名理藩院。順治初改曰尙書侍郎；十八年，以藩政任重，令入議政班，居工部後。咸豐五年，定伊犂塔爾巴哈台通商章程，始行外交職務；十年，定中俄續約，以軍機處及本院主外交文移。（見第九款）光緒三十二年，更院爲部。理藩一職，歷古未有專官，遐荒絕漠，統治王官，爲有淸剏職，自總理通商之臣置，而理藩亦輕。有堂主事、司務廳，領旗籍、王會、柔遠、典屬、理刑、徠遠六淸吏司，郎中、員外郎、主事，並轄銀庫司庫、庫使。

都察院

左都御史、俱滿漢二人，從一品，左副都史俱滿漢二人，正三品，掌察覈官常、振飭綱紀。初設都察院，崇德元年，置承政、參政各官；順治初，更名，並置漢左僉都御史一人。外省督撫以右繫銜。康熙二十九年，命左都御史馬齊同理藩院尙書阿喇尼列議政大臣。故事二院長官俱不預議政，預議自此始。有六科給事中、二十道監察御史及都事、經歷。

翰林院

掌院學士、滿漢各一人，從二品，大學士尚書內特簡。掌國史華翰，備左右顧問。初，翰林之職隸內三院；順治初，設翰林院，定掌院學士爲專官，置漢員一人，兼禮部侍郎銜，侍讀學士以下各官俱漢人爲之，尋省，入內三院。十五年復舊制，增滿員一人，兼銜如故。乾隆五十八年停。康熙二十八年，以院務廢隳，命大學士徐元文兼掌院事，重臣兼領自此始。光緒二十九年，裁詹事府，以詞臣敍進無階，增置滿漢學士各一人（正三品）及撰文祕書郎各官。翰林一官，夙稱華選，榮塗遷擢，視他曹爲優，光宣之際，各部自爲升轉，於是始妨淸敍矣。有侍讀學士、侍講學士、侍讀、侍講、撰文祕書郎、修撰、編修、檢討，所屬有主事、待詔、孔目，領庶常館、起居注館、國史館。

詹事府

詹事、正三品，少詹事正四品，俱滿漢各一人，掌經史文章之事。順治初置少詹事一人，掌府事，尋省，入內三院；九年，復置詹事以下各官，俱漢人爲之，以內三院官兼攝，別置滿洲詹事一人，掌府印。十五年，省詹事府；康熙十四年，復舊。二十五年，命詹事湯斌、少詹事耿介等爲皇太子講官，尙沿宮僚舊制也。三十一年，命徐元夢入直上書房，自是本府坊局止備詞臣遷轉之階。嘉慶二年，改隸翰林院；五年，復舊；光緒二十四年，仍省，入翰林院，尋復故。二十八年，仍省入。有左右春坊庶子、中允、贊善，司經局洗馬、主簿。

諸卿

通政使、正三品，副使正四品，俱滿漢各一人，掌受各省題本洪疑大獄，偕部院預議。順治初，置通政使、左通政使，滿漢俱各一人，漢右通政使二人。乾隆十三年，改左通政為副使，去左右銜。光緒二十四年，省入內閣，尋復故；二十八年復省。有參議及經歷、知事司務廳，領登聞鼓廳。

大理寺卿、正三品，少卿正四品，俱滿漢一人，掌平反重辟。順治初置，光緒二十四年省入刑部，尋復故，三十二年，更寺為院。有堂評事司務廳、左右寺丞、左右評事。

太常寺卿、正三品，少卿正四品，俱滿漢一人，掌守壇壝廟社。順治初置，隸禮部，十六年，改歸本寺；康熙二年，復隸禮部，十年，仍歸本寺；光緒二十四年，省入禮部，尋復故，三十二年仍省入。有寺丞、博士、贊禮郎、讀祝官、典簿、司庫、司樂及壇廟奉祀官。

光祿寺卿、從三品，少卿正五品，俱滿漢一人，掌燕勞薦饗。順治初置，凡事由禮部具題，箚寺遵行；十五年，仍歸本寺，十八年，復隸禮部；康熙十年，仍以禮部精膳司所掌改歸本寺；光緒二十四年，省入禮部，尋復故，三十二年仍省入。有大官、珍饈、良醞、掌醢四署署正及典簿、司庫。

太僕寺卿、從三品，少卿正五品，俱滿漢一人，掌兩翼牧馬場。初制本寺附兵部武庫司，康熙九年，以兵部所轄大庫、種馬二場來隸本寺；雍正二年，始建衙署；光緒二十四年，省入兵部，尋復故，三十二年，仍併入陸軍部軍牧司。有左右司員外郎、主事及主簿。（均滿蒙人為之）

鴻臚寺卿、正四品，少卿從五品，俱滿漢一人，掌朝會祭祀燕享。順治初置，凡事由禮部具題，十六年改歸本寺，十八年仍隸禮部；康熙十年，復故；雍正四年，復歸禮部統轄；乾隆十四年，以禮部滿尚書領寺事；光緒二十四年，省入禮部，尋復故，三十二年，仍省入。有主簿、鳴贊、序班。

太常、光祿、鴻臚三部，均有管寺大臣，以尚書兼。

國子監

管理監寺大臣一人，（大學士尚書侍郎內特簡）祭酒從四品，滿漢各一人，司業正六品，滿蒙漢各一人，掌成均之法。順治初置祭酒兼太常寺少卿銜，司業兼寺丞銜，後皆停兼銜。康熙九年，建南學。（在內肄業者爲南學在外肄業赴學考試者爲北學）高宗治，以大學士趙國麟、尚書楊時孫嘉淦領太學事，官獻瑤莊亨陽蔡綜領六堂，世號四賢五君子。乾隆四十八年，建辟雍、集賢門，國學規制，斯爲隆備。光緒三十三年，省入學部，別置國子丞，以次各官。有丞、博士、典籍、率性、修道、誠心、正義、崇志、廣業六堂助教、學正、學錄。

欽天監

管理監事王大臣一人，（特簡）監正正五品，左右監副正六品，俱滿漢各一人，掌測候推步。順治初置，分天文、時憲、漏刻、回回四科，俱漢人爲之，行文具題隸禮部。是歲仲秋朔日食，西人湯若望推算密合，（大統回回兩法時刻俱差）命修時憲，領監務。十四年，省回回科。先是，新安衛官生湯光先請誅邪教，鐫若望職，至是以光先爲監副，尋陞監正，仍用回回法；南懷仁具疏訟冤，八年，罷光先，以南懷仁充漢監正，更名監修，用西法如初。雍正三年，實授西人戴進賢監正；（去監修名）八年，增置西洋監副一人，十年，定監副，以滿漢西洋分用；四十四年，命親王領之。道光六年定監正、監副滿漢員限，時高拱宸等或歸或沒，本監已諳西法，遂止外人入官。有時憲、天文、漏刻三科，五官正，春夏中秋冬各官正，司書，博士，五官靈臺郎、監候、挈壺正、司晨、筆帖式及主簿。

太醫院

管理院寺王大臣一人，特簡 院使正五品，左右院判正六品，俱漢一人，掌醫療法。順治初置，光緒末葉，以民政部醫官、陸軍部軍醫司長，與院使、院判品秩相等，非所以崇內廷體制也，特陞院使正四品，院判正五品。

內務府

總管大臣無定員，正二品，俱滿洲人為之，掌內府政令供御諸職，靡所不綜。初設內務府，以舊僕司其事，入關後，明三十二衛人附之，順治十一年，命工部立十三衙門，設司禮、御用、御馬、內官、尚衣、尚膳、尚寶、司設八監，尚方、惜薪、鐘鼓三司，兵仗、織染二局，時猶舊臣寺人兼用也。康熙元年，誅內監吳良輔，始以三旗包衣改設，並置總管大臣，兼以公卿，無專員。二十三年，七司成立，於是奄宦之權，悉歸旗下矣。七司者：曰廣儲、會計、掌儀、都虞、慎刑、營造、慶豐，各有郎中、員外郎、主事，又銀、皮、瓷、緞、衣、茶六庫郎員，司庫、司匠，及諸管理、諸護軍上駟、奉宸、武備三院，蘇杭織造太監等屬焉。

侍衛處

領侍衛內大臣、正一品，內大臣從一品，各六人，掌董帥侍衛親軍，散秩大臣從二品食三品俸，無員限，翊衛扈從。初，太祖以八旗禁旅，勘定區夏，鑲黃、正黃、正白三旗，皆自將，爰選其子弟命曰侍衛，亦間及宗室秀彥，外藩侍子，統以勳戚備環直焉。順治初，定侍衞處員數；嘉慶十九年，以散秩大臣無辦事責，諭凡擢都統者停兼職。有御前大臣、前引大臣、後扈大臣、一二三等侍衞、藍翎侍衞、親軍校、主事。

鑾儀衞

掌衞事大臣一人，（無事員以滿蒙王公大臣兼授）正一品；鑾儀衞使，滿二人，（蒙古人兼授）漢軍一人，正二品，掌供奉乘輿秩序鹵簿。順治初，設錦衣衞，置指揮等官，明年，更名鑾儀衞，定各官品秩，宣統初，改曰鑾輿衞。有左右中前後五所、馴象所、旗手衞、冠軍使、雲麾使、治儀正、整儀尉，及主事、典簿。

八旗軍官

驍騎營八旗都統，從一品，滿蒙漢軍旗各一人，副都統正二品，旗各二人，分掌二十四旗，守衞京師。初，太祖辛丑年，始編三百人爲一牛彔，置一額眞，先分四旗，尋增爲八旗；乙卯年，定五牛彔置一扎蘭額眞，五扎蘭置一固山額眞，左右梅勒額眞佐之。太宗置總管旗務八大臣主政，（即固山額眞兼議政大臣）佐管十六大臣理事。（即梅勒額眞兼理事大臣）天聰八年，改額眞爲章京，固山額眞如故，其隨營馬兵曰阿禮哈尼哈，是爲驍騎營之始，然猶統滿蒙漢軍爲一也。九年，始分設蒙古八旗。崇德七年，復分設漢軍八旗，二十四旗之制始備。有參領、副參領、驍騎校。

前鋒營前鋒統領，正二品，左右翼各一人，（自統領以下俱滿蒙人爲之，護軍、火器、健銳各營同）掌本翼四旗前鋒。初，天聰八年，定巴牙喇營前哨兵爲噶布什賢超哈。順治十七年，定噶布什賢噶喇衣昂邦，漢字爲前鋒統領。有參領、侍衞、委署侍衛、前鋒校、筆帖式。

護軍營護軍統領正二品左右翼各一人，掌本旗護軍。初設巴牙喇營，統以巴牙喇纛章京、甲喇章京分領之；順治十七年，定巴牙喇纛章京，漢字爲護軍統領。有參領、副參領、委署參領及護軍校。

步軍營步軍統領兼提督九門一人，從一品，（初制正二品，嘉慶四年陞品）左右翼總兵各一人，正二品，掌九門管鑰，統帥八旗步軍五營將弁，徼循京師，總兵佐之。初置步軍統領一人，左右翼總尉各一人，（乾隆十九年改翼尉）並定巡捕二營，置參將以次各官，以兵部職方司漢主事一人司政令，其京城內九門、外七門置指揮、千百戶隸之。順治五年，置步軍副尉；十四年，置巡捕中營官；康熙十三年，始命步軍統領提督九門事務；三十年，復命兼管巡捕三營；乾隆四十六年，以三營轄境遼廓，增設左右二營，是爲五營。嘉慶四年，增左右翼總兵各一人。八旗步軍，有翼協副諸尉軍校，步軍統領衙門有員外郎、主事、司務，巡捕五營有副將、參將、游擊、都司、守備及城門官。

火器營、健銳營、神機營、虎槍營掌印總統各一人，（王公大臣兼任）總統大臣無員限，（都統副都統統領內特簡）嚮導處、上虞備用處，亦如之。

地方文武官

順天府兼管府尹，（大學士尚侍內特簡）府尹正三品，掌清肅邦畿，布治四路。順治初置，雍正初，特簡大臣領府事，號兼尹。乾隆八年，定爲二十四州縣隸府。宣統二年，罷兼尹，有丞治中同知通判、經歷、照磨、司獄。

五城御史、從五品，掌綏靖地方，釐剔奸弊。順治九年，置五城漢軍理事官，爲巡城之始；明年，置御史，五城各一人，光緒三十一年廢。有兵馬司指揮、副指揮、吏目，亦同時省。

京縣知縣，大興宛平各一人，正六品，掌一縣之政，有縣丞、巡檢、典史。

總督、從一品，巡撫正二品，掌統屬文武，無所不理。故事，總督典軍政，巡撫主民事，河南山東山西等省，專置巡撫，無統轄營伍權，以提督爲兼銜；直隸四川甘肅等省，專置總督，吏治歸其考覈，以巡撫爲兼銜，時稱軍民分治焉。而巡撫例受總督節度，寖至督撫同城，巡撫僅守虛名，即分省者軍政民事，亦聽總督主裁，識者獨謂巡撫多失職也。文宗涖政，命浙江安徽江西陝西湖南廣西貴州各巡撫節制鎮協武職，總督兼轄省分，由巡撫署考會題，校閱防剿，定爲專責，職權漸崇。光緒季年，裁同城巡撫；其分省者，權幾與總督埒，所謂兼轄，奉行文書已耳。

提督學政、以翰林官簡充，掌全省學校貢舉。初，直隸差督學御史一人，江南江北二人，稱學院，各省置提學道，參按察使僉事銜。順治十年，稱學院者改用翰林官；康熙二十三年，浙江督學改簡翰林，依順天江南北例，稱學院，其各省由部屬道府任者，仍爲學道。雍正四年，各省督學均更名學院，凡部屬任者俱加編修檢討銜，自是提學無道銜矣。光緒三十一年，罷科舉，興學校，改稱提學使（正三品）轄各府、州、縣儒學、教授、教諭、訓導。

布政使、從二品，掌出納錢穀，考覈官吏，有理問、照磨、經歷、庫倉大使。

按察使、正三品，掌刑名按劾及驛傳。初制、山陝甘肅督撫，定爲滿洲缺，布、按二司，亦專用滿員。雍正初，授高成齡山西按察使，二年，授費金吾陝西按察使、張适甘肅按察使，參用漢人自此始。（督撫布政亦參用漢員）宣統三年，更名提法使。有經歷、照磨、司獄，同時亦省。

鹽運使、從三品，掌治鹽政，有經歷、知事、庫使、運同、運副、鹽大使。

分司諸道、正四品，分守、巡、兵備、鹽、粮、河等道，有道庫大使。

知府、從四品，掌一府之政，有同知、通判、經歷、照磨、司獄、各倉庫及稅課大使。

直隸州知州、正五品，掌一州之政，有州同、州判、吏目、巡檢、驛丞、稅課大使。

廳同知（或通判）（直隸廳）　正五品，通判正六品，掌一廳之政，不領縣。

散州知州、從五品，屬官略如直隸。

知縣、正七品，掌一縣之政，有縣丞、主簿、典史、巡檢、驛丞、稅課使。

提督、從一品，總兵正二品，掌節制各鎮，分防營汛。有副將、參將、游擊、都司、守備、千總、把總。

駐防將軍、從一品，專城副都統正二品，俱滿人爲之，掌鎮守險要，綏和軍民。有協領、城守尉、防守尉、佐領、防禦、驍騎校。

有清一代官制，職儀粗具，中更六七作，存改迥沿，世不同矣。延及德宗，外患踵迹，譯署始立，繼改專部，商警學部，接踵而設，並省府寺，迺分十部。嗣議立憲，理藩改部，軍諮設處，復更巡警爲民政，戶爲度支，商爲農工商，兵爲陸軍，附隸海軍處，刑爲法，別立大理院，又取工部所司輪路郵電，專設郵傳部，以今況昔，洵稱多制。宜統紹述，合樞於閣，省吏部，增海軍部，改禮部爲典禮院，陞鹽政處爲院；猶慮閣權過重，設弼德院以相維繫，資政院以爲監督。因事擬名，甚至有官者無職，有職者無官；或下僚縣居要劇，或穹秩亦莅細務，此其概也。輯而存之，彙爲一表：

清季內閣十部表

內閣、
- 度支部：清理財政處、造幣總廠、大清銀行
- 民政部：巡警廳
- 外務部：出使大臣、稅務處
- 學部：國子監、大學堂
- 法部：大理院、各級審檢廳
- 郵傳部
- 海軍部
- 陸軍部
- 農工商部
- 理藩部

舊制，山東河南江南，各設河道總督，江南又有漕運總督，並正二品，以非地方官，且其後俱廢，故從略。又盛京一省，視爲陪都，有戶、禮、兵、刑、工五部侍郎、將軍。奉天府府尹秩視順天府尹。自奉天改建行省，執政者藉口地處邊要，變通例章，自詭高掌遠蹠，品目張皇。於是侍郎、將軍、府尹先後俱廢，設總督，兼轄奉天吉林黑龍江，附承宣、諮議兩廳，置左右參贊，秩從二品，並置民政、交涉、度支、提學、提法、旗務各使司。各省止有三司，而東三省則有六司矣。

第二章　歷代政權之轉移

自來論官制者，當知其官與職之所分，尤當知其職與權之所在。自漢訖今，其肩軍國重事者，實秉鈞衡之任，而尚書六曹布而行之。吾國職官權限雖不甚明，而立法行政，總匯之樞，為研究歷史者所不容忽視也。茲簡括立一表於下：

歷代政權遞移表

朝代		總權	分權	說明
秦	悼武王	丞相		秦悼武王二年置丞相及始皇立韓不韋為相國
	始皇	相國		
漢	武帝以前	相國　丞相		漢高帝即位丞相以蕭何為之
	昭帝以後	大將軍		霍光輔政權在大將軍
	成哀以後	三公		成帝從何武言立三公
	光武以後	尚書臺		光武中興雖置三公事歸臺閣
魏	武帝時	祕書省	尚書省	初以祕書令典尚書奏事
	文帝以後	中書省	同上	文帝改置中書監令並掌樞密

蜀		丞相		
晉	中書省	尚書省侍中		魏晉重中書之官居喉舌之任尚書之職稍以疏遠晉以後侍中參與國政亦爲華選至梁陳舉國機要悉在中書獻納又歸門下而尚書聽命受成而已
宋	同上	同上		
齊	同上	同上		
梁	中書省	門下省		
陳	同上	同上		
北魏	門下省	中書省 尚書省		魏齊以侍中輔政最稱近密唯中書尚書亦號相職
北齊	門下省	同上		
北周	大冢宰	納言 內史		北周依周禮以大冢宰爲丞相之任其納言內史亦門下中書職掌
隋	內史 納言 亦有他官參預者	尚書省		他官參預者如柳述以尚書參掌機事楊素以僕射掌國政之類
唐	門下省 中書省 尚書省			唐侍中中書令是眞宰相以他官參預者無定員但加同中書門下三品及平章事知政事參知機務參與政事及平章軍國重事之名者並爲宰相亦漢行丞相事之例也
宋	中書省	門下省 尚書省		宋較唐略有參差三省中門下尚書置於外中書特置禁中謂之政事堂神宗新官制以尚書令之左右二僕射爲宰相左僕射兼門下侍郎行侍中職右僕射兼中書侍郎行中書令職後別置中書門下侍郎尚書左右丞以代參知政事中書揆而議之門下審而覆之尚書承而行之獨中書取旨而門下尚書之官爲首相者不復與朝廷議論
遼	北面北宰相府			

金	尚書省			
元	中書省			元初亦有尚書省但屢置屢省
明	六部尚書	內閣		太祖析中書省爲六尚書歸其權於六部御史許士廉請復三公府不聽時雖設殿閣大學士不得平章國事至成祖靖難後始即文淵閣召侍講七人入直上所與謀畫皆甚秘稍遷至大學士歲時賚予同尚書矣宣宗事無大小悉下大學士楊士奇等取報行論道之體創尊仁宣迨及景憲大權始集赫然眞宰相矣
清	軍機處			初承明制自軍機處設題本廢內閣已類閒曹矣

第三章　歷代功臣之封爵

博矣哉，歷朝崇獎有功之至意也！雖制度不同，名號差異，而勸忠恤藎之隆文，千古如出一轍；所謂漢有宗廟，爾無絕世，以獎成勞，以勸來者，甚盛事也。茲立一表如左：

(三代)……公—侯—伯—子—男　唯殷制止公侯伯三等

(秦漢)……

(二十)徹侯	(十八)大世長	(十二)左更	(六)官大夫
	(十七)駟車庶長	(十一)右庶長	(五)大夫
	(十六)大上造	(十)左庶長	(四)不更
	(十五)少上造	(九)五大夫	(三)簪褭
(十九)關內侯	(十四)石更	(八)公乘	(二)上造
	(十三)中更	(七)公大夫	(一)公士

(魏)……(食采)公—侯—伯—子—男—縣侯—鄉侯—亭侯—關內侯

名號侯(十八級)

(虛封)關中侯(十七級)

關外侯(十六級)

正大夫(十五級)

(晉宋)……公—開國郡公—縣公—侯—開國郡侯—縣侯—伯—開國伯—子—開國子—男—開國男—鄉亭侯—關內侯

齊封爵史闕

(梁陳)……開國郡縣公—開國郡縣侯—開國郡縣伯—開國子—開國男—湯沐食侯—鄉亭侯—關中關外侯

(北魏)……開國郡公—散公—開國縣侯—散侯—開國縣伯—散伯—開國縣子—散子—開國縣男—散男

北齊北周之制略同北魏唯齊增開國縣公及散縣公二等

(隋)……(爵)國公—郡公—縣公—侯—伯—子—男

(勳級)上柱國—柱國—上大將軍—上開府儀同三司—開府儀同三司—上儀同三司—儀同三司—大都督—帥都督—都督

(唐)……(爵)郡王—國公—開國郡公—開國縣公—開國縣侯—開國縣伯—開國縣子—開國縣男

(勳級)上柱國—柱國—上護軍—護軍—上輕車都尉—輕車都尉—上騎都尉—騎都尉—驍騎尉—飛騎尉—雲騎尉—武騎尉

五季爵制略同於唐唯去縣公以郡侯代之勳級未詳

（宋）……國公—郡公—開國公—開國郡公—開國縣公—開國侯—開國伯—開國子—開國男

宋初勳級一如唐制徽宗政和中廢

（遼）……郡王—國公

（金）……國王—郡王—國公—郡公—郡侯—郡伯—縣子—縣男

（元）……國王—郡王—國公—國侯—郡侯—郡伯—縣子—縣男

案金元兩朝勳級之制與宋無異

（明）……

（爵）公—侯—伯—子—男

（勳）左右柱國—柱國—正治上卿—正治卿—資治尹—資治少尹—贊治尹—贊治少尹—修正庶尹—協正庶尹

（武勳）左右柱國—柱國—上護軍—護軍—上輕車都尉—輕車都尉—上騎都尉—騎都尉—驍騎尉—飛騎尉—雲騎尉—武騎尉

（清）……公—侯—伯—子—男—輕車都尉（以上並分三等）—騎都尉—雲騎尉—恩騎尉

按一等公襲二十六次一等侯兼一雲騎尉襲二十三次一等伯兼一雲騎尉襲十九次一等男兼一雲騎尉襲十一次自公至男一二三等依次遞降

第四章　歷代地方之制度

自周末戰亂相仍，強淩弱，大併小，天下無日不干戈，無人不介冑，以暴露百姓之骨於中原。於是始皇起而吞滅六國，括宇內而分爲三十六郡，郡有守，邑有尉。至漢，懲秦孤立之弊，復立諸侯，置封地，郡縣與封建併用。自此以降，釐定官制，莫不注意於地方之制度；蓋地方制度者，所以固國本而通國情者也。故論地方之官制，必自秦始。茲將歷代地方官制之統系，立表於左：

（秦）……郡監—守—縣長令
　　　　郡監—（武職）尉—尉

（西漢）……州刺史牧—郡太守—縣長令
　　　　　郡太守—（武職）尉—尉

（東漢）……州刺史牧—郡太守—縣長令
　　　　　州刺史牧—郡都尉—尉

（魏）……四征將軍持節都督—州刺史單車—郡太守—縣長令
　　　　州刺史單車—（武職）都尉—尉

（晉）……宋齊梁陳同　領兵刺史—單車刺史—郡太守—縣長令—（武職）尉

（北齊）……州刺史—郡太守—縣令

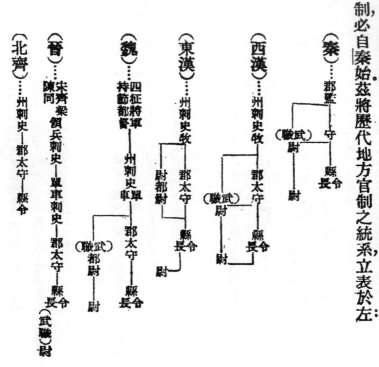

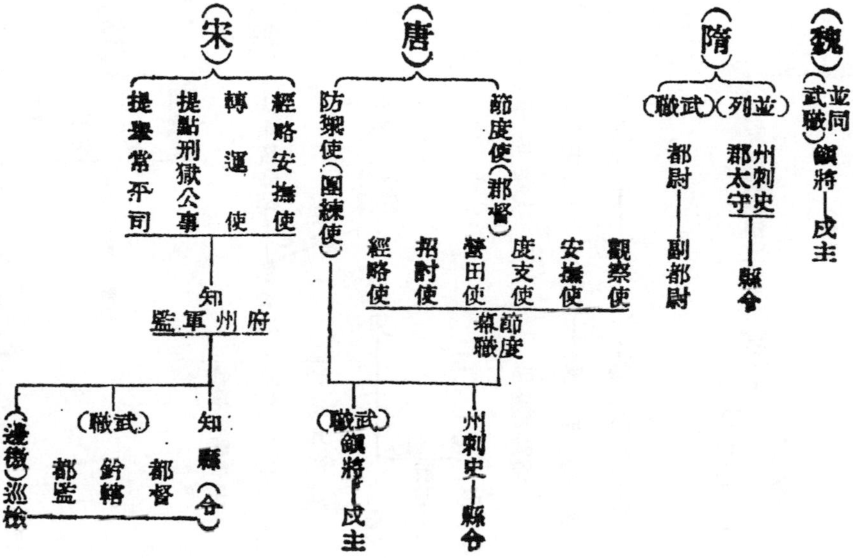
魏
並同
武職
鎮將
戍主
隋
並列
武職
州刺史
郡太守
縣令
都尉
副都尉
唐
節度使
郡督
觀察使
安撫使
度支使
營田使
招討使
經略使
節度
幕職
防禦使
團練使
州刺史
縣令
武職
鎮將
戍主
宋
經略安撫使
轉運使
提點刑獄公事
提舉常平司
知
府州軍監
知
縣
令
武職
都督
鈐轄
都監
邊徼
巡檢

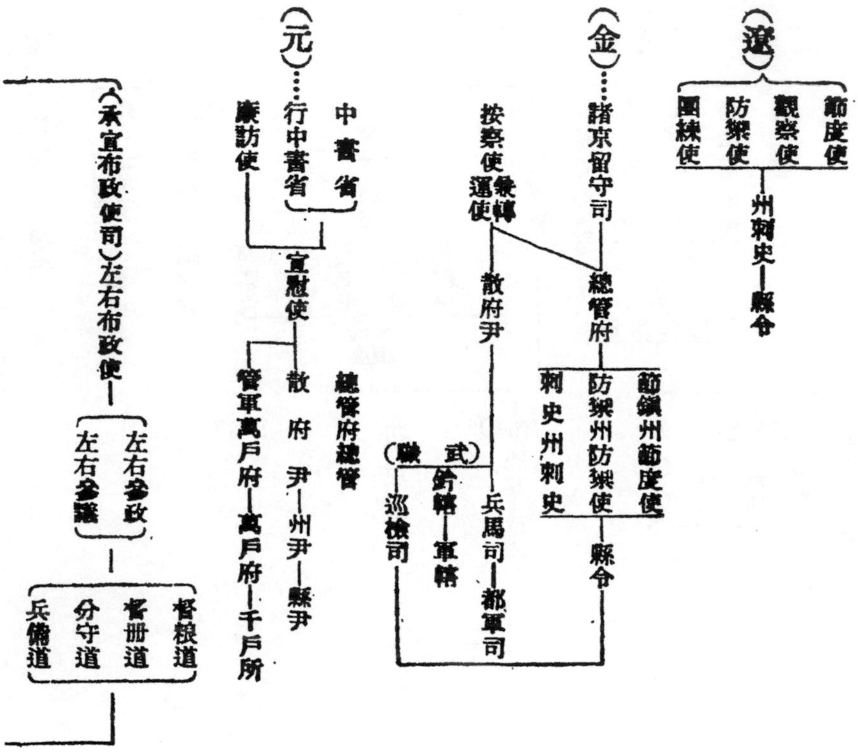
（遼）
節度使
觀察使
防禦使
團練使
州刺史—縣令
（金）……諸京留守司
總管府
節鎮州節度使
防禦州防禦使
刺史州刺史
縣令
按察使兼轉運使
散府尹
兵馬司—都軍司
（武　職）
鈐轄—軍轄
巡檢司
（元）……行中書省
中書省
廉訪使
宣慰使
總管府總管
散府尹—州尹—縣尹
管軍萬戶府—萬戶府—千戶所
（承宣布政使司）左右布政使
左右參政
左右參議
督糧道
督冊道
分守道
兵備道

（明）
- （提刑按察使司）按察司
  - 副使
  - 僉事
    - 提學道、清軍道、驛傳道、分巡道、兵巡道、兵備道、兵糧道、水利道、屯田道、鹽法道、管河道、撫治道、監軍道、招練道、巡海道、糧儲道
      - 府——縣
      - 州（直隸）——州

（清）督撫
- 布政使
- 道——府——縣
  - 散州
  - 州（直隸）
  - 直隸廳或通判
- 按察使

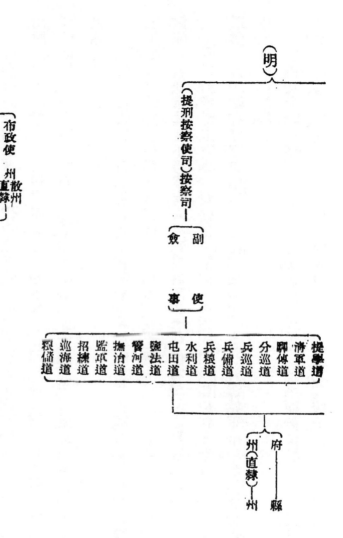

銓選二

第一章　銓選之遞變

古無所謂銓選也，天工人代，用之者唯知明目達聽；自臯陶有知人、官人之謨，盡性術之變以收俊乂之用，而夏禹以之籲俊，商湯以之丕釐，亦所謂名與實符而已。周官既立冢宰，詔廢置而掌其柄，復有內史贊予奪而貳於中司士掌其版而知其數，然亦不過掄才度德，而未嘗限以流品也，謹方馭柄而不必拘於資格也，此古時人才之所以盛也。

漢代凡郡國之官，自別駕、長史下，皆刺史守相辟除署用，又調僚屬及部民之賢者，擧爲秀才、廉吏而貢於王廷，或拜爲郎，或出爲他官以補員闕，似有資格之繩矣。又如以明經進者爲博士、侍中，以武勇進者爲太僕、郎將，名隸市籍者不得爲官，入財爲官者不得名職，似有流品之別矣。然而賈誼一歲至大中大夫，平津數歲至宰相封侯，是未嘗專主資格也；黃霸以入粟至宰相，汲黯以任子至九卿，是未嘗專拘流品也。自成帝時置常侍，銓選始有專官；自明帝時左雄爲限年四十之法，銓選始垂令甲，終漢之世，吏治不至於姦，然則銓選亦何害於吏治哉！

自魏文帝時陳羣立九品官人之法，未察文行，先察世系，而銓選始拘流品矣。晉依魏制九品之法，內官則吏部、尚書、司空、左長史主之，外官則大中正、小中正主之，其後上品無寒門，下品無世族，故衞瓘請除九品，復古鄉舉里選，而時不能行。逮北魏崔亮奏立停年格，不問事之可否，專以停解日月爲斷，沈滯者頗稱之。時胡太后臨朝，言者議詮別選格，排抑武臣，不預淸品，羽林虎賁千餘人，緣是爲亂；后姑息不治，令武官得依資入選，然官員既少，應選者多，亮方官吏部，亦不得已爲此例也。論者謂資格之拘，甚於流品之別，故魏之選舉失人，斷自亮始。

自是繼亮爲尚書者，利其便己，多踵而行之。至唐開元中，裴光庭復作循資格，其法益視停年爲備。先是，官人之法，唯視人之能否，或不次超遷，或老於下位，有出身廿餘年不得祿者；又州縣亦無等級，或自大入小，或先近後遠，初無定制。光庭奏用循資格，凡官罷滿，以若干選而集，各有差等，官高者選少，卑者選多，無問能否，選滿則注，限年躡級，不得踰越，非負譴者有陞無降，庸愚沈滯者皆喜，謂之「聖書」，宜其傳世之悠且久也。

宋初入仕文臣屬中書，武臣屬樞密，三班屬宣徽院，吏部不過注擬州縣及幕職而已。自太宗以後，銓注悉歸吏部，而大臣權輕，權在大臣時，百官遷轉，尙視功績之優劣，權在有司，遂拘拘於資格一定，大抵仍本於光庭也。明萬曆中，孫丕揚爲吏部尚書，復爲掣籤法，蓋因中官請託，故制爲此法。凡聽選及考定升降者，歸於雙月，謂之大選，改授改降丁憂候補，歸於單月，謂之急選；悉聽人自掣，銓法自此一變。其時宮禁相傳爲至公，顧人才不分賢否，地方不論繁簡，而一以掣籤注之，是用其知也。顧炎武論其弊特詳，顧大昭且作竹籤傳譏之；實則孫氏於當日亦有所不得已而爲之也。而清代吏部且本之爲金科玉律矣。

迴避之說，本權與於漢之三互法。東漢桓帝時，朝議以郡相阿人懷比周，迺制婚姻之家，及兩州之人，不得交互爲官。議郎蔡邕上言，謂：「燕冀舊壤，缺職經時，而三府選舉，逾月不定，坐設三互，自生留閡；昔韓安國起自徒中，朱買臣出於幽賤，並以才宜還守本邦，豈復顧循三互，限以末制？願錮除近禁，以差厥中。」書奏，不省。然此特二千石長吏有所限隔，其曹掾小吏，無不以本郡人爲者。及隋氏革選，盡用他郡人。唐宋以降，四選之鄉，相易而往，然猶有小選、南選、東選之分。宋則詔川陝閩廣八路之人，免其赴選，令轉運司立格就註，知縣註選，雖甚遠，無過三十驛，皆有體恤遠人之意。至明代始爲南北互選之法，選人動涉數千里，風土不諳，語言不曉，而赴任安家之費，復不可量；是率天下而路也！清代相沿不改，致使人地不相宜，而吏治愈墮。夫立是法者，爲防弊也，而立一法，卒生一弊，則將任法乎？抑將任人乎？竊以爲古今無不弊之法，而天下有可任之人，故自來所以治天下者，亦在任人而已矣。

第二章　考課之概略

考課之法，代有不同，上古之課吏也，以實而不必垂爲法，故天下治；後世之課吏也，以名而不敢廢其法，故天下亦治。蓋自唐虞考績，已言其概，自此以後，黜陟之典，世有常制。茲就周漢六朝唐宋明清之制，凡可考者，著之於篇。

周代考課

周禮，太宰以八法治官府：（一）官屬，則治有所統而不亂；（二）官職，則官有所守而不侵；（三）官聯，則關節脈絡有貫通而無扞格；(四)官常，則綱領條目有秩序而無舛訛；(五)官成，則以之經理而有所依據；(六)官法，則以之聽治而有所操執；(七)官刑，則人知警戒而無慢心；(八)官計，則人知勉厲而無怠心。小宰以六計弊羣吏：(一)廉善，言其有德行也；(二)廉能，言其有才藝也；(三)廉敬，以不懈爲心；(四)廉正，以直躬自守；(五)廉法，則守法不失；(六)廉辨，則臨事不疑。六者，吏治之所從出也，而皆以廉爲本，蓋非廉不能也。他如小宰正歲以官刑令於百官府，俾各修職考法，待事聽命，其有不恭，國有大刑，是有以警之於始；月終則以敍受羣吏之要，歲終則令羣吏致事，是有以察之於終。太宰乃令百官府各正其治，受其會，詔王廢置於一歲之終，既而大計羣吏之治，復行誅賞於三歲之後；其詳密如此。至六計尚廉，後世言考課者，遂無以易焉。

漢代考課

漢以六條察二千石：(一)曰強宗豪右田宅踰制，以強凌弱，以衆暴寡；(二)曰不奉詔書，不遵典制，背公向私，侵漁百姓，聚斂爲姦；(三)曰不恤疑獄，風厲殺人，煩擾刻暴，剝截黎元，爲百姓所疾；(四)曰選署不平，苟阿所好，蔽賢寵頑；(五)曰二千石子弟恃倚榮勢，請託所監；(六)曰違公損下，阿附豪右，通行貨賂，割損政令。其考課之次序，令長於歲盡計戶口錢穀盜賊之數，上之郡國，是郡守得課令長也；而郡守課於刺史，刺史課於御史宰相，以達於天子，而賞罰乃行。東漢司徒掌人民事功課，太尉掌四方兵事課，司空掌水土事功課，核衡厥誼，亦不外周官六計尚廉之意。故漢人取士曰興廉，調吏曰廉察也。

六朝考課

晉以五條考郡縣：曰正身，勤百姓，撫孤寡，敦本息末，修人事。杜預又改考課，委任達官，各考所統。每歲舉優者一人爲上，劣者一人爲下，如此六載，六優則超用，六劣則奏免止。魏有三載一考，考即黜陟，令愚昧不久於位，賢才不壅於下僚之制。北周有六條以制守令：曰清身心，敦教化，盡地利，擢賢良，恤獄訟，均賦役，是也。

唐代考課

唐考課掌於吏部，京官郎中主之，外官員外主之，又設監中外官以涖督之；敍以四善：曰德義有聞，曰清慎明著，曰公平可稱，曰恪勤匪懈。四善之外，輔以二十七最：獻可替否，拾遺補闕，近侍之最；銓衡人物，擢盡賢良，選司之最；揚清激濁，褒貶必當，考校之最；禮制儀式，動合經典，禮官之最；音律克諧，不失節奏，樂官之最；決斷不滯，予奪合理，判事之最；部統有方，警守無失，宿衞之最；兵士調習，戎裝充備，督領之最；推鞫得情，處斷平允，法官之最；讐校精審，明於刊定，校正之最；承旨敷奏，吐納明敏，宣納之最；訓導有方，生徒充集，學校之最；賞罰嚴明，攻戰必克，將軍之最；禮義興行，肅清所部，政教之最；詳錄典正，辭理兼舉，文史之最；訪察精密，彈舉必當，糾正之最；明於勘覆，稽失無隱，勾稽之最；職事修理，供承强幹，監掌之最；功課皆完，丁匠無怨，役使之最；耕耨以時，收穫成課，屯官之最；謹於蓋藏，明於出納，倉庫之最；推步盈虛，究理精密，曆官之最；占候醫卜，效驗多著，方術之最；檢察有方，行旅無壅，關津之最；市廛勿擾，奸濫不行，市司之最；收養肥碩，蕃息滋多，牧官之最；邊境清肅，城隍修理，鎭防之最。又差之以九等：一最四善爲上上，一最三善爲上中，一最二善爲上下；無最而有二善爲中上，無最而有一善爲中中，職事粗理，善最不聞爲中下，愛憎任情，處斷乖理爲下上，背公向私，職務廢闕爲下中，居官謟詐，貪濁有狀爲下下。此其略也。其流外官，以清謹勤公爲上；執事無私爲中，不勤其職爲下，貪濁有狀爲下下，分爲四等。凡一歲之考，以祿爲予奪，優者增祿，經四考則進階，階數多寡，視等第爲準。要之善德也，最才也，九等之差，亦以德爲重而已矣。

宋代考課

宋初考課，因唐之四善而分爲三等：政績優異爲上，職務粗理爲中，臨事弛慢爲下。紹興中以八事考監司：曰舉官當否，曰勸課農桑，曰增墾田疇，曰戶口增損，曰興利除害，曰事失案察，曰平反獄訟，曰覺察盜賊。神宗又以四善三最考守令。所謂四善者，卽唐之德義、清謹、公平、恪勤是也；三最維何？曰獄訟無冤，賦稅不擾，治事之最；農桑墾殖，水利興修，勸課之最；屏除盜賊，民獲安處，賑恤困窮，不改流移，撫養之最。通善最爲三等：五事爲上，二事爲中，餘爲下。若能否尤著，則別爲優劣以詔黜陟。凡命官，必給歷紙於其所屬州若司，歲書其功過，滿一歲爲一考，三考爲一任，應陞遷選授者，驗歷按法而敘進之，有負殿則正其罪罰。大抵此三年中，一年視規畫，二年視成效，三年視大成，以次課功，自爲層級者也。

明代考課

明代考滿、考察之法，二者並行不悖。考滿者，論所歷之俸，區爲三等：曰稱職，曰平常，曰不稱；三年一考，九年三考而黜陟乃行。考察者，通內外官計之，麗以八法：曰貪，曰酷，曰浮躁，曰不及，曰老，曰病，曰罷，曰不謹；處以四罰；卽改任、降調、閑住、爲民是也。三歲一行之，在內曰京察，在外曰大計。京官察典，四品以上自陳以取上裁；

外官計典，州縣以月計上之府，府上下其考以歲計上之布政司，比及三年，撫按通覈其屬事狀册報吏部定去留焉。其法亦簡而詳也。

清代考課

京察、大計，悉依明制，而品式稍異。考察之要，分四格六法。四格者，守、才、政、年是也；而守有清、有謹、有平，才有長、有平，政有勤、有平，年有青、有壯、有健。因其成績之分配，立爲三等：一曰稱職，二曰勤職，三曰供職。六法者，不謹、罷軟、無爲、浮躁、才力不及、年老、有疾是也；不謹及罷軟無爲者革職，浮躁者降三級調用，才力不及者降二級調用，年老及有疾者休致。是故以四格敍其功勞，以六法行其處分者，京察也。凡大計，藩、臬、道、府、州、縣遞察其屬之職，而申於督撫，督撫乃徧察而註考焉；其成績分卓異、供職兩種，卓異官自知縣而上，皆引見以候旨。其當六法者則劾，凡貪者、酷者，則特參，不入於六法。然得京察一等與大計卓異者，又別限以他之資格：未踰年限者，非歷俸滿者，革職留任者，錢粮未完者，滿洲官不射布靶與淸語之不習者，皆不能以入舉；其舉之數，京官七而一，筆帖式八而一，道、府、廳、州、縣十有五而一，佐雜、教職百三十而一，以是爲率焉。凡京外察計之大略如此。

第三章　選舉之條例

天生人才，原以供一代之用，而究其才之所由得，不外乎賓興舉士與考績課吏兩途。一試之於未仕之先，一課之於既仕之後，此歷代之所同也。唯唐代舉士與課吏，截然判爲兩事；以舉士屬之禮部，以課吏屬之吏部。至宋之中葉，又有十科之設，以待大小官吏，此爲一代之殊制也。分述之，亦足爲後世法焉。

唐制取士之科，多因隋舊，自移貢舉於禮部，而禮部所升士復試之吏部，其中吏部之選，殆十不及一焉。凡選之法，歲以五月頒格於州縣，冬十月集選，其能官解職者亦與焉。擇人有四事：(一)身取體貌豐偉；(二)言取言詞辨正；(三)書取書法美善；(四)判取文理優長。四者皆可取，則先德行，德均以才，才均以勞。得者爲留，不得者爲放。五品以上不試，上其名中書門下，聽判敕處分。六品以下，始集而試，觀其書判。已試而銓，察其身言。已銓而注，詢其便利而擬其官。已注而唱，示之；不厭者得反通其辭，他日更其官而告之，如初；又不厭者，亦如之。三唱而不厭者聽，冬再集。厭者以類相從，攢之爲甲，上於僕射，乃上門下省，給事中讀之，黃門侍郎省之，侍中審之，然後上聞。主者受旨而奉行焉。各給以符而印其上，謂之告身。蓋用人之愼如此。且以科目爲進身之階，非以爲入仕之據，此與今學校畢業不與授官爲比附者，用意略同也。

宋代則異是。凡與科目之選者，無不賜出身授官。其初科舉間歲一行，凡貢舉進士諸科，悉解舊額之半，增設明經試法。未幾以登第者衆，驟至顯擢，復下詔定其遷次之格以裁抑之。至英宗時，易以三歲。哲宗元祐初，司馬光謂取士之道，當先德行，後文學；就文學言之，經術又當先於詞采。後又請立經明行修科，歲委文臣，各舉所知，以勉勵天下。及秉國鈞，遂奏立十科舉士法，以待大小官吏，略言：「爲政得人則治，與人求備則難。若指瑕掩善，則朝無可用之人；苟隨器授任，則世無可棄之士。乞設十科爲選官法：(一)曰行義純固，可爲師

表；有官無官人皆可舉(二)曰智勇過人，可備將相；舉文武有官人(四)曰公正聰明，可備監

司；舉知州以上資序(五)曰經術精通，可備講讀；有官無官人皆可舉(六)曰學問該博，可備顧問；同經術舉人(七)曰文章典麗，可

備著述；同經術舉人(八)曰善聽獄訟，盡公得實；舉有官人(九)曰善治財賦，公私俱便；舉有官人(十)曰練習法令，能斷疑

獻。舉有官人以上每歲各舉三人，中書置籍記之。有事需材，執政按籍視其所舉科隨事試之，有勞又著之籍；內外

官闕，取嘗試有效者隨科授職。所賜誥命，仍具所舉官姓名，其人任官無狀，即坐以謬舉之罪。此於新制之中

仍寓連坐之舊制，與唐之四事舉官，僅爲進身之階者，亦大略相似也。

第四章　掾屬之自辟

後世之選官，皆由於吏部；古代之選官，皆由於守相。何者？蓋其時牧民之責，不專寄於有司也。故唐虞建十有二牧，以分治天下；五載之內，天子有巡狩，諸侯有述職，勤恤民隱，治莫隆焉。周禮地官，自州長以下，有黨正、旗師、閭胥、比長；自縣正以下，有酇師、鄉長、里宰、隣長；則三代明王之職，亦不越乎此。自秦變天下爲郡縣，而縣猶置嗇夫。其時嗇夫猶得自舉其職，至漢爰延爲外黃鄉嗇夫，仁化大行，民但知嗇夫，不聞州郡，職是故也。即凡郡國之官，自別駕長史下，亦皆守相辟除署用。蓋所用曹掾，無非本郡之人，故能知一方之人情，而爲之興利除害。王延壽桐柏廟碑人名，謂掾屬皆郡人可考。見古文苑注至於汝南太守宗資任功曹范滂，南陽太守成瑨委功曹岑晊，並謠達京師，名標史傳；然則古之用人，固不必拘於易地而官、易民而治也。京房爲魏郡太守，

自請得除用他郡人夫，以欲用他郡人而特奏請，尤可見掾屬無不用本郡人矣。時維三輔得許兼用他郡人，故不與於此例。

牧守置吏，魏晉六朝猶或未改，後周蘇綽傳云「京刺史府官則命於天朝，其州吏以下並牧守自置。」是宇文周時猶然也。北齊失政，佞幸侵官，州官始有敕用。隋氏罷鄉官，革自辟，一命以上之官，悉由吏部。蓋是三代之法，未盡泯於秦者，至此而無餘。唐代判官推官，雖待奏報，猶自辟召也，且唯節度、觀察等使，亦得自銓擇幕府之士。中葉盜起，沈既濟上疏，欲令六品以下，或僚佐之屬，聽州府辟用，高者先署而後聞，卑者聽版而不命，牧守將帥，選用非公，吏部兵部得察而糾之。陸贄又請令臺閣長官各自舉其屬，有不職，坐舉者。德宗皆不聽。迄宋於要司劇任，特許長吏自辟，然其爲法也，白衣不可辟，有出身而未歷仕者不可辟，其可辟者，復以資格拘之。逮及有明，自[illegible]之制廢矣。清制內而閣部司員，皆由掣簽，外而縣丞佐雜，多由捐納，非能賚其毗贊也。然幕僚猶得自辟，其餘調用皆待奏報，亦或僅有存者。

祿秩三

第一章　班祿之制度

古者勸士，首在重祿，自古迄今，班祿之典，並稱明備。其餘分割之局，或記載有闕，或文獻無徵，高齊宇文周金源氏三朝較爲有據，然非一統之世。至歷朝階品之章次，雖與祿秩不無相關，而要非勵能勸功之本旨，今概從略，但就周漢隋唐宋元明清之祿秩，分表於左：

周祿表

王朝	三公	卿	大夫	上士	中士	下士
	三萬二千畝	二萬四千石	一萬六千石			
列國	君	卿	大夫	上士	中士	下士庶人在官者同
公侯	三萬二千畝	三千二百畝	八百畝	四百畝	二百畝	百畝
伯	二萬四千畝	二千四百畝	同上	同上	同上	同上
子男	一萬六千畝	一千六百畝	同上	同上	同上	同上

漢祿表

兩漢官秩	西漢月俸	東漢月俸錢數	米數
大將軍三公	三五〇(斛)		三五〇(斛)
中二千石	一八〇	九〇〇〇(錢)	七二
二千石	一二〇	六五〇〇	三六
比二千石	一〇〇	五〇〇〇	三四
千石	八〇	四〇〇〇	三〇
比千石	未詳		
八百石 武帝		俱無	
比八百石 除之		此秩	
六百石	七〇	三五〇〇	一

表

五百石　成帝除之	四百石	比四百石	三百石	比三百石	二百石	比二百石	百石
	五〇	四五	四〇	三七	三〇	二七	一六
無此秩		未詳	二〇〇〇	未詳	一〇〇〇	未詳	八〇〇
	一五		一二		〇九		(四八(斗))

隋祿

京官品位	正一	從一	正二	從二	正三	從三	正四	從四	正五	從五	正六	從六	正七	從七	正八	從八
歲俸	九〇〇(石)	八〇〇	七〇〇	六〇〇	五〇〇	四〇〇	三〇〇	二五〇	二〇〇	一五〇	一〇〇	九〇	八〇	七〇	六〇	五〇

外官	上上	上中	上下	中上	中中	中下	下上	下中
九等州俸	六二〇(石)	五八〇	五四〇	五〇〇	四六〇	四二〇	三八〇	三四〇
九等郡俸	三四〇(石)	三一〇	二八〇	二五〇	二二〇	一九〇	一六〇	一三〇
九等縣俸	一四〇(石)	一三〇	一二〇	一一〇	一〇〇	九〇	八〇	七〇

唐祿表

品位	京官歲俸	外官歲俸	京外官月料錢
京官九品外官自刺史史佐郡守縣令以下俱無俸	下下 三〇〇	一〇〇	六〇
正一	七〇〇(石)	六五〇(石)	二、六〇〇〇(文)
從一	六〇〇	五五〇	同上
正二	五〇〇	四七〇	一、七〇〇〇
從二	四六〇	四三〇	同上
正三	四〇〇	三七〇	六七〇〇〇
從三	三六〇	三三〇	同上
正四	三〇〇	二八〇	一、一五六七
從四	二六〇	二四〇	同上
正五	二〇〇	一八〇	九二〇〇
從五	一六〇	一四〇	同上
正六	一〇〇	九五	五三〇〇
從六	九〇	八五	同上
正七	八〇	七五	四〇五〇
從七	七〇	六五	同上
正八	六七	六四、五(斗)	二五五〇

表

從八	正九	從九
六二	五七	五二
五九、五	五四、五	四九、五
同上	一九〇〇	同上

文俸第一

元豐寄祿定二十四階徽宗崇寧初又換選人七階其後復有增改總為三十七階故與前表所列大異

宋

文官		選人七階	月俸錢
從一品	開府儀同三司　特進		百二十千　九十千
正從二	金紫銀青兩光祿大夫		六十千
正從三	宣奉正奉正議通奉諸大夫		五十五千
正從四	通議太平大夫		五十千
正從五	中大夫中奉中散大夫		四十五千
正從六	朝議奉直朝請朝散朝奉諸大夫		三十五千
正從七	朝請朝散朝奉郎　承議郎		三十千　二十千
正從八	奉議通直郎　宣教郎　宣義郎		二十千、　十七千　十二千
正從九	承事郎　承奉郎　承務郎		十千　八千　七千
從八　從九		從八　承直郎儒林郎文林郎從事從政修職郎	承直儒林二千從事從政修職十五千承直五千儒林文林千餘同
		從九　迪功郎	十二千

綾	絹	羅	綿
俱二十匹	六十匹 五十匹	一匹 以下同	俱五十兩
十四匹	四十匹		以下同
十匹	三十四匹		
六匹	三十匹		
六匹	三十匹		
以下俱無	二十六匹 二十匹		三十兩
	四 十二匹 十匹	以下無	三十 二十兩 十五
	六匹 無		十五兩 無
	十二匹		十二兩
	儒林十匹 文 餘同		儒林十兩 文 餘同
	無		無

武俸第二

元豐以後之制方州散官俸錢另加號以別之

品	官	祿
正從二	太尉	
正從三		
正從四		
正從五	通侍正侍宣正履正協忠中侍諸大夫中亮中衛翊衛親衛諸大夫	
正從六	拱衛左武右武諸大夫	
正從七	武功武德武顯武節武略武經武蓋武翼諸大夫通侍至親衛郎	
正從八	敦武修武郎從義來義郎	
正從九	成忠保義郎承節承信郎	
不列品	進武進義進武校尉校尉副尉	
	守闕進武副尉守闕進義副尉	

表

		月俸	八錢	綾	絹	羅	綿
	方州散官 節度使	一百千	四百千	二十匹	三十匹	一匹	五十兩
				方州散官由皇族充者加給春冬服多寡各有差			
			∧				
	承宣使	通侍	三百千 ∧ ∧ ∧		通侍		
	觀察防禦使 團練使 刺史	三十七千 二十七千	二百千 一百五十千 一百千		二十四匹 二十四		二十兩
		二十五千			二十匹		二十兩
拱衛至右武郎 武功至武翼郎		二十五千 二十千			二十四匹 十二匹		二十兩
		十七千 十四千			十二匹 八匹		二十兩 十五兩
		五千 四千			八匹 六匹		
		三千二千三千			六匹 六匹		
		一千			無		

元　祿

從一	六錠	五錠	
正二	四錠二十五兩	四錠一十五兩	
從二	四錠	三錠三十五兩	三錠二十五兩
正三	三錠二十五兩	三錠一十五兩	三錠
從三	三錠	二錠三十五兩	二錠二十五兩
正四	二錠二十五兩	二錠一十五兩	二錠
從四	二錠	一錠四十五兩	一錠四十兩
正五	一錠四十兩	一錠三十兩	
從五	一錠三十兩	一錠二十兩	
正六	一錠二十兩	一錠十五兩	
從六	一錠十五兩	一錠一十兩	
正七	一錠一十兩	一錠五兩	
從七	一錠五兩	一錠	
正八	一錠	四十五兩	
從八	四十五兩	四十兩	
正九	四十兩	三十五兩	

右文自宰輔武自殿前司以下又有職錢與祿粟其職錢則因官階之高下分行守試三等今不具錄

品位	月俸
從九	三十五兩

案元制五十兩爲錠此乃世祖至元二十二年所制月俸例也而內外官俸元史頗詳載之自三師右左丞相以下凡俸鈔多自百四十貫少至十餘貫米多自十五石少至一石略爲後來之所更改故錢粟分給不與此同茲不具錄

明祿表

品位	月俸
正一	八七(石)
從一	七四
正二	六一
從二	四八
正三	三五
從三	二六
正四	二四
從四	二一
正五	一六
從五	一四

品位	月俸
正六	一〇(石)
從六	八
正七	七、五(斗)
從七	七、〇
正八	六、五
從八	六、〇
正九	五、五
從九	五、〇
未入流	三石至一石五斗

清祿表

品位	在京文武官歲俸銀	俸米在外文官亦同
正一 從一	三六〇(兩)	一八〇(石)
正二 從二	三一〇	一五一
正三 從三	二六〇	一三〇
正四 從四	二一〇	一〇五
正五 從五	一六〇	八〇
正六 從六	一二〇	六〇
正七 從七	九〇	四五
正八 從八	八〇	四〇

在外武官歲俸	薪銀
九五(兩)	一四四(兩)
八一	一四四
六七	一二〇
五三	七二
三九	四八
二七	三二
一八	三二
一四	
一二	
以下俱無	

表		
正九	六六二二八(錢)	三三、一一四(斗)
從九	六三(未入流同)	三二、一一五

案正俸外又有養廉直省文職之設始於雍正二年山西巡撫諾岷奏請以耗羨之存公者即其贏餘以爲補助於是各省仿而行之乾隆初又增佐雜各官養廉大抵因差務繁簡而定雖同一官而數有等差自督撫下至佐雜多者二萬兩少者數十兩遞減不等其八旂及綠營武職初有親隨名糧乾隆中亦改爲養廉符名實也旂員自領侍衛內大臣始歲九百兩綠營自提督始歲二千兩餘各以次遞減焉茲附述其略如此

第二章　職田與幹役之並行

周室頒祿以田，漢代易以錢粟，然自西晉以迄明初，又自有田畝以供芻粟，其略見於南北朝者，又自有役人以供驅遣，而唐與宋爲尤備茲分而述之。

圭田之制，詳於孟子，庶人之仕，祿足代耕，法至良也。秦漢之間，紀載闕如；晉之公卿，猶各有菜田及田騶多寡之級。自此以逮南北朝，其可考者：宋時第一第二品得占山田三頃，第三第四品得占二頃五十畝，第五第六品二頃，第七第八品一頃，第九品與百姓一頃；北魏諸宰人之官，各隨匠給公田，刺史十五頃，太守十頃，治中別駕各八頃，縣令郡丞六頃，更代相付。隋初諸官置廨錢，收息取利，蘇孝慈上表，請罷，於是內外官給職分田，又給公廨田以供用。唐因之，內外官署亦各給職田，仿三代圭田之制，賜大夫而不稅其租；公廨田之數，自數十頃至數頃。其所謂職分田者，於常俸外按品大小量而與之，其數自十二頃至二頃等。是官田而一關於官署之費用，不能以入私，一關於品物之補助，乃藉以養廉也。然田收穫有時，而官去就靡定，故諸職分田，又自制爲時限，（陸田以三月三十日稻田以四月三十日麥稻以九月三十日）未至其時去官者，又量其已耕、未種、已種未穫之分別，而歸後人給償焉。逮宋而京官無職田矣，而府州縣官尙有之。咸平中，令檢校官莊及遠年逃亡田悉免租稅，分給兩京大藩府及州縣長吏畝數各有差；迄金元厥制尙存。明初猶有職田，其後止給俸米，一品之祿，未及百石，而本色折色實得無幾。顧亭林謂：「不知何年收職田入官，但折俸鈔，其數復視前代爲輕，殆無以責吏之廉矣。」旨哉言乎！淸雍正七年，始加養廉矣，然以大學士之貴，俸乃二百五十金，二百五斛米，家無九人之食，不及周之上農；祿無百石之入，不及漢之小吏。雖愈於明，亦遜於古矣。

幹役之制，謂庶人在官執役，法律上官得役用之也。按品之高下，定數之多寡，其實際但取其免役之錢，以爲補助。蕭齊有僮幹之役，而其制不詳；北齊自一品至流外勳品各給事力，至唐而益繁。京官五品以上有防閤，六品以下有庶僕；州縣官有白直及執衣，鎭戍官分給仕身，而京官自五品以上亦有之。初以民丁中男充，後皆捨其身而收其課。其防閤、庶僕、白直納課者，歲二千五百，執衣一千文；然防閤多者至九十六人，白直至四十人，以其課入分配之官，亦不爲薄矣；唯仗身人數多不踰四，而收資獨厚，凡十五日爲錢六百四十。又諸州縣倉庫衙署各有門夫數人，取年十八以上中男及殘疾充之，每番一旬，滿五旬者，殘疾免課調，中男免雜徭，厥後舉其名而徵其實，以給郡縣之官。其門之多少，課之高下，任土作制，無有常數；蓋皆假名於力役，制爲多寡之數，以陰濟其用者也。宋則大小官有隨身傔人，自宰執使相至正任刺史有隨身，餘止爲傔人；多者七十人，少者一人，凡隨身給衣糧，傔人給餐錢，其與唐制稍異者，此傔從之數，初非任役於民也。夫祿以予諸官，并其官之傔從亦代爲之謀，所以待臣下者，無微弗至，若是者何也？曰，與人以生者，乃可得人之死；贍人之家者，乃可得人之身也；而惜乎宋後遂無聞矣！

第三章　祿制豐嗇之差異

頒祿之典補助費之大概，前章已略述之矣。然於常制之外，而可視為特殊之制者，復有三事焉；對於百官，只有贓罰而無祿俸者，元魏也；多立名目，而厚奉養者，宋也；若明則有其名而無其實矣。試分為述之：

元魏起自北方，自道武改號至孝文之世，垂九十餘年，而百官未嘗有祿。孝文太和八年，始詔頒祿，增民戶賦調以給之。舊律枉法十疋，義贓（即私情餉遺，雖非乞取，亦計所受論贓）二十疋，罪死。祿行之後，義贓一疋、枉法無多少，皆死。秦益州刺史李洪之以外戚貴顯，首以贓敗賜死，餘守宰死者四十餘人，受祿者咸懍懍，賄賂之風殆絕。夫予之祿而罪其贓者，法本如是也；若其初本無祿而亦責枉法與義贓者以必死，此則不可解矣。

宋世階品官職封勛差遣，皆有俸祿，覈其名式，厥有十二焉：（一）曰官俸及服賜，（二）曰職錢，（三）曰祿粟，（四）曰公用錢，（五）曰供給及食料錢，（六）曰添支料錢，（七）曰廚食錢，（八）曰折食錢，（九）曰添支錢及添支米，（十）曰茶湯錢，（十一）曰隨身之衣糧，（十二）曰傔人之餐錢，官俸服賜，按階官本品而給之，前表已列。其職錢，則因階官大小授之職事，而有行、守、試三等之別。（階高於職一品者為行，下一品為守，下二品為試，品同者否）例如大夫為郎官，既請大夫俸，又給郎官職錢，此元豐改制以後賦祿之特優者。外此有祿粟米麥各半給，有公用錢分月給、歲給，月給者自三百千至十千不等。徽宗之世，復增供給食料等錢，視前益增矣。南渡以後，內外官有添支料；

職事官有廚食錢；職纂修者有折食錢；在京釐務官有添支錢、添支米；選人使臣，職田不及者，有茶湯錢；而隨身傔人，南北兩朝，並各因其制定之數，畀以衣錢。前後祿養之豐如此，而又制祠祿以佚老，厚恩賞以優賢，是以眞仁之時，名臣相望，吏治循良，殆所謂厚其稍秩，勵其廉隅，士必爭自濯磨，約身而赴治耶？此非歷朝所能幾及也。

明之制祿，適與宋成一反比例。自洪武時，以錢鈔兼給，錢一千，鈔一貫，抵米一石。永樂以還，米鈔兼支，（唯九品雜職全支米）其折鈔者，每米一石，給鈔十貫。洎乎鈔價日賤，初猶因增鈔之故，隨其高下以爲損益；成化中，復以十貫爲例。其時鈔法久不行，新鈔一貫，時估不過十錢，舊鈔僅一二錢，以十貫鈔折俸一石，實得數十錢耳。而猶不止此，又準鈔二百貫折布一匹，時匹布之價亦僅値二三百錢，而折米二十石，是石米止値十四五錢。久之，又定布一匹，折銀三錢焉。蓋前後制俸之數，不相上下，究其實則乖異如是。其弊在於以鈔折米，以布折鈔，以銀折布，而祿食遂爲虛名；制祿之薄，古所未有。管子曰：「倉廩實而知禮節，衣食足而知榮辱。」身且不贍，而責以潔身守正，烏可得哉！

中國通史卷五

刑法編

敍言

嘗聞之：人生而靜，則道原於天；感物而動，則道因乎法。法不明而道晦，道晦而欲熾，然後制法以威之，無及也。故三代明王之治天下，不樂清靜無爲之稱，亦不避刑名法術之事者；日與百姓相習而無自爲，亟與百姓相示而無自藏，則誠之至而慎之極也。於以答天下從人情之不容已而立之禮，又從人情之流而不止而爲之樂，迺尤慮夫文久而繁，質久而滅，禮明樂備而不本之仁愛義正，則民將有勉强之意，而綱紀亦雜而不醇，於是大者要，小者詳，法立而道明，而天下均受聖人之用。粵稽虞書，扑贖流鞭，略舉綱要，爲法蓋疏。周官大司寇所掌，理士監之，意至懸之，其條教所頒，致乎百姓，亦並非有繁文也。穆王作呂刑，五刑之屬遂有三千，已多於平國中典五百。至春秋戰國，鄭鑄刑書，晉鑄刑鼎，李悝著法經，於是申不害、韓非之流，遂以法家而專言法治。及商鞅起，盡毀先王之法，滅禮誼之官，專任刑罰；傳盈尺之紙，而風驅霆行，生殺人於千里外，若羊彘然；文網至此而益密。夫第以法論，則上古疏而後世密，而第以刑論，則上古重而後世輕，何者？五刑有服，先儒並以墨、劓、剕、宮、大辟釋之，自苗民弗用靈，爰始淫爲劓、刵、椓、黥，一有不當，即膺大僇。第其時民風敦厚，罹刑者尠，日革月易，百職相侵；人皆知法之易撓而可踰也，於是相與舞私以貨法，道德廢墮，刑法斯弛，天下嗷嗷，若蜩螗之啾唧，蓋其時死於法者多矣。自漢以後，肉刑之慘，竟不復存。隋文代周，初行新律，後復命高熲等更加修定，迺求魏晉舊律，下至齊梁，沿革重輕，取其折衷，制定五刑：曰笞、杖、徒、流、死，銖兩悉稱，後世多遵用之矣。茲略著古今刑法輕重之端，以求歷代治化盛衰之故，時或寬嚴失宜，張弛不節，甚至嬉弄機樞，而殘民以逞，此不關乎立法而關乎行政也。於此又附著焉，輯刑法編。

第一章　法源

不文法與成文法之證說

蓋法律自始而至成典，自有順序，古今中外一也。夫法在未成文之時，但因人心自然之趨嚮，順而行之，久迺成爲慣習，而藉此以爲禁約之具，在吾國謂之無制令時代，（淮南子古者神農無制令而民從堯舜有制令而無刑罰）在各國通謂之慣習法時代，亦謂之不文法時代。然社會進步，事物漸趨繁複，而前此簡陋之狀態，不足以相應，迺推廣事例，筆錄存之，是爲法典之起原。然社會進步，又感於應設法律以示民，使人人知其必要，於是宣布之公式見焉。國家迺裒而集之，列爲條例，組爲法典，此法典編成之自然順序也。故研究吾國編纂法典之沿革，虞書象以典刑，象法也，即所謂唐虞有制令者，迺由不文法以次進於成文法之確證也。

成文法之條例及公式

法既成文矣，則必有類別之條例公示之方式。夏作禹刑，湯制官刑，至成周而漸備。周官大司寇掌建邦之三典：(一)曰刑新國，用輕典；(民未習教故用輕典)(二)曰刑平國，用中典；(平國守成之國中典常行之典)(三)曰刑亂國，用重典。以五刑糾萬民：(一)曰野刑，上功(農功)糾力；(勤力)(二)曰軍刑，上命(將命)糾守；(同狩)(三)曰鄉刑，上德糾孝；(四)曰官刑，上能糾職，(五)曰國刑，上愿糾暴。正月之吉，布刑象於邦國都鄙，懸法於象魏，而使萬民來觀焉，且示以十日之久，是爲公示法。且不但要民觀，而且要民讀，州長以正月及正歲與夫春秋祭社之時，屬民讀法，則是二千五百家之民，每歲四番讀法矣；黨正又以四孟及正歲與夫春秋祭禜之時，屬民讀法，則是五百家之民，每歲七番讀法矣；族師又以每月吉日及春秋祭酺之時讀法，則是百家之民，每歲十四番讀法矣；閭胥又以歲時及春秋衆庶之時讀法，則是二十五家之民，每歲又不知幾番讀法矣；是爲朗讀法。凡諸侯之獄訟，以邦典(六典)定之；卿大夫之獄訟，以邦法(八法)斷之；庶民之獄訟，以邦成(八成)弊之。其左右刑罰者，有五禁：曰宮禁，官禁，國禁，野禁，軍禁是也，皆以木鐸徇於朝，書而懸之門閭。其先後刑罰者，有五戒：曰誓、(用之軍旅)誥、(用之會同)禁、(用諸四役)糾、(用諸國中)憲(用諸都鄙)是也，皆士師掌之以爲邦法。蓋此猶隨事之宣布，故可謂之成文法，然以言完全之法典，則未也。

法典之名義

吾國法典之成立，實權輿於戰國時代，其初刑書之鑄，猶爲公示法式，至李悝著法經六篇，法典編纂，於茲見矣。自此以後，其迭相爲生者，名義上有種種之區別，而其性質亦復大異，此研究法典者所當知也。試分類於左方。

(一)律　釋名：律、累也，累人心使不得放肆也；別訓爲法。論者謂古稱刑法曰法，曰象刑，曰刑書，曰法經，未有專以律名者；漢蕭何作九章律，律書始此。按風俗通稱皋陶謨虞造律，尙書大傳稱夏刑三千，是爲言律之始。繼九章律而作者，復有張湯越宮律，趙禹朝律，此其大凡也。

(二)令　釋名：令、領也，理領之使不得相犯也，意主於告戒。周禮秋官士師掌士之八成，四曰犯邦令，五曰撟邦令。至漢世，令有先後，遂分令甲、令乙、令丙、及諸式法之文，統號曰令，與律書並行。

(三)例　古無例字，禮記：上附下附、列也；注：列、等比也。釋文：徐邈音例，卽後人例字。漢書何武傳：欲除吏，先爲科例以防請託。杜欽傳曰：不爲陛下廣持平例。王莽傳曰：太傅平晏從吏過例。蓋加人作例，自此始。律一成而不變，例隨時爲損益；故律簡而例繁。

(四)傍章　漢叔孫通益律所不及，爲傍章十八篇，蓋亦律外之例也。

(五)決事比　漢陳忠爲決事比三十三條，鮑昱亦撰嫁娶辭訟決爲法比，都目凡九百六卷，謂正刑無專條，則比附故事，若今之引成案爲斷也。

(六)科　梁陳於律令外別有科如干卷，蔡法度撰梁科，范泉等撰陳科。唐六典曰：梁易故事，爲梁科三十卷，是亦今世例案之類。

(七)格式　東魏有麟趾格，西魏有大統式，至唐則分爲律令格式四種：令者，尊卑貴賤之等數，國家之制度也；格者，百官有司所常行之事也；式者，其所常守之法也；違此三者，一斷以律。

（八）敕　宋世凡律所不載者，一斷以敕，而律恆存乎敕之外，乃更其目曰敕令格式：禁於未然之謂敕，禁於已然之謂令，設於此以待彼之謂格，使彼效之之謂式。故宋之敕書獨重於律。

第二章　法典之沿革

沿革總略

法典之編纂，往往不能偕社會而進步，故一度之編纂，至以後新法典之成，則必較爲複雜，此自然之趨勢也。吾國自古訖今，其間因革損益之故，約可分爲四期：三代盛時尚已，春秋之世，各國其國，名雖一律，而實各有其律：鄭鑄刑書，晉鑄刑鼎，子產爲參辟之制，楚人爲僕區之法，浸至丹書著於册，赭衣盈於塗，而律已失其眞。李悝起而作法經，實法典之起原，此爲初期。秦世制亂於法術，度敗於刑名，而律更殘忍；漢初與民約法三章，嗣以不足禦奸，乃增爲九章，而比事屬辭旁出之書，奚止百倍，於是曹魏釐正之，乃有新律十八篇；晉世重加改定，增爲二十，此爲二期。南北二朝，互有更改，漸近繁密；隋唐踵興，删減刑條，又定律爲十二篇，此爲三期。宋金並承唐律，律法雖在，而民多叛志；元剏新格，不相繼襲；明初尙循唐制，後乃改正篇目，以吏、戶、禮、兵、刑、工爲綱，冠以名例，都分爲七；清仍之，季世删重改綦，是爲四期。此沿革之大略也，其詳則分述於後。

李悝法經及漢九章律

悝嘗撰次諸國法，著法經六篇，以爲王者之政，莫亟於盜賊，故其律始於盜賊；盜賊須劾捕，故著囚捕二篇；其輕狡、越城、博戲、借假、不廉、淫侈、踰制，以爲雜律一篇；又以其律，具其加減；是故所著六篇而已。六篇之分目如下：

(一)盜法　(二)賊法　(三)囚法

(四)捕法　(五)雜法　(六)具法

因其名而考之，大約盜法同於後世賊盜律；賊法同於詐僞律；囚法同於斷獄律；捕法同於捕亡律；雜法同於雜律；具法同於各例律也。商君受之以治秦。漢承秦制，蕭何定律，除參夷連坐之罪，作部主見知之條，益事律三篇：

(一)興律　(二)廏律　(三)戶律

其所以名律者，如正六律之度量衡，而定犯罪與刑法之法律者也。興律即後之擅興律，廏律即後之廏庫律，戶律即後之戶婚律。合之李悝六法，通名爲律，是有九篇，所謂九章律也。自後叔孫通又益傍章十八篇，張湯越宮律二十七篇，趙禹朝律六篇，合爲六十篇；其餘令甲、事比不屬正律者，更僕難數。自是世有增減，輕重乖異，盜律有賊傷之例，賊律有盜章之文，興律有上獄之法，廏律有逮捕之事，錯雜渾殽，互爲蒙蔽。後人生意，各爲章句，叔孫宣、郭令卿、馬融、鄭康成諸儒十有餘家，家數十萬言，凡斷罪所當引用者，合二萬六千二百七十二條，七百七十三萬二千二百餘言，於是言愈繁而覽愈難矣。

魏晉改正律書

魏氏纂統，詔禁雜用餘家，專用鄭氏章句，嗣復敕陳羣劉劭等删約舊科，旁採漢律，定爲魏法，制新律十八篇，州郡令四十五篇，尙書官令、軍中令通爲百八十餘篇。其序略云舊律所以難知者，由於六篇篇少故也；篇少則文荒，文荒則事寡，事寡則罪漏，故集罪例以爲刑名，冠於律首，凡所定增十三篇，就故五篇，合十八篇，於正律九篇爲增，於旁章科令爲省，改漢舊律不行於今者皆除之。茲依晉書刑法志所紀魏律篇名，分敍於左方：

(一)刑名　(二)盜律　(三)賊律　(四)捕律　(五)雜律　(六)戶律
(七)劫略律　(八)詐僞律　(九)毀亡律　(十)告劾律　(十一)繫訊律　(十二)斷獄律
(十三)請賕律　(十四)擅興律　(十五)留律　(十六)驚事律　(十七)償贓律　(十八)免坐律

初，司馬文王秉魏政，患前代律令煩雜，陳羣劉劭雖經改革，而科網太密，於是命賈充等定法令，就漢九章增十一篇，仍其族類，正其體號，改舊律爲刑名、法例，辯囚律爲告劾、繫訊、斷獄，分盜律爲請賕、詐僞、水火、毀亡，因事類爲衞宮、違制，撰周官爲諸侯律，合二十篇，六百二十條，二萬七千六百五十七言，蠲其苛穢，在於益時。二十篇之目：

(一)刑名　(二)法例　(三)盜律　(四)賊律　(五)詐僞
(六)請賕　(七)告劾　(八)捕律　(九)繫訊　(十)斷獄
(十一)雜律　(十二)戶律　(十三)擅興　(十四)毀亡　(十五)衞宮

(十六)水火　(十七)廐律　(十八)關市　(十九)違制　(二十)諸侯

明法掾張裴注表律，謂律始於刑名者，所以定罪制也；終於諸侯者，所以畢其政也。自始及終，不離於法律之中也。若軍事、田農、酤酒，未得皆從人心，權設其法，太平當除，故不入律，悉以爲令。施行制度，以此設教，違令有罪，則入律也。其常事品式章程，各還其府，爲故事。凡律令合二千九百二十六條，十二萬六千三百言，六十卷，故事三十卷。泰始三年書成，明年頒行之。其時晉已受魏禪矣，故爲晉律。厥後惠帝之世，政出羣下，疑獄各出私情，刑法不定，尚書裴頠等上疏論之。汝南王亮援周懸象魏之書，漢詠畫一之法，謂宜依法斷事，不得復求法外，爲永久制。蓋自漢季擾亂以來，至此律文釐定悉當矣。

南北朝刪定律書

南朝宋齊略同晉制，唯梁稍有損益，陳因之。初，晉張裴杜預共註律三十卷，自泰始以來用之，律文簡約，或一章之中，兩家所處，生殺頓異，臨時斟酌，吏得爲姦。齊武帝留心法令，詳正舊註。永明九年，尚書刪定郎王植之集注張杜舊律，合爲一書，凡千五百三十條，號永明律，事未施行，文即殄滅。梁武帝雖疏簡刑法，聞齊時舊郎蔡法度能言王植之律，卽令損益舊本，以爲梁律。天監初，又令王亮等定爲二十篇：

(一)刑名　(二)法例　(三)盜劫　(四)賊叛　(五)詐僞

(六)受賕　(七)告劾　(八)討捕　(九)繫訊　(十)斷獄

(十一)雜律　(十二)戶律　(十三)擅興　(十四)毀亡　(十五)衛宮

（十六）水火　（十七）倉庫　（十八）廐律　（十九）關市　（二十）違制

梁律與晉律所異者，僅删諸侯律、增倉庫律而已；北朝則後魏昭成帝始制法令；至太武帝神䴥中，詔崔浩定律令；正平中又命太子少傅游雅、中書侍郎胡方回改定律制，凡三百七十條，門房之誅四，大辟百四十五，刑二百二十一。孝文復命高閭修改舊文，隨例增減，凡八百三十二章，門房之誅十有六，大辟二百三十五，刑三百七十七，而篇目已佚。齊文宣受禪後，命羣臣刊定魏朝麟趾格，又議造齊律，積年不成，決獄猶依魏舊式。至武成帝河清三年，尙書令趙郡王叡等奏上齊律，凡十二篇：

（一）名例　（二）禁衛　（三）戶婚　（四）擅興　（五）違制　（六）詐僞

（七）門訟　（八）盜賊　（九）捕斷　（十）毀損　（十一）廐牧　（十二）雜律

其定罪九百四十九條，又上新令三十卷，大抵採魏晉故事也。時周文帝秉西魏政，令有斟酌通變，亦撰新律。武帝保定三年，司憲大夫拓跋迪奏上之，謂之大律，凡二十五篇：

（一）刑名　（二）法例　（三）祀享　（四）朝會　（五）婚姻

（六）戶禁　（七）水火　（八）典籍　（九）衛宮　（十）市廛

（十一）鬥競　（十二）劫盜　（十三）賊叛　（十四）毀亡　（十五）違制

（十六）關津　（十七）諸侯　（十八）廐牧　（十九）雜犯　（二十）詐僞

（二十一）請求　（二十二）告言　（二十三）逃亡　（二十四）繫獄　（二十五）斷獄

凡定罪千五百三十七條，其大略滋章，條流苛密，比於齊法，煩而不要。帝又以齊俗未改，盜賊奸宄頗乖憲章，其年益爲刑書要制以督之，澆詐稍息。宣帝時，爲姦者皆輕犯法，於是又廣刑書要制，而更峻其法，謂之刑經聖制。南北朝律書之可考者如此，然大要則以魏晉律爲本者也。

隋唐刪併律篇

初，隋文帝令高熲等更定新律，其刑名有五，嗣以覽刑部奏斷獄數，猶至萬條，以爲律尙嚴密，又敕蘇威牛弘等更定之，除死罪八十一條，流罪百五十四條，徒等千餘條，定留唯五百條，凡十二卷：

（一）名例　（二）衞禁　（三）職制　（四）戶婚　（五）廐庫　（六）擅興

（七）盜賊　（八）鬥訟　（九）詐僞　（十）雜律　（十一）捕亡　（十二）斷獄

自是刑網簡要，疏而不失，更置律博士、弟子員，斷決大獄，皆先牒明法，定其罪名，然後依斷。煬帝卽位，又敕修律令，除十惡之條；大業三年，新律成，亦五百條，爲十八篇，謂之大業律：

（一）名例　（二）衞宮　（三）違制　（四）請求　（五）戶　（六）婚

（七）擅興　（八）告劾　（九）賊　（十）盜　（十一）鬥　（十二）捕亡

（十三）倉庫　（十四）廐牧　（十五）關市　（十六）雜　（十七）詐僞　（十八）斷獄

其五刑之內，降從輕典者二百餘條，其枷杖決罰訊囚之制，並輕於舊，施行未久，而隋以亡。唐之刑書有四，曰律、令、格、式，凡邦國之政，必從事於此，其有所違，或爲惡入罪，一斷以律。律之爲書，因隋之舊，爲十有二篇，五百條；令二十七篇千五百四十六條；格二十四篇七百條；式三十三篇。太宗貞觀中，長孫無忌房玄齡等所撰者也。四者之制代有增損，高宗嗣統又命長孫無忌等偕律學之士撰爲義疏，卽今所傳之唐律疏義是也。

唐律疏義之揭要

按疏義書凡三十卷，爲目十二，論者謂律本乎禮，頗得古今之平，故後世猶奉爲法臬。夫天下可傳之事，亦視乎其書之能傳與否以爲衡。不然，唐法典多矣，以令言則有永徽令開元令唐令私記各三十卷；以格言，則有貞觀初格十卷，永徽格五卷，垂拱格二卷，垂拱留司格二卷，開元格十卷，開元格私記一卷，開元新格五卷，開元後格九卷，散頒格七卷；以式言，則有永徽式、開元式各二卷。何竟無一傳者？卽以律言，亦有永徽律十二卷，同疏三十卷，大唐律十二卷，刑法抄一卷，具法律十二卷，律附釋十卷，大中刑律統類十二卷，以及大唐判事中臺判集諸書，亦等諸颺聒蛩啾，過耳輙息，獨此疏義至今不廢，則自有其可傳者在也。略述其要義如左：

(一)由第一卷至第六卷爲名例律，其主要爲五刑、十惡、八議，及官當自首、數罪俱發之類，是爲刑法總則。

(二)第七卷至第八卷爲衞禁律，其主要爲宮門禁衞、關津往來、烽候不警之規定。

(三)第九卷至第十一卷爲職制律，其主要爲官吏違制、奉公不謹，及貪贓枉法之規定。

(四)第十二卷至第十四卷爲戶婚律，其主要爲戶賦徭役、田地買賣及嫁娶違制之規定。

(五)第十五卷爲庫廐律，其主要爲官私畜產及官物假借不還，出納不實之規定。

(六)第十六卷爲擅興律，其主要爲徵調專擅，校閱違期，工作違法之規定。

(七)第十七卷至第二十卷爲賊盜律，其主要爲謀反大逆、擅殺官吏、謀殺期親、恐喝盜劫，及造祆書、祆言之規定。

(八)第二十一卷至第二十四卷爲鬥訟律，其主要爲鬥殺毆詈、掠誘誣告之規定。

(九)第二十五卷爲詐僞律，其主要爲僞造璽書文符奏事不實，及詐取、詐冒之規定。

(十)第二十六卷至第二十七卷爲雜律，其主要爲國忌作樂、盜鑄博戲，及負債不償諸雜犯之規定。

(十一)第二十八卷爲捕亡律，其主要爲罪人拒捕、亡匿之規定。

(十二)第二十九卷至第三十卷爲斷獄律，其主要爲囚禁決罪失法，及送配、稽留之規定。

五代緣用唐律

後梁太祖開平三年，詔太常卿李燕等刪定令三十卷，式二十卷，格十卷，律幷目錄十三卷，律疏三十卷，共一百三卷，號大梁新定律令格式。後唐莊宗同光二年，刑部尙書盧質奏纂集同光刑律統類，凡一十三卷。後晉高祖天福四年，詳定編敕三百六十八道，分爲十二卷，詔令百司寫錄，與格式參用。周世宗顯德四年，以法書文義古質，條目繁細，前後敕格，差繆重疊，難於詳究，令侍御史知雜事張湜等十人編集新格敕；明年書成，凡二十一卷，號大周刑統，與疏律令式通行。敕者，起自後唐季葉御史中丞盧損等進清泰元年以前制敕，凡三百九十四道，編成三十卷，詔付御史臺頒行。歷晉漢周皆有編敕，蓋律存乎敕之外，而敕仍本乎律之中也。考其時最仁恕者，莫如唐明宗，其最殘酷者，莫如漢高祖，若梁若晉，介乎二者之間。周世宗稱一時賢主，然用法太嚴，羣臣執事，小有不舉，往往置之極刑；而竹奉璘、孟漢卿之流，復倚上以貨法，識者譏焉。

宋金亦循唐律

宋法制因唐律令格式而隨時損益，則有編敕，一司、一路、一州、一縣，又別有敕。建隆初，竇儀等上編敕四卷，凡百六條，詔與新定刑統並行，參酌輕重，世稱平允。太平興國中，增敕至十五卷。淳化間，倍之。咸平中，增至萬八千五百五十有五條，命給事中柴成務等芟繁撮要，定為二百八十六條，準律分十二門，綜十一卷，又為儀制令一卷，當時稱簡易焉。大中祥符間，復增三十卷，千三百七十四條，又有農田敕五卷，與敕兼行。仁宗詔中外言敕得失，命官修定，取咸平儀制令及制度約束之在敕者五百餘條，附令後，號曰附令敕。天聖七年，編敕成，合農田敕為一書，視祥符敕損百餘條。至慶曆，又復刪定，增五百條，別為總例一卷，後又修一司敕二千三百十七條，一路敕千八百二十七條，一州一縣敕千四百五十一條。蓋宋世每一天子改元，必加編纂，更依律書十二門以為事類，以故終宋之世，所歷年月，無不從事於法典，但恆在敕而不在律。唯斟衡厥義，多繼續前代之成規而少加修正耳。遼律不詳。金則章宗纘業，嘗修新律，凡十有二篇，五百三十六條，為三十卷，附注以明其事，疏義以釋其疑，名曰泰和律義，其實與唐律無異云。

元代至元新格

元興，其初未有法守，有司斷理獄訟，循用金律，頗傷嚴刻。世祖平宋，簡除煩苛，命史天澤、姚樞等纂定新律，號至元新格，頒之有司，凡二十篇，都一千零七十六條，與唐宋略殊矣。篇目如左，條數附焉。

(一)名例四條　(二)衛禁八條　(三)職制三百七條　(四)祭令五條　(五)學規十三條
(六)軍律十二條　(七)戶婚七十一條　(八)食貨三十六條　(九)大惡五十條　(十)姦非五十八條
(十一)盜賊百四十條　(十二)詐僞五十一條　(十三)訴訟二十一條　(十四)鬭毆四十二條　(十五)殺傷百六條
(十六)禁令百十條　(十七)雜犯十四條　(十八)捕亡九條　(十九)恤刑十五條　(二十)平反四條

仁宗之時，又以格例條畫有關於風紀者，類集成書，號曰風憲弘綱，與新格並行。至英宗時，復命宰執儒臣，取兩書而加損益焉；書成，號曰大元通制，其大綱凡三：(一)曰詔制，(二)曰條格，(三)曰斷例。凡詔制，爲條九十有四，條格爲條一千一百五十有一，斷例爲條七百十有七，大概纂集世祖以來法制事例而已。

明律清律之集大成

明太祖初議定律事，後使左丞相李善長爲律令，以楊憲等二十人爲議律官，遂選令百四十五條，律二百八十五條，二者各以吏、戶、禮、兵、刑、工爲綱；又命大理卿周禎作註釋，名曰律令直解。其次洪武六年，刊律令憲綱；其年又定大明律，篇目一準於唐，爲衛禁、職制、戶婚、廄庫、擅興、賊盜、鬭訟、詐僞、雜律、捕亡、斷獄、名例之十二律，凡六百六條，三十卷，但移名例於篇末，撰者刑部尚書劉惟謙也。而此書不傳，但刻惟謙序文附於後年所編之明律而已。十八年又輯各種過犯條，爲大誥三篇，及大誥武臣等書。唐宋所謂律令格式與其編敕，皆在是也。二十二年，重又續纂新律，始爲明律定本，以名例冠篇首，次按六部之名義而分別之，凡三十卷，四百六十條，今第其編目如左：

名例律一卷

吏律二卷　職制十五條　公式十八條

戶律七卷　戶役十五條　田宅十一條　婚姻十八條　倉庫二十四條　課程十九條　錢債三條　市廛五條

禮律二卷　祭祀六條　儀制二十條

兵律五卷　宮衛十九條　軍政二十條　關津七條　廐牧十一條　郵驛十八條

刑律十一卷　盜賊二十八條　人命二十條　鬥毆二十二條　罵詈八條　訴訟十二條　受贓十一條　詐僞十二條　犯姦十條　雜犯十一條

捕亡八條　斷獄二十九條

工律二卷　營造九條　河防四條

三十五年作大明律誥成，取大誥條目，撮其要略，倂附載之。弘治十三年，頒行問刑條例；世宗嘉靖二十八年，增修問刑條例二百四十九條，嘉靖三十四年續增三百八十五條事例。萬歷十三年，刑部尚書舒化等重加修定，明律視唐律又一變矣。崇禎時，蔡懋德精註明律，有讀律源頭以冠於先，又有輔律詳節以續於後，此二書亦誠足與明律相附而成者。清承明舊，以六曹分職，蓋緣用元聖政典章及經世大典諸書；蓋律文垂一定之制，則例因一時權宜，歷代文法之名，唐宋於律外有令格式及編敕，自明以大誥問刑條例附入律後，律例始合而爲一。清自開國訖高宗，幾經考正，省明之四百六十條，定爲四百三十六，而律後載例又千餘條，厥後代有損益，所謂五年一小修，十年一大修是也。逮至瀛海大通，時殊勢異，凡國際交通、民刑訴訟、商工、路礦、郵電之屬，舊律未必適合，光緒三十四年，編定現行刑律，分三十門，刪除六律之名，此雖因時制宜之法，亦乘除自然之理也歟。

歷代律書，其增併離合之故，既如上所述矣，茲復彙而表之，亦庶幾研究歷史之一助乎！

歷代律書比較表

律書	篇數	篇目
法經	六篇	具法
漢律	九章	具律　戶律　興律　廄律
魏律	十八篇	刑名　法例　戶律　擅興
晉律（宋齊同）	二十篇	刑名　法例　違制　戶律　關市　衛宮　擅興　廄律（見前）
梁律（陳同）	二十篇	刑名　法例　違制　戶律　倉庫　關市　衛宮　擅興　廄律（見前）
北齊律	十二篇	名例　違制　戶婚　禁衛　擅興　廄牧
北周律	二十五篇	刑名　法例　違制　戶禁　婚姻　市廛　祀享　朝會　衛宮　興繕　關津　廄牧
隋唐律（宋金同）	十八篇	名例　職制　戶婚　廄庫　衛禁　擅興（見前）
元新格	二十篇	名例　職制　戶婚　祭令　衛禁　軍律
明律	三十卷	名例（吏律）職制　公式（戶律）戶役　田宅　婚姻　倉庫　課程　錢債　市廛（禮律）祭祀　儀制（兵律）宮衛　軍政　關津　廄牧　郵驛（律
清律	三十卷	與明律同，至光緒季葉，惟刪其六律之名而已

盜法 賊法				雜法 捕法	囚法	（與古律相通）		
盜律 賊律				雜律 捕律	囚律			
盜律 賊律 劫略		告劾 償贓	詐偽	雜律 捕律	繫訊 斷獄		毀亡	留律 驚事 免坐
盜律 賊律		告劾 請賕	詐偽	雜律 捕律	繫訊 斷獄		毀亡 水火 諸侯	
盜劫 賊叛		告劾 受賕	詐偽	雜律 討捕	繫訊 斷獄		毀亡 水火	
盜賊	鬥訟		詐偽	雜律 捕斷	（見前）		毀損	
劫盜 賊叛	鬥競	告言 請求	詐偽	雜犯 逃亡	繫訊 斷獄	（見前）	毀亡 水火 諸侯	
盜賊	鬥訟		詐偽	雜律 捕亡	斷獄			
盜賊	鬥毆 殺傷	訴訟	詐偽	雜犯 捕亡	平反			學規 食貨 大惡 奸非 禁令 恤刑
（刑				律）（工		律）		
盜賊	人命 鬥毆 罵詈	訴訟 受贓	詐偽	犯姦 雜犯 捕亡	斷獄	營造 河防		

第三章　律學名詞之解釋

社會愈進化，學術愈發明，文字愈滋繁，凡有一學，必有一學專門應用之字，此各種辭解之所由作也。吾國編纂刑法，代有作者，一罪之名，必嚴比附，一字之義，必求會通；數千年來註律者斟酌條貫，其道非不精且深也。試分述之

律注二十條釋義

晉明法掾張裴（一作斐）注漢晉律，其略曰：知而犯之謂之故，意以爲然謂之失，違忠欺上謂之謾，背信藏巧謂之詐，虧禮廢節謂之不敬，兩訟相趣謂之鬭，兩和相害謂之戲，無變斬擊謂之賊，不意誤犯謂之過失，逆節絕理謂之不道，陵上僭貴謂之惡逆，將害未發謂之戕，倡首先言謂之造意，二人對議謂之謀，制衆建計謂之率，不和謂之强，攻惡謂之略，三人謂之羣，取非其物謂之盜，貨財之利謂之贓，此律義之較名者也。解釋律文之名詞自此始。（晉書刑法志）

律眼十三字釋義

上節條釋罪名，爲事實上之名詞，茲所謂律眼者，爲律書論斷罪名輕重高下皆倚此以爲衡者，此專爲律文而設，不得以他義解也。其例如下：（采用讀律佩觿）

（一）但　律義於極重大處每用但字以別之，與尋常作爲轉語者不同，如「謀反大逆但共謀者，不分首從，皆淩遲處死」「凡强盜已行，而但得財者，不分首從，皆斬」是也。

（二）同　同字之義，取乎恰合，因其所犯各異，特爲合論而罪之以同，如「同强盜論」是也。

（三）俱　俱字之義，取乎賅括，因其事理散殊，故特槩言而統之以俱，如「俱勿論」「俱弗追坐」是也。

（四）並　並字與上同字俱字看，是相似，其實則非，同與俱者，包含尊卑、上下、巨細、遠近在內者也；並者，平平合看，凡事理相同，情罪一致者，並科以齊等之罪

(五)依　律有明條，罪係實犯，一本律文以定罪，故曰「依。」

(六)從　罪人所犯事涉兩歧，情有各別，莫知所從，爲之斟酌情理，求合乎律，故曰「從。」從者，對舍言也，有舍此從彼之義焉。

(七)從重論　從重論者，較量輕重，從其重者以論罪也。如「二罪俱發，從重論」是。

(八)累減　累減者，層累而減之，指一人而言。罪人所犯，於律例諸文各有應減之條者，則按條一一而減之，故曰「累減。」

(九)遞減　遞減者，分等而減之，統衆人而言。凡同犯此一事之人，其中位次、職掌、貴賤、親疏不同，各就名分所在，爲分別輕重而「遞減」之。

(十)聽減　聽減者，擘非本犯自作，而減又非本罪所應減，然罪人雖無應減之法，實有可減之時，故不得以正減加之，特曰「聽減。」聽者，待時而動，審聽而減之也。

(十一)得減　得減者，法無可減，爲之推情度理，因其不得減而又減之，故曰「得減。」如嫁娶違律，期親以下餘親主婚者，事由主婚，主婚爲首，男女爲從，得減一等；事由男女，男女爲首，主婚爲從，得減一等之類是。

(十二)罪同　罪同者，厥罪維均也。人雖不同，犯雖各別，而罪無輕重，故曰「罪同。」

(十三)同罪　同罪者，同有罪也。充軍遷徙，皆同科，惟死罪減一等。

律母八字釋義

八字之義，見於明律，與前律眼同一解釋者也。

（一）以　以者，與實犯同。謂「如監守貿易官物，無異正盜，故以枉法論，以盜論，並除名刺字，罪止斬絞並全科。」

（二）准　准者，與實犯有間。謂「如准枉法、准盜論，但准其罪，不在除名刺字之列，罪止杖一百、流三千里。」

（三）皆　皆者，不分首從，一等科罪。謂「如監臨、主守、職役，同情盜所監守官物，並贓論，數滿皆斬」之類。

（四）各　各者，彼此同科此罪。謂「如各色人匠，撥赴內府工作，若不親自應役，雇人冒名，私自代替，及替之人，各杖一百」之類。

（五）其　其者，變於先意。謂「如論八議罪犯，先奏請議，其犯十惡，不用此律」之類。

（六）及　及者，因類而推。謂「如彼此俱罪之贓，及應禁之物，則入官」之類。

（七）即　即者，意盡而復明。謂「如犯罪事發在逃，者眾證明白，即同獄成」之類。

（八）若　若者，文雖殊而會上意。謂「如犯事未老疾，事發時老疾，以老疾論，若在徒年限內老疾者，亦如之」之類。